Konzepte der Humanwissenschaften

Arthur W. Combs
Donald L. Avila · William W. Purkey

Die helfenden Berufe

Ernst Klett Verlag
Stuttgart

Aus dem Amerikanischen übersetzt von
Gudrun Theusner-Stampa
Die Originalausgabe erschien unter dem Titel
»Helping Relationships. Basic Concepts for the Helping Professions«

Einbandgestaltung und Typographie: Heinz Edelmann
Satz und Druck: Hieronymus Mühlberger, Augsburg
Printed in Germany 1975
ISBN 3-12-901550-7

Inhalt

Vorwort

Dieses Buch ist für Menschen geschrieben, die in irgendeinen helfenden Beruf gehen wollen oder schon in einem helfenden Beruf tätig sind. Es versucht eine Antwort auf folgende Fragen zu geben: »Welche Ideen über das Verhalten des Menschen sind zum Verständnis der helfenden Beziehungen von besonderem Wert?« »Was bringen sie für eine wirksame Praxis der helfenden Berufe mit sich?« Dies ist kein Psychologiebuch im üblichen Sinn; hier werden keine Konzepte erklärt, und hier wird nicht gezeigt, wie sie von Logik und Forschung gestützt werden. Statt dessen beginnt dieses Buch mit Verhaltensgrundsätzen, die bei humanistisch ausgerichteten Psychologen schon weithin akzeptiert sind, und es wird untersucht, was solche Konzepte für Menschen bedeuten, die in den verschiedensten helfenden Berufen arbeiten. Außer den sehr alten Berufen wie Mediziner, Lehrer und Seelsorger gehören auch therapeutische Berater, Schulpsychologen, Inspektionslehrer, Sozialarbeiter, Kindergärtnerinnen, Spieltherapeuten und seit kurzem ein ganzer Reigen von Berufen dazu, die damit beschäftigt sind, anderen Menschen in Begegnungsgruppen (basic encounter groups), beim Sensitivity Training und in T-Gruppen (Gruppen für Training in Gruppendynamik) zu helfen.

Jeder helfende Beruf ist als Reaktion auf praktische Bedürfnisse des Menschen entstanden. Jeder hat seine eigene Weltanschauung, seine Techniken und Ausbildungsverfahren, die von ihren Anhängern entschlossen verteidigt werden. Im Grunde haben diese Berufe alle das gleiche Ziel: die optimale Entwicklung von Menschen. Damit sie dieses Ziel erreichen können, müssen tüchtige Helfer sich vom Besten leiten lassen, was die Wissenschaft der Psychologie an Kenntnissen von der Dynamik des menschlichen Verhaltens zu bieten hat.

Die moderne Psychologie ist jedoch ein sehr umfangreiches Gebiet, und die Konzepte, die für ein Buch wie das vorliegende ausgewählt werden, müssen notwendigerweise eine höchst voreingenommene Auswahl darstellen. Dies ist unvermeidlich, und die Autoren geben zu, daß ihre Wahl durch ihre eigenen Ziele und Erfahrungen zutiefst beeinflußt worden ist. Um dem Leser gegenüber fair zu sein, muß man also von Anfang an sagen, daß alle drei Autoren dazu neigen, das Verhalten des Menschen unter dem sogenannten »humanistischen« Blickwinkel zu betrachten. Alle drei Autoren haben ihre Berufsausbildung in der orthodoxen behaviori-

stischen Psychologie begonnen, aber im Lauf der Zeit haben sie die besonderen Werte eines humanistischen Bezugssystems für die Probleme der helfenden Berufe immer mehr schätzen gelernt.
Zur »humanistischen Psychologie« zählt man heute eine Vielzahl von Leuten, Methoden und Ansichten. Die Autoren haben festgestellt, daß eine Position, die als »Wahrnehmungspsychologie« bezeichnet wird, für die betreffenden Berufe am besten geeignet ist. Nach ihrer Erfahrung macht sie für die »Helfer« besonders relevante Aussagen und liefert ein Bezugssystem zum Verstehen von Schülern, Klienten oder Patienten, das auf die praktischen Probleme, denen sich die »Helfer« gegenüber sehen, unmittelbar anwendbar ist; das ist in so hohem Maß der Fall, daß man die Wahrnehmungspsychologie tatsächlich schon manchmal als die »Psychologie des Praktikers« bezeichnet hat. Manche der in diesem Band erörterten Konzepte beruhen auf Methoden des Verstehens von Verhaltensweisen, insbesondere auf dem systematischen Entwurf einer Wahrnehmungspsychologie, der zuerst von Snygg und Combs in: Individual Behavior: A New Frame of Reference for Psychology, New York (Harper & Bros.) 1949, vorgelegt und 1959 von Combs revidiert wurde.
Die Autoren haben ihr ganzes Berufsleben in helfenden Berufen verbracht. Zu den praktisch von ihnen ausgeübten gehören: Lehren, therapeutische Beratung, Lehrkontrolle (Supervision), klinische Psychologie, Verwaltung und Schulpsychologie. Sie waren auch verantwortlich für psychologische Phasen in der Ausbildung von Krankenschwestern, Lehrern, Sozialarbeitern, Verwaltungsfachleuten und geistlichen Beratern. Im Lauf eines fortgesetzten Dialogs mit »Helfern« aus vielen Bereichen haben sie Gelegenheit gehabt, einerseits die psychologische Theorie zu untersuchen und zu verfeinern, andererseits ihre Anwendbarkeit auf dem Prüfstand der beruflichen Praxis zu testen.
Lesehilfe. Die Angehörigen der helfenden Berufe werden mit den verschiedensten Bezeichnungen belegt, ebenso die Menschen, denen sie zu helfen versuchen. Die letzteren können Schüler, Klienten, Patienten, Praktiker oder Gemeindemitglieder genannt werden. Da es für die, denen geholfen wird, keine befriedigende Gattungsbezeichnung gibt, gibt es eine Schwierigkeit der Nomenklatur für Autoren, die über die helfenden Berufe schreiben. Um Komplikationen zu vermeiden und um das Lesen zu erleichtern, haben die Autoren deshalb diejenigen, denen geholfen wird, nur als *Schüler*, *Klienten* und *Patienten* bezeichnet. Der Leser sollte sich jedoch klarmachen, daß diese Bezeichnungen austauschbar sind, und daß die Anwendung allgemeiner Prinzipien für alle gelten soll, denen man helfen will, gleichgültig, wie ihre Helfer sie jeweils nennen mögen.

Für ein gründlicheres Studium. Ein Buch, das den Grundprinzipien und ihrer Bedeutung für die praktische Berufsarbeit gewidmet ist, kann nicht alle Themen im einzelnen abhandeln. Ernsthaft Studierende werden ohne Zweifel Originalquellen kennenlernen oder Themen eingehender verfolgen wollen. Um diesem Bedürfnis entgegenzukommen, haben wir am Ende jedes Kapitels eine Liste von ausgewählten Werken angefügt, die zu den Themen des Kapitels jeweils in Beziehung stehen. Um einschlägige und originale Artikel leichter zugänglich zu machen, sind viele der kürzeren ausgewählten Schriften in einem Begleitband zusammengestellt worden: *The Helping Relationship Sourcebook*, Boston, Allyn and Bacon, 1971.

Ein Wort des besonderen Danks

Den vielen Menschen, die bei der Erstellung dieses Buches mitgeholfen haben, möchten die Autoren ihre tiefe Wertschätzung ausdrücken. Besonderer Dank gebührt den Sekretariats-Mitarbeitern des *Foundations Department* und Frau Elsie Voss für einen Großteil der Vorbereitung des Manuskripts.

Mildred Combs, Howard Crouch, Sarah Hurst, Kay Ernst, Hannelore Wass, Mary Harriff und James Bowers danken wir für ihre kritischen Besprechungen des entstehenden Manuskripts.

Den Autoren und Verlegern danken wir, daß sie uns so großzügig erlaubt haben, aus ihren Quellen zu zitieren.

Die Autoren danken den Tausenden von Schülern, Klienten und Patienten, mit denen sie gearbeitet und von denen sie soviel gelernt haben. Durch die Dialoge jener Interaktionen wurde das Denken angeregt, es wurden Hypothesen aufgestellt, kritischer Prüfung unterzogen und in den Begegnungen im Rahmen realer helfender Beziehungen ausprobiert.

Die Jahre, die sie in den helfenden Berufen verbrachten, waren für die Autoren ein unvergleichliches Privileg. Nur wenige Berufe werden in der heutigen Gesellschaft so dringend gebraucht, und nur wenige bringen denen, die sie ausüben, so tiefen Gewinn. Das ist allein schon eine höchst erfüllende Erfahrung. Wenn dieses Buch nun auch seinerseits neuen Angehörigen der helfenden Berufe zu einem besseren Verständnis ihrer selbst, ihrer Klienten und der Vorgänge des Helfens verhelfen kann, sind die Autoren zufrieden. Was könnte sich ein »professioneller Helfer« mehr wünschen, als ein hilfreiches Buch zu schreiben?

AWC/DLA/WWP

1 Was ist ein Angehöriger eines helfenden Berufs?

Was ist ein »professioneller Helfer«, und was hat die Psychologie ihm an Hilfe zu bieten, damit er seine beruflichen Aufgaben mit Erfolg erledigen kann? Das sind die Probleme, von denen dieses Buch handelt. Die formalisierte Untersuchung des menschlichen Verhaltens ist nun schon fast hundert Jahre alt, und die Psychologen haben eine fast überwältigende Menge an Informationen angesammelt. Damit man aus dieser großen Masse jene Einsichten auswählen kann, die den Helfern am wahrscheinlichsten nützen können, müssen wir zunächst zwei Fragen stellen: Was sind die helfenden Berufe? Wie sieht ein tüchtiger Helfer aus?

Das »Warum« der helfenden Berufe

Jeder Mensch, der in unserer Gesellschaft geboren wird, muß sich in vergleichsweise wenigen Jahren durch die öffentlichen Schulen hindurcharbeiten, heiraten und seinen Weg in eine oder mehrere von den Tausenden von Beschäftigungen finden, die nötig sind, um unsere Wirtschaft in Gang zu halten. Auf die eine oder andere Weise müssen die Menschen eine Lösung für das Problem finden, einerseits ihre eigenen Bedürfnisse zu befriedigen und andererseits die Erwartungen der Gesellschaft zu erfüllen. Für einige Menschen wird das Leben eine wunderbare Erfahrung sein, befriedigend sowohl für sie selbst als auch für die Gesellschaft, in der sie leben. Andere erreichen niemals so hohe Gipfel der Verwirklichung, aber es gelingt ihnen trotzdem, ein erträgliches Gleichgewicht zwischen ihren eigenen Bedürfnissen und denen der Gesellschaft zustande zu bringen. Vielen gelingt es einigermaßen, den Forderungen der Gesellschaft nachzukommen, aber nur um den Preis eines Lebens in persönlichen Zweifeln und persönlicher Verzweiflung. Manche zutiefst benachteiligten Menschen können leider weder die Forderungen der Gesellschaft noch ihre eigenen Bedürfnisse befriedigen. Diese Menschen sind nicht nur für sich selbst enttäuschend, sondern gefährlich für alle anderen.

Es ist tragisch für alle Beteiligten, wenn Menschen die in ihnen liegenden Möglichkeiten nicht verwirklichen können. Diese bedauerliche Verschwendung von Begabungen ist eins der großen sozialen Probleme unserer Zeit. Als die Gesellschaften noch weniger komplex und interdependent waren, konnte man darüber hinwegsehen, daß einzelne keine befriedigende Entwicklung und kein befriedigendes Wachstum erreichten. In der Welt von heute hat menschliches Unheil Wirkungen, die weit über das Individuum hinausgehen. Es berührt das Leben aller anderen. Frustrierte Menschen haben die Tendenz, alle anderen zu frustrieren. Ein wütender Autofahrer auf einer Fernstraße kann das Leben von Hunderten Unschuldiger gefährden. Ein Lee Harvey Oswald, bewaffnet mit einem Gewehr, kann unsere politische Welt völlig umstürzen.

Selbst wenn man keine praktischen Gründe hätte, sich um die Verwirklichung des Potentials der einzelnen Menschen zu kümmern, sollte man sich aus rein humanitären Gründen darum bemühen, Menschen zu helfen. Frustration und Unglück sind nicht einfach eine Frage der Volkswirtschaft. Sie sind eine menschliche Tragödie, und das ist für sich allein schon Grund genug, um Anteilnahme zu wecken. Als Nation haben wir die »Verfolgung des Glücks« als wichtigen Wert für unsere Gesellschaft angenommen. Selbst wenn wir durch das Erreichen dieses Zieles »keinen Pfennig Geld verdienen« würden, wäre es immer noch erstrebenswert, sowohl für uns selber als auch für unsere Mitmenschen, einfach, weil das Leben dann erst lebenswert ist.

Die Grundidee der Demokratie ist ein Glaube an die Würde und Integrität des Menschen — nicht nur einiger weniger Menschen, sondern aller Menschen überall und von jeder Art und Gattung. Wir glauben, daß Menschen, die frei und gut unterrichtet sind, selbst den Weg finden können, der für sie am besten ist. Unsere Ahnen haben es gewagt, diesen Traum als einen Grundsatz unserer Lebensweise anzunehmen, und im Lauf der Jahre sind wir allmählich dem Ziel immer näher gekommen, ihn zu verwirklichen. Die Erfüllung des demokratischen Ideals wird jedoch davon abhängig sein, wie gut es uns gelingt, Menschen hervorzubringen, die intelligent, unabhängig und verantwortlich handeln können. Wir brauchen Menschen, die gut informiert sind, die ihre eigenen Entscheidungen fällen können, und bei denen man sich darauf verlassen kann, daß ihre Verhaltensweisen sowohl ihrem eigenen Wohl als auch dem anderer dienen. Um zum Erreichen dieser Ziele beizutragen, haben wir die »helfenden« Berufe erfunden. Manche dieser Berufe dienen insofern der Rehabilitierung, als sie den Kranken und Entmutigten helfen, den »Schadensfällen« des Systems. Andere dienen der Vorbeugung; sie versuchen, der Erkrankung zuvorzukommen; in jüngster Zeit bemühen sich manche, den Leuten zu helfen, die höchsten Ebenen menschlicher Möglichkeiten zu erklimmen. Einige helfende Berufe befassen sich mit Problemen der physischen Gesundheit, andere mit dem psychischen Wohlbefinden; wieder andere kümmern sich um soziale und politische Angelegenheiten. Die in diesen Berufen Arbeitenden tragen viele Bezeichnungen. Unter ihnen sind Lehrer, Ärzte, Psychologen, Sozialarbeiter, Krankenschwestern, Supervisoren (Aufsichtführende), therapeutische Berater, Fachleute für zwischenmenschliche Beziehungen, Psychiater, Inspektionslehrer, Personalchefs, Erziehungsberater, Spezialisten für Kinderpflege, Führer von Begegnungsgruppen (Encounter), Gruppentherapeuten und viele andere. Jeder dieser Berufe hat seine einzigartigen Aspekte, aber allen geht es um das »Problem der Menschen«; alle wollen den Menschen helfen, bessere Beziehungen untereinander oder zu der Welt herzustellen, in der sie leben.

Was ist ein Beruf? Ein Beruf wird gewöhnlich als eine Beschäftigung definiert, die irgendwelche besonderen Kenntnisse und Fertigkeiten erfordert. Die besondere Qualität eines Berufes, einer Profession, wie wir den Begriff hier verwenden, welche ihn von mechanischeren Beschäftigungen unterscheidet, liegt darin, daß er sich auf den professionellen Praktiker als auf ein denkendes, schöpferisches Wesen verläßt. Das Wesen seiner Funktion ist die Anwendung humaner Intelligenz auf die vorliegende Aufgabe. Professionelle Praktiker sind Problemlöser. Sie beginnen ihre Ausbildung auf der Grundlage eines bestimmten Bereichs intellektueller Inhalte. Darüber hinaus erfordern die genannten Berufe einen hohen Grad von Selbstdisziplin, Urteilsfähigkeit und die Beachtung eines angemessenen ethischen Maßstabs. Außerdem sind die helfenden Berufe im eigentlichen Sinn mit dem Dienst am Menschen befaßt. Ihre besondere Verantwortung ist das Wohlbefinden der Menschen, ein Dienst an der Menschheit.

Was macht einen tüchtigen Helfer aus?

Wissen und die helfenden Berufe

Es scheint selbstverständlich, daß der tüchtige professionelle Helfer sein Fach beherrschen muß. Aber fast jeder hat schon Erfahrungen mit Leuten gemacht, die ihr Fach beherrschten, ihre Kenntnisse aber nicht in die Praxis umsetzen konnten. Wir haben intelligente Ärzte gesehen, die in der Praxis versagten, begabte Gelehrte, die nicht lehren konnten, brillante Geistliche, die keine Pfarre verwalten konnten, und gescheite Psychiater mit offenkundigen eigenen Schwierigkeiten. Offensichtlich sind Kenntnisse allein noch keine Garantie für erfolgreiche Berufsarbeit.

Die helfenden Berufe sind praktische Berufe und erfordern, daß man mit seinem Wissen etwas *tut*. In allen helfenden Berufen gibt es Leute, die wissen, und Leute, die tun — die Gelehrten und die Praktiker. In der Medizin gibt es z. B. Spezialisten der Anatomie oder der Biochemie und den Arzt, der diese Informationen am Krankenbett in die Praxis umsetzt. In der Pädagogik gibt es die Gelehrten, die irgendeinen Aspekt des Wissens erforschen, und die Lehrer, die den Schülern erfassen helfen, was dieses bedeutet. Die Psychologie hat ihre Experimentalpsychologen, die die Prinzipien des menschlichen Verhaltens untersuchen, und ihre Berater, die diese Information bei ihren Klienten praktisch anwenden. Es gibt auch die Soziologen, die die einander widerstreitenden Kräfte der gesellschaftlichen Szenerie untersuchen, und die Sozialarbeiter, die ihren Klienten helfen, sich dieser Szenerie anzupassen.

Zwar können der Theoretiker und der Praktiker ein und dieselbe Person sein, aber daraus folgt nicht, daß Wissen allein schon genügt, um ein tüchtiger Helfer zu sein. Dieser Umstand ist durch viele Untersuchungen deutlich gemacht worden, in denen man bei einer Reihe helfender Berufe versucht hat, zwischen guten und schlechten Praktikern zu unterscheiden.

Methoden der helfenden Berufe

Es mag manche unserer Leser überraschen, daß das, was einen tüchtigen Helfer ausmacht, nicht eine Frage der Anwendung richtiger Methoden ist. Auf der Grundlage der von ihnen verwendeten Methoden kann man gute und schlechte Praktiker nicht deutlich unterscheiden. Zum Beispiel konnte man durch einen von der *National Education Association* 1961 angeregten Überblick über alle vorhandenen Untersuchungen guter und schlechter Unterrichtsformen keine Lehrmethode entdecken, von der sich klar nachweisen ließ, daß sie entweder mit gutem oder mit schlechtem Unterricht verbunden war. In diesem Überblick waren Hunderte von Untersuchungen erfaßt worden, und die Schlußfolgerung scheint ohne Frage definitiv zu sein. Anscheinend gibt es keine »gute« oder »richtige« Lehrmethode. Ein Überblick über die Untersuchungen bei den anderen helfenden Berufen scheint auf den gleichen Sachverhalt auch dort hinzuweisen.

Menschen wird anscheinend durch die merkwürdigsten Dinge geholfen. Wir werden häufig durch plötzliche Wogen der Begeisterung in der Öffentlichkeit überrascht, ausgelöst durch irgendeine seltsame neue Technik, die angeblich Leuten hilft, die in Schwierigkeiten stecken. Das Merkwürdige an diesen Methoden ist oft, daß sie denen, die sie anwenden, wirklich helfen. Ärzte wissen recht gut, daß Geheimmittel ohne jeglichen nachweisbaren chemischen Wert einem Patienten oft helfen, gesund zu werden, wenn er an diese Hilfe glaubt! Wahrscheinlich liegt der Grund, warum wir keine spezifischen Methoden finden können, die jeweils bei guten und bei schlechten Helfern vorkommen, darin, daß nicht die Me-

thode selbst der wichtige Faktor ist, sondern die *Bedeutung*, die die Methode für die Person hat, auf die sie angewendet wird.
Die Wirkungen von Reizen auf das Verhalten des Menschen sind nichts Mechanisches oder Chemisches wie ein Nadelstich oder eine ärztliche Verschreibung. Ein uns bekannter Sozialarbeiter entdeckte dies einmal auf unverblümte Weise. Er machte sich große Sorgen um die Probleme der Armen in den Gettobezirken, wo er arbeitete. In einer gutgemeinten Bemühung, diesen Leuten zu helfen, bearbeitete er Kirchengemeinden, Klubs und Bruderschaften in den reicheren Stadtvierteln, sie sollten in den Slums »einen Wohnblock adoptieren«. Dahinter stand der Gedanke, den Menschen in den Gettobezirken einige der Dinge zu verschaffen, die sie dringend brauchten. Unser Freund war entzückt, als einige Organisationen auf seine Bitten eingingen und sich bereit erklärten, Mittel für sein Projekt zur Verfügung zu stellen — aber seine Hoffnungen wurden von den Leuten zerschmettert, die in den Gegenden wohnten, wo er helfen wollte. Sie wollten von seinem Plan nichts wissen! Tatsächlich nahmen sie die Herablassung der Reichen übel. Sie zogen es vor, allein fertigzuwerden, anstatt sich der Demütigung auszusetzen, sich von Außenseitern gönnerhaft behandeln zu lassen. Ein paar Jahre später wurde der gleiche Gedanke noch einmal geäußert, diesmal als eine Unternehmung, bei der Reiche und Arme in einem Programm kooperativer Planung und Arbeit zusammenwirken sollten, wo die Menschen mit Herz und Verstand und Muskelkraft beteiligt waren, abgesehen von ihrem Geld. Und diesmal funktionierte es.

Das Konzept vom Selbst als Instrument

Wenn man die helfenden Berufe untersucht, wird deutlich, daß das gemeinsame Merkmal dieser Tätigkeiten die *unverzügliche Reaktion* ist. Das heißt, alle helfenden Berufe scheinen sich von mechanischeren Beschäftigungen durch die Unmittelbarkeit der Reaktion zu unterscheiden, die vom Helfer gefordert wird. Zum Beispiel muß im Unterricht die Lehrerin, wenn das Kind etwas zu ihr sagt, unverzüglich antworten. Der Austausch zwischen einer Lehrerin und ihren Schülern ist in jedem Augenblick anders, und die Lehrerin muß bereit sein, auf jedes Kind in bezug auf die einzigartige Frage, Idee, das Problem und die Sorge, die es in dem betreffenden Augenblick äußert, zu reagieren. Ähnlich muß der Patient, der die Schwester fragt, »Werde ich wieder gesund?«, eine Antwort bekommen. Ein Zögern der Schwester, während sie darüber nachdenkt, was sie sagen soll, ist schon eine Antwort. Diese unmittelbare Natur der helfenden Beziehungen ist auch kennzeichnend für den Sozialarbeiter und seinen Klienten, ebenso für den Pastor und das Gemeindemitglied oder den therapeutischen Berater und seinen Klienten. Alle verlassen sich auf eine unverzügliche Reaktion.

Professionelle Helfer müssen denkende, problemlösende Menschen sein; ihr wichtigstes Werkzeug sind sie selbst. Diese Auffassung vom Wesen der helfenden Berufe hat man als das Konzept vom »Selbst als Instrument« bezeichnet. Eine wirksame Tätigkeit in den helfenden Berufen ist davon abhängig, wie der Helfer sein Selbst einsetzt, von der besonderen Weise, wie er sein Wissen und seine Auffassungen mit seinen eigenen einzigartigen Möglichkeiten kombinieren kann, sie in der Praxis in Hilfe für andere umzusetzen. Wir könnten es folgendermaßen formulieren: *Eine wirksame helfende Beziehung ist eine Funktion des wirksamen Einsatzes des Selbst des Helfers auf dem Weg zur Verwirklichung seiner eigenen Ziele und der Ziele der Gesellschaft.*

Das Konzept vom Selbst hilft erklären, warum der Versuch, die helfenden Berufe auf der Grundlage von Wissen oder Methode zu unterscheiden, mißlingt. Wenn wirksame Betätigung in den helfenden Berufen eine persönliche Angelegenheit des wirksamen Einsatzes eines Selbst ist, dann ist die Suche nach einem gemeinsamen Wissen oder einer gemeinsamen Methode von vornherein zum Scheitern verurteilt. Da das Selbst jedes einzelnen einzigartig ist, ist die Suche nach einer gemeinsamen Einzigartigkeit per definitionem hoffnungslos.

An dieser Stelle stehen wir vor einem schwierigen Problem. Wenn wirksame Hilfe eine unverzügliche Reaktion erfordert, die den besonderen Bedürfnissen des Menschen entspricht, der der Hilfe bedarf, und wenn diese Hilfe vom wirksamen Einsatz des einzigartigen Selbst des Helfers abhängig ist, wie können wir dann mit Zuversicht hoffen, daß der unmittelbare Einsatz des einzigartigen Selbst für den Klienten gut sein wird? Das Helfen muß schließlich ein vorhersagbarer Prozeß sein, bei dem wir der positiven Ergebnisse sicher sein können. Bei der Beantwortung dieser Frage ist es nützlich, einen Riesencomputer zum Vergleich heranzuziehen. Der moderne Computer ist eine fabelhafte Maschine, die große Mengen von Daten von außen aufnehmen und diese Informationen mit den in seiner »Gedächtnisbank« gespeicherten kombinieren kann, um dann fast unverzüglich eine »beste Antwort« für die komplexen Daten zu geben, mit denen sie es zu tun hat. Wie ein Mensch liefert der Computer angemessene Antworten auf Berge von Daten. Die Art der Antworten, die der Computer aus dem Reservoir von Daten gibt, die ihm zur Verfügung stehen, ist abhängig von dem Programm (der Formel), das in die Maschine eingegeben worden ist. Ähnlich sind bei den Menschen die besonderen Reaktionen, die aufgrund der Umstände erfolgen, in denen die Leute sich finden, ein Produkt des »Programms« in der jeweils betroffenen Person. Aber die »Formel« ist im Fall des Menschen keine mathematische Gleichung. Sie besteht aus den Erkenntnissen des Individuums, besonders aus jenen, die wir Wertvorstellungen, Überzeugungen und Ziele nennen.

Die Bedeutung der Überzeugungen

In einer Abhandlung über das Wesen der helfenden Beziehung sagte Carl Rogers einmal, es scheine nicht viel auszumachen, wie der Helfer sich benehme, solange es seine »Absicht« sei, hilfreich zu sein. Wir haben alle schon die persönliche Erfahrung gemacht, daß unser eigenes Verhalten ein Ausdruck unserer Überzeugungen ist. Tatsächlich ist diese intime Wirkung von Überzeugungen auf Verhaltensweisen so stark, daß sie uns verrät, selbst wenn wir bewußt versuchen, sie zu verbergen. Wie der alte Indianer sagte: »Was du tust, spricht so laut, daß ich nicht hören kann, was du sagst.« Überzeugungen haben eine steuernde, lenkende Wirkung. Dies gilt besonders im Hinblick auf das, was wir für wichtig halten.
Eine schöne junge Frau, die in einer unserer großen Städte Erstkläßler unterrichtete, hatte wunderbares langes blondes Haar, das sie oft in einer »Pferdeschwanzfrisur« trug. In den ersten drei Tagen des neuen Schuljahres trug sie ihr Haar so. Am Donnerstagmorgen jener ersten Woche beschloß sie dann, eine andere Frisur zu tragen und steckte ihr Haar in einem Knoten auf dem Kopf zusammen. Wie es so oft geschieht, wenn eine Frau ihre Frisur ändert, sah sie ganz verändert aus, und einer der kleinen Jungen in ihrer Klasse erkannte seine Lehrerin nicht mehr. Er dachte, er sei im falschen Klassenzimmer und wandte sich verwirrt zum Gehen. Bald ertönte die Glocke und kündigte den Beginn des Schultages an; er stand auf dem Flur und wußte nicht, wohin er gehen oder was er tun sollte. Er stand noch weinend da, als eine Aufsichtslehrerin ein wenig später vorbeikam. Als sie das Kind fragte, konnte sie den Namen seiner Lehrerin nicht herausbekommen. Der Junge wußte ihn nicht. Er wußte auch nicht, in welches Klassenzimmer er gehörte. Er hatte hineingeschaut, und es war offensichtlich nicht der richtige Ort! Sie sagte zu ihm: »Komm mit. Laß uns miteinander gehen und schauen, ob wir deine Lehrerin finden können.« Und sie zogen los, Hand in Hand, um zu versuchen, ob sie nicht sein Klassenzimmer finden könnten. Sie machten die Türen zu mehreren Klassen auf, aber sie hatten kein Glück. Schließlich kamen sie an die richtige Tür. Als sie aufging, wandte sich die Lehrerin, die an ihrem Pult saß, um, sah den kleinen Jungen und sagte: »Ach, Joey!

Ich bin so froh, dich zu sehen! Wir haben uns schon Gedanken gemacht, wo du wohl sein könntest, und wir sind froh, dich wiederzuhaben! Wir haben dich so vermißt!« Der kleine Junge ließ die Hand der Aufsichtslehrerin los und warf sich in die Arme seiner Lehrerin. Sie drückte ihn an sich, klopfte ihm sanft auf den Rücken, und er trottete an seinen Platz. Diese Lehrerin war der Ansicht, daß kleine Jungen wichtig sind. Nehmen wir an, sie hätte sich anders verhalten. Sie hätte sehr wohl der Ansicht sein können, *andere* Dinge seien wichtig; in diesem Fall hätte sie sich ganz anders benommen. Sie hätte z. B. glauben können, Aufsichtslehrerinnen seien wichtig. In diesem Fall hätte sie wahrscheinlich gesagt: »Ach, guten Morgen, Fräulein Jones. Kommen Sie doch herein. Wir haben schon gehofft, daß Sie uns besuchen würden, nicht wahr, Kinder?« Und der kleine Junge wäre übersehen worden. Oder sie hätte der Meinung sein können, die Stunde sei das Wichtigste; in diesem Fall hätte sie das Zuspätkommen des kleinen Jungen als ungebührliche Unterbrechung angesehen. Was das anbelangt, hätte sie ihn »ausschimpfen« können. Oder sie hätte überzeugt sein können, die Disziplin sei das Wichtigste; dann hätte sie ihn bestrafen können, weil er zu spät kam. Aber sie tat es nicht. Sie war der Ansicht, die Gefühle kleiner Jungen seien wichtig und verhielt sich diesen gemäß. So ist es mit uns allen.

Die steuernde Funktion von Überzeugungen

Was wir für wichtig halten, bestimmt unweigerlich die Methoden, die wir im Umgang mit anderen Menschen anwenden. Es gibt eine große Zahl denkbarer Methoden, die man zur Herstellung von helfenden Beziehungen benützen könnte. Es gibt tatsächlich so viele, daß der Helfer ohne irgendeine Art von Weltanschauung oder Bezugssystem als Entscheidungshilfe wahrscheinlich in menschlichen Beziehungen wirkungslos bleibt, anstatt zu einer potenten Kraft zum Wohl der Menschen zu werden. Eine klare Anschauung von Zwecken und Zielen liefert Leitlinien für die Auswahl geeigneter Methoden zur Herstellung von helfenden Beziehungen und ein Bezugssystem für die Auswahl aus dem großen Gewirr von Möglichkeiten. Sonst wird der Lehrer oder Berater vielleicht feststellen, daß er sich so verwirrend verhält, daß er seinerseits die Menschen verunsichert, die er lehren oder beraten will.
Man ist weithin der Ansicht, Eklektizismus — d. h. die Verwendung alles dessen, was am besten geeignet erscheint, aus welchen Quellen es auch stammen mag — könne mit größter Wahrscheinlichkeit einen tüchtigen Lehrer oder Berater erzeugen. Leider versagt diese scheinbar logische und praktische Art der Methoden-Auswahl oft und bringt etwas hervor, das

William Snyder einmal »den Smörgasbord-Ansatz« nannte, »wo ein bißchen von allem ausprobiert wird«. Vor einigen Jahren berichtete auf einer Zusammenkunft der Amerikanischen Psychologen-Vereinigung ein bekannter Psychologe über einen schwierigen psychotherapeutischen Beratungsfall, den er und seine Mitarbeiter bearbeitet hatten. Er beschrieb, wie die Mitarbeiter im Lauf der Jahre eine große Zahl von Methoden bei einem Patienten angewandt hatten. Diese Methoden waren überdies unter denen eines Dutzends verschiedener Denkrichtungen ausgewählt worden. Am Ende dieser langen Beschreibung der verwendeten Methoden und der erlangten Resultate schloß der Psychologe: »Nun habe ich Ihnen erzählt, was wir mit diesem Klienten getan haben und was geschehen ist, aber fragen Sie mich nicht, warum. Bestenfalls kann ich Ihnen über diesen Fall sagen, daß der Patient sich in Anwesenheit des Therapeuten gebessert hat!« Es kann gewiß keinen Zweifel geben, daß Eklektizismus manchmal Früchte trägt. Aber ebenso wahr ist, daß *fast alles* bei *manchen* Leuten *manchmal* an *manchen* Orten Früchte trägt. Der kompetente Praktiker kann sich nicht mit einer Einstellung zu seiner Arbeit begnügen, die so sehr aufs Geratewohl funktioniert. Er braucht eine konsistente funktionale Überzeugung, die ihn bei der Auswahl der besonderen Methoden leitet, welche er zur Herstellung von helfenden Beziehungen verwendet.

Was für ein Verhalten der Praktiker hervorbringen kann, ist weitgehend abhängig von der Richtigkeit und Angemessenheit der Überzeugungen und Einsichten, die er im Lauf seiner Erfahrungen erworben hat. Die Helfer müssen innere Formeln besitzen, die Verhaltensweisen hervorrufen, von denen wir mit Sicherheit annehmen können, daß sie für Klienten, Schüler, Patienten oder Angestellte gut sein werden. Wir werden in allem, was wir tun, von den einfachsten bis zu den komplexesten Verhaltensweisen, von Wahrnehmungen gelenkt. Wir setzen den Fuß nicht auf den Zebrastreifen, wenn wir nicht glauben, daß die Autos anhalten. Ebenso werden die Art unserer Stimmabgabe, unsere Ansprüche an unsere Institutionen, selbst das, wofür wir zu kämpfen bereit sind, bestimmt durch unsere Ansichten über die Regierungsform, die wir für die erstrebenswerteste halten.

Es wird oft angenommen, die richtige Haltung gegenüber Verhaltensweisen sei eine kühl objektive. Diese Einstellung hat nach unserer Erfahrung im Umgang mit den materiellen Dingen unserer Welt sehr gut funktioniert, und man kann logischerweise annehmen, sie sei auch für andere Fälle und Probleme geeignet. Leider bringt uns eine solche Logik nur in Schwierigkeiten. Die Menschen richten sich in ihrem Verhalten einfach nicht nach dem kühlen und berechnenden Verstand, außer im

Hinblick auf Probleme, die ihnen unwichtig sind. So kommt es, daß der Psychologe in bezug auf Ihre oder meine Kinder objektiv sein kann, aber nicht in bezug auf seine eigenen. In den wichtigen Ereignissen des Lebens werden wir beherrscht von unseren Überzeugungen, unseren Wertvorstellungen, unseren Einsichten und von den Dingen, die wir für wichtig halten. Um sicherzustellen, daß die Praktiker der helfenden Berufe sich wirksam verhalten, muß man ihnen also während ihrer Ausbildung Gelegenheit geben, persönliche Maßstäbe zu entdecken, die ihnen als wirksame Leitlinie für das aktuelle, dem Augenblick gemäße Verhalten dienen kann, das im Lauf ihres Berufs von ihnen gefordert wird.

Das Dilemma zwischen dem Praktiker und dem Gelehrten

Diese Notwendigkeit, daß das professionelle Ausbildungsprogramm eine Veränderung in den persönlichen Überzeugungen des Studenten hervorruft, ebenso wie in dem, was er weiß, liegt am Grunde der Mißverständnisse, die oft zwischen Studenten und Professoren in Colleges der Künste und Wissenschaften einerseits und Studenten und Lehrenden in Fachschulen (professional schools) andererseits auftreten. Der einen Gruppe geht es in erster Linie um Wissen, der anderen um Verhalten. Der Gelehrte beobachtet also die Krankenschwester, den Lehrer, den beratenden oder klinischen Psychologen und ruft aus: »Das ist ja Mickymaus-Kram! Wie unwissenschaftlich kann man noch werden?« Die Praktiker andererseits schauen die Arbeit des Gelehrten an und rufen aus: »Was nützt diese Idee? Was soll's! Man stelle sich nur vor, wenn ich das mit meinem Patienten (oder Schüler oder Klienten) probieren würde!« Jeder betrachtet den anderen durch die Brille seiner eigenen Wertvorstellungen, Überzeugungen und Entscheidungen über das, was wichtig ist, und oft hat er am anderen etwas zu bemängeln. Dieser Zusammenbruch des Verständnisses zwischen Gelehrten und Praktikern wird manchmal sehr bitter. Er schafft auch Verwirrung bei dem Studenten, der sich dafür entschieden hat, einen helfenden Beruf zu ergreifen. All diese früheren Erfahrungen hat er gewöhnlich im pädagogischen Milieu gemacht, das tief verwurzelt ist in der Gelehrten-Tradition, wo der Erwerb von Wissen und Informationen das Hauptziel war. Wenn er aus einem Milieu dieser Art in ein professionelles Ausbildungsprogramm kommt, wird er den Übergang zu einem Programm vielleicht schwierig finden, in dem Überzeugungen, Wertvorstellungen und persönliche Bedeutungsinhalte betont werden, und wo er nicht nach dem beurteilt wird, was er *weiß*, sondern nach dem, was er *tun kann*.
Von beginnenden Studenten der helfenden Berufe kann man sogar die

Klage zu hören bekommen, sie »lernten nichts«, weil sie Stunden mit Beobachtungen, Versuchen und endlosen Gesprächen zubrächten. Sie glauben, nichts zu lernen, wenn ihnen nicht jemand etwas Neues sagt. Sie begreifen nicht, daß Überzeugungen, Wertvorstellungen und Absichten nicht durch Informierung allein erworben werden, sondern durch die persönliche Entdeckung dessen, was eine Information *bedeutet*. Einer der Autoren erinnert sich z. B., daß er vor fünfundzwanzig Jahren in einer Unterrichtsstunde bei Carl Rogers saß und in ein Notizbuch den Grundsatz schrieb: »Es ist unerläßlich, daß der psychotherapeutische Berater eine absolute Achtung vor der Würde und Integrität seines Klienten hat.« Noch heute, nach fünfundzwanzig Jahren, entdeckt er immer tiefere Bedeutungen dieses Gedankens. Ebenso ist es mit Überzeugungen. Auch sie sind Ergebnisse dessen, daß ein Individuum persönlich Bedeutungen entdeckt, und sie verschaffen den professionellen Helfern die inneren Formeln, die ihr spontanes Sich-Verhalten bestimmen.

Überzeugungen von Praktikern der helfenden Berufe

Eine Reihe von Untersuchungen der Wahrnehmungsorganisation von Praktikern der helfenden Berufe, die Combs, seine Kollegen und Studenten an der Universität von Florida durchgeführt haben, macht etwas deutlicher, welche Arten von Überzeugungen spezifisch mit wirksamer Arbeit in diesen Berufen verbunden sind[1]. In diesen Untersuchungen befaßte man sich mit den Anschauungs-Systemen von Lehrern, therapeutischen Beratern, Professoren, Krankenschwestern und Geistlichen der Episkopalkirche, und man fand in den Erkenntnisorganisationen der »guten« Praktiker aus all diesen Bereichen einen hohen Grad von Ähnlichkeit. Gute Praktiker in diesen Berufen haben offenbar gewisse Überzeugungen gemeinsam. Bei näherer Untersuchung dieser Überzeugungen haben die Forscher aus Florida fünf Hauptkategorien aufgestellt, in die man die Anschauungen tüchtiger Helfer einteilen kann. Die Ansichten der Helfer betreffen folgendes:

[1] Das Material auf dieser Seite und den restlichen Seiten des Kapitels stammt weitgehend aus dem Werk Florida Studies in the Helping Professions von A. W. Combs et al., University of Florida Social Science Monograph, Nr. 37 (University of Florida Press, Gainesville, Fla.) 1969. In dieser Monographie findet der interessierte Leser eine sehr stark erweiterte Erörterung der Theorie und Entwicklung dieses Untersuchungsansatzes gegenüber den helfenden Berufen und eine ausführlichere Beschreibung der zu seiner Erprobung entworfenen Methoden.

1. sein Fach
2. wie Menschen sind
3. ihn selbst (d. h. die Selbst-Auffassung des Helfers)
4. Absichten — die der Gesellschaft, seine eigenen und diejenigen, die mit seiner besonderen Aufgabe des Helfens zusammenhängen
5. Methoden der Bewältigung seiner Aufgabe.

Diese Kategorien sind beim heutigen Wissensstand keineswegs endgültig, aber wir wollen sie kurz untersuchen, weil sie anregende Wegweiser zu Bereichen menschlicher Erfahrung sind, die mit wirksamer Arbeit in den helfenden Berufen zusammenhängen.

1. Die Ansichten über sein Fach

Wir haben schon gesehen, daß ein helfender Beruf eine Tätigkeit ist, die irgendeine spezialisierte Art von Kenntnissen erfordert. Es versteht sich von selbst, daß ein tüchtiger professioneller Helfer in bezug auf sein Fach wohlinformiert sein muß. Wir haben auch schon bemerkt, daß bloßes Wissen nicht genug ist, um eine erfolgreiche professionelle Anwendung zu gewährleisten. Für wirksame professionelle Arbeit muß das Fachwissen dem Helfer so persönlich bedeutsam sein, daß es die Qualität einer Überzeugung hat. Wenn der Praktiker sich seinem Wissen nicht verpflichtet fühlt, kann man nicht darauf zählen, daß er sein Wissen anwendet, wenn es erforderlich ist. Selbst ein Einstein muß an seine Theorie *glauben*, um sie in die Praxis umsetzen zu können. Von der Lehrerin, die *weiß*, daß sich die Kinder in ihrer Klasse stark voneinander unterscheiden, diese wichtige Tatsache aber nicht *glaubt*, kann man nicht erwarten, daß sie so unterrichtet, als ob die Information überhaupt existiere. Gerade weil das Entdecken der Bedeutung von Informationen für die wirksame Ausbildung des professionellen Helfers so wesentlich ist, ist ein so großer Teil dieser Ausbildung der Diskussion, der Beobachtung, dem Experimentieren, den Praktika und verschiedenen Formen der klinischen Erfahrung gewidmet. Hier entdeckt er die persönliche Bedeutung des Wissens und wandelt es in Überzeugung um.

2. Wie sind die Menschen?

Zu den wichtigsten Vorstellungen bei der Entscheidung dessen, was wir als Angehörige der helfenden Berufe tun, gehören unsere Vorstellungen darüber, wie Menschen sind und warum sie sich so benehmen, wie sie es tun. Wenn ich glaube, ein Kind sei hungrig, werde ich es füttern. Wenn ich glaube, es sei einsam, werde ich mich seiner annehmen. Wenn ich meine, es habe Wissen nötig, werde ich es lehren. Wie wir uns als Helfer verhalten, ist von den besonderen Auffassungen abhängig, die wir von den Menschen und ihren Verhaltensweisen haben. Ob die Vorstellungen, dic wir von anderen Menschen haben, richtig oder falsch sind — sie beeinflussen unweigerlich unser Verhalten gegenüber den Menschen, wenn wir von ihnen überzeugt sind. Die Ziele, die wir uns in unseren Berufen setzen, die verwendeten Methoden, die Regeln, die wir aufstellen, selbst die Gebäude, die wir entwerfen, sind abhängig von unserem Verständnis vom Wesen der Menschen. Es ist daher von wesentlicher Bedeutung, daß professionelle Helfer sorgfältig untersuchen, was sie von den Menschen glauben, mit denen sie arbeiten.

Bei den oben erwähnten Untersuchungen in Florida waren gute Praktiker oder »Helfer« deutlich von schlechten zu unterscheiden — aufgrund einiger Ansichten, die sie von Menschen hatten. Diese Unterschiede zwischen den guten und den schlechten Helfern werden unten aufgeführt, wobei jeweils die Berufe genannt werden, für die jede Ansicht zutraf. Wenn eine Berufsbezeichnung fehlt, heißt das nicht, daß der Faktor für diesen Beruf nicht kennzeichnend ist — er wurde nur in diesen Untersuchungen nicht erfaßt.

Fähig — unfähig. Helfer sind der Ansicht, andere hätten die Fähigkeit, mit ihren Problemen fertigzuwerden. Sie glauben, Menschen könnten angemessene Lösungen für Ereignisse finden, im Gegensatz zum Zweifel an der Fähigkeit der Menschen, mit sich selbst und mit ihrem Leben umzugehen (Lehrer, Berater, Geistliche und Professoren).

Freundlich — unfreundlich. Helfer sehen andere Menschen als freundlich und intensivierend an. Sie betrachten sie nicht als bedrohlich für sich selbst; sie sehen Menschen als überwiegend wohlmeinend und nicht als böswillig an (Lehrer und Berater).

Wertvoll — wertlos. Helfer sehen andere Menschen nicht als wertlos, sondern als wertvoll an. Sie sind der Ansicht, andere Menschen besäßen eine Würde und Integrität, die man achten und erhalten müsse; sie sehen Menschen nicht als unwichtige Wesen an, deren Integrität man verletzen oder mißachten kann (Lehrer, Berater und Professoren).

Von innen — von außen her motiviert. Helfer sind der Ansicht, die Menschen und ihr Verhalten entwickelten sich hauptsächlich von innen her; sie glauben nicht, daß sie ein Produkt äußerer Ereignisse sind, das man formen und lenken muß; sie sehen Menschen eher als schöpferisch und dynamisch an, nicht als passiv oder träge (Lehrer und Professoren).

Zuverlässig — unzuverlässig. Helfer betrachten Menschen als überwiegend vertrauenswürdig und zuverlässig, was ihr Verhalten im Hinblick auf die Beachtung der Gesetze angeht. Sie sehen das Verhalten von Menschen nicht als launenhaft, unvorhersehbar oder negativ an, sondern als verstehbar (Lehrer, Berater und Professoren).

Helfend — behindernd. Helfer sehen andere Menschen nicht als behindernd oder bedrohlich für ihr eigenes Selbst an, sondern als potentiell erfüllend und intensivierend. Sie betrachten Menschen nicht als Ursache von Frustration und Mißtrauen, sondern als wichtige Quellen der Befriedigung (Lehrer).

Nach diesen Ergebnissen scheint es, als ob ein wichtiger Teil der Ausbildung des professionellen Helfers darauf gerichtet sein müsse, ihm dazu zu verhelfen, daß er sich eine klare, zusammenhängende und richtige Anschauung von der Natur des Menschen und von seinem Verhalten bildet.

3. Wie bin ich selbst?

In den helfenden Berufen ist der Einsatz des Selbst als Instrument erforderlich. Eine wirksame Tätigkeit erfordert persönliche Interaktion. Der Helfer muß die Fähigkeit haben, sich einerseits selbst mit anderen zu teilen, zugleich aber auch, außerordentliche Selbstdisziplin zu üben. Die Selbsthingabe, die in den helfenden Berufen erforderlich ist, ist wahrscheinlich nur in dem Grad möglich, in dem der Helfer selbst sich im Grunde erfüllt fühlt. Das zutiefst benachteiligte Selbst kann es sich nicht leisten, sich hinzugeben. Ein Selbst muß einen befriedigenden Grad von Zulänglichkeiten haben, bevor es verpflichtende Hingabe und Begegnung wagen kann. Die Aufgabe der professionellen Helfer ist abhängig davon, daß sie auf eine Art der Beziehung zu anderen eingehen. Aber man kann keine Beziehung zu einem Nichts haben. Tüchtige Helfer müssen jemand sein. Sie müssen genug persönliche Kraft haben, damit eine Anteilnahme möglich wird. Sie müssen selbst in der Lage sein, sich der Aufgabe gewachsen zu fühlen, mit dem Leben auf wirksame Weise fertigzuwerden.

Dieses gleiche Gefühl der persönlichen Zulänglichkeit ist auch notwendig für die andere Seite der Medaille — die Selbstdisziplin. Nur wenn sich ein Mensch im Grunde adäquat fühlt, kann er über sein Selbst hinausgehen und wirklich den Bedürfnissen anderer seine Aufmerksamkeit schenken. Menschen, die sich unzulänglich fühlen, können nicht die Zeit und die Mühe aufwenden, die nötig sind, um anderen zu helfen, solange sie sich selber benachteiligt fühlen. Eine Reihe von Psychologen, darunter die Autoren, haben sich eingehend um das Wesen der Selbstverwirklichung und der persönlichen Zulänglichkeit bemüht. Sie haben auf verschiedene Weise versucht, das Wesen der wirklich adäquaten, sich selbst verwirklichenden, voll funktionierenden Persönlichkeit zu definieren und einige der Merkmale dieser bemerkenswerten Menschen zu isolieren. In den

Untersuchungen der Universität von Florida über tüchtige Helfer zeigte sich auch, daß diese Merkmale mit wirksamer Hilfeleistung zusammen vorkamen.

Identifiziert — distanziert. Helfer fühlen sich eher mit anderen identifiziert als von ihnen distanziert. Der gute Helfer neigt dazu, sich als Teil der ganzen Menschheit zu sehen; er sieht sich als identifiziert mit anderen und nicht als zurückgezogen, entfernt, abgesondert oder entfremdet von anderen (Lehrer, Berater und Geistliche).

Adäquat — inadäquat. Helfer fühlen sich im Grunde eher adäquat als inadäquat. Der gute Helfer glaubt im allgemeinen zu genügen; er glaubt, das zu haben, was notwendig ist, um mit seinen Problemen fertigzuwerden (Lehrer und Berater).

Vertrauenswürdig — unzuverlässig. Helfer fühlen sich eher vertrauenswürdig als des Vertrauens unwürdig. Der gute Helfer hat Vertrauen zu seiner eigenen Struktur. Er betrachtet sich als im allgemeinen zuverlässig und als jemand, der potentiell mit Ereignissen fertigwerden kann. Dies steht im Gegensatz zu der Ansicht vom eigenen Selbst, die unsicher und voll von Zweifeln in bezug auf die Möglichkeiten und die Verläßlichkeit der eigenen Struktur ist (Lehrer).

Erwünscht — unerwünscht. Helfer sehen sich als willkommen und nicht als unerwünscht an. Der gute Helfer sieht sich als vorwiegend liebenswert, anziehend (in einem persönlichen Sinn, nicht notwendigerweise in seiner physischen Erscheinung), erwünscht und im allgemeinen fähig an, in den Leuten, die ihm wichtig sind, eine herzliche Reaktion auszulösen. Dies steht im Gegensatz zu dem Gefühl, unbeachtet, unerwünscht zu sein oder von anderen abgelehnt zu werden (Lehrer).

Wertvoll — wertlos. Helfer betrachten sich als wertvoll und würdig und nicht als wertlos. Ein guter Helfer sieht sich als einen Menschen von Bedeutung, mit Würde, Integrität und achtenswert, im Gegensatz zu einem Menschen von geringer Bedeutung, den man übersehen und übergehen kann und dessen Würde und Integrität man nicht zu beachten braucht (Lehrer).

Weil die Anschauungen vom eigenen Selbst so wichtig sind, befassen sich Ausbildungsprogramme für professionelle Helfer immer stärker mit dessen *Person.* So werden Sozialarbeiter und Berater ermutigt (manchmal verlangt man es auch von ihnen), im Lauf ihrer Berufsausbildung eine Art Lehranalyse zu machen. Ausbildungspläne für Lehrer, Aufsichtslehrer, Schulpsychologen und Krankenschwestern legen ebenfalls immer größeren Wert auf die Auswahl der persönlichen Eigenschaften der Menschen, die in diese Berufe eintreten.

Das Verhalten des Menschen ist immer zielgerichtet. Wie der professionelle Helfer vorgeht, hängt davon ab, was er für die Ziele jener hält, mit denen er arbeiten muß, die Ziele der besonderen Art von helfendem Beruf, in dem er tätig ist, und von seinen eigenen persönlichen und beruflichen Zielen in jedem gegebenen Augenblick. Jeder von uns benimmt sich immer dem gemäß, was ihm wichtig und angemessen erscheint. Einige der Ziele von Menschen, die in helfenden Berufen tätig sind, sind höchst spezifisch und hängen mit der besonderen Art der Hilfsfunktion zusammen, mit der sie sich befassen. Andere sind viel allgemeiner und scheinen einer Reihe helfender Berufe gemeinsam zu sein.

In den Untersuchungen tüchtiger Helfer, die man an der Universität von Florida durchgeführt hat, waren gute Helfer z. B. von schlechten aufgrund folgender Zielsetzungen zu unterscheiden:

Befreiend — beherrschend. Die Helfer sehen ihr Ziel nicht darin, Menschen zu beherrschen, sondern darin, sie zu befreien — d. h., der Helfer sieht den Zweck der Hilfsaufgabe im Beistand, in der Befreiung und Erleichterung; er sieht seine Aufgabe nicht im Steuern, Manipulieren, Zwingen, Blockieren oder Hemmen (Lehrer, Berater, Geistliche).

Große Probleme — kleine Probleme. Helfer neigen dazu, sich mehr um größere als um kleinere Probleme zu kümmern. Sie neigen dazu, eher einen weiten Blickwinkel als einen engen zu haben, wenn sie Ereignisse betrachten. Es geht ihnen mehr um die größeren Zusammenhänge und Auswirkungen von Ereignissen als um das Unmittelbare und Spezifische einer Angelegenheit. Sie kümmern sich nicht ausschließlich um Details, sondern können über das Nächstliegende hinaus die Zukunft einbeziehen (Lehrer und Berater).

Selbstoffenbarend — selbstverbergend. Helfer sind eher selbstoffenbarend als selbstverbergend. Sie sind bereit, ihr Selbst zu enthüllen. Sie können ihre Gefühle und Mängel als wichtig und bedeutsam behandeln und müssen sie nicht verstecken oder zudecken. Sie scheinen bereit, sie selbst zu sein (Lehrer und Berater).

Beteiligt — entfremdet. Helfer sind meistens in bezug auf die Menschen, mit denen sie arbeiten, engagiert und fühlen sich ihnen nicht fremd. Der Helfer sieht seine angemessene Rolle als eine Rolle der Hingabe an den Vorgang des Helfens und der Bereitschaft, in eine Interaktion einzutreten, im Gegensatz zu Trägheit oder Distanziertheit oder Ferne von der Interaktion (Lehrer und Geistliche).

Prozeßorientiert — zielorientiert. Helfern geht es mehr darum, Prozesse zu fördern als Ziele zu erreichen. Sie scheinen ihre angemessene Rolle

darin zu sehen, den Prozeß des Suchens und Entdeckens zu fördern und zu erleichtern, im Gegensatz zur Förderung oder dem Anstreben eines persönlichen Zieles oder einer vorher ausgedachten Lösung (Lehrer).
Altruistisch — narzißtisch. Helfer haben eher altruistische als narzißtische Ziele. Sie streben mehr danach, anderen Menschen zu helfen und beizustehen, anstatt ihre eigenen, persönlichen oder selbstsüchtigen Ziele anzustreben (Berater).

5. Wie man die Aufgabe anpackt

Die Ansichten des Helfers über geeignete Arten, seine Aufgabe anzupacken, scheinen einen wichtigen Einfluß auf den Grad der Wirksamkeit zu haben, mit der er seine helfende Rolle spielt. Diese Ansichten bestimmen, wie er sich seinem Klienten, Schüler oder Patienten annähert, sowie die besonderen Methoden, die er zur Erreichung seiner Ziele wählt. Bei den Untersuchungen in Florida ließen sich z. B. gute Helfer ganz deutlich von schlechten unterscheiden nach der Art ihrer Aufgabenorientierung, und zwar wie folgt:
Menschen — Dinge. Der Grund-Ansatz des Helfers ist mehr auf Menschen gerichtet als auf Dinge — d. h. seine Orientierung richtet sich auf das Menschliche und nicht auf Gegenstände, Ereignisse, Regeln, Vorschriften und dergleichen (Lehrer, Berater und Geistliche).
Durch Beobachtung — durch objektive Fakten. Erfahrene Praktiker nähern sich ihren Klienten mit Vorliebe subjektiv und phänomenologisch. Sie geben mehr auf die Wahrnehmung und Erfahrung als auf die objektiven Fakten (Berater und Lehrer).

Der Zweck dieses Buches

Wie man ein professioneller Helfer wird, ist eine rein persönliche Angelegenheit. Wie man sein Selbst als wirksames Werkzeug benützt, läßt sich nicht aus Büchern lernen — es ist eine Frage des persönlichen Entdeckens, eine Frage des *Werdens.* Wie man ein Helfer wird, ist nicht so sehr eine Frage des Lernens, *wie* man lehrt, pflegt, berät, sondern vielmehr eine Frage des Lehrer-, Krankenschwester- oder Berater-*Werdens.* Ein Wachsen der persönlichen Sinngehalte und die einzigartige Entwicklung des eigenen Systems von Überzeugungen des Helfers sind notwendig. Einige der Überzeugungen, die dazu führen, daß ein Mensch zum Helfer wird, sind so persönlich, daß eine Unterweisung von außen für den Helfer nur von geringem Wert ist. Andere erfordern eine Interaktion mit der Welt der Ideen, und hier kann ein Buch hilfreich sein.

Wir haben oben fünf Bereiche von Überzeugungen und Erkenntnissen erwähnt, die für eine wirksame Arbeit des professionellen Helfers nötig sind. Dieses Buch befaßt sich vorwiegend mit dem zweiten Bereich — mit der Frage, wie Menschen sind, und warum sie sich so verhalten, wie sie es tun. Dies ist eine Frage, die für alle helfenden Berufe grundlegend ist. Es ist auch ein Gebiet, wo die von der Psychologie angesammelten Erkenntnisse zur Entwicklung des professionellen Helfers einen wichtigen Beitrag leisten können. Die Autoren haben sich gefragt: »Welches sind die wichtigsten und nützlichsten Ideen über Menschen und ihr Verhalten, die die Psychologie zu bieten hat und die für Menschen in helfenden Berufen nützlich sein könnten?« Sie werden auf den folgenden Seiten dargestellt. Einige der Ideen, die im vorliegenden Buch entwickelt werden, können dem Leser möglicherweise auch helfen, seine Ansichten über sich selbst, seine Ziele und vielleicht auch über seine Methoden und sein Fach zu formulieren. Im großen ganzen müssen jene Erkenntnisse an anderen Orten, auf andere Weise und mit anderen Leuten gewonnen werden.

Ausgewähltes Schrifttum

Sterne bedeuten teilweisen oder vollständigen Abdruck in: Donald L. Avila, Arthur W. Combs, und William W. Purkey, The Helping Relationship Sourcebook (Boston: Allyn & Bacon, 1971).

* Arkoff, A., Some workers in improvement, adjustment and mental health, New York (McGraw Hill), 1968, S. 284—307.

Carkhuff, R. R. und Berenson, B. G., Beyond counseling and therapy, New York (Holt, Rinehart & Winston) 1967.

* Combs, A. W. et al., Florida studies in the helping professions, (University of Florida Social Science Monograph, No. 37) University of Florida Press, Gainesville, Fla. 1969.

Combs, A. W. und Soper, D. W., Perceptual organization of effective counselors, Journal of Counseling Psychology (1963), 10, 222—226.

Fiedler, F. E., The concept of an ideal therapeutic relationship, Journal of Consulting Psychology (1950) 14, 239—245 (b).

Frymier, J. R., Professionalism in context, Ohio State Law Journal (1965), 26, 53—65 (a).

* Rogers, C. R. The characteristics of a helping relationship, Personnel and Guidance Journal (1958) 37, 6—16.

Rogers, C. R., Entwicklung der Persönlichkeit, Stuttgart (Ernst Klett) 1973.

2

Zwei Ansichten vom Verhalten

Im Lauf der gesamten Menschheitsgeschichte waren die Methoden, die der Mensch im Umfang mit anderen Menschen verwendete, die unvermeidliche Folge seiner Ansichten vom Wesen des Menschen. Menschen, die sich für die »Auserwählten« hielten, während andere »unwichtig« waren, versklavten oft ihre Nachbarn und behandelten sie als Untermenschen. Als man glaubte, Geisteskrankheiten seien die Folge von »Teufelsbesessenheit«, waren die zur Heilung solcher Zustände entwickelten Methoden unglaublich grausam; sie sollten »den Teufel austreiben«. Welche Ansichten die Menschen auch über die Natur des Menschen gehabt haben, sie haben immer die Art bestimmt, wie sie mit anderen umzugehen versuchten. Wir brauchen uns bloß umzusehen, um zu beobachten, wie verschiedene Menschen mit Kindern umgehen, je nachdem, ob sie sie als »entzückend«, »freundlich«, »bereitwillig«, »widerspenstig«, »faul«, »hinterlistig« oder »dumm« ansehen. Es macht sehr viel aus, was wir von anderen Menschen denken.

Die helfenden Beziehungen, die wir herzustellen versuchen, sind ebenfalls von dem abhängig, was wir vom Wesen jener glauben, mit denen wir zu tun haben. Falsche Vorstellungen vom Wesen der Menschen führen fast mit Sicherheit zu Unwirksamkeit und Durcheinander, wenn wir mit ihnen arbeiten. Sie können sogar zum Scheitern führen. Um wirksame und brauchbare helfende Beziehungen zu schaffen, müssen wir uns mit den besten und genauesten Kenntnissen über den Menschen, die nur irgendwie erreichbar sind, vertraut machen.

In den Frühzeiten stammten unsere Vorstellungen vom Wesen des Menschen und von seinem Verhalten aus Volksweisheit und Tradition. Später wurden sie weitgehend nach philosophischen oder theologischen Quellen geformt. In neuerer Zeit haben wir gelernt, die Methoden von Wissenschaften wie Psychologie, Anthropologie und Soziologie anzuwenden, die dazu bestimmt sind, die Natur des menschlichen Verhaltens in allen Arten von Umwelt zu erforschen. Infolge dieser Untersuchungen haben es die Psychologen gelernt, das menschliche Verhalten im Rahmen zweier weitgefaßter Bezugssysteme zu betrachten. Der Ausdruck »Bezugssystem« wird verwendet, um die Grundstellung zu bezeichnen, von der aus man bei der Entwicklung einer wissenschaftlichen Theorie Beobachtungen macht. Zwei davon sind bei der Untersuchung menschlicher Verhaltensweisen heute weit verbreitet. Eine hat man das »Vorgehen von außen her« (external approach) genannt, weil sie ihre Menschenbeobachtung vom Standpunkt eines Außenstehenden aus macht, eines Menschen, der dem Vorgang zusieht. Man hat dies auch als »das objektive Bezugssystem« bezeichnet. Dies ist der Ansatz, den die meisten von uns im Alltagsleben benützen, wenn wir das Verhalten der Menschen in unserer Umgebung beobachten. Es ist auch das Bezugssystem zur Beobachtung von Verhaltensweisen, das seit den neunziger Jahren des 19. Jahrhunderts von den Psychologen am meisten verwendet wird. Damals begann die Psychologie, die Methoden der Naturwissenschaften auf die Erforschung des menschlichen Verhaltens anzuwenden.

In neuerer Zeit haben Sozialwissenschaftler immer häufiger ein zweites Bezugssystem angewandt. Man nennt es das »Vorgehen von innen her«, weil es versucht, nicht wie ein Außenstehender zu verstehen, sondern vom Standpunkt dessen aus, *der sich so oder so verhält.* Es kümmert sich um die eigene einzigartige Erfahrung des Menschen von sich selbst und der Welt um ihn her. Aus diesem Grund nennt man es manchmal auch das phänomenologische Bezugssystem.

Einige Sozialwissenschaftler haben im Rahmen des Bezugssystems Untersuchungen durchgeführt und Theorien entwickelt, die von außen her vorgehen; andere haben das Vorgehen von innen her vorgezogen. Beide Gruppen haben uns wichtige Informationen über das menschliche Verhalten verschafft, und beide haben zur Lösung einiger unserer menschlichen Probleme wichtige Beiträge geleistet. Die Anhänger des einen oder des anderen dieser Bezugssysteme vertreten ihren Standpunkt oft mit solchem Nachdruck und soviel Entschlossenheit, daß man den Eindruck bekommen könnte, das eine sei richtig und das andere falsch. Ein Bezugssystem ist jedoch niemals richtig oder falsch. Es ist einfach nur eine bequeme Einrichtung. Beobachtungen unter irgendeinem Blickwinkel können für diesen Blickwinkel völlig richtig sein. Sie können jedoch zu ganz verschiedenen Folgerungen oder Ergebnissen führen. Wenn z. B. der Bauer den Wetterbericht hört: »Starke Schauertätigkeit am Nachmittag« und sagt: »Gut! Das ist genau das, was wir brauchen!«. So kann der gleiche Wetterbericht für die Kinder, die ein Picknick planen, eine Enttäuschung sein, eine Katastrophe aber für den Manager eines Baseballteams oder für einen Schausteller. Alle diese Menschen sehen das Ereignis verschieden, aber keiner sieht es falsch. Theorien oder Bezugssysteme sind nur den Problemen, mit denen wir fertig werden müssen, mehr oder weniger angemessen. Jedes hat seine einzigartigen Vorteile und Nachteile, seine Möglichkeiten und Grenzen, und jedes ist mehr oder weniger brauchbar, um uns bei der Bewältigung praktischer Verhaltensprobleme zu helfen.

Psychologie von Reiz und Reaktion

Innerhalb des »äußeren Bezugssystems« sind in der amerikanischen Psychologie zwei große Bewegungen entstanden. Die erste und noch am weitesten verbreitete ist die Psychologie von Reiz und Reaktion, die von ihren verschiedenen Anhängern auch behavioristische oder objektive Psychologie genannt wird. Unter diesem Blickwinkel wird die Erklärung für Verhaltensweisen in den Reizen gesucht, denen der Organismus unterworfen ist. Diese Art, Verhaltensweisen zu betrachten, ist uns allen vertraut. Wir können überall Beispiele dafür sehen. Der Verkehr steht still, wenn das Licht der Verkehrsampel wechselt. Wir essen, wenn uns das Essen hingestellt wird. Wir schütteln dem Freund die Hand, der sie ausstreckt. Dies sind einfache Beispiele für die Wirkungsweise des Prinzips »Reiz-Reaktion«. Diese Art der Betrachtung menschlichen Verhaltens hat auf alle Aspekte unseres Lebens enormen Einfluß ausgeübt. Das Prinzip »Reiz-Reaktion« gehört ebenso zu uns wie das Atmen. Wir lernen sehr früh, daß wir oft Menschen beherrschen und ihr Verhalten nach unseren Wünschen steuern können, indem wir sie dem geeigneten Druck oder einer zweckdienlichen Schmeichelei aussetzen. Dies gilt ebenso für Einzelmenschen wie für Nationen. Das Reiz-Reaktion-Schema ist die Methode, die wir im Umgang mit Freunden und Verwandten am häufigsten benützen. Es wird auch in Werbung und Verkauf, bei der »freundlichen Überredung« und bei mehr oder weniger verhüllten Techniken von Drohung und Machtausübung angewendet. Behavioristisch orientierte Psychologen gründen ihre Untersuchungen auf das gleiche Prinzip. Sie legen ihre Forschungsunternehmungen jedoch mit sehr viel mehr Steuerung und Sorgfalt an als der Mann auf der Straße; sie widmen ihre Aufmerksamkeit der Erforschung des Wesens und der Bedingungen der Beziehung zwischen Reiz und Reaktion sehr eingehend und differenziert. Aus diesem Studium sind Erkenntnisse über das menschliche Verhalten hervorgegangen, die für jeden Aspekt der heutigen Gesellschaft sehr bedeutsam sind. Eine derartige Betrachtung kann auch für die Arbeit in den helfenden Berufen recht nützlich sein.

Der Beitrag der Psychoanalyse

Innerhalb des objektiven Bezugssystems entstand durch den Einfluß Sigmund Freuds eine zweite große Bewegung des psychologischen Denkens. Wahrscheinlich hat kein anderer einzelner Mensch einen so tiefgreifenden Einfluß auf die heutige Psychologie ausgeübt wie er. Freud und seine

Zeitgenossen — später seine Schüler — entwickelten eine Theorie, die als Psychoanalyse bekannt ist. Diese zweite große Kraft innerhalb des »äußeren Bezugssystems« hat unser Verständnis des Reizes und seiner Wirkungen auf das Individuum in dreierlei Hinsicht unendlich erweitert:

1. Genetisches Prinzip. Freud und seine Anhänger zeigten, wie wichtig die Vorgeschichte des Individuums für die Bestimmung seines gegenwärtigen Verhaltens ist. Sie sagten, um Verhaltensweisen zu verstehen, sei es notwendig, nicht nur die Reize zu erfassen, denen ein Mensch laufend ausgesetzt ist, sondern auch all jene Reize, die seit seiner Empfängnis auf ihn eingewirkt haben. Die Vorstellung, daß jeder von uns das Produkt all seiner früheren Erfahrung ist, ist uns heute selbstverständlich. Als der Gedanke jedoch entwickelt wurde, hatte er eine ungeheure Wirkung auf das Verständnis des Menschen, insbesondere in bezug auf unsere Ansichten vom Wachstum und der Entwicklung der Kinder, der Verantwortung der Eltern und von den Zielen und Verfahren der psychologischen Behandlung.

2. Wirkungen innerer Reize. Ein zweiter Hauptbeitrag der psychoanalytischen Bewegung war der Umstand, daß sie auf die inneren Reize aufmerksam machte, die das Verhalten beeinflussen. Freud und seine Schüler wiesen darauf hin, daß die Menschen sich nicht nur gemäß den Reizen verhalten, die von außen auf sie eindringen. Einige unserer wichtigsten Verhaltensweisen, sagten sie, sind eine Folge von Reizen, die aus dem Inneren des Menschen selbst kommen. Dazu gehören Reize wie menschliche Wertvorstellungen, Wünsche, Bedürfnisse und Begierden. Andere menschliche Verhaltensweisen sind die Folge von Bedürfnissen nach Nahrung, Wasser, Wärme, Zärtlichkeit und sexueller Befriedigung. Die Erörterung dieser Angelegenheiten hatte zu der Zeit, als sie in Gang kam, eine ungeheure Wirkung auf die Ansichten vom menschlichen Verhalten. Tatsächlich waren die gelassene Art, in der Freud und seine Kollegen die Frage besprachen, welche Bedeutung die Sexualität im menschlichen Verhalten habe, und die Offenheit, mit der sie darüber sprachen, so schockierend und verursachten eine so große Aufregung in der prüden Gesellschaft jener Tage, daß selbst heute noch viele Leute kaum wissen, daß Freud jemals irgendwelche anderen Beiträge geleistet hat.

3. Unbewußte Reize. Ein dritter großer Beitrag der psychoanalytischen Bewegung war die Tatsache, daß sie auf die Bedeutung »unbewußter« Reize für die Bestimmung des Verhaltens aufmerksam machte. Die Psychoanalytiker wiesen darauf hin, daß nicht alle Reize, auf die das Individuum reagiert, entweder von außenstehenden Beobachtern oder vom Individuum selbst deutlich wahrgenommen werden können. Vieles von dem, was das Verhalten beeinflußt, existiert auf einer so niedrigen Ebene des Gewahrseins, daß ein Mensch vielleicht nicht in der Lage ist, davon zu berichten, wenn man ihn dazu auffordert. So könnte nach der psychoanalytischen Theorie die unvernünftige Angst eines Erwachsenen vor Hunden das Ergebnis eines so traumatischen Erlebnisses mit einem Hund in der Kindheit sein, daß er völlig unfähig ist, es sich heute in Erinnerung zu rufen. Jeder hat viele solche Vorstellungen, die er, wenn man ihn dazu auffordert, nicht nennen kann, die aber trotzdem wichtige Einflüsse auf sein Verhalten ausüben. Wir haben das Konzept vom Unbewußten so vollständig in unsere Gedanken über das menschliche Verhalten eingegliedert, daß es uns heute als eine »offenkundige« Tatsache des Lebens erscheint. Es ist trotzdem ein wichtiges Prinzip, das die Arbeit von professionellen Helfern zutiefst berührt.

Wenn wir hier auch von der Psychologie von Reiz und Reaktion und von der Psychoanalyse als von zwei großen Bewegungen im »äußeren Bezugssystem« gesprochen haben, sollte niemand glauben, daß diese Denkrichtungen »rein« vorkommen. Es gibt in Wirklichkeit unter den Psychologen, die im Rahmen des »äußeren Bezugssystems« arbeiten, sehr viele Anschauungen. Manche neigen zu einer auf dem Schema »Reiz-Reaktion« aufgebauten Anschauung, andere zur psychoanalytischen, und andere zu verschiedenen Kombinationen dieser Anschauungen. Alle Psychologen aber, die das von außen her betrachtende Vorgehen anwenden, nehmen die Stellung des Außenstehenden als ihr Bezugssystem für die Verhaltensbeobachtung. Sie interpretieren Verhalten als Folge der Kräfte, die auf das Individuum einwirken. Der größte Teil ihrer Bemühungen ist darauf ausgerichtet, diese Kräfte aufzuspüren und das Wesen ihrer Einwirkung zu verstehen. Ihre Folgerungen gründen sich auf sorgfältige objektive Beobachtung und auf die Manipulation der Kräfte, die auf ihre Versuchspersonen wirken. Im Lauf der Jahre haben die Psychologen gelernt, diese Art von Beobachtung mit großer Genauigkeit durchzuführen, und sie haben sich sinnreiche Maßnahmen ausgedacht, um diese Genauigkeit sicherzustellen. Ihre Arbeit hat eine umfangreiche Literatur hervorgebracht, die es uns ermöglicht hat, das Wesen des Menschen und sein Verhalten zu verstehen. Diese Literatur ist sehr nützlich, denn sie kann uns helfen, Lösungen für menschliche Probleme zu finden. Wie jedes Bezugssystem hat sie ihre einzigartigen Anwendungsmöglichkeiten und ihre besonderen Vorteile und Grenzen. Bevor wir uns diese näher ansehen, wollen wir kurz das »innere Bezugssystem« betrachten.

Die humanistische Bewegung

In den letzten Jahren ist in der amerikanischen Psychologie eine dritte große Bewegung entstanden. Man nennt sie die »humanistische Bewegung« oder manchmal die »dritte Kraft«. Sie ist eine Psychologie, die sich zutiefst für das eigene Erleben des Menschen, für sein inneres Leben, interessiert. Sie versucht, das Wesen der Gefühle, Einstellungen, Überzeugungen, Auffassungen, Ziele, Wünsche, Liebes- und Haßempfindungen und Wertvorstellungen des Menschen zu verstehen. Da es gerade diese Qualitäten sind, die uns auf einzigartige Weise menschlich machen, hat man diese Psychologie als »humanistische Bewegung« bezeichnet. Da Gefühle, Wertvorstellungen, Überzeugungen und Ziele im Menschen stecken und der direkten Beobachtung durch Außenstehende nicht zugänglich sind, müssen Psychologen, die sich mit diesen Dingen beschäftigen, in ihrer Arbeit vom »inneren Bezugssystem« ausgehen, das man auch das »phänomenologische« Bezugssystem nennt.

Zur Zeit herrscht in der humanistischen Bewegung großes Durcheinander, denn die in diesem Bereich arbeitenden Psychologen wählen für sich eine verwirrende Vielfalt von Bezeichnungen. Dies geschieht oft, wenn ein neuer Aspekt auftaucht. Während Gelehrte mit sehr verschiedenen Grundlagen und Erfahrungen den Gegenstand erforschen, schaffen sie ihr eigenes Vokabular und ihre eigenen Begriffe. So nennen sich in der humanistischen Bewegung arbeitende Psychologen manchmal Transaktionalisten, Personalisten, Phänomenologen, Selbst-Psychologen, Humanisten, Existentialisten oder Perzeptualisten. Wie sie sich auch nennen mögen, sie haben alle viel gemeinsam. Alle bemühen sich in größerem oder geringerem Maß, Verhaltensweisen so zu verstehen, wie der Sich-Verhaltende selbst sie erlebt.

Die humanistische Psychologie ist weitgehend das Produkt von Angehörigen der angewandten Psychologie — von Menschen, die auf die eine oder andere Weise mit der Praxis der Psychologie befaßt sind. Die meisten Personen, die ihre Beiträge zur humanistischen Psychologie geleistet haben, stammen aus den Reihen der Sozialarbeiter, Lehrer, Berater, der klinischen oder Kinderpsychologen und der Psychiater. Der Einfluß dieser Praktiker auf die humanistische Psychologie ist so groß gewesen, daß man sie manchmal die »Praktiker-Psychologie« genannt hat. Wie wir in diesem ganzen Buch sehen werden, hat diese Psychologie besondere Bedeutung für die Arbeit jener, die in den helfenden Berufen tätig sind.

Die Autoren dieses Buches betrachten sich als Humanisten, und die besondere Richtung dieser Bewegung, mit der sie verbunden sind, nennt sich »Wahrnehmungspsychologie« (perceptual psychology). Dieser Zweig der Psychologie versucht, das menschliche Verhalten durch die Prozesse der Wahrnehmung zu verstehen — wie die Dinge dem Sich-Verhaltenden im Augenblick des Handelns erscheinen. Es ist eine Psychologie, die das Verhalten »durch das Auge des Wahrnehmenden« betrachtet, unter dem Blickwinkel des eigenen Erlebens des Menschen. Der wahrnehmungspsychologische Standpunkt ist von Combs und Snygg in einem anderen Werk: *Individual Behavior* ausdrücklich dargestellt worden[1]. Kurz gesagt: Die Wahrnehmungspsychologie steht auf dem Standpunkt, alles Verhalten sei eine Funktion der Wahrnehmungen, die bei jedem Individuum im Augenblick seines Verhaltens bestehen, insbesondere der Wahrnehmungen, die es von sich selbst und von der Welt hat, in der es handelt. Jeder von uns tut in jedem Augenblick das, was ihm in diesem Augenblick angebracht erscheint. Wenn das Wesen der Wahrnehmungen verstanden wird, wird selbst das merkwürdigste Verhalten verständlich.

Es ist keine weltbewegende Idee, daß die Menschen sich gemäß dem verhalten, wie die Dinge ihnen erscheinen. Es ist offen ersichtlich. Trotzdem ist der Umstand, daß Menschen überall diese »offensichtliche« Tatsache nicht begreifen, verantwortlich für viele Mißverständnisse, viel Fehlanpassung, viele Konflikte und viel Einsamkeit. Wir empfinden unsere Selbst- und Weltwahrnehmung so vollständig als real, daß wir sie nur sehr selten in Frage stellen. Wir nehmen die Art, wie die Dinge uns erscheinen, für die Art, wie die Dinge *wirklich sind*, und wir verhalten uns entsprechend. Überdies neigen wir dazu, wenn andere nicht mit uns übereinstimmen, voreilig zu schließen, sie seien entweder schrecklich dumm oder sie wollten absichtlich nicht die Wahrheit sehen, nur um uns in Verlegenheit zu bringen oder uns ins Unrecht zu setzen. Was wir bei uns selbst als »Feste Überzeugung« ansehen, sehen wir vielleicht bei jemand anders als Vorurteil. John Wilkes Booth schrieb, nachdem er Präsident Lincoln erschossen hatte: »Ich habe nicht nach Größe gestrebt. Nachdem man mich durch Sümpfe und Wälder gejagt hat, naß, kalt und

[1] Eine ausführlichere, systematische Darstellung der an der Wahrnehmung orientierten Psychologie findet der interessierte Leser in: Combs, A. W. und Snygg, D. Individual Behavior: A Perceptual Approach to Behavior, New York (Harper & Bros.) 1959.

hungrig, wo jeder seine Hand gegen mich erhob, bin ich nun hier in Verzweiflung. Und warum? ... Ich habe niemals jemand gehaßt und niemand Unrecht getan.« Noch auf dem Totenbett konnte er sagen: »Sagt meiner Mutter ... ich bin für mein Land gestorben.« *Die Realität ist für jeden Menschen* das, als was sie ihm erscheint. Daß wir diesen Umstand nicht vollständig begreifen können, ist wahrscheinlich der wichtigste Grund für Zusammenbrüche der Kommunikation und die Ursache von vielen Konflikten und viel menschlichem Elend.

Nach Ansicht der Wahrnehmungspsychologie ist das Verhalten des Individuums eine Funktion all jener Wahrnehmungen, die in einem gegebenen Augenblick für das Individuum existieren. Das Wort »Wahrnehmung« wird in diesem Sinn von Psychologen so gebraucht, daß es mehr bedeutet als »sehen«. Es bezieht sich vielmehr auf »bedeuten«, auf die eigenartige Bedeutung, die ein Ereignis für den Menschen hat, der es erlebt. In diesem Sinn wird das Verhalten eines Menschen in jedem beliebigen Augenblick als direkte Folge des Feldes von Bedeutungen verstanden, die für ihn in diesem Augenblick existieren. Das bedeutet nicht, daß alle das Verhalten beeinflussenden Wahrnehmungen dem Sich-Verhaltenden so klar sind, daß er jemand anders auf Befragen über sie Auskunft geben könnte.

In jedem Augenblick enthält das Wahrnehmungsfeld des Individuums einige Wahrnehmungen, die sich deutlich von allen anderen unterscheiden, und auf die sein Verhalten gerichtet ist. Zugleich sind in seinem Wahrnehmungsfeld noch viele andere Wahrnehmungen, die ihm verschieden stark bewußt sind — von den sehr klar umrissenen im Kern seiner Aufmerksamkeit bis hin zu jenen Wahrnehmungen, die so vage und undifferenziert sind, daß der Mensch uns nichts über sie sagen könnte, wollten wir ihn fragen. Dies klingt sehr ähnlich wie das Freudsche Konzept vom bewußten und unbewußten Gewahrsein. In gewissem Sinn ist es das auch; aber die Wahrnehmungspsychologen ziehen es vor, nicht von »bewußt« und »unbewußt« zu sprechen, weil man dadurch den Eindruck von zwei deutlich unterschiedenen Zuständen bekommt und nicht von verschiedenen Ebenen des Gewahrseins mit verschiedenen Graden der Deutlichkeit.

Wenn man im Rahmen des »inneren Bezugssystems« das Verhalten von Menschen verstehen will, muß man herausbekommen, wie ihnen die Dinge erscheinen, besonders, wie die Menschen sich selbst und die Welt sehen, mit der sie es zu tun haben. Für die der Mittelschicht angehörende Lehrerin mittleren Alters und für den zehnjährigen Schuljungen aus dem Proletarierviertel ist die Welt nicht die gleiche. Auch aus der Sicht des Arbeitgebers und des Arbeitnehmers, der Krankenschwester und des Patienten, des Beraters und seines Klienten, der Eltern und des Kindes sind die Dinge verschieden; ebenso aus der Sicht des Georgi Schliapnikoff, des Maurers aus Nischnij-Novgorod an der Wolga in Rußland und der des George Jackson, Maurer in Kansas City am Missouri in den USA.

Vorteile des Vorgehens von außen her

Eine nützliche Ansicht über die Ursachen

Jedes Bezugssystem, ob von innen oder von außen her betrachtend, führt zu verschiedenen Auffassungen von den Ursachen des Verhaltens, ebenso zu verschiedenen Arten des Vorgehens bei der Aufgabe, Menschen zu helfen. Von außen her gesehen, wird das Verhalten als Ergebnis der auf das Individuum heute und aus der Vergangenheit durch die Vorgänge des Lernens oder der Konditionierung einwirkenden Kräfte verstanden. Die Beiträge, die diese Art der Betrachtung menschlichen Verhaltens geleistet hat, sind unermeßlich für jeden Aspekt unserer Gesellschaft. Um wirksam mit den sozialen, politischen und humanitären Aktivitäten der Welt, in der wir leben, umzugehen, brauchen wir die Erkenntnisse über die Beziehungen zwischen Menschen und ihrer Umwelt, die die objektive Psychologie liefert. Es ist wichtig, das Wesen der Kräfte zu kennen, die auf Menschen wirken, und die Art von Handlungen, die diese Kräfte wahrscheinlich auslösen. Derartige Informationen liefern die Grundlagen für unsere Versuche, als einzelne, als Gruppen, Institutionen oder Regierungen die menschlichen Angelegenheiten zu beherrschen und zu steuern. Die Dinge, die wir zur Lösung der Lebensprobleme zu tun beschließen — ob es um soziale Interaktion, Probleme von Arbeitnehmern und Arbeitgebern, Kaufen und Verkaufen, Verkehrslenkung oder tausend andere Situationen in unserer Gesellschaft geht —, werden bestimmt durch das, was wir aus der Beobachtung der Menschen und ihres Verhaltens gelernt haben. Diese Beobachtungen können Wissenschaftler in Versuchen machen oder sie können durch den Augenschein unserer eigenen täglichen Beobachtungen gewonnen werden.
Die genetische Betrachtung der Ursachen hat uns mit Erklärungen geholfen, wie Menschen so *geworden* sind, wie sie sind. Sie sagt uns z. B.: »Dieses Kind ist schwierig, weil es von seinen Eltern abgelehnt worden ist.« »Dieser Arbeiter ist faul, weil die Gewerkschaft seinen Wunsch, eine volle Tagesarbeit zu leisten, untergraben hat.« »Dieser Mann hat Angst, weil er sich nie vom Schürzenzipfel seiner Mutter gelöst hat.« »Diese Frau versucht immer noch, über ein gebrochenes Herz hinwegzukommen.« »Der Grund für das Versagen dieser Kinder liegt darin, daß sie in einer Situation kultureller Entbehrung aufgewachsen sind.«

Durch sorgfältige Beobachtung der Wirkung von Kräften auf Menschen gewinnen wir wichtige Erkenntnisse über die Dynamik von Wachstum und Veränderung. Diese wiederum liefern uns die Hinweise, die wir brauchen, um menschliche Schicksale wirksamer zu lenken und zu ordnen. Wenn wir wissen, wie Kinder lernen, können wir sie wirksamer lehren. Wenn wir die Wirkungen schlechter Wohnverhältnisse kennen, können wir bessere Städte entwerfen. Wenn wir die Faktoren begreifen, die zur Delinquenz oder Psychose beitragen, können wir Wege finden, sie in Zukunft zu verhindern. Wenn wir wissen, was Menschen wütend macht, können wir nach Möglichkeiten suchen, ihnen zu einem friedlichen Leben zu verhelfen.

Folgerungen fürs Handeln

Eine Ansicht über die Ursachen des Verhaltens liefert uns nicht nur Erklärungen. Sie weist den Weg zu Methoden, mit dem Verhalten umzugehen. Das äußere Bezugssystem beginnt mit der Überzeugung, daß Verhalten die Folge der Reize ist, die auf das Individuum einwirken. Dies führt ganz natürlich zu Methoden, mit Menschen durch die Manipulation von Kräften umzugehen, die auf sie wirken. Das wird gewöhnlich durch die Anwendung von Techniken von Belohnung und Bestrafung bewerkstelligt, wie z. B. wenn wir versuchen, Kinder mit Eiskrem zu motivieren oder wenn man den Sündern mit Hölle und Verdammnis droht. Dies ist ein wichtiger Punkt für Angehörige der helfenden Berufe. Wenn die Methoden, die Menschen sich aussuchen, um anderen zu helfen, von ihren Ansichten über Kausalität abhängen, ist es für die Helfer angebracht, sich ganz klar darüber zu sein, aufgrund welches Bezugssystems sie an ihre beruflichen Probleme herangehen.

Anwendung auf Massenprobleme

Einer der besonderen Vorzüge der Verhaltensbetrachtung unter dem Blickwinkel von Reiz und Reaktion ist ihre Anwendbarkeit auf Massenprobleme. Wenn man objektiv vorgeht, kann man mit oder ohne Kooperation der Untersuchten Daten erheben. Die einmal erhobenen Daten können in großen Mengen angesammelt werden, man kann sie auf unendlich viele Arten speichern und manipulieren. Dies ermöglicht die Behandlung von Verhaltensaspekten bei großen Gruppen von Menschen. Es kann uns z. B. helfen, Millionen von Männern zum Militär einzuziehen und sie rasch auf die Tausende von Aufgaben zu verteilen, die notwendig sind, um einen Militärapparat in Gang zu setzen und in Gang zu halten. Oder es kann uns helfen, aus fünftausend Anträgen eintausend Studenten auszuwählen, die sich um den Eintritt ins College bewerben. Es kann uns sagen, »wie die Chancen stehen«, daß das eine oder das andere Ereignis eintritt, wenn wir dies oder das tun. Solche Wahrscheinlichkeiten machen eine Vorhersage möglich und liefern uns so brauchbare Leitlinien für unser Handeln. Das kann natürlich nicht mit absoluter Zuverlässigkeit geschehen, und einige Individuen werden immer falsch klassifiziert. Wenn man es mit Massen zu tun hat, ist dies ein Teil des Preises, den wir bezahlen müssen. Die Vorhersage menschlichen Verhaltens ist keine leichte Aufgabe, und wir brauchen jede Hilfe, die wir bekommen können.

Wir verdanken dem Ansatz, der sich des äußeren Bezugssystems bedient, sehr viel für das Verstehen des Verhaltens. Wir leben so eng mit ihm zusammen und benützen ihn so automatisch in unserem Alltagsleben, daß wir gewöhnlich gar nicht bemerken, daß er als Bezugssystem vorhanden ist. Er ist jedoch da und gibt unserem Denken und Tun als Einzelbürger eine Richtung, ob wir es bemerken oder nicht. Beim Praktiker eines helfenden Berufes genügt dies nicht. Menschen, die es auf sich nehmen, anderen zu helfen, können es sich nicht erlauben, sich von Auffassungen leiten zu lassen, deren Folgerungen sie nicht verstehen. Berufsmäßige Helfer müssen sich der Bezugssysteme, die sie benützen, und der Einflüsse, die diese auf ihre Überzeugungen und Handlungen ausüben, ganz klar bewußt sein.

Grenzen des äußeren Bezugssystems

Die Frage des Reizes

Eine der Schwierigkeiten bei der Verwendung des äußeren Bezugssystems hängt mit dem Umstand zusammen, daß wir nicht immer wissen können, auf welchen Reiz das Individuum reagiert. Wenn man z. B. am Tag vor Ostern einem Kind eine Handvoll Gummibärchen anbietet, stellt dies nicht den gleichen Reiz dar und ruft auch nicht das gleiche Verhalten hervor, wie wenn man ihm die gleiche Menge Süßigkeiten am Tag nach Ostern anbietet, wenn das Kind mit Süßigkeiten überfüttert ist. Der Reiz ist nicht der gleiche, und er wird vielleicht andere Reaktionen auslösen. Es stimmt zwar, daß bei Rotlicht der *größte Teil* der Verkehrsteilnehmer anhält, aber manchmal tut es einer doch nicht! Zwar essen wir gewöhnlich, wenn man uns etwas zu essen vorsetzt, aber manchmal tun wir es nicht. Ein Kind, das wir kennen, schrie vor Angst, wenn es zum Friseur gebracht wurde. Wenn der Friseur seinen Mantel auszog, war alles gut. Ohne seinen weißen Mantel war er für das Kind kein Doktor mehr. Die Krankenschwester, die ihren Patienten ausschimpft, mag glauben, sie bringe den Patienten dahin, sich anders zu benehmen, als er es tut, aber vielleicht lehrt sie den Patienten in Wirklichkeit, eine Abneigung gegen Schwestern und Krankenhäusern zu entwickeln. Menschen werden wirklich durch das beeinflußt, was mit ihnen geschieht. Das Wesen dessen, was dem Menschen geschieht, hat jedoch mit seinem eigenen Erleben des Ereignisses zu tun und ist dem Beobachter, der die Situation vom Standpunkt des Außenstehenden aus beschreibt, nicht immer klar. Gewöhnlich besteht wahrscheinlich eine Beziehung zwischen dem Reiz und dem Erleben des Reizes bei dem, der mit irgendeinem Verhalten reagiert. Infolgedessen liefern uns Verhaltenserklärungen gemäß den beobachteten Reizen oft teilweise richtige Antworten auf das Verhalten betreffende Fragen, die sich in Form von Wahrscheinlichkeiten ausdrücken lassen. Wir können also sagen: »Wahrscheinlich wird das und das eintreten« oder »Diese Folge wird in X Prozent der Fälle eintreten.« Bei einer genügend großen Zahl von Beobachtungen ist es sogar möglich, diese Beziehungen zeimlich zuverlässig auszudrücken. Wenn man es mit einer großen Zahl von Menschen oder Tätigkeiten zu tun hat, können solche Wahrscheinlichkeiten durchaus genügen. Für viele in den helfenden Berufen Tätige, die in der Lage sein müssen, das Verhalten von Einzelmenschen zu verstehen und vorherzusagen, genügen jedoch solche Wahrscheinlichkeitsdaten oft nicht. Sie müssen wissen, was *dieses* Kind oder *dieser* Patient tun *wird*, und nicht, was *acht von zehn vielleicht* tun werden.

Zugänglichkeit von Informationen

Der Umstand, daß die objektive Sichtweise zum Verstehen von Verhalten eine Kenntnis der Vergangenheit eines Menschen erfordert, stellt eine weitere Schwierigkeit für den professionellen Helfer dar. Solche Informationen sind oft aus vielerlei Gründen schwer zu erlangen: Aufzeichnungen können verlorengegangen sein, Menschen, die etwas wissen oder Informationen haben, können unerreichbar sein, oder es kann Unklarheit darüber herrschen, was wirklich geschehen ist oder was wirklich wichtig war. Vor Gericht z. B. ist die Glaubwürdigkeit von Zeugen immer ein dorniges Problem, und es kommt häufig vor, daß mehrere Zeugen ganz verschiedene Aussagen über das geben, was »wirklich« geschehen ist. Informationen können auch deswegen nicht verfügbar sein, weil die Menschen, die sie geben könnten, ein Eindringen in ihr Privatleben übelnehmen und die Mitarbeit verweigern. Selbst wenn Auskunft gegeben wird, besteht immer die Möglichkeit, daß sie nicht richtig ist. Einer der Autoren z. B. hatte jahrelang mit dem lebhaften Eindruck eines Ereignisses gelebt, das sich in seiner Kindheit zugetragen hatte. Als er vor kurzem die Geschichte auf einer Familienzusammenkunft wiedererzählte, sagten ihm seine Mutter und sein Vater und andere, die damals dabeigewesen waren, das, wovon er geglaubt hatte, es habe sich ereignet, habe gar nicht stattgefunden!

Das Verführerische der Erklärung

Zwar kann die Betrachtung des Verhaltens von außen her oft für Menschen, die in den verschiedenen helfenden Berufen arbeiten, nützlich sein, aber die ausschließliche Verwendung dieses Ansatzes kann manchmal in eine Sackgasse führen, in der die Erklärung zum Ersatz für Hilfe wird. Die Antwort auf ein verwirrendes Problem im Verhalten eines anderen Menschen zu entdecken, kann einem ein verführerisches Gefühl geben, etwas zustande gebracht zu haben. Man läßt sich von einer derartigen Übung leicht hinreißen und verliert den Umstand aus den Augen, daß von der Erklärung bis zur Heilung noch ein weiter Weg ist. Soziologen z. B. neigen besonders dazu, die herrschende gesellschaftliche Situation zu analysieren. Wenn sie sie zu ihrer Zufriedenheit erklärt haben, lassen sie uns oft immer noch ohne Lösungsmöglichkeiten. Schulpsychologen geben der Lehrerin oft Berichte, die ihr nur sagen, was sie schon wußte, wenn auch in anspruchsvollerer Ausdrucksweise. Es ist eine Sache, wenn man weiß, daß der heruntergekommene Landstreicher auf der schiefen Ebene ein Produkt bösartiger sozialer Mächte ist, und eine ganz andere, etwas daran zu ändern. Wirksame Hilfe kommt nicht zustande, wenn der Helfer nur die Antworten weiß; sie gelingt nur, wenn sich im Leben der Schüler, Klienten oder all derer, denen wir helfen wollen, etwas zum Besseren wandelt.

Die Neigung, den Schwarzen Peter weiterzugeben

Die Arten der Erklärung, die uns das äußere Bezugssystem für Verhaltensweisen liefert, eignen sich auch gut für ein Spiel, in dem der »Schwarze Peter« immer weitergegeben wird, so daß niemals jemand für irgendetwas verantwortlich gemacht werden kann. Da man glaubt, die Ursachen für das Verhalten lägen in der Vergangenheit, kann man Mißerfolge geschickt auf das abwälzen, was jemand anders »damals« getan hat. Das College kann der High School die Schuld geben; die High School kann der Volksschule die Schuld zuschieben. Die Volksschule kann die Hände heben und schreien: »Was können wir mit einem Kind aus so einem Elternhaus machen?« Aber ach, die armen Eltern, die ganz unten am Totempfahl sitzen, haben niemand, dem sie die Schuld in die Schuhe schieben können. An ihnen bleibt die ganze Verantwortung für alle Übel der Gesellschaft hängen. Wenn man die Ansicht von der historischen Verursachung bis zu ihrem logischen Ende verfolgen will, muß man jedoch auch die Eltern von Schuld freisprechen. Die *wahren* Bösewichter sind Adam und Eva oder die Amöben, je nachdem, welche Anschauung von der Schöpfung des Menschen man akzeptiert.

Grenzen der Behandlung durch die Umwelt

Eine weitere praktische Schwierigkeit bei der Verwendung des Ansatzes »von außen her« entsteht daraus, daß hier das Schwergewicht auf eine Steuerung des Reizes als Mittel zur Verhaltensänderung gelegt wird. Wenn das Verhalten eine Funktion des Reizes ist, folgt daraus, daß man, um ein Verhalten zu ändern, irgendeine Veränderung in der Umwelt des Individuums bewirken muß. Aber das läßt sich nicht immer machen. wenn der professionelle Helfer die Reize kennt, auf die ein Individuum reagieren mag, kann er vielleicht nichts daran ändern. Was z. B. kann die Schulschwester an der Familie eines Kindes ändern, das sich ungeliebt und unerwünscht fühlt, während seine Eltern kurz vor der Scheidung stehen? Oder was kann eine Lehrerin gegen einen brutalen oder alkoholsüchtigen Vater oder eine unreife, überängstliche Mutter machen? Der Arzt weiß vielleicht, daß das Rauchen für seinen Patienten gefährlich ist, wird aber unfähig sein, ihn daran zu hindern, sich Zigaretten zu beschaffen und zu rauchen.

Im allgemeinen wird es, je älter ein Mensch wird, desto schwieriger, sein Verhalten zu ändern, indem man die Umwelt steuert, in der er lebt. Die Welt eines hilflosen Säuglings ist sehr klein; sie besteht hauptsächlich aus seinen Eltern und dem Heim, in dem er lebt. Aber wenn er älter wird, wird die Welt, auf die er reagiert, immer größer und unendlich komplexer, und bis er das Erwachsenenalter erreicht hat, sind die Möglichkeiten, sein Verhalten zu steuern, indem man seine Umwelt steuert, sehr gering geworden, wenn sie nicht überhaupt aufgehört haben. Es ist für Eltern vergleichsweise einfach, dem Kleinkind gefährliche Gegenstände aus dem Weg zu räumen. Man stelle sich aber vor, was für Probleme damit verbunden sind, wenn man versucht, einen Erwachsenen davon abzuhalten, Mittel und Wege zu finden, Selbstmord zu begehen, wenn er es wirklich will. Der Versuch, Verhalten durch Steuerung der Umwelt zu beeinflussen, verliert meistens rasch seinen Wert als wirksames Werkzeug für die helfenden Berufe, wenn die Menschen ihre Adoleszenz hinter sich haben. Nach diesem Zeitpunkt muß man andere Hilfsmittel finden.

Aus dem in den letzten Seiten Gesagten wird deutlich, daß der Ansatz von außen her kein Allheilmittel für die Probleme der helfenden Berufe ist. Trotz seiner Begrenzung liefert er jedoch wichtige Leitlinien für Praktiker der helfenden Berufe, wenn man sich über seine Möglichkeiten und Grenzen im klaren ist. Glücklicherweise ergänzen die Vor- und Nachteile des »inneren Bezugssystems« jene des Vorgehens von außen her so genau, daß der in beiden Systemen erfahrene Helfer seine Erfolgsaussichten stark vergrößern kann.

Vorteile des Vorgehens von innen her

Beachtung des Individuums

Während die Betrachtung des Verhaltens von außen her sich besonders gut für die Probleme großer Gruppen eignet, ist das Vorgehen von innen her besonders nützlich, wenn man mit einzelnen arbeitet. Das »Innere Bezugssystem« versucht, wie wir gesehen haben, menschliches Verhalten vom Standpunkt des Sich-verhaltenden selbst her zu verstehen. Man sucht die Ursachen von Verhalten in den eigenen Gefühlen, Einstellungen, Überzeugungen, Erkenntnissen, Wertvorstellungen und Wahrnehmungen des Individuums von sich selbst und der Welt, in der es sich bewegt, zu finden. Dies sind höchst persönliche Angelegenheiten, die der Überprüfung durch von außen her ansetzende Techniken nicht leicht zugänglich sind. Sie sind die primären Daten des Ansatzes, der vom Inneren ausgeht.

Menschliche Einstellungen, Gefühle, Wertvorstellungen, Überzeugungen und Wahrnehmungen sind die Erlebensaspekte, die uns zu Menschen machen. Sie sind ebenfalls die Ursachen für unsere falsche Anpassung und für unser Versagen wie auch die Quellen unserer größten Freuden und unserer größten Erfüllung. Das Problem der helfenden Berufe ist in erster Linie ein Problem der Menschen. Es ist also nicht überraschend, daß humanistische Methoden zum Verstehen des Verhaltens für die helfenden Berufe von besonderem Wert sind.

Beim Ansatz von außen her haben wir die Schwierigkeiten gesehen, denen man oft begegnet, weil der beobachtete Reiz nicht immer das war, was er zu sein schien. Zum Beispiel haben manche Lehrer die Frage der Reinigung der »Tafellappen« so geregelt, daß die Kinder sie als Vorrecht ansehen. Andere haben diese Aufgabe als eine Strafe für schlechtes Betragen benützt. Die Vorhersage, wie sich ein Kind verhalten wird, das aufgefordert wird, die »Tafellappen« zu reinigen, wird also wahrscheinlich nicht sehr zuverlässig sein, wenn wir nicht wissen, welche Bedeutung diese Aufgabe für das Kind hat. Der Wahrnehmungspsychologe glaubt, nicht der Reiz löse das Verhalten aus, sondern die Bedeutung, die der Reiz für den Menschen hat, auf den er einwirkt. Dieser Umstand, daß sich die Wahrnehmungspsychologie nicht so sehr auf den Reiz selbst, sondern auf die Wahrnehmung des Reizes konzentriert, macht oft viel zuverlässigere Voraussagen über das Verhalten von Individuen möglich.

Vorteile der Berücksichtigung der unmittelbaren Ursache

Die Betrachtung des Verhaltens von außen her stützt sich weitgehend auf die genetische Anschauung der Verursachung. Die Betrachtung von innen her liefert uns eine aktuelle Interpretation. Verhaltensweisen werden gemäß der Art verstanden, wie Menschen sich und die Welt sehen, in der sie jetzt, in der Gegenwart, in diesem Augenblick leben. Für Praktiker der helfenden Berufe ist dies ein Konzept von enormer Bedeutung!

Mehrere Generationen lang haben viele Menschen geglaubt, es sei nicht möglich, andere Menschen zu verstehen oder ihnen zu helfen, ohne eine erschöpfende Kenntnis ihrer Vergangenheit zu haben. Aber wenn es zutrifft, daß das Verhalten eines Menschen ein Produkt seiner gegenwärtigen Wahrnehmungen ist, sollte es möglich sein, ihn zu verstehen und ihm zu helfen, selbst wenn wir nicht in aller Vollständigkeit wissen, wie er so geworden ist, wie er ist! Der Sozialarbeiter, der weiß, daß das Fehlverhalten eines Kindes die Folge seines Gefühls ist, man habe es nicht gern, kann sein Fehlverhalten verstehen, selbst wenn er keine Vorstellung davon hat, was in der Welt des Kindes dieses Gefühl hervorgerufen haben mag. Noch besser: das Wissen, daß ein Kind das Gefühl hat, man habe es nicht gern, gibt selbst schon einen Hinweis auf eine Behandlungsweise. Wenn der Helfer weiß, daß ein Kind das Gefühl hat, man habe es nicht gern, gibt es Dinge, die er für das Kind tun kann, selbst wenn er keine Vorstellung davon hat, was ursprünglich dieses Gefühl bewirkt hat. Einmal kann er versuchen, Wege zu finden, ein solches Kind bei Leuten unterzubringen, die es gernhaben könnten. Selbst wenn dies mißlingt, kann der Helfer Beistand leisten, indem er selber zeigt, daß er das Kind gernhat! Wie wir gesehen haben, müssen Praktiker der helfenden Berufe gewöhnlich mit ihren Klienten, Schülern oder Patienten auf einer Grundlage des Handelns von einem Augenblick zum nächsten umgehen.

Ein Konzept von der unmittelbaren Verursachung erscheint wie geschaffen für die helfenden Berufe. Es liefert eine Möglichkeit des Verhaltensverständnisses, das sofortiges Handeln erlaubt, ohne die Notwendigkeit, in die Vergangenheit des Individuums einzudringen oder die Art der Kräfte genau zu kennen, die gegenwärtig auf es einwirken. Dies ist für

die helfenden Berufe ein unerhört wichtiger Beitrag. Was er für Lehrer zu leisten vermag, ist ein typisches Beispiel. Eine Zeitlang hat man in der Lehrerbildung verlangt, die Lehrer müßten alle ihre Schüler verstehen. Damit ist gewöhnlich ein tiefgehendes Verstehen der psychischen Konstitution des Kindes gemeint. Die Überlegung, die hinter dieser unmöglichen Forderung stand, war die, das Lernen ließe sich nur dann bestmöglich an die individuellen Bedürfnisse und Fähigkeiten von Kindern anpassen, wenn den Lehrern eine möglichst vollständige Kenntnis jedes einzelnen Kindes zur Verfügung stünde. Eine solche Erwartung erlegte den Lehrern eine unerträgliche Belastung auf. Ein paar Volksschullehrer mit kleinen, stabilen Klassen konnten hoffen, im Lauf eines Jahres dieser Forderung einigermaßen nachzukommen, wenn sie sonst nicht viel taten. Aber was soll der High-School-Lehrer machen, durch dessen Klassen im Lauf eines Tages zwei- oder dreihundert Schüler passieren? Das Beharren auf einem Verstehen im genetischen Sinn stellt den meisten Lehrern eine hoffnungslose Aufgabe. Wenn es jedoch möglich ist, mit einem Kind zu arbeiten und es in der Gegenwart wirklich zu verstehen, werden die Lehrer von einer unmöglichen Erwartung befreit und zugleich mit einer Fülle neuer Möglichkeiten versehen, ihre Aufgaben erfolgreich zu lösen.
Aus dieser Erörterung sollte man nicht schließen, wir leugneten die Wahrheit des genetischen Prinzips, nach dem das Verhalten ein Produkt der früheren Erfahrungen des Individuums ist. Diese Vorstellung vom Verhalten ist so zutreffend, wie sie es immer war. Im allgemeinen werden wir um so wahrscheinlicher zu richtigen Schlüssen gelangen, je mehr Daten wir über irgendein Problem haben. Es kommt darauf an, daß nicht alle Daten gleich brauchbar sind. Welche Daten gebraucht werden, hängt davon ab, welche Ziele wir haben und wie wir sie erreichen wollen. Wenn wir die Einzelheiten der frühen Kindheit eines Kindes kennen und wissen, daß es aus einer zerbrochenen Familie kommt, können wir verstehen, wie in ihm das heute vorhandene Gefühl entstanden ist, daß niemand es gern hat. Wenn wir sein Gefühl sich selbst gegenüber kennen, gibt es Dinge, die wir tun können, um ihm zu helfen, selbst wenn wir nicht wissen, wie es in diesen Zustand geraten ist.

Unmittelbar fürs Handeln brauchbare Leitlinien

Es ist interessant, daß die meisten heutigen Schulen der Psychotherapie auf diese Auffassung gegründet sind, daß man effektive Verhaltensänderungen herbeiführen kann, indem man dem Klienten direkt im gegenwärtigen Augenblick hilft. Das lange, schmerzhafte Graben in der Vergangenheit des Klienten, das man früher als absolut unerläßlich für

eine wirksame Behandlung ansah, beurteilt man heute anders. Man kann im täglichen Leben viele Beispiele dafür sehen. Krankenschwestern können z. B. ihren Patienten helfen, sich weniger deprimiert zu fühlen, ohne zu wissen, wie sie so geworden sind. Geschäftsleute können ihren Angestellten helfen, sich in bezug auf sich selbst und ihre Arbeit besser zu fühlen, und dennoch nichts vom Leben ihrer Angestellten in der Freizeit wissen. Einer der Autoren hat als Psychotherapeut in einem College-Campus oft bemerkt, daß die Klienten, die bei der Beratung viele Stunden mit einer Erforschung ihrer Vergangenheit zubringen, fast ohne Ausnahme Studenten mit einem Abschlußexamen in Psychologie sind! Aus ihrem Studium wissen sie, daß Verhalten eine Folge ihrer Vergangenheit ist. Wenn sie in die Therapie kommen, machen sie sich daran, diese Vergangenheit ausführlich zu untersuchen. Klienten, die nicht so gründlich gelernt haben, daß ihr Verhalten eine Folge der Vergangenheit ist, verbringen sehr wenig Zeit damit, in sie einzudringen. Sie fangen sofort an, ihre gegenwärtigen Gefühle und Wahrnehmungen zu untersuchen. Es kommt sogar vor, daß sie gesund werden, obwohl der Berater am Ende der Therapie vielleicht noch nicht einmal weiß, was ursprünglich die Ursache ihres Unglücks war.
Weil das »unmittelbare« Bezugssystem dem Helfer nicht die Forderung auferlegt, zu suchen, zu sondieren, zu diagnostizieren und zu analysieren, erleichtert es auch die Entwicklung eines Rapports und einer Beziehung, die Zusammenarbeit ermöglicht. Wenn man mit den unmittelbaren Wahrnehmungen der Menschen arbeitet, wie sie fühlen, was sie glauben, denken und verstehen, arbeitet man mit der eigenen Realität des Individuums. Es steht auf seinem eigenen Boden in einer Sache, die es kennt und versteht. Infolgedessen ist die Wahrscheinlichkeit größer, daß der Mensch sich dem professionellen Helfer nahe fühlt, daß er sich leichter verstanden fühlt und daß er bereit ist, sich auf eine Kommunikation mit ihm einzulassen.
Die Wahrnehmungspsychologie ist besonders wertvoll als eine Psychologie für den Praktiker. Ihre Prinzipien sind oft von trügerischer Einfachheit. Sie geben einem ein Gefühl des »Selbstverständlichen«, und oft entsprechen sie den eigenen Erfahrungen so genau, daß man meint, man habe sie immer schon gekannt. Diese Eigenschaft ist für manche Leute sehr beunruhigend, die glauben, was einfach ist, müsse als Wissenschaft suspekt sein. Aber das Einfache und das Offensichtliche können weitreichende Folgerungen nach sich ziehen. Wir müssen uns erinnern, daß Einfachheit das *Ziel* der Wissenschaft ist. Was könnte z. B. einfacher sein als die physikalische Formel $E = mc^2$?

Grenzen des inneren Bezugssystems

Das Problem des Beobachters

Trotz seines Wertes für die helfenden Berufe hat das Vorgehen von innen her auch seine Grenzen. Weil es in erster Linie mit den Wahrnehmungen, Gefühlen, Einstellungen und Überzeugungen der Menschen umgeht, liegen seine Daten immer im Einzelmenschen; sie sind nicht direkt zu beobachten oder zu messen. Praktiker, die den Ansatz von innen her benützen, haben es mit der Beobachtung und Datensammlung viel schwerer, als wenn sie sich des Ansatzes von außen her bedienen würden. Es ist ein wirklicher Vorteil, wenn man die Reize, auf die ein Mensch zu reagieren scheint, einfach objektiv beobachten kann. Oft können solche Beobachtungen von Personen durchgeführt werden, die vergleichsweise wenig Übung oder Erfahrung haben. Es ist viel schwieriger, die *Bedeutung* der Reize zu entdecken, wie sie in der besonderen persönlichen Welt des Beobachteten erscheint. Dieses Problem macht es notwendig, daß der Untersuchende fähig ist, sich in die Lage des Untersuchten zu versetzen, oder daß er mit einem gewissen Maß von Zuverlässigkeit auf die Art seiner inneren Welt schließen kann. Das ist nicht immer einfach. Es erfordert, allgemein ausgedrückt, sehr viel Verständnis, persönliche Disziplin und Geschick im zwischenmenschlichen Umgang, damit brauchbare Beobachtungen gemacht werden können. Im Gegensatz dazu können Beobachtungen im Rahmen des äußeren Bezugssystems oft von relativ unausgebildeten Personen gemacht werden — manchmal sogar von Maschinen. Diese Abhängigkeit vom Geschick des Beobachters kann überwunden werden, aber sie bringt trotzdem zusätzliche Möglichkeiten des Irrtums für die Wahrnehmungspsychologie mit sich und macht so ihre Anwendung komplizierter.

Das »innere Bezugssystem« ist ein auf das Individuum gerichteter Ansatz zur Beurteilung von Verhaltensweisen. Es eignet sich nicht zum effektiven Beurteilen von großen Gruppen oder von Massendaten. Man kann natürlich die Daten für Massenprobleme durch die Untersuchung vieler Einzelmenschen gewinnen. Die erforderliche Zeit und Energie machen diese Methode sehr rasch höchst kostspielig, wenn man sie auf große Populationen anwendet. Die Genauigkeit der Vorhersage, nach der die Wahrnehmungsmethode strebt, wird oft sowieso nicht gebraucht. Es gibt im Gesellschaftsgefüge viele Probleme, bei denen uns nicht wirklich etwas an großer Genauigkeit liegt. Es mag unwichtig sein, was Frau Brown, Frau Smith oder Frau Jones als einzelne kaufen werden; oft braucht man nur zu wissen, was die Frauen in einer Gemeinde wahrscheinlich kaufen werden. Für diese Art von Daten ist uns wahrscheinlich viel mehr mit dem von außen her kommenden Ansatz gedient.

Mitarbeit des Sich-Verhaltenden

Eine weitere Schwierigkeit, die dem »inneren Bezugssystem« innewohnt, ist der Umstand, daß man bei seiner Verwendung oft auf die Mitarbeit des Individuums angewiesen ist. Sehr viele Beobachtungen im Rahmen des äußeren Bezugssystems lassen sich durchführen, ohne daß der Beobachtete mitarbeiten muß, ja, ohne daß er davon weiß. Eine Untersuchung der Vergangenheit eines Menschen mit Hilfe von Aufzeichnungen der Schulen und der Gesundheitsbehörden läßt sich ziemlich weitgehend nach den Wünschen des Untersuchenden durchführen, oft ohne Rücksicht auf die Wünsche des Betroffenen. Beim »inneren Bezugssystem« ist dies jedoch oft nicht der Fall. Wer in diesem Rahmen arbeitet, legt Wert auf tiefere, persönlichere Aspekte des menschlichen Erlebens, und er muß viel mehr Kontakt mit der untersuchten Person haben; vielleicht braucht er sogar ihre Mitarbeit. In der Psychotherapie z. B. ist es vor allem notwendig, daß der Klient bereit ist, sich dieser Erfahrung auszusetzen. Bevor ein Alkoholiker z. B. bereit ist, die Tatsache zu akzeptieren, daß er Alkoholiker ist, kann man nur sehr wenig tun, um ihm zu helfen. Der Umstand, daß man die Mitarbeit des Sich-Verhaltenden braucht, erfordert vom Helfer auch sehr viel mehr Geschick. Diese Notwendigkeit erfordert großes Können in der Interaktion mit anderen Menschen und ein großes Einfühlungs- und Verständnisvermögen.

Der Mangel an geprüften Techniken

Ein Hauptproblem bei der Verwendung des »inneren Bezugssystems« liegt heute noch in seiner relativen Neuheit — das heißt, in dem Mangel an geprüften und erprobten Meßverfahren. Objektive Methoden der Untersuchung von Verhaltensweisen hat man schon seit mehr als einem halben Jahrhundert entwickelt. Während dieser Zeit hat man sehr viele sinnreiche Methoden zum Messen von Verhaltensweisen unter vielen verschiedenen Bedingungen erfunden. Als Neuling in den Sozialwissenschaften hat das »innere Bezugssystem« noch keine Zeit gehabt, so verfeinerte Meßinstrumente zu entwickeln. Neue Bezugssysteme erfordern immer die Entwicklung neuer Verfahren zur Untersuchung ihres Gegenstandes. Praktiker der helfenden Berufe, die sich, von diesem Bezugssystem ausgehend, mit dem Verhalten befassen, müssen daher oft mit Instrumenten arbeiten, die im Vergleich zu denen der objektiven Methode noch ungeschlacht sind. Jede neue Richtung der Wissenschaft hat dieses

Problem. Man bedenke z. B. die Bemühungen der Wissenschaftler, neue Instrumente wie Atomreaktoren oder Raumschiffe zu entwickeln. Der Mangel an präzisen Verfahren wird mit der Zeit überwunden werden. Unterdessen müssen die Praktiker, wenn sie dieses Bezugssystem zugrunde legen, im jetzigen Stadium oft ihre eigenen Verfahren der Beobachtung und Messung erfinden, während sie ihre Arbeit tun. Unter gewissen Aspekten mag dies enttäuschend sein, unter anderen ist es eine aufregende Herausforderung.

Welches Bezugssystem brauchen Helfer?

Wie wir in diesem und im vorigen Kapitel gesehen haben, wird das Verhalten eines professionellen Helfers wie das jedes anderen durch die Ansichten bestimmt, von denen er überzeugt ist. Die Bezugssysteme, die wir zur Bewältigung unserer Probleme wählen, machen uns unweigerlich Vorschriften und bestimmen die Art der Werkzeuge, die wir benützen, und der Techniken, die wir verwenden, wenn wir unsere Rolle spielen. Jedes der Bezugssysteme zum Verstehen von Verhaltensweisen hat seine Vor- und Nachteile. Jedes legt auch den, der es verwendet, auf seine ihm eigene Anschauung, seine Ziele und Programme fürs Handeln fest, ob der Helfer diese Determinanten bemerkt oder nicht. Wir sind immer in Versuchung, unsere Probleme dadurch zu vereinfachen, daß wir sie in fest umrissene Kategorien oder Dichotomien zwingen: schwarz oder weiß, richtig oder falsch, für mich oder gegen mich und so fort. Das gilt auch für Bezugssysteme. Man muß erkennen, daß verschiedene Auffassungen in ihren eigenen Bezugssystemen jeweils richtig sein können. Eine Theorie oder ein Bezugssystem ist nur eine mehr oder weniger passende Art, ein Problem zu betrachten oder eine Menge gesammelter Daten zu ordnen. Wenn wir eins wählen wollen, müssen wir nicht fragen: »Welches ist richtig und welches ist falsch?« sondern: »Welches Bezugssystem ist für den Zweck, der uns vorschwebt, am besten geeignet?« Wenn man ein ungeeignetes Bezugssystem verwendet, kann es so sein, als wollte man mit einem Suppenlöffel einen Kanal graben oder versuchen, mit einem Bulldozer Suppe zu essen. Manche Theorien sind weit und umfassend, andere sind eng und betreffen nur ein begrenztes Problem. Ein Bezugssystem oder eine Theorie ist nur ein Werkzeug, und wir müssen unsere Werkzeuge kennen und wissen, wie man sie am besten einsetzt. Unser Problem besteht nicht darin, ein Bezugssystem zu wählen, das gleichsam in sich selbst richtig ist, sondern darin, eins zu wählen, das den Problemen angemessen ist, mit denen wir fertigwerden müssen.

Das soll nicht heißen, wir befürworteten Eklektizismus. Ganz und gar nicht. Der Eklektiker benützt alles, was funktioniert. Zu benützen, was funktioniert, ist gewiß in den helfenden Berufen wünschenswert. Da man Menschen aber nicht »verbrauchen« kann, können wir sie nicht einfach noch einmal neu aussäen, wenn wir bei ihrer Pflege einen Fehler gemacht haben. Praktiker der helfenden Berufe müssen sich verantwortlich verhalten. Es genügt nicht, etwas zu probieren, weil es funktionieren könnte. In diesen Berufen ist es nicht angebracht, etwas nur »in gutem Glauben« zu tun. Menschen sind dafür viel zu kostbar. Was immer getan wird, muß mutmaßlich vernünftig sein und wahrscheinlich Erfolg haben. Um dies sicherzustellen, müssen die Überzeugungen der professionellen Helfer so klar und so konsequent wie möglich sein, denn auf ihnen beruht ihr Verhalten. Dies gilt für Bezugssysteme und für theoretische Standpunkte. Ein wohlverstandenes Bezugssystem liefert dem Praktiker Leitlinien für sein Handeln und macht es wahrscheinlicher, daß sein Verhalten konsequent und wirksam ist. Es besteht ein großer Unterschied zwischen der Anwendung eines Bezugssystems mit voller Einsicht in seine Verzweigungen auf Bedingungen, für die es paßt, und einem Handeln ohne solche Erkenntnisse nach einer Anschauung, die »alles tut, was funktionieren könnte«. Dies ist der Unterschied zwischen einem professionellen Helfer und einem Pfuscher.

Allgemein ausgedrückt: Professionelle Helfer werden das von innen ausgehende Bezugssystem öfter für ihre Probleme geeignet finden als das »äußere«. Die helfenden Berufe befassen sich per definitionem mit Menschen und ihren Bemühungen um Selbstverwirklichung als Individuen. Es ist deshalb nicht überraschend, daß eine humanistische Psychologie wie maßgeschneidert für die Probleme der helfenden Berufe erscheint. Das »innere Bezugssystem« scheint so speziell geeignet für die helfenden Berufe zu sein, daß der Leser es dieses ganze Buch hindurch besonders betont finden wird. Es wäre jedoch ein schwerwiegender Irrtum, wollte man die zwei Standpunkte, die wir in diesem Kapitel besprochen haben, als einander widersprechend oder entgegengesetzt ansehen.

Ausgewähltes Schrifttum

Sterne bedeuten teilweisen oder vollständigen Abdruck in: Donald L. Avila, Arthur W. Combs, und William W. Purkey, The Helping Relationship Sourcebook, Boston (Allyn & Bacon) 1971.

* Avila, D. L. und Purkey, W. W., Intrinsic and extrinsic motivation: A regrettable distinction, Psychology in the Schools (1966), 3, 206—208.

Bischof, L., Interpreting personality theories., New York (Harper & Row) 1964.

Bonner, H., On being mindful of man, Boston (Houghton Mifflin) 1965.

Bugental, J. F. T. (Hrsg.), Callenges of humanistic psychology, New York (McGraw Hill) 1967.

* Combs, A. W., Some basic concepts in perceptual psychology. Rede beim APGA Convention, 14. April 1965, Session 239, Minneapolis, Minn.

Freud, S., Vorlesungen zur Einführung in die Psychoanalyse, Ges. Werke, Frankfurt (S. Fischer) Bd. XI.

Hilgard, E. und Bowers, A., Theorien des Lernens, übers. und hrsg. von H. Aebli und H. E. Zahn, Stuttgart (Ernst Klett), Bd. I 1970, Bd. II 1971.

* Hitt, W. D., Two models of man, American Psychologist (1969), 24, 651 bis 658.

Maehr, M. L., Some limitations of the application of reinforcement theory to education, School and Society (1968), 96, 108—110.

* Rogers, C. R. und Skinner, B. F., Some issues concerning the control of behavior, Science (1956), 124, 1057—1066.

Skinner, B. F., A case history in the scientific method, American Psychologist (1956), 11, 221—223.

Wann, T. W. (Hrsg.), Behaviorism and phenomenology: Contrasting bases for modern psychology, Chicago (University of Chicago Press) 1964.

3
Die Auffassung vom eigenen Selbst: Produkt und Schöpfer von Erfahrungen

Der wichtigste Faktor, der das Verhalten beeinflußt, ist das Bild vom eigenen Selbst. Was der Mensch in jedem Augenblick seines Lebens tut, ist eine Folge der Art, wie er sich und seine Situation sieht. Zwar können sich Situationen von einem Augenblick zum anderen oder von einem Ort zum anderen ändern, aber die Ansichten, die Menschen über sich selbst haben, sind stets gegenwärtige Faktoren, die ihr Verhalten mitbestimmen. Das Selbst ist der Star jedes Geschehens, die Zentralfigur in jeder Handlung. Menschen, die in einem helfenden Beruf tätig sind, brauchen daher die bestmöglichen Kenntnisse über das Wesen, die Ursprünge und die Funktionen des Bildes vom eigenen Selbst.

Was ist das Bild vom eigenen Selbst?

Mit dem Bild vom eigenen Selbst meinen wir alle jene Aspekte des Wahrnehmungsfeldes, auf die wir Bezug nehmen, wenn wir »ich« sagen. Es ist jene Struktur von Wahrnehmungen des Selbst, die dem Individuum das zu sein scheint, was es ist. Es setzt sich zusammen aus Tausenden von Wahrnehmungen unterschiedlicher Klarheit, Genauigkeit und Bedeutung in der der Person eigenen Ökonomie. Alle zusammen bezeichnet der Wahrnehmungspsychologe als das Bild vom eigenen Selbst (self-concept).

Jeder von uns hat buchstäblich Tausende von Vorstellungen oder Bildern von sich selbst: wer er ist, was er vertritt, wo er wohnt, was er tut oder nicht tut und dergleichen. Eine bestimmte Person sieht sich vielleicht als Frau Sally Blanton — Ehefrau, Mutter, Teilzeit-Sozialarbeiterin; Amerikanerin, Weiße; jung, Bewohnerin von Tampa, Florida; Brustumfang: 86 cm, Taille: 54 cm, Hüfte: 86 cm; gute Schwimmerin, schlechte Tennisspielerin. Diese und viele andere Erkenntnisse oder Überzeugungen in bezug auf sie selbst machen das persönliche und einzigartige Selbst-Bild der Frau Sally Blanton aus. Gewiß sind nicht alle Vorstellungen, die Frau Sally Blanton über sich selbst hat, für sie gleich wichtig. Manche dieser Vorstellungen werden vielleicht als vorübergehend erkannt. Andere, wie ihre Auffassung von sich als Frau und Ehefrau sind wahrscheinlich außerordentlich wichtige Aspekte ihrer selbst und schwierig zu verändern. Vorstellungen wie die, die Frau Blanton von sich selbst hat, dienen dazu, ihr Selbst als einzigartig von allen anderen zu unterscheiden. Aber die Selbst-Definition hört hier noch nicht auf. Wir sind selten mit der Beschreibung allein zufrieden. Noch wichtiger ist es, welchen Wert ein Mensch den verschiedenen Eigenschaften seines Selbst beimißt. Die Menschen sehen sich nicht nur als Väter oder Mütter an, sondern als »gute« oder »schlechte« Väter und Mütter. Sie sehen sich nicht einfach als Menschen, sondern als attraktiv oder häßlich, angenehm oder unangenehm, dick oder dünn, froh oder traurig, tüchtig oder untüchtig. Auch dies sind Selbstwahrnehmungen, und zusammen mit den Tausenden von anderen Vorstellungen vom eigenen Selbst machen sie das Selbst-Bild eines Menschen aus.

Das Selbst-Bild, darüber sollte man sich klar sein, ist kein Ding, sondern ein Gefüge von Vorstellungen. Es ist eine Abstraktion, eine Gestalt, ein besonderes Muster von Selbstwahrnehmungen. Wenn sie auch nichts weiter als eine Abstraktion sind, sind diese Vorstellungen jedoch ungeheuer wichtig für den Menschen, der sie hat. Sie mögen für Außenstehende nur als Vorstellungen erscheinen, aber für den betreffenden Menschen selbst fühlen sie sich absolut real an. Tatsächlich ist das Selbst-Bild für den Menschen sogar noch wichtiger als der Körper, in dem es steckt. Der Körper ist nach Earl Kelley nur »das Haus aus Fleisch, in dem wir wohnen«, das Vehikel, in dem das Selbst sich fortbewegt. Wir erkennen den Unterschied zwischen Körper und Selbst, wenn wir uns beklagen, »der Geist ist willig, aber das Fleisch ist schwach« oder »ich wäre zu der Zusammenkunft gekommen, Joe, aber mein alter Korpus hat mich im Stich gelassen, und ich mußte mit Grippe im Bett bleiben«.

Diese Unterscheidung zwischen dem Selbst-Bild und dem physischen Selbst ist auch noch auf andere Weise zu beobachten. Zum Beispiel kann das Selbst-Bild so definiert sein, daß es Dinge einschließt, die ganz außerhalb der eigenen Haut liegen. Dies geschieht oft in bezug auf die Besitztümer, die man am meisten schätzt. Ein Mann mag seinen Schreibtisch so sehr als Teil seiner selbst betrachten, daß er einen Eingriff in dessen Ordnung wie eine Verletzung seiner selbst behandelt. Infolgedessen kann seine Reaktion gegenüber einer Sekretärin, die in sein Reich eingedrungen ist, indem sie Dinge in oder auf dem Schreibtisch in Unordnung gebracht hat, so wütend oder so heftig sein, daß sie ganz verwirrt wird. Sie beklagt sich bei den anderen Mädchen im Büro: »Man könnte glauben, ich hätte ihn verletzt oder so was!« Natürlich hatte sie das getan. Was der Sekretärin nur als ein Möbelstück erscheint, ist für den Eigentümer des Schreibtischs eine Erweiterung seines Selbst.

Diese Erweiterung des Selbst läßt sich sogar noch öfter in bezug auf Personen oder Gruppen beobachten. Psychologen nennen diese Erfahrung ein Gefühl der »Identifikation«. Damit meinen sie das Gefühl des Einsseins mit Personen oder Gruppen, die für uns besonderen Wert bekommen haben. Das Selbst eines Vaters z. B. kann sich so ausdehnen, daß es seinen Sohn oder seine Tochter mit einschließt. Wenn sie beleidigt werden, benimmt er sich fast buchstäblich so, als wäre er selbst beleidigt worden. Das Gefühl des Einsseins mit denen, die wir lieben und die uns teuer sind, hat fast schon jeder einmal empfunden. Manchmal kann es tatsächlich so stark sein, daß das Bewußtsein des physischen Getrenntseins vorübergehend verlorengeht. Im folgenden Auszug aus einem Brief beschreibt eine junge Mutter dieses Gefühl im Hinblick auf ihr neugeborenes Kind:

Als sie mir meine Kleine brachten, wickelte ich sie aus und lag eine Weile ehrfürchtig da und sah mir an, wie wunderbar sie gemacht war. Dann, nach einer Weile, legte ich sie auf meinen Bauch, ihren Kopf zwischen meine Brüste und lag da mit einem eigenartigen Gefühl von Triumph und köstlichem Frieden. Von Zeit zu Zeit hob ich die Decke ein wenig und spähte auf sie hinunter. Wie sie da lag, konnte ich ehrlich nicht sagen, wo sie anfing und ich aufhörte. Ich erinnere mich, daß ich ein wenig weinte, weil ich so froh war. Ich werde diesen Augenblick mein Leben lang nicht vergessen.

Zwar ist es nur wenigen von uns vergönnt, die Tiefe der Identifikation zu erleben, die dieser jungen Mutter zuteil wurde, aber fast jeder hat irgendwann einmal Empfindungen der Identifikation mit anderen Menschen. Das ist eins der Dinge, die uns zu Menschen machen.

Die Erweiterung des Selbst-Bildes erstreckt sich auch auf Gefühle gegenüber Gruppen. Tatsächlich ist ja einer der Gründe, warum Gruppen zusammenkommen, das Erleben des Einsseins miteinander. Wenn man Mitglied einer Gruppe wird, erweitert sich das Selbst-Bild so, daß es die anderen Mitglieder einschließt. Danach beginnt das Individuum, sich so zu verhalten, als seien die Gruppenmitglieder eine Erweiterung seines Selbst. Es spricht von »meiner Bande«, »meiner Schule«, »meinem Freund«, »meiner Kirchengemeinde«, »meinem Viertel«, »meinem Staat« oder »meinem Land«. Je nach der Stärke der Identifikation benimmt es sich ihnen gegenüber so, als seien sie Teil seines Selbst. Es fängt möglicherweise sogar an, die Mitglieder seiner Studentenverbindung, seiner Gemeinde oder seiner rassischen Gruppe »Brüder« oder »Schwestern« zu nennen.

Das Selbst: Mittelpunkt des Universums

Für jeden Menschen ist sein Selbst-Bild der, der er ist. Es ist der Mittelpunkt seiner Welt, das Bezugssystem, von dem aus er seine Beobachtungen macht. Es ist seine persönliche Realität und der Aussichtspunkt, von dem aus alles andere beobachtet und verstanden wird. Wir sprechen von Dingen als »rechts« oder »links«, »nah« oder »weit weg«, und natürlich meinen wir »von uns selbst«. Das Selbst wird auch als Maßstab für die Beurteilung benützt. Wir sehen andere als größer, kleiner, gescheiter, unbedenklicher, hübscher, schneller, älter oder jünger als uns selbst an. Während sich das Selbst verändert, verändert sich überdies unser Maßstab, und was wir für wahr halten, verändert sich mit ihm. Was als »alt« betrachtet wird, wird höchstwahrscheinlich ganz verschieden definiert, je nachdem, ob man sechs, sechzehn, sechsunddreißig oder sechzig Jahre alt ist.

Im allgemeinen fühlen wir uns mit dem, »was ich bin« ganz vertraut. Gegenüber dem, was »nicht ich« ist, sind wir meistens gleichgültig, sogar abgestoßen. Allport weist z. B. darauf hin, daß ein Mensch, wenn er sich in den Finger geschnitten hat, vielleicht den Finger in den Mund steckt und dabei ohne die geringsten Bedenken sein eigenes Blut trinkt. Wenn der Finger aber erst einmal verbunden ist, wird getrocknetes Blut auf dem Verband nicht mehr als dem Selbst zugehörig betrachtet; der Vorschlag, das Blut vom Verband abzulecken, würde wahrscheinlich mit Abscheu aufgenommen. Ähnlich ist jeder ständig dabei, den Speichel herunterzuschlucken, der sich in seinem Mund sammelt. Der gleiche Speichel ist, wenn man ihn in einem Glas gesammelt hat und ihn dem Menschen zum Trinken anbietet, wirklich etwas ganz anderes! Erlebnisse, die mit dem vorhandenen Selbst-Bild übereinstimmen, werden bereitwillig akzeptiert. Sie werden als zugehörig behandelt, auch wenn es schmerzlich ist, sie zu akzeptieren. Eine schlechte Note mag einen Schüler, der schon überzeugt ist, ein Versager zu sein, überhaupt nicht bekümmern. Sie ist nur eine weitere Bestätigung dessen, wovon er schon überzeugt ist. Sie paßt zum Übrigen. Andererseits können ungewohnte Erlebnisse Gefühle großen Unbehagens hervorrufen. Wenn einem Mann, der sich für höchst attraktiv hält, ein schönes Mädchen in aller Deutlichkeit sagt, was für ein Waschlappen er ist, erleidet sein Selbst höchstwahrscheinlich einen beträchtlichen Schock. Ärzte und Schwestern haben es oft bei Patienten, die erst seit kurzem als »Diabetiker« diagnostiziert sind, schwer, sie dazu zu bringen, sich richtig zu versorgen. Solche Patienten finden es oft schwer, dieses neue »Selbst-Bild« zu akzeptieren, ebenso die Anwendung von Insulin und die Diätvorschriften, die sie befolgen müssen. Sie brauchen Zeit, um ihre neue Definition ihrer selbst zu assimilieren. Die beunruhigende Wirkung von ungewohnten Erlebnissen tritt selbst dann ein, wenn der neue Gedanke so ist, daß der Betroffene ihn gern glauben würde. Das kann man an der Verlegenheit sehen, die ein Mensch empfindet, wenn man ihm nach langen Zeiten des Mißerfolgs sagt, daß er etwas sehr gut gemacht hat. Er hat vielleicht sogar den Verdacht, der Sprecher wolle ihn verspotten!

Die Vorstellung vom eigenen Selbst bestimmt das Verhalten

Die Bedeutung des Selbst-Bildes in der Ökonomie des Individuums geht weit über die Tatsache hinaus, daß es seine Realitätsgrundlage bildet. Seine Existenz bestimmt allein schon, was es sonst noch wahrnimmt. Das Selbst-Bild hat eine selektive Wirkung auf Wahrnehmungen. Der Mensch neigt dazu, das wahrzunehmen, was zu seinem bereits bestehenden Selbst-Bild paßt. Menschen, die sich als Männer sehen, nehmen wahr, was der Wahrnehmung von Männern angemessen ist, während Menschen, die sich als Frauen sehen, das wahrnehmen, was sich für Frauen wahrzunehmen geziemt. So kommt es, daß Frau Adams auf dem Heimweg von einer Party vielleicht zu ihrem Mann sagt: »John, hast du gesehen, was Helen anhatte?« Höchstwahrscheinlich antwortet John: »Nein, es ist mir nicht aufgefallen.« Aber da er ein Mann ist, hat er andere Dinge bemerkt, nach denen ihn seine Frau fast mit Sicherheit nicht fragen wird!

Es ist allbekannt, wie das Verhalten eines Mannes sich ändern kann, wenn er eine Uniform anzieht und »Soldat wird«. Mit diesem Selbst-Bild ist er in der Lage, sich so zu benehmen, wie es ihm als Zivilist nie in den Sinn kommen würde. Es ist bekannt, daß Studenten versagt haben, weil sie negative Vorstellungen von sich selbst hatten, wie in diesem Fall, den Coach Darrell Mudra von der Western Illinois University berichtete:

> Was ein Junge von sich selbst glaubt, ist wirklich wichtig. Wir hatten in Greeley einen Studenten, der bei der Eintrittsprüfung im achtundneunziger Perzentil lag, und der glaubte, er habe einen I. Q. von 98. Weil er nun glaubte, er sei ein durchschnittlicher Schüler, wußte er, daß ihm das College schwerfallen würde. In seinem ersten Trimester fiel er fast durch. Er ging nach Hause und sagte zu seinen Eltern: »Ich glaub' nicht, daß ich fürs College genug kann«, und die Eltern begleiteten ihn zurück zum College und sprachen mit dem College-Berater. Als er herausbekam, daß sein Testergebnis bedeutete, daß er einen I. Q. von 140 hatte, konnte er erstklassige Ergebnisse in seiner Arbeit erreichen, bevor das Jahr um war.

Wenn das Selbst-Bild erst einmal etabliert ist, stellt es einen Raster dar, durch den alles gesehen, gehört, beurteilt und verstanden wird. Architekten betrachten Bauwerke nicht in der gleichen Weise wie wir anderen. Ähnlich bietet die Welt einen jeweils anderen Anblick, wenn Schneiderinnen, Klempner, Anstreicher, Kernphysiker oder Menschen sie betrachten, die sich als Russen, Chinesen, Weiße, Schwarze, Hindus oder Moslems sehen. Jeder Mensch nimmt die Welt um sich herum durch seine Vorstellungen von sich selbst gefiltert wahr, und dies geschieht, ganz gleich, ob er merkt, was geschieht oder nicht. Selbst wenn der Geschäftsmann Urlaub macht, mag er es sehr schwierig finden, sein Geschäft zu vergessen. An jedem Ferienort kann man Hunderte von Männern beobachten, die sich einander anschließen, um die tröstenden Dinge der Welt, die sie kennen, zu bereden, während ihre Frauen, denen es so weit weg von zu Hause ebenso unbehaglich ist, Trost darin finden, mit Leuten, die sie nie vorher gesehen haben, über hausfrauliche Dinge zu reden.

Die psychologische Literatur fließt über von gelehrten Abhandlungen und Forschungsberichten über die Wirkungen des Selbst-Bildes auf eine große Vielfalt von Verhaltensweisen, darunter Schulversagen, Niveau des Strebens oder der Zielsetzung, sportliche Leistungsfähigkeit, psychische Gesundheit, Intelligenz, Delinquenz und Kriminalität, ethnische Gruppen, die sozial Benachteiligten und die industrielle Produktivität. In jedem Aspekt der menschlichen Existenz übt das Selbst-Bild seinen Einfluß auf das aus, was die Menschen tun und wie sie sich verhalten. Wenn wir wissen, wie ein Mensch sich selbst sieht, wird uns vieles an seinem Verhalten klar, und es ist oft möglich, mit großer Genauigkeit vorherzusagen, was er wahrscheinlich als nächstes tun wird.

Zirkuläre Wirkung des Selbst-Bildes

Die selektive Wirkung des Selbst-Bildes hat noch eine weitere wichtige Folge. Sie bestätigt und unterstützt die bereits bestehenden Ansichten über das eigene Selbst und neigt so dazu, seine eigene Existenz aufrechtzuerhalten und zu verstärken. Diese zirkuläre Eigenschaft des Selbst-Bildes kann man oft bei den Problemen wirksam werden sehen, die Kinder beim Erlernen des Rechnens, der Rechtschreibung, des freien Sprechens, des Turnens, in Geschichte, Musik oder irgendeinem anderen Schulfach haben. Nehmen wir z. B. das Lesen: Es scheint heute klar zu sein, daß viele Kinder, die nicht lesen können, es weitgehend deshalb nicht können, weil sie *glauben*, sie könnten nicht lesen. Es ist heutzutage relativ selten, daß bei Kindern, die in die Leseklinik kommen, irgend etwas an den Augen nicht in Ordnung ist. Mit den modernen Methoden der Gesundheitsuntersuchung bei Kindern werden Sehfehler gewöhnlich routinemäßig entdeckt. Das Kind, das in die Leseklinik kommt, ist statt dessen viel wahrscheinlicher dadurch behindert, daß es glaubt, es könne nicht lesen. Aus dem einen oder anderen Grund hat es die Vorstellung entwickelt, es sei unfähig zu lesen. Danach verfängt es sich in einem Teufelskreis, der etwa so läuft: Weil es glaubt, es könne nicht lesen, vermeidet es das Lesen. Auf diese Weise vermeidet es gerade das, was ihm nützlich wäre. Weil es das Lesen vermeidet, erwirbt es keine Übung und liest darum nicht sehr gut. Wenn die Lehrerin das Kind nun auffordert zu lesen, liest es sehr schlecht, und sie sagt: »Meine Güte, Jimmy, du liest gar nicht gut!« Das ist natürlich das, was er schon vorher geglaubt hat. Dann wird häufig, um die Sache noch schlimmer zu machen, ein Bericht an die Eltern geschrieben, der ihnen mitteilt, wie schlecht er liest; nun treten sie auch noch in die Handlung ein und bestätigen das Kind in seiner Meinung, es sei wirklich ein sehr schlechter Leser. Auf diese Weise wird jemand, der schlecht lesen kann, häufig von einer wahren Verschwörung eingekreist, wo all seine Erfahrungen ihn auf seine Schwäche hinweisen. Diese Verschwörung wird im übrigen hauptsächlich von Menschen zuwege gebracht, die die besten Absichten hatten. Sie *wollten* daß das Kind gut lesen sollte, obwohl die Wirkung ihrer Druckmaßnahmen darauf hinauslief, ihm zu beweisen, daß es kein guter Leser war.

Der Leser dieses Buches mag selbst einer von jenen Tausenden von Menschen sein, die glauben, sie könnten keine Mathematik, keine Rede halten oder nicht richtig schreiben. Mit einer solchen Überzeugung vermeidet er wahrscheinlich die Anlässe, wo es notwendig wäre, die betreffende Fertigkeit anzuwenden, und weicht so der Gelegenheit aus, sie zu üben. Dann bestätigen natürlich seine Mißerfolgserlebnisse, wenn er gezwungen ist, zu handeln, das, was er schon fest glaubt. Heute gibt es schon viele Forschungsberichte, die die Wirkungen von Überzeugungen der Schüler auf eine große Vielfalt von Schulfächern zeigen. Es gibt Hinweise darauf, daß das Selbst-Bild bessere Vorhersagen über die Schulerfolge eines Kindes ermöglichen kann als der altehrwürdige Intelligenzquotient.

Die sich selbst verewigende Wirkung der Vorstellung vom eigenen Selbst beschränkt sich keineswegs auf Erfolg oder Mißerfolg in Schulfächern. Sie erstreckt sich auf alle Aspekte des menschlichen Erlebens. Man kann die gleiche Dynamik in allen Schichten wirken sehen. Der jugendliche Delinquent z. B., der zu der Überzeugung gekommen ist, niemand habe ihn gern, niemand wolle ihn haben, niemandem liege etwas an ihm, und der glaubt, er tauge nicht viel, kommt oft zu dem Schluß, andere Menschen seien seine Feinde. Daraufhin findet er vielleicht Vergnügen daran, die Autoritäten irrezuführen. Er baut sich seine Gefühle der Selbstachtung und des Selbstwerts dadurch auf, daß er die Polizei verhöhnt, und er hat seine Freude daran, Methoden zu erfinden, wie er sie ärgern und in Verlegenheit bringen kann. Ein derartiges Verhalten dient kaum dazu, ihn bei anderen beliebt zu machen. Fast sicher wird es andere ver-

anlassen, sich ihm gegenüber so zu verhalten, daß seine bereits bedauerlichen Ansichten über ihn selbst bestätigt und gestützt werden.
Dr. Walter Reckless und seine Kollegen an der Ohio State University haben eine Reihe von Untersuchungen an delinquenten und nicht-delinquenten Jungen durchgeführt. Sie stellten unter anderem fest: Der zwölfjährige »brave« Junge in einem Elendsviertel sieht sich selbst als jemand, der sich aus Schwierigkeiten heraushält, seine Freunde ebenfalls; er glaubt, er werde die Schule bis zum Schluß besuchen, und sieht seine Familie als eine gute Familie. Die Mütter der »braven« Jungen hatten auch günstige Meinungen über ihre Jungen und deren Zukunft. Andererseits hat der sogenannte »böse« Junge, den seine Lehrerin im sechsten Schuljahr als einen Jungen sieht, der auf Schwierigkeiten und einen vorzeitigen Abgang von der Schule zusteuert, die entgegengesetzte Meinung von sich selbst. Er sieht sich als jemand, der Schwierigkeiten haben wird, seine Freunde als Delinquenten und seine Familie als eine Familie von »Taugenichtsen«. Die Mutter des »bösen« Jungen äußerte wie ein Echo die gleichen Überzeugungen wie er. Bei einer Nachuntersuchung am Ende von vier Jahren stellte man fest, daß der »brave« Junge fast frei von Delinquenz war, während 40 % der »bösen« Jungen ein- bis siebenmal vor dem Jugendgericht gestanden hatten.
Glücklicherweise funktioniert die zirkuläre Wirkung des Selbst-Bildes ebensogut in positiver Richtung. Menschen mit positiven Selbst-Bildern verhalten sich meist so, daß andere sich veranlaßt fühlen, in bestätigender Weise zu reagieren. Menschen, die glauben, sie *können*, haben leichter Erfolg. Schon das Vorhandensein solcher Gefühle in bezug auf das Selbst schafft Bedingungen, die dem Erfolg förderlich sind. Die Krankenschwester, die sich ihrer selbst sicher fühlt, benimmt sich mit Würde und Sicherheit, wobei sie positive Reaktionen von anderen Menschen erwartet. Dies wiederum ruft bei denen, mit denen sie arbeitet, Reaktionen hervor, die meistens die Überzeugungen bestätigen, die sie schon hat. So schafft die zirkuläre Wirkung des Selbst-Bildes eine Art Spirale, in der »die Reichen immer reicher und die Armen immer ärmer werden«. Dieser sich selbst bestätigende Charakter der Auffassung vom eigenen Selbst gibt dieser einen hohen Grad von Stabilität und macht ihre Veränderung schwierig, wenn sie erst einmal fest etabliert ist.

Selbst-Bild und soziale Probleme

Die Eigenschaft des Selbst-Bildes, daß es sich selbst verewigt, macht es besonders interessant, wenn man versucht, mit den großen sozialen Problemen unserer Zeit fertigzuwerden. Millionen von Menschen überall auf der Welt sind in einem Teufelskreis gefangen, in dem ihre Erfahrungen immer ihre ungünstigen oder katastrophalen Bilder von ihrem eigenen Selbst zu bestätigen scheinen. Wie einander gegenüberstehende Spiegel, in einem unendlichen Korridor der Verzweiflung, sind sie gefangen in einer Lebensweise, aus der es keinen Ausweg zu geben scheint. Da sie sich in einer Weise definiert haben, die Hoffnung auf Erfolg von vornherein so gut wie ganz ausschließt, bleiben sie auf immer Opfer ihrer Selbstwahrnehmung. In dem Glauben, nur x-beliebig viel zu sein, tun sie kein bißchen mehr als das »viel«. Andere Menschen, die sie auch nur x-beliebig viel tun sehen, lernen dann, so viel von ihnen zu erwarten, und bezeichnen sie als »x-beliebig-viel-Leute«, was natürlich nur das bestätigt, was der Mensch von Anfang an gemeint hat. Vielen Negern z. B. hat man durch generationenlange Gehirnwäsche (durch Erfahrung) so gründlich beigebracht zu glauben, daß sie unfähige, untüchtige und zweitklassige Bürger seien, daß sie sich oft weiterhin so verhalten, selbst unter Bedingungen, wo es nicht mehr angebracht ist. Verarmte Menschen in den Appalachen, die zu lange keine Arbeit oder keine Hoffnung auf die Zukunft gehabt haben, geben schließlich den Versuch ganz auf. Weiße, die zwar mit schweren Selbstzweifeln, aber auch mit einem Gefühl der Überlegenheit gegenüber »Niggern« aufgewachsen sind, widersetzen sich heftig den Vorstellungen von sozialer Gleichheit. Ihr Selbst-Bild ist so negativ, und ihre Welt ist so voll von Hoffnungslosigkeit, daß sie irgendeine Überzeugung haben müssen, durch die sie besser sind als andere. Wie man diesen und weiteren Tausenden verzweifelter Opfer ihrer eigenen Ansichten zum Aussteigen aus der Tretmühle der Selbstbestätigung verhelfen kann, ist eins der großen Probleme, denen sich unsere Generation gegenüber sieht.

Das Bild vom eigenen Selbst spielt auch in den sozialen und weltanschaulichen Problemen eine Rolle, die uns unsere großen internationalen Schwierigkeiten bereiten. Menschen, die sich als Amerikaner sehen, benehmen sich wie Amerikaner, während Menschen, die sich als Russen, Chinesen, Japaner, Deutsche, Briten oder Ghanesen sehen, sich so verhalten, wie es ihrer Selbst-Auffassung entspricht. Ebenso neigen Menschen, die sich als Buddhisten, Taoisten, Juden, Moslems oder Christen sehen, dazu, sich gemäß ihren Überzeugungen zu verhalten. Manchmal erzeugen verschiedene Weisen des Sehens sogar dort Streit und Mißverständnisse, wo in Wirklichkeit gar keine bestünden, wenn es möglich wäre, zu den Grundfragen unterhalb der Oberflächenunterschiede vorzudringen. U Thant hat dies einmal als Generalsekretär der Vereinten Nationen in einer Darstellung seiner eigenen Entwicklung und Weltanschauung ausgedrückt, die ihn zu einem Punkt gebracht hatten, wo er sich als einen »Menschen auf der Welt« sehen konnte und nicht als einen Vertreter Thailands, seines Heimatlandes. Aufgrund dieses Gefühls, sagte er, könne er einen Ringkampf zwischen einem Landsmann und einem Mann aus einem anderen Land mitansehen und sich für den Gewinner freuen, gleichgültig, woher er sei. Für die meisten von uns ist leider ein solches »weltbürgerliches« Selbstbild noch außerhalb der Grenzen unserer Erfahrung.

Wie man das Selbst-Bild lernt

Wir haben gesagt, das Selbst-Bild ist ein Gefüge von Überzeugungen über das eigene Selbst. Diese Überzeugungen werden in der gleichen Weise gelernt, wie man alle anderen Ansichten erwirbt — durch Erfahrung. Schon bevor ein Kind auf die Welt gekommen ist, hat es angefangen, Unterscheidungen in bezug auf sich selbst und die Welt, in der es lebt, zu machen. Dieser Vorgang geht nach der Geburt weiter. Ein sehr großer Teil der wachen Stunden des Säuglings wird mit ständiger Erforschung zugebracht. Das Kind riecht, fühlt, schmeckt, hört und betrachtet alles. Sehr früh beginnt es zu unterscheiden, was zu ihm gehört und was nicht. Durch die fortwährende Erforschung werden diese Wahrnehmungen ihrerseits wieder in immer ausdrücklichere Definitionen differenziert. Sobald sich der Gebrauch der Sprache entwickelt, wird es möglich, das, was zum Kind gehört, zu benennen, und der ganze Vorgang der Differenzierung und Begriffsbildung wird unermeßlich stark beschleunigt. Binnen kurzem hat das Kind viele Ansichten über sich und seine Welt, und es schält sich ein Gefühl der eigenen Identität heraus. Es wird sich seiner selbst als einer einzigartigen Person mit vielen Eigenschaften und Werten bewußt und hat insgesamt ein Gefühl des Personseins. Ein neues Selbst ist entstanden. Sobald es etabliert ist, wird dieses Selbst während des ganzen übrigen Lebens seines »Eigentümers« seinen Einfluß auf jedes Verhalten ausüben[1].

Manches, was der Mensch über sein Selbst erfährt, wird durch Interaktion mit der physikalischen Welt entdeckt. Aus diesen Erfahrungen lernen die Menschen, wie groß oder klein sie sind, wie schnell sie gehen oder schwimmen können oder wo sie sich in dem Raum befinden, in dem

[1] Die vollständige Geschichte der Entstehung von Begriffen und von der Entwicklung des Selbst ist ein faszinierendes Forschungsgebiet, das weit über die Behandlung hinausgeht, die wir ihm hier angedeihen lassen können. Interessierte Leser weisen wir auf unsere Literaturhinweise am Ende dieses Kapitels hin; dort finden sie weitere Einführung in dieses wichtige Forschungsgebiet.

sie leben. Sie lernen ebenfalls, was sie heben können und was nicht, was sie steuern können, welchen Gefahren sie ausweichen und vor welchen sie sich schützen müssen, welche Dinge gut oder förderlich sind, und Tausende von anderen Erkenntnissen, die mehr oder weniger nützlich sind, um in der physikalischen Welt zurechtzukommen, in der wir alle leben.

Die Rolle signifikanter anderer Menschen

Sehr viel wichtiger für das Wachsen des Selbst sind jedoch die Auffassungen, die wir aus der Interaktion mit anderen Menschen erwerben. Der Mensch ist in erster Linie ein soziales Lebewesen, und aus Erfahrungen mit anderen Menschen bezieht er seine entscheidendsten Ansichten über sein Selbst. Die Menschen erfahren, wer sie sind und was sie sind, aus der Art, wie sie von den wichtigen Menschen in ihrem Leben behandelt werden — Psychologen nennen sie manchmal die »signifikanten anderen«. Aus Interaktionen mit solchen Menschen lernt jeder von uns, ob er geliebt oder ungeliebt, akzeptabel oder unakzeptabel, ein Erfolg oder ein Mißerfolg, achtbar oder unwichtig ist. Wir lernen wenig von unwichtigen Menschen, selbst wenn man sie Lehrer, Eltern, Sozialarbeiter, Berater, Priester oder Rabbis nennt. Nur die signifikanten Menschen haben eine Wirkung auf das Selbst-Bild. Der Krankenschwester macht es nicht viel aus, was die Zufallsbekanntschaft über ihre fachlichen Fähigkeiten sagt. Sie macht sich jedoch viel daraus, was ihre Kontrollschwester oder ihr Arzt zu sagen hat (vorausgesetzt natürlich, daß sie glaubt, daß diese ihr Fach verstehen). Was man über das Selbst lernt, ist ein Produkt der besonderen, eigenartigen Erfahrungen, die in der privaten Welt des Individuums vorkommen. Was es aus irgendeinem Ereignis lernt, mag ganz anders sein, als es dem außenstehenden Beobachter erscheint.
Man sollte nicht glauben, weil das Selbst-Bild in erster Linie aus Erfahrungen mit signifikanten anderen Menschen gelernt wird, sei dies einfach eine Frage dessen, was die wichtigen Menschen im Leben einem sagen. Ein so großer Teil unserer täglichen Interaktion miteinander findet durch verbale Kommunikation statt, daß man leicht dem Glauben anheimfällt, was Menschen zueinander sagen, habe ungeheure Bedeutung. Das kann natürlich manchmal sein. Die Wirkung von Worten liegt jedoch nicht in dem, was gesagt wird, sondern darin, wie der Zuhörer es gehört hat. Diese Tatsache zu verstehen, ist besonders wichtig für Menschen, die einen helfenden Beruf ausüben, weil so viel von ihrer Arbeit von verbaler Interaktion in der einen oder anderen Form abhängig ist. Die Meinung, Worte seien schrecklich wichtig, oder die Ansicht, alles lasse sich durch Gespräch lösen, können dazu führen, daß der Helfer nichts er-

reicht. Sicher ist das Gespräch eins der wertvollsten Werkzeuge, die uns zur Verfügung stehen, wenn wir das Verhalten anderer beeinflussen wollen, aber man kann seine Wirkung leicht überschätzen. Es genügt nicht, wenn einem gesagt wird, man werde geliebt; man muß *fühlen*, daß man geliebt wird, und zwar von jemand, auf den es ankommt. Man braucht sich nur selbst daran zu erinnern, wie selten man »guten Rat« von anderen annimmt. Etwas zu sagen, mag eine Möglichkeit sein, eine Veränderung im Selbst-Bild eines anderen herbeizuführen. Es ist keineswegs ein unfehlbares Mittel, und oft wird es weit überschätzt.

Woher das Selbst-Bild auch erworben wird — was gelernt wird, ist eine Frage des eigenen Erlebens des Individuums, und nicht dessen, was nach Ansicht eines Außenstehenden mit ihm geschieht. Eine Mutter (ein Vater), die ihr Kind ausschimpft, weil es in der Schule nicht gut vorwärtskommt, mag dies in der besten Absicht tun und hoffen, sie könne das Kind zu größerer Bemühung bewegen. Für das Kind kann dieses Erlebnis nur die Bedeutung haben, daß es dumm, nicht akzeptabel oder nicht viel wert ist. Diese Art des unbeabsichtigten Lernens nennen die Psychologen »zufälliges Lernen« (incidental learning), und es ist oft viel wichtiger für die Bestimmung des Verhaltens als das, was der Berater oder Lehrer oder Sozialarbeiter vermitteln wollte. Kinder lernen z. B. durch die Atmosphäre des Klassenzimmers, durch die Stimmungen von Lehrern und durch die offenkundigen oder verdeckten Zeichen von Erfolg oder Mißerfolg, die durch Billigung oder Mißbilligung von Lehrern oder Klassenkameraden impliziert werden. Dieses ungeplante Lernen ist wahrscheinlich viel bedeutsamer und dauerhafter als das, was der Lehrer gelehrt hat. Das Kind im fünften Schuljahr, dessen Leseleistung dem Niveau des zweiten Schuljahres entspricht, muß eine tägliche Portion Mißerfolg verdauen, die ihm durch ein starres System aufgezwungen wird, das darauf besteht, alle Kinder auf einem bestimmten Niveau zu unterrichten, als wenn sie gleich wären. Angesichts dieser täglichen Erfahrung ist es wie ein Tropfen auf den heißen Stein, wenn man ihm sagt, es sei ein »braver Junge«. Oder wenn man zu eindringlich versucht, der jungen Mutter alles das beizubringen, was sie wissen müßte, um ihr krankes Kind zu pflegen, kann es dazu führen, daß sie zu der Überzeugung kommt, sie sei ganz unzulänglich.

Der Stellenwert des Traumas in der Entwicklung des Selbst

Viele Leute glauben, das Selbst-Bild sei in erster Linie ein Ergebnis der dramatischen Ereignisse, die das Kind während des Heranwachsens erlebt. Diese Vorstellung ist vor allem durch die Ideen zustande gekommen, die durch Freud und seine Schüler in unser Denken eingeführt worden sind. Während Freud sich anhörte, wie seine Patienten im Lauf der Psychoanalyse die Schritte ihres Wachstums und ihrer Entwicklung nachzeichneten, fand er wiederholt, daß sie schockierende Erlebnisse ans Licht brachten, die ihnen in der Vergangenheit zugestoßen waren. Es war nur natürlich, anzunehmen, daß diese Ereignisse einen tiefen und wirksamen Einfluß auf die Prägung der Persönlichkeit und die Entstehung der Probleme gehabt hatten, die seine Patienten bis ins Erwachsenenalter mit sich trugen. Dieser Eindruck wurde durch die Patienten selbst bestätigt, die häufig sagten, diese Ereignisse hätten eine entscheidende Wirkung auf sie gehabt.

In neuerer Zeit haben wir gelernt, die Rolle der frühen Traumatisierung anders zu sehen. Wir meinen heute, daß die wichtigsten Veränderungen im Selbst-Bild wahrscheinlich nur infolge vieler Erlebnisse zustande kommen, die sich über lange Zeiträume wiederholen. Gerade die kleinen Alltagsdinge, die immer wieder an den Gefühlen nagen, die das Individuum in bezug auf sich selbst hegt, rufen die dauerhaftesten, alles durchdringenden Wirkungen im Selbst hervor. Ein Kind lernt, daß es angenommen oder nicht angenommen wird — nicht so sehr aus den dramatischen Ereignissen als vielmehr aus den Tausenden von kleinen alltäglichen Nuancen von Einstellungen und Gefühlen, die es von denen aufnimmt, die es umgeben. Sie sind oft im aktuellen Erleben so subtil und undeutlich, daß es dem Erwachsenen in seinem späteren Leben ganz unmöglich ist, den Finger auf das besondere Ereignis zu legen, das das Gefühl hervorgerufen hat, welches er jetzt empfindet.

Wenn die Vorstellung vom eigenen Selbst nur langsam als Folge vieler Erlebnisse erworben wird, warum haben wir dann das Gefühl, daß dramatische Ereignisse in der Vergangenheit uns so tiefgreifend beeinflußt haben? Der Grund scheint zu sein, daß dramatische Ereignisse leichter ins Gedächtnis zurückzurufen sind und zu Symbolen werden, die das Wesen eines bestimmten Gefühls kristallisieren und klar hervortreten lassen. Das Ereignis hat ungeheure Bedeutung, nicht, weil das Erlebnis an sich so entscheidend war, sondern weil es symbolisch wurde und viele unausgesprochene Gefühle deutlich machte, die sich im Lauf einer langen Zeit entwickelt hatten. Manch ein Kind hat den Tod seines Großvaters mit wenig oder gar keinem Gefühl des Verlusts erlebt, und viele sind in späteren Jahren gar nicht in der Lage, sich an das Ereignis zu erinnern. Für das einsame, abgelehnte Kind, dessen Großvater eine Insel der Fürsorge und Anteilnahme war, hat das gleiche Ereignis eine völlig andere Bedeutung. Wenn wir über die Reihe unserer Wachstumsjahre zurückblikken, bieten uns die dramatischen Ereignisse die Haken, an denen wir akkumulierte Bedeutungen aufhängen können. Infolgedessen kann sich der erwachsene Mann daran erinnern, wie schüchtern er als Kind war, und wie vernichtet er sich an dem Tag im dritten Schuljahr fühlte, »als alle Kinder mich auslachten!« Die Veränderung in der Persönlichkeit des Menschen wird nicht durch das Trauma selbst herbeigeführt, sondern durch die Vielzahl anderer Erlebnisse, die seine Bedeutung zurechtgehämmert und geformt haben.

Die Stabilität des Selbst-Bildes

Wir haben erklärt, das Selbst-Bild setze sich aus Tausenden von Vorstellungen über das Selbst zusammen, die für den Menschen verschieden wichtig sind. Wir haben auch gesagt, der Kern des Selbst-Bildes habe, sobald es etabliert sei, ein hohes Maß an Dauerhaftigkeit und Stabilität. Unwichtige Aspekte des Selbst können oft ziemlich rasch erworben oder verändert werden. Dies sind im allgemeinen periphere Aspekte des Selbst oder Fragen von relativ geringer Wichtigkeit. Es kann also möglich sein, einem Menschen ein Spiel beizubringen, so daß er sich für einen Menschen hält, der das betreffende Spiel spielen kann. Wenn wir jemanden auf einem Flug im Flugzeug mitnehmen, können wir in seinem Selbst-Bild die Veränderung hervorrufen, daß er sich nun als »jemand, der in einem Flugzeug gewesen ist« sieht. Zwar ist diese Art von Veränderungen relativ leicht zu bewerkstelligen, aber sie genügt selten, um bedeutsame Veränderungen in der Persönlichkeit hervorzurufen. Die meisten wirklich wichtigen Veränderungen des Selbst-Bildes, wie die mit Wertvorstellungen, Einstellungen oder Grundüberzeugungen verbundenen, gehen sehr viel langsamer vor sich und manchmal erst nach sehr langer Zeit. Das ist oft sehr frustrierend für jene, die Menschen gern rasch oder leicht helfen möchten. So frustrierend es auch ist, müssen wir uns doch darauf besinnen, daß dieser gleiche Widerstand gegen Veränderung auch unsere beste Garantie dagegen ist, von einem Demagogen verführt zu werden. Es ist gut, daß Menschen sich nicht so leicht ändern.
Allgemein gesagt: je wichtiger der Aspekt des Selbst für die Ökonomie des Individuums ist, desto mehr Erfahrung ist nötig, um es zu etablieren, und desto schwieriger ist es, das Selbst-Bild zu ändern. Fritz Redl hat einmal im Lauf einer Vorlesung über Jugendkriminalität diese langsame Entwicklung individueller Gefühle in bezug auf das Selbst anschaulich dargestellt. Delinquenten, sagte er, entstehen nicht durch einen einzigen Anlaß:

Es dauert vierzehn Jahre, bis ein guter Delinquent fertig ist. Davor kann man nie wirklich sicher sein, daß man es mit einem zu tun hat. Damit ein guter Delinquent entsteht, muß alles schiefgehen, und nicht nur einmal, sondern immer wieder. Zu Hause muß es schiefgehen, in der Kirchengemeinde muß es schiefgehen, in der politischen Gemeinde muß es schiefgehen, seine Freunde müssen ihn im Stich lassen, nicht einmal, sondern immer und immer wieder. Sie müssen es sich zur Gewohnheit machen! Dann, wenn es vierzehn Jahre lang so gegangen ist, mag ein guter Delinquent entstanden sein[2].

Nach vierzehn Jahren derartiger Erfahrungen ist auch verständlich, warum es lange dauert, die Ansichten eines solchen Kindes von sich selbst und von der Welt zu ändern.

Selbst-Bild und Selbstdarstellung

Wenn das Selbst-Bild in der Bestimmung des Verhaltens eine so große Rolle spielt, wie die heutigen Psychologen glauben, dann müssen die Angehörigen der helfenden Berufe für die Vorstellungen ihrer Schüler, Klienten oder Patienten von sich selbst aufmerksam werden und Geschick darin erwerben, ihnen beim Verändern ihres Selbst-Bildes zu helfen. Auf den ersten Blick erscheint es leicht, das Selbst-Bild eines anderen zu verstehen; wenn man wissen möchte, wie jemand sich selbst sieht, warum sollte man ihn nicht einfach fragen? Das scheint klar und offen genug. Leider ist es nicht so einfach. Wie ein Mensch sich sieht, ist eine sehr private Angelegenheit, und was er einem sagen kann, hängt ab von seiner Bereitschaft, sich einem anzuvertrauen. Selbst wenn er dazu bereit ist, ist es noch die Frage, ob er sich auf eine Aufforderung hin selbst richtig beschreiben kann. Es ist wichtig für Angehörige der helfenden Berufe, die Unterschiede zwischen der Selbstdarstellung eines Menschen und seinem Selbst-Bild klar zu erkennen[3].

---

[2] Nach Aufzeichnungen in der Vorlesung von Dr. Redl, die A. W. Combs gemacht hat. Da Dr. Redl frei gesprochen hat, läßt sich die Genauigkeit des Zitats nicht nachprüfen. Die Anschaulichkeit jedoch ist superb.

[3] Dies ist ein Problem, über das heute in der psychologischen Literatur große Verwirrung herrscht. Bei den meisten in der Literatur als Erforschungen des Selbst-Bildes vorgelegten Untersuchungen stellte sich bei einer Durchsicht durch die Autoren im Jahr 1968 bei näherer Prüfung heraus, daß sie in Wirklichkeit Untersuchungen der Selbstdarstellung waren. Obwohl sie vorgeblich Untersuchungen des Selbst-Bildes waren, benützten sie Maßstäbe der Selbstdarstellung, als seien diese Begriffe identisch. Die unterschiedslose Verwendung dieser Termini ist sehr bedauerlich. Daß man sie behandelt hat, als seien sie synonym, hat die Literatur unendlich kompliziert, und ernsthaft Interessierte müssen sich, wenn sie Forschungsergebnisse vergleichen wollen, diesen Sachverhalt klar vor Augen halten.

Das Selbst-Bild ist das, als was sich ein Mensch wahrnimmt; es ist das, was er von sich selbst *glaubt*. Die Selbstdarstellung andererseits ist das, was ein Mensch bereit oder fähig ist, über sich selbst auszusagen, oder das, was man ihn mit List veranlassen kann, über sich zu *sagen*, wenn man ihn dazu auffordert. Die Selbstdarstellung ist ein Verhalten; das Selbst-Bild ist ein System von Überzeugungen. Es ist klar, daß diese Dinge nicht das gleiche sind.

Jedes Verhalten wird auf die eine oder andere Weise durch das Selbst-Bild beeinflußt, so auch das, was ein Mensch über sich selbst sagt. Das bedeutet jedoch nicht, daß eine Beziehung von eins zu eins besteht oder daß man die Selbstdarstellung fraglos als eine richtige Darstellung des Selbst-Bildes akzeptieren kann. Was ein Mensch über sich selbst sagt, mag oder mag nicht das sein, was er wirklich empfindet. Selbst in der besten Absicht kann er unfähig sein, eine richtige Darstellung seiner selbst zu geben, weil andere Vorstellungen dazwischentreten und ein gewisses Maß von Abweichung oder Verzerrung bewirken. Wenige von uns sind z. B. jemals ganz frei von sozialen Erwartungen. Was wir über uns selbst sagen, wird von unserem Bewußtsein dessen beeinflußt, was man von uns »erwartet«. Kleine Jungen z. B. müssen mit Nachdruck versichern, sie haßten die Schule, obwohl sie vielleicht alles dafür geben würden, schon eine Woche nach Ferienbeginn wieder hingehen zu können. Erwachsenen steht es nicht völlig frei, ihre wahren Gefühle über sich selbst zu äußern, weil unsere Gesellschaft Unbescheidenheit mißbilligt. Es wird als äußerst geschmacklos angesehen, herumzulaufen und den Leuten zu verkünden, wie großartig man ist. Manche Aspekte des Selbst können vielleicht nicht berichtet werden, einfach weil sie so bedrohlich sind, daß man sie nicht offen zugeben kann, obwohl sie für andere ganz klar erkennbar sein mögen. Wer hat es noch nicht erlebt, daß ein solcher Mensch mannhaft leugnet, was all seine Freunde und Bekannten schon längst wissen? Selbst der gesündeste Mensch fühlt sich nicht immer sicher genug, auch unter den wärmsten und freundlichsten Bedingungen bei seiner Geliebten, Ehefrau oder seinem Psychotherapeuten, seine tiefsten Gefühle zu offenbaren. Wenn diese Einschränkungen der richtigen Selbstdarstellung nicht vorhanden sind, bleiben noch die weiteren Schwierigkeiten des Mangels an Worten, um Gefühle richtig auszudrükken und der Bereitschaft des Berichtenden, auf Verlangen mitzuarbeiten. Die Bitte um Information, die dem Angesprochenen unverschämt oder neugierig erscheint, wird höchstwahrscheinlich keine richtigen Selbstbeschreibungen hervorlocken.

Was Menschen über sich selbst sagen, kann man als interessante und informative Daten annehmen, aber nicht fraglos als eine direkte Wiedergabe des Selbst-Bildes. Dies wurde durch einige an der Universität von Florida durchgeführte Untersuchungen deutlich gezeigt. In einer dieser Studien wurden Kinder im sechsten Schuljahr aufgefordert, sich selbst zu beschreiben. Ohne Kenntnis dessen, was die Kinder über sich selbst gesagt hatten, hatte eine Gruppe von geschulten Beobachtern die Kinder im Hinblick auf die gleichen Einzelpunkte des Selbst-Bildes zu beurteilen. Als man die Selbstdarstellungen der Kinder mit den erschlossenen Selbst-Bildern verglich, die die geschulten Beobachter aufgestellt hatten, waren zwischen beiden keine signifikanten Korrelationen zu finden. In einem anderen Versuch wurden Lehrer aufgefordert, auszuwählen, welche von den beiden Darstellungen jeweils auf die Kinder in ihren Klassen paßte. Eine dieser Beschreibungen war die Selbstdarstellung des Kindes; die andere war eine Beschreibung des Selbst-Bildes, die geschulte Beobachter geliefert hatten. Die Lehrer wählten überwiegend die Beschreibungen der geschulten Beobachter; sie waren nach ihrer Ansicht den Kindern, die sie kannten, am ähnlichsten.

Da das Selbst-Bild im Inneren des Menschen besteht, ist es der direkten Nachprüfung mit Hilfe irgendwelcher Mittel, wie sie uns heute bekannt sind, nicht zugänglich. Man kann es jedoch indirekt erkennen: durch einen Vorgang des Schließens aus irgendeiner beobachteten Verhaltensform, wie es in den oben erwähnten Versuchen gemacht wurde. Das Grundprinzip lautet folgendermaßen: Wenn es zutrifft, daß Verhalten ein Produkt des Wahrnehmungsfeldes des Individuums ist, sollte es möglich sein, durch einen Vorgang, in dem man das Verhalten »rückwärts liest«, aus beobachtetem Verhalten das Wesen der Wahrnehmungen zu erschließen, die es hervorgebracht haben. Das machen wir in der Tat alle mit den Menschen, die uns wichtig sind. Aus der Art, wie wir sie sich verhalten sehen, leiten wir ab, was sie denken und fühlen. Der Psychologe in seiner Forschungsarbeit und der Helfer in seiner Berufsrolle tun genau das gleiche, wenn auch vielleicht mit größerer Beherrschung und Genauigkeit, wie der Mann auf der Straße. Man kann mit Recht fragen, warum Schlüsse auf das Selbst-Bild aus dem beobachteten Verhalten zuverlässigere Anzeiger für das Selbst-Bild sind als die Selbstdarstellung eines Menschen. Erstens ist das erschlossene Selbst-Bild aus theoretischen Gründen genauer; es betrachtet das Selbst-Bild als ein Gefüge von *Wahrnehmungen*, die Verhalten *hervorbringen*, und es nimmt das Verhalten des Menschen nicht als etwas, das gleichbedeutend ist mit seiner Selbstwahrnehmung. Zweitens erkennt diese Methode die Existenz von verzerrenden Faktoren in der Selbstdarstellung und versucht, so viele von ihnen auszuschalten, wie es sich praktisch machen läßt. Von den oben erwähnten Verzerrungen kann man z. B. beim Erschließen des

Selbst-Bildes Fehler ausmerzen oder vermindern, die durch soziale Erwartungen, Mangel an angemessenen Ausdrucksmöglichkeiten, mangelnde Mitarbeit des Untersuchten oder durch dessen Gefühle der Bedrohung eingeführt werden. Es kann natürlich vorkommen, daß das Verfahren des Erschließens in die Wahrnehmungen des Beobachters andere Fehler einfließen läßt, aber das ist ein Problem jeder Menschenbeobachtung, mit dem die Wissenschaftler fertig werden müssen, gleichgültig, um welche Art von Beobachtungen es sich handelt. Es obliegt dem Wissenschaftler, sich seinem Problem mit maximaler Aufmerksamkeit gegenüber den beteiligten Faktoren und größter Gewissenhaftigkeit gegenüber ihren Wirkungen zu nähern.

Das *wahre* Selbst eines Menschen läßt sich natürlich weder durch das erschlossene Selbst-Bild noch durch die Selbstdarstellung genau messen. Die Frage ist: Welcher dieser Wege kommt den Zwecken am nächsten, auf die es uns ankommt? Obwohl die Selbstdarstellung als Maß des Selbst-Bildes anfechtbar ist, hat sie ihren eigenen Wert. Was ein Mensch über sich zu sagen hat, erbringt wertvolle Daten. Es ist beobachtbares Verhalten. Wie jedes andere Verhalten ist es ein Ausdruck des Wahrnehmungsfeldes der Person im Augenblick des Handelns. Wegen seines Symbolcharakters und wegen des Gebrauchs, den der Sich-Verhaltende zum Zweck der Selbstäußerung davon macht, hat es einen mehr als gewöhnlichen Wert als Hilfsmittel zum Verstehen eines anderen Menschen. Wenn man die Selbstaussagen als Daten des Verhaltens nimmt, können sie brauchbare Hinweise auf das Wesen des Selbst-Bildes liefern, das sie hervorgebracht hat, wenn man sie als Grundlagen für Schlußfolgerungen benützt. Oft kann die Selbstdarstellung trotz ihrer Verzerrungen dem im täglichen Leben handelnden Bürger genug Daten liefern. Der Wissenschaftler, der Verhaltensforscher oder der Praktiker im helfenden Beruf braucht jedoch im allgemeinen Beschreibungen des Selbst, die auf sorgfältigere und strengere Weise gewonnen worden sind.

Das Selbst-Bild und die helfenden Berufe

Jeder Aspekt der menschlichen Persönlichkeit, der das Verhalten so grundlegend beeinflußt wie das Selbst-Bild, muß für Praktiker der helfenden Berufe von vitalem Interesse sein. Es ist tatsächlich ihr vordringlichster Gegenstand, gleichgültig, auf welchem Gebiet sie ihre Künste ausüben. Berater, Lehrer, Sozialarbeiter und Geistliche machen es sich zur Aufgabe, Schülern, Klienten und Gemeindemitgliedern zu helfen, bessere, wirksamere Beziehungen zwischen sich und der Welt, in der sie leben, zu erforschen und zu entdecken. Ob sie in der Ausübung ihrer Berufe erfolgreich sind oder nicht, hängt von der Wirkung ab, die sie auf das Selbst-Bild jener ausüben, die bei ihnen Hilfe suchen, denn man kann nicht Grundprinzipien der menschlichen Persönlichkeitsstruktur beiseite lassen, weil sie für den Helfer unbequem sind. Wenn das Selbst-Bild zentrale Bedeutung hat, wie die moderne Psychologie meint, dann können jene, deren Verantwortung in ihrer Arbeit mit Menschen liegt, es nur dann unbeachtet lassen, wenn sie Gefahr laufen wollen, ihre eigene Arbeit unwirksam zu machen.

Die Menschen legen ihr Selbst-Bild nicht an der Tür ab. Sie bringen es überallhin mit, wo sie auch hingehen. Das von Armut heimgesuchte Familienoberhaupt, das die Formulare für seine Wohlfahrtsunterstützung unterschreibt, erfährt etwas über sich selbst. Das Schulkind entdeckt vielleicht in einer bestimmten Unterrichtsstunde mehr über sich selbst als über das Rechenproblem, das die Lehrerin darzustellen glaubt. Was Angehörige der helfenden Berufe tun oder nicht tun, beeinflußt ihr Selbst-Bild, gleichgültig, ob die Helfer merken, was für einen Einfluß sie ausüben, und ohne Rücksicht auf ihre eigenen Wünsche.

Bei einem faszinierenden Versuch in New South Wales fand J. W. Staines bei Lehrern ausgeprägte Unterschiede in der Empfänglichkeit für die Selbst-Bilder von Kindern. Diese Empfänglichkeit war begleitet von stärkeren Anzeichen von Entwicklungsfortschritten bei den Kindern, mit denen sie arbeiteten. Außerdem fand Staines, daß das Selbst-Bild der Kinder beeinflußt wurde, gleichgültig, ob der Lehrer bewußt auf ihr Selbst-Bild achtete oder nicht. In der Schlußbemerkung zu seinem Versuch sagt Staines:

> Die erzieherische Bedeutung des Selbst wird erneut bestätigt, wenn man erkennt, daß Veränderungen des Selbst-Bildes ein unvermeidlicher Bestandteil sowohl der Lernergebnisse als auch der Lernbedingungen in jeder Schulklasse sind, ob nun der Lehrer sie bemerkt und sie anstrebt oder nicht. Sie treten ein — in A's Klasse, wo der Lehrer sie absichtlich in seine Lehrziele einbezog und sie demgemäß in seine Methoden hineinnahm, ebenso in B's Klasse, wo der Lehrer orthodoxe Ziele anstrebte und diese wechselseitig bedingten Faktoren nicht kannte. Da beide Klassen einigermaßen typisch waren und beide Lehrer von ihren Direktoren als fähige Lehrer anerkannt wurden, kann man mit Fug verallgemeinern und erwarten, daß derartige Faktoren in allen Klassen wirksam sind[4].

Angehörige der helfenden Berufe, die nicht wissen, welch wichtige Rolle das Selbst-Bild bei ihren Patienten, Klienten, Schülern oder Gemeinde-

---

[4] Staines, J. W., The self-picture as a factor in the classroom, British Journal of Education Psychology (1958), 28, 97—111.

mitgliedern spielt, sind sehr in Gefahr, sich Niederlagen zu bereiten. Das Selbst-Bild eines Menschen verschwindet nicht, weil wir es wünschen. Die Wirkung des Helfers wird stark beeinträchtigt, wenn er das Selbst-Bild und seine Wirkung auf das Verhalten nicht beachtet. Seine Position ist ebenso lächerlich wie der Mann, der sagt: »Ich weiß, daß mein Auto einen Vergaser braucht, aber ich glaube, ich werde meins ohne Vergaser fahren!« Oder der Raketentechniker, der sagt: »Ich erkenne an, daß die Schwerkraft ein Faktor ist, der bei unseren Verfahren eine Rolle spielt, aber wir wollen diese Rakete abschießen, ohne sie zu berücksichtigen!«

Das Selbst-Bild ist für Helfer auch noch aus einem anderen Grund wichtig. Schüler, Klienten und Patienten beurteilen den Wert ihrer Erfahrung mit Helfern aufgrund des Bezugssystems des Selbst-Bildes. Was das Selbst-Bild berührt, erscheint relevant; was dem Selbst fern erscheint, scheint irrelevant. Wenn die Zeit, die der Schüler oder Klient oder Patient mit dem Berater oder Lehrer zubringt, für sein Selbst nicht relevant erscheint, kann man sie gefahrlos unbeachtet lassen. Wenn der Helfer fortgesetzt am Selbst seines Gegenübers vorbeizielt, erscheint das, was er zu sagen oder zu tun hat, dem, dem geholfen werden soll, nur irrelevant, so daß er früher oder später zu dem Schluß kommt, diese Beziehung sei eine Zeitverschwendung, und auf die eine oder andere Weise physisch oder geistig vom Schauplatz verschwindet. Leuten, die keine bedeutsame Botschaft haben, hört man nicht lange zu. Helfer werden nach diesen Maßstäben beurteilt, und was man mit ihnen erlebt hat, wird auch jedem erzählt, der danach fragt. Der Helfer also, der das Selbst-Bild und seine Wirkung auf es nicht beachtet, wird höchstwahrscheinlich seinem Klienten nicht helfen; überdies schafft er sich selber einen schlechten Ruf.

Die Veränderung des Selbst-Bildes

Da das Selbst-Bild erlernt wird, kann es auch gelehrt werden. Diese Tatsache liefert die theoretische Grundlage, auf die die helfenden Berufe sich stützen. Der Zweck dieser Berufe liegt darin, anderen Menschen bei der Erforschung und Entdeckung wirksamerer Beziehungen zwischen sich und der Welt zu helfen. Der Klient bringt sein Selbst in die Beziehung ein. Ob irgend etwas Bedeutsames eintritt, hängt von da an von der Art der Erfahrungen ab, die der Helfer für seine Klienten, Schüler und Patienten schaffen kann. Ob die Helfer es wissen oder nicht, sie sind an einem subtilen Lehrvorgang beteiligt. Da ein neues Selbst-Bild infolge von Interaktionen mit dem Helfer gelernt wird, muß der wirksame Helfer eine bedeutsame Person sein. Er kann kein Garniemand sein. Mit einem Schatten kann man nicht interagieren. Die helfende Beziehung ist aktiv, und ein völlig passiver Helfer wird seinen Klienten höchstwahrscheinlich nichts lehren als seine eigene Nichtigkeit. Die Persönlichkeit des Helfers muß in jeder helfenden Beziehung eine wesentliche Rolle spielen. Die Art, wie der Helfer sein Selbst einsetzt, macht aus der Interaktion, was immer sie werden soll. Wenn das Selbst eines Helfers solche Bedeutung haben soll, muß es an dem Dialog beteiligt sein.

Helfen erfordert Geduld. Eine Hauptaufgabe der Angehörigen helfender Berufe ist die Förderung von Veränderungen im Selbst. Eine richtige Ansicht von der Dynamik und den Grenzen dieser Veränderungen kann viel zur geistig-seelischen Gesundheit des Helfers selbst und zur Wahrscheinlichkeit einer erfolgreichen Praxis beitragen. Zum Beispiel können zwar periphere und weniger entscheidende Aspekte des Selbst-Bildes wie »ich kann nicht radfahren« oder »ich bin pleite« oft ziemlich rasch verändert werden, aber wichtige Auffassungen vom eigenen Selbst wie »ich bin ein Mann« oder »niemand will mich haben« werden sich wahrscheinlich nur sehr langsam ändern, wenn überhaupt. Allgemein gesagt: je grundsätzlicher oder wichtiger der Aspekt des Selbst ist, den wir zu verändern hoffen, desto länger wird es wahrscheinlich dauern. Eine klare Erkenntnis dieser Tatsache kann die Setzung praktisch unerreichbarer Ziele und die unvermeidliche Enttäuschung des Helfers vermeiden helfen. Einerseits wird sie es dem Helfer ermöglichen, viel geduldiger und verständnisvoller zu sein. Andererseits kann sie eine fast sichere Frustration und Verzweiflung über die Ergebnisse seiner Bemühungen vermeiden helfen. Der Mann auf der Straße nimmt oft an, er könne andere ändern, indem er irgend etwas Einfaches sagt oder tut, und das werde alles verändern, aber Helfer sollten es besser wissen.

Wenn man die Langsamkeit der Veränderungen im Selbst nicht richtig einschätzt, kann man gerade das zerstören, was man als Helfer anstrebt. Das gilt besonders bei jenen, die am tiefsten verletzt sind und am nötigsten Hilfe brauchen. Menschen z. B., die schwere Entbehrungen erlitten haben, haben eine große Leere in sich, die ausgefüllt werden muß. Ihnen zu helfen ist ähnlich, als wenn man versucht, einem Menschen zu helfen, der tief in Schulden geraten ist. Sehr lange muß alles Geld, das er verdient, nur dafür aufgewendet werden, ihn von Tag zu Tag solvent zu halten. All seine Anstrengungen werden mit dem Versuch verbraucht, nur eben seinen Haushalt auszugleichen. Bis das erreicht ist, kann nur wenig dafür verwendet werden, vorwärtszukommen. Die Angelegenheit wird noch dadurch erschwert, daß Zinsen für alte Schulden zu zahlen sind oder daß er sein Konto belastet, um neue Notlagen abzuwenden.

Es kann lange dauern, bis man einem solchen Menschen soweit geholfen hat, daß er selbständig etwas Positives unternehmen kann, und der Helfer mag den Mut verlieren und seine Bemühungen aufgeben. Vielleicht muß man an den Sinn seiner Bemühungen glauben, ohne daß lange Zeit greifbare Erfolge zu sehen sind. Bei schwer benachteiligten Menschen genügt selten eine einzige Erfahrung, um etwas auszurichten.

Zentrale Aspekte des Selbst brauchen Zeit, um sich zu verändern. Wenn man diese Tatsache nicht vollständig erkennt, kann das mehr bewirken als einfach nur eine Unwirksamkeit der helfenden Beziehung. Wegen der selbst-verewigenden Eigenschaft des Selbst-Bildes kann der ungeduldige Helfer seine Aufgabe mit der Absicht zu helfen beginnen und damit enden, seinen Klienten in einen schlechteren Zustand zu bringen als zuvor. Nehmen wir einen der abgebrühten Delinquenten, von denen Fritz Redl uns gesagt hat, es dauere vierzehn Jahre, ihn hervorzubringen.

Da ist er — mürrisch, böse auf die Welt; infolge seiner langen Erfahrungen empfindet er: »Niemand mag mich. Ich bin niemandem wichtig. Okay, mir ist auch keiner wichtig!« Nun kommt die wohlmeinende Sozialarbeiterin, die in der besten Absicht zu ihm sagt: »Eddie, ich mag dich.« Zu ihrem großen Schrecken begegnet Eddie vielleicht ihren freundlichen Worten mit einem Sturzbach von Unflätigkeiten. Die unerfahrene Sozialarbeiterin wird vielleicht durch diese Abweisung tief verletzt und empört über die Heftigkeit der Antwort des Kindes sein. Warum benimmt sich der Junge so? Weil man von seinem Standpunkt aus »Leuten, die so reden, einfach nicht trauen kann«. All seine früheren Erfahrungen haben ihn das gelehrt. Die Worte der Sozialarbeiterin erscheinen ihm wie Hohn. Sie wirken wie bare Lügen oder, was noch schlimmer ist, so, als wolle sich jemand über ihn lustig machen. Es ist kein Wunder, daß er der Angreiferin »eins überzieht« und ihr gibt, »was sie verdient«. Wenn die Sozialarbeiterin nicht genau weiß, was sie tut, und wenn sie nicht »die Geduld Hiobs« besitzt, wird sie vielleicht ihrem »natürlichen« Impuls unterliegen und dem Jungen eins auf den Mund geben. Das dient natürlich nur als Beweis für das, was der Junge schon von vornherein geglaubt hat: »Man kann Leuten, die so reden, nicht trauen!« Was als Versuch begann zu helfen, scheitert so durch den Mangel an Erkenntnis in bezug auf das Selbst-Bild, es endet mit einer Katastrophe und bestätigt das Kind in seinen Ansichten mehr als je zuvor. Schlimmer ist, daß das Erlebnis dazu führen kann, sein Mißtrauen gegen Angehörige der helfenden Berufe allgemein zu steigern.

Eine angemessene Kenntnis vom Wesen des Selbst-Bildes und von seinen Veränderungsmöglichkeiten wird für den Helfer viel mehr bewirken, als ihn vor Ungeduldsfehlern zu bewahren. Sie kann ihm Vertrauen zu seinen Prozessen geben und ihn vor ungerechtfertigten Gefühlen der Vergeblichkeit beschützen. Wenn auch die zentralen Aspekte des Selbst-Bildes durch einen hohen Grad von Dauerhaftigkeit gekennzeichnet sind, kann es doch verändert werden. Es verändert sich das ganze Leben lang. Gewiß ist diese Veränderung in den peripheren und weniger wichtigen Aspekten des Selbst rascher, aber das Lernen geht fortwährend weiter, und sogar die zentralen Aspekte des Selbst-Bildes können sich infolge jahrelanger Erfahrungen verändern. Ein Beispiel dafür ist die Veränderung des Selbstgefühls, die zwischen Kindheit und Jugendalter, am Übergang zur Reife und schließlich zum Alter eintritt. Selbst bei sehr alten Leuten im Ruhestand können z. B. erhebliche Veränderungen des Selbst-Bildes eintreten, wenn auch nicht so leicht wie in ihrer Jugend.

Je offener ein Mensch für seine Erfahrungen ist, desto größer ist seine Möglichkeit, neue Selbst-Definitionen zu lernen. Wahrscheinlich ist diese Offenheit in der Kindheit am größten, wenn das Feld des Individuums noch nicht so klar differenziert aufgebaut ist und das Selbst-Bild in seiner Selektionswirkung auf neue Erfahrungen noch nicht so fixiert ist. Dies ist einer der Gründe, warum wir unsere Bemühungen, das Los der Armen und der kulturell Benachteiligten zu verbessern, mit starker Konzentration auf Programme für die Jüngsten richten müssen, deren Selbst-Bild erst am Anfang des Prozesses der Definition und Kristallisierung steht.

Der Helfer ist im Leben seines Klienten niemals ganz ohne Bedeutung, wenn es der Helfer nicht selbst so einrichtet. Das Leben ist nicht reversibel; jede Erfahrung, die ein Mensch macht, hat er für immer. Man kann nicht »ent-erleben«, was einem geschehen ist! Jede Erfahrung einer signifikanten Interaktion muß auf die, die daran beteiligt waren, ihre Wirkung haben. Für manche mag sie große Bedeutung haben, für andere sehr wenig. Nicht jede Erfahrung oder Reihe von Erfahrungen kann ausreichen, die erhofften Veränderungen hervorzurufen. Aber sie sind immer wichtig!

Man hört Angehörige der helfenden Berufe oft klagen, sie könnten nur wenig tun, weil sie das Leben ihrer Klienten, Schüler oder Patienten in der Außenwelt nicht steuern könnten. Sie beklagen sich, daß ihre guten Dienste durch die unglücklichen Erlebnisse verdorben werden, die Vorgesetzte, Eltern oder die Gesellschaft allgemein ihren Klienten bereiten.

In Wirklichkeit kann sogar eine Sicherung des Bestandes einen sehr wichtigen Beitrag leisten. Wenn alles im Leben eines Kindes außerhalb der Schule es lehrt, es sei ungeliebt, unerwünscht und unfähig, kann eine liebevolle Lehrerin, die geschickt darin ist, Erfolgserlebnisse zu vermitteln, einen ganz großen Wandel bewirken. Sie mag vielleicht nicht in der Lage sein, den Lauf der Dinge ganz umzukehren. Aber auch wenn sie nicht mehr tut, als einem solchen Kind zu helfen, den Kopf über Wasser zu halten, ist die aufgewendete Mühe gewiß nicht verschwendet. Für diese Art von Hilfe bekommen Lehrer selten Anerkennung, aber sie kommt wahrscheinlich sehr viel öfter vor, als irgend jemand ahnt. Ähnlich kann der Sozialarbeiter, der einem jugendlichen Delinquenten nur hilft, »so schlimm zu bleiben, wie er ist«, während alles andere auf dieser Welt ihn hinunterstößt, einen unendlich wichtigen Beitrag leisten — selbst wenn es ihm nicht gelingt, seinem Schützling zu einem gesellschaftlich annehmbareren Image zu verhelfen.
Selbst wenn es nicht möglich ist, alles Erforderliche bereitzustellen, darf der Helfer nicht dem Irrtum verfallen, seine Mühen seien vergeblich, damit er nicht zu den Unzulänglichkeiten seiner Klienten und Schüler noch beiträgt. Wenn ein Kind zu Hause abgelehnt wird, ist das schließlich noch kein guter Grund, es auch in der Schule abzulehnen! Was einem Individuum außerhalb der Einflußsphäre des Helfers geschieht, mag in einer Richtung wirken, die der entgegengesetzt ist, welche der Helfer anstrebt. Das bedeutet nicht, daß das, was der Helfer tut, nichts nützt. Manchmal ist es sogar möglich, daß das, was der Helfer für seinen Klienten tut, dem Klienten hilft, auch seine Welt zu verändern. Man nehme den Fall eines Kindes, dessen Familie schädliche Einflüsse ausübt, die dem direkt zuwiderlaufen, was die Lehrerin in der Schule für das Kind zu tun versucht. Die Zustände mögen der Lehrerin so schlimm erscheinen, daß sie ausruft: »Was kann man mit einem Kind aus einem solchen Elternhaus tun?« Es kommt ihr so vor, als ob ihre hart erkämpften Fortschritte durch das vernichtet würden, was dem Kind im Rahmen seiner Familie geschieht. Eine solche Haltung ist höchst bedauerlich. Sie übersieht die Tatsache, daß eine Familie eine dynamische Einheit ist, in der jede Person mit allen anderen interagiert. Was irgendeinem Mitglied geschieht, muß seine Wirkungen auf alle anderen haben. Nehmen wir z. B. den hypothetischen Fall des George Anderson, der seine Mutter mit seinem feindseligen Gebaren zur Raserei treibt. Nehmen wir nun an, das Kind habe das Glück, in der Schule eine Lehrerin zu haben, die ihm ein Gefühl von Wärme und Freundschaft und Erfolgserlebnisse verschafft. Wenn George in diesen Tagen von der Schule nach Hause geht, fühlt er sich besser als in jenen Zeiten, als die Schule ein weniger freundlicher

Ort war. Infolgedessen bringt er seine Mutter, Frau Anderson, nicht mehr so sehr aus dem Gleichgewicht. Herr Anderson seinerseits, der müde von der Arbeit heimkommt, entdeckt, daß er mit seiner Frau leichter auskommen kann, und daß sein Zuhause ein friedlicherer Ort ist. Wenn nun Judith Anderson, Georges kleine Schwester, die Aufmerksamkeit ihres Vaters fordert, während er versucht, die Zeitung zu lesen, schubst er sie nicht mehr mürrisch weg, sondern macht ihr Platz, so daß sie auf seinen Schoß klettern kann. So bekommt Judith von ihrem Vater ein größeres Maß der Liebe und Fürsorge, die sie braucht. Deshalb fühlt auch sie sich besser. Infolgedessen hat sie weniger das Bedürfnis, an ihrem Bruder George herumzunörgeln, wie sie es sonst tat — und so haben wir den Kreis geschlossen! Alles Gute, das ein Helfer für einen Klienten, einen Schüler oder einen Patienten tut, hat er für immer getan. Es mag nicht genug sein, aber es ist nicht vergeblich. Es besteht immer die Möglichkeit, daß jemand anders anderswo etwas beisteuert, und solche sich häufenden Erfahrungen können mit der Zeit ausreichen, um die benötigte Hilfe zu liefern.

Wir haben in diesem Kapitel gesagt, das Selbst-Bild sei der wichtigste Einzelfaktor, der das menschliche Verhalten beeinflußt. Auf so geringem Raum haben wir nur Zeit gehabt, die Hauptprinzipien zu skizzieren, die mit diesem wichtigen Konzept zu tun haben. Das Selbst-Bild und seine Funktionen stehen im Kern des Vorgangs des Helfens. Infolgedessen wird ein sehr großer Teil dessen, was noch in diesem Buch steht, in der einen oder anderen Weise dem Beitrag, den es zum Denken der Angehörigen der verschiedenen helfenden Berufe leisten kann, gewidmet sein. Man kann anderen Menschen auch Hilfe leisten, ohne daß man etwas von diesem wichtigen Aspekt der menschlichen Persönlichkeit weiß. Eine angemessene Kenntnis des Selbst-Bildes und seiner Dynamik in der Entstehung menschlichen Verhaltens und Fehlverhaltens kann das Verständnis für Menschen, die Hilfe brauchen, unermeßlich vermehren. Aber sie kann noch viel mehr tun. Sie kann die Leitlinien liefern, nach denen Angehörige der helfenden Berufe ihr eigenes Verhalten effektiver und zweckmäßiger richten können, um so mit größerer Sicherheit zur Gesundung und Weiterentwicklung ihrer Klienten beizutragen.

Ausgewähltes Schrifttum

Sterne bedeuten teilweisen oder vollständigen Abdruck in: Donald L. Avila, Arthur W. Combs, und William W. Purkey, The Helping Relationship Sourcebook, Boston (Allyn & Bacon) 1971.

Allport, G. W., Is the concept of self necessary? In Allport, G. W. (Hrsg.), Becoming, New Haven, Conn. (Yale University Press) 1955, 36—56.

Beard, R. M., An outline of Piaget's developmental psychology for students and teachers, New York (Basic Books) 1969.

Combs, A. W. und Snygg, D., Individual behavior: A perceptual approach to behavior, (2. A.) New York (Harper & Brothers) 1959.

Combs, A. W. und Soper, D. W., The self, its derivative terms and research, Journal of Individual Psychology (1957), 12, 134—145 (b).

Coopersmith, S., The antecedents of self esteem, San Francisco (Freemen Press) 1967.

Gordon, C. und Gergen, K. J., The self in social interaction, Bd. I: Classic and contemporary perspectives, New York (Wiley) 1968.

Maehr, M. L., Menking, J. und Nafeger, S., Concept of self and the reaction of others, Sociometry (1962), 25, 353—357.

Parker, J., The relationship of self report to inferred self concept, Educational and Psychological Measurement (1966), 26, 691—700.

* Patterson, C. H., The self in recent Rogerian theory, Journal of Individual Psychology (1961), 17, 5—11.

* Purkey, W. W., Self concept and school achievement, Englewood Cliffs, (Prentice-Hall) 1970.

Purkey, W. W., The search for self: Evaluating student self concepts, Florida Educational Research and Development Council Bulletin, University of Florida, Gainesville, Fla. 1968.

Staines, J. W., The self picture as a factor in the classroom, British Journal of Educational Psychology (1958), 28, 87—111.

4

Eine humanistische Anschauung vom Motiv

Außer unseren Vorstellungen von uns selbst sind vielleicht keine anderen wichtiger als die, die wir darüber haben, wie die Menschen sind und warum sie sich so verhalten, wie sie es tun. Diese Ansichten liefern die Grundlage für jede menschliche Interaktion. In Wirklichkeit tun sie noch mehr. Der Umgang mit anderen Menschen ist ein so wichtiger Aspekt unseres Lebens, daß unsere Ansichten vom Wesen der Menschen und von dem, wonach sie streben, in hohem Maß unsere Erfolge und Mißerfolge im Leben bestimmen. Für Menschen in helfenden Berufen sind diese Ansichten entscheidend. Im Lauf der Menschheitsgeschichte haben sich Menschen von dem Problem der Natur des Menschen fesseln lassen, und man hat viele Hypothesen aufgestellt. Jede dieser Ideen hat ihre Wirkungen auf die Generationen ausgeübt, die von ihnen überzeugt waren, und viele lassen sich noch heute im Denken der Menschen beobachten.

Ältere Auffassungen von der Natur des Menschen

Das Konzept vom Menschen als einem fundamental bösen Geschöpf

Die Lehre von der Erbsünde ist eine sehr alte Auffassung von der Natur des Menschen; sie gilt in vielen Kreisen noch heute. Diese Lehre behauptete, das Kind komme als geborener Bösewicht auf die Welt. Der Zweck des Lebens war es, dieses Böse zu bessern und nach dem Guten zu streben. Ähnlich wie andere Ansichten über die Natur des Menschen scheint diese Auffassung aus den Beobachtungen entstanden zu sein, die die Menschen an sich und anderen gemacht hatten. Man konnte leicht sehen, daß die Menschen sowohl zu gutem als auch zu schlechtem Benehmen fähig waren. Da die Erwachsenen ihr eigenes Verhalten als Kriterium für die Beurteilung anderer benützten, wurde das Kind, das den reifen, von Erwachsenen gesetzten Maßstäben nicht entsprach, als »ungezogen« oder »böse« betrachtet. Und da die meisten Kinder, die sich in der gebilligten Art verhielten, sich mit Erfolg zu befriedigenden Erwachsenen entwickelten, schien klar, daß der Mensch mit zunehmendem Alter besser wird.

Damals betrachteten sich die Eltern, in der Annahme, die Tendenzen zum Guten wie zum Bösen seien angeboren, nicht als verantwortlich für die Entwicklung ihres Nachwuchses. Sie glaubten, da er mit tierischen Ten-

denzen geboren werde, müsse der Mensch »gerettet«, zivilisiert und durch irgendeine Form äußeren Drucks »gut« gemacht werden. Viele Jahrhunderte lang war dieses Konzept auch ein wichtiger Teil gewisser religiöser Dogmen und wurde daher auch mit der zusätzlichen Autorisierung der Kirche versehen. In neuerer Zeit bekam es sogar die offenkundige Bestätigung durch die Naturwissenschaft. Darwins Konzept von der Evolution schien z. B. die im Grunde animalischen Strebungen des Menschen glaubwürdig zu machen. Auch die Freudianische Psychologie schien diese Auffassung durch ihr Konzept vom »Es« zu unterstützen, das definiert wurde als der Ort der fundamentalen Ur-Impulse im Organismus, die seine Wurzeln in der unzivilisierten Tierwelt repräsentierten, aus der der Mensch hervorgegangen ist.
Die Auffassung vom Menschen als einem fundamental bösen Geschöpf ist uralt. Sie hat in unserer Geschichte eine ungeheure Rolle gespielt. Selbst heute noch werden die Prinzipien dieser im Grunde pessimistischen Anschauung vom Menschen von Angehörigen aller Schichten vertreten, darunter auch von einigen Angehörigen der helfenden Berufe.

Der Mensch im Kampf mit sich selbst

Das Konzept vom Menschen, der mit sich selbst im Kampf liegt, ist im heutigen Denken sogar noch weiter verbreitet. Diese Anschauung sieht das Individuum als eine Art Dauer-Schlachtfeld, auf dem gute und böse Kräfte ständig nach der Vorherrschaft streben. Eine solche Auffassung scheint ihre Bestätigung in den Beobachtungen zu finden, die wir am Verhalten der Menschen in unserer Umgebung machen können. Die Menschen benehmen sich wirklich gut, und sie benehmen sich wirklich schlecht. Konflikte, Wettstreit und Kampf scheinen überall im Gang zu sein. Wenn er über sein eigenes Verhalten nachdenkt, kann fast jeder sich erinnern, wie er gegen eine Versuchung gekämpft hat, wie er Kummer oder Scham über eine verderbliche Handlung oder gerechte Freude über die Bekämpfung eines bösen Impulses empfunden hat. Die Ansicht vom »Menschen im Konflikt« scheint auf eine Menge unserer Erfahrungen zu passen. Das Konzept vom Menschen, der mit sich selbst uneins ist, ist viele Generationen lang geglaubt worden. Man kann feststellen, daß es traditionell tief verwurzelt ist und sich bis in die frühesten Zeiten erstreckt — nicht nur in unserer eigenen Kultur, sondern auch in den meisten anderen. Es existiert in den Volksbräuchen, Mythen, Fabeln und Traditionen primitiver Stämme und hochzivilisierter Kulturen in allen Teilen der Welt. In der westlichen Welt ist es natürlich seit langem ein klassisches Konzept der jüdisch-christlichen Weltanschauung. Es wird auch durch viel wissenschaftliche Literatur unterstützt. In den Evolutionstheorien scheint es z. B. durch Prinzipien wie »Kampf ums Dasein« und »Überleben der Tüchtigsten« bestätigt zu werden. In der Psychologie haben Freud und andere Psychoanalytiker der Konfliktpsychologie einen großen Auftrieb gegeben; sie bezeichnen Fehlanpassungen oft als das Ergebnis der Kämpfe zwischen den animalischen Ur-Antrieben des Es und den höheren, zivilisierten Gewissensfunktionen im »Über-Ich«.

Einige Folgerungen aus älteren Konzepten

Unter dem Blickwinkel dieser älteren Konzepte bietet die Natur des Menschen für die helfenden Berufe schwierige Probleme. Die Anschauungen von der Erbsünde und vom Menschen im Konflikt mit sich selbst fordern, daß man mit einem Organismus arbeitet, auf den man niemals ganz vertrauen kann. Wenn der Mensch im Grunde seines Wesens böse ist, ist man immer mit der Möglichkeit konfrontiert, daß diese Grundnatur in dem Augenblick ins Animalische zurückfällt, in dem man ihr freien Lauf läßt. Helfer, die von diesem Bezugssystem ausgehen, kämpfen fortwährend gegen eine Übermacht, und ihre Aufgabe ist am Ende zum Scheitern verdammt. Die Überzeugung, daß man dem menschlichen Organismus nicht trauen kann, begrenzt das Ergebnis helfender Beziehungen ganz streng und macht den Helfer und den, dem er helfen will, zu Gegenspielern, da jeder von ihnen ein anderes Grundziel anstrebt.

Wenn der Mensch seinem Wesen nach böse ist, kann man dem Organismus nicht wirklich vertrauen, und wir haben die Zivilisation immer nur schwach im Griff. Man muß den Organismus mit Mißtrauen betrachten, und der Helfer muß auf der Hut sein vor Anzeichen der Rückkehr zur Urform und bereit sein, solche Tendenzen gleich bei ihrem Erscheinen abzuwehren. Die Kräfte der Finsternis warten nur darauf, daß die Bemühung einmal nachläßt, um sofort wieder die Herrschaft zu übernehmen. Bei einer solchen Anschauung vom Menschen erfordert die Aufgabe des Helfens ewige Wachsamkeit und unermüdliche Anstrengung.

Außerdem müssen die Methoden, die erforderlich sind, um mit solchen verstockten Tendenzen fertigzuwerden, viel Kraft einsetzen. Die Aufgabe, Menschen gegen ihren Willen zu retten, erfordert energische Maßnahmen. Helfer, die auf dieser Basis arbeiten, sind gegen unüberwindbare Widerstände einer äußerst wichtigen Aufgabe verpflichtet. Es nimmt nicht wunder, daß Menschen, die in einer derartigen Tradition aufwachsen, oft zu der Überzeugung gelangen, daß der Arbeit an sich schon etwas Gutes innewohnt, und daß Disziplin um ihrer selbst willen eine wunderbare Sache ist. Sie gehen von der Anschauung aus: »Wenn es schwer ist, ist es gut für sie.« Wenn sie sich einem unzuverlässigen Organismus gegenüber sehen, kämpfen Helfer dieser Geistesrichtung für die Rettung des Individuums und die Erhaltung der Zivilisation. Dies ist eine Aufgabe, die keine Flausen machen kann.

Eine solche Weltanschauung erfordert Methoden, um Menschen zu helfen, die sich auf mannigfaltige Formen der Beherrschung und Lenkung stützen — z. B. Lohn für das Einschlagen des rechten Weges und Strafe für das Einschlagen des falschen. Dies hat eine Art des Umgangs mit Menschen zur Folge, die Combs und Snygg in einem anderen Buch als die »Einzäunungs-Methode« bezeichnet haben. Hier werden Menschen mit mehr oder weniger fester Hand durch die Aufstellung oder Entfernung von Hindernissen auf gewählte Ziele hingelenkt, ähnlich wie eine Ratte in einem Labyrinth oder wie der Verkehr auf einem modernen Schnellstraßensystem. Diese Lenkungsmechanismen können physikalischer Art sein (Wände, Verkehrsampeln oder elektrische Impulse) oder verbal (Verbote oder Drohungen). Die Motivation wird als eine Sache der Manipulation des Menschen von außen her angesehen, gewöhnlich durch irgendeine Form von Belohnung oder Strafe. Derartige Bestrafungen können die ganze Spielbreite von direkter Gewalt und direktem Zwang bis zu subtileren Formen der Mißbilligung und der sozialen Ablehnung haben. Belohnungen können ebenfalls von materiellen Gaben bis zu den menschlichen von Liebe und Billigung gehen. All diese Methoden gründen sich auf eine Auffassung von der Motivation, die die Manipulation, Beherrschung oder Lenkung eines Organismus erfordert, der seinem Wesen nach als böse angesehen wird.

Ursprünge des Motivs

In jüngerer Zeit sind humanistisch orientierte Psychologen zu einer ganz anderen Ansicht von der fundamentalen Natur des Menschen gekommen. Sie stimmen mit Beobachtern während der ganzen Menschheitsgeschichte in der Ansicht überein, daß der Mensch sich tatsächlich manchmal gut und manchmal schlecht benimmt. Sie weisen jedoch darauf hin, daß man nicht annehmen könne, der Mensch *sei* so und so, weil er sich so und so *verhalte*. Daß Menschen sich übel benehmen, bedeutet nicht notwendig, daß ihre Grundnatur böse ist, sondern nur, daß sie sich in einem bestimmten Fall übel ausdrückt. Wer hat nicht irgendwann einmal einen Freund verletzt oder in Verlegenheit gebracht, während er die Absicht hatte, besonders nett zu ihm zu sein?

Manche unserer früheren Auffassungen von der Natur des Menschen entstehen aus der Annahme, der Mensch sei innerlich das gleiche wie das, als was er äußerlich erscheint. Die Wahrnehmungspsychologen sind bei ihrem Versuch, Verhalten von innen her zu verstehen, zu einer anderen Auffassung vom Wesen des Menschen gekommen. Diese erlaubt, im Gegensatz zu der früher üblichen Vorstellung von der fundamentalen Natur des Menschen, ein ganz anderes Konzept von der Motivation; daher entsteht auch auf dieser Grundlage ein anderes Programm von Leitlinien für Praktiker der helfenden Berufe.

In der Biologie lernen wir, daß eine Grundeigenschaft des Protoplasmas seine »Irritabilität« ist, d. h. seine Reaktionsfähigkeit. Gewahrsein ist also eine Eigenschaft des Lebens selbst. Die Fähigkeit von Organismen, auf Ereignisse in ihrer Umgebung zu reagieren, gibt es bei allen Formen des Lebens, von der einfachsten bis zur kompliziertesten. Diese Fähigkeit zu reagieren ist außerdem nicht zufällig. Es ist eine gerichtete Reaktion. Eine zufällige oder ungefähre Reaktion würde rasch dazu führen, daß der Organismus im Lauf der Evolution seine Existenz verlöre. Die Reaktion eines Organismus erfolgt nicht aufs Geratewohl; sie ist auf das Ziel der Erfüllung gerichtet. Selbst eine geringe Amöbe bewegt sich auf Nahrung zu und von Gefahr fort, zumindest soweit sie dazu in der Lage ist. So machen es auch alle übrigen Lebewesen. Pilze wenden sich vom Licht ab, während die Sonnenblumen dem Licht entgegenwachsen. Verletztes Fleisch heilt. Tiere paaren sich und sorgen für ihre Jungen. Jedes Leben sucht auf seine ihm eigene Weise fortwährend Erfüllung, so gut es kann. Diese Suche nach Erfüllung ist kennzeichnend für das Leben selbst. Ihre Äußerung ruft ein Verhalten hervor, das stets dynamisch und strebend ist.

Der Mensch ist nicht tatenlos, kein Ding, nicht einfach ein willenlos seiner Umwelt preisgegebenes Objekt. Er ist ein System, das bewußt und ständig auf der Suche nach Erfüllung ist. Dies ist sein Geburtsrecht, sein Erbe als lebendes Geschöpf. Der dynamische, strebende Charakter des Menschen hat seine Ursprünge im Wesen des Lebens selbst. Wie alle anderen Formen des Lebens beginnt die Existenz des Menschen mit einer »eingebauten« Motivation, später macht er daraus, was ihm in den Grenzen seiner Fähigkeiten möglich ist. In diesem Prozeß ist es dem Menschen sogar möglich, Segmente seiner eigenen Umwelt zu schaffen.

Die Erlebnisse des Grundstrebens des Menschen, in Verhalten umgesetzt, mögen dem außenstehenden Beobachter gut oder böse erscheinen. Das Streben nach Zulänglichkeit ist jedoch an sich weder gut noch böse. Das ist ein Werturteil — nichts, was der fundamentalen Natur des Organismus eingeboren wäre. Es ist ein soziales Urteil über Verhalten, abgegeben von Menschen, die es vom Bezugssystem einer bestimmten Kultur aus beobachten. Wir können nicht sagen, der Organismus selbst sei fundamental entweder gut oder böse. Jedoch insoweit das Streben nach Erfüllung sicherlich eine konstruktive Kraft im menschlichen Dasein ist, scheint es gerechtfertigt, unser Grundstreben mehr als positiv zu betrachten denn als negativ.

Das Wachstumsprinzip

Das Grundstreben der Organismen nach Erfüllung hat man das »Wachstumsprinzip« (growth principle) genannt, denn seine Wirkung besteht darin, sie so lange wie möglich in die Richtung der Gesundheit und der Fortentwicklung zu bewegen. Das gilt sowohl, wenn wir von einer Einzelzelle wie dem Paramecium sprechen, als auch dann, wenn wir das große Gefüge von Zellen meinen, aus dem ein kompliziertes Säugetier wie der Mensch besteht. Wachstum, Weiterentwicklung ist kennzeichnend für das Wesen des Lebens und kommt in all seinen Verzweigungen zum Ausdruck.

Das Wachstumsprinzip ist so wichtig für das physiologische Wohlbefinden des Menschen, daß die Praxis der Medizin auf dieses Prinzip gegründet worden ist. Der Arzt weiß, daß nicht er es ist, der den Patienten heilt; es ist vielmehr der Patient, der sich selber heilt. Wenn der Körper von Krankheitserregern befallen wird, treten viele Kräfte in Aktion, um den Organismus zu verteidigen, indem sie die schädlichen Eindringlinge vernichten oder immobilisieren. Die Aufgabe des Arztes liegt darin, diesem Prozeß zu dienen. Er hilft dem Körper in seinem normalen Streben nach einem gesunden Zustand. Zu diesem Zweck wird er vielleicht versuchen, mit Medikamenten eindringende Erreger zu hindern oder zu vernichten, oder er greift zu den Mitteln der Chirurgie, um ein schadhaftes Organ zu entfernen oder wiederherzustellen. Durch die Verordnung von Ruhe, stärkender Nahrung oder geeigneter Impfungen kann er weiterhin die Versuche des Körpers unterstützen, zu einem Zustand der Gesundheit zurückzukehren, indem er die Widerstandskraft des Körpers aufbaut. Alles, was der Arzt tut, ist jedoch abhängig vom fundamentalen Drang des Organismus nach einem »heilen« Zustand; die Behandlungsmethoden, die er einsetzt, zielen darauf ab, den Wachstumsvorgang zu fördern.

Das Wachstumsprinzip ist nicht nur im physiologischen Bereich wirksam, sondern ebenso im Verhalten. Nicht nur die Zellen oder der Körper streben nach Erfüllung, sondern der ganze Organismus strebt physiologisch und psychisch nach Weiterentwicklung. Die Menschen wollen nicht nur körperlich adäquat sein — wichtiger ist ihr Streben nach persönlicher Erfüllung. Um psychischer Befriedigungen willen setzen sie selbst ihr körperliches Sein ernsthaft aufs Spiel. Um ein Gefühl der Bedeutung oder der Sinnerfülltheit zu bekommen, mögen sie sogar den Tod heraufbeschwören. Alltagsbeispiele sind der Fußballprofi, der Rennfahrer, der Testpilot oder der Astronaut, um nur einige zu nennen. Die ganze Geschichte hindurch sind Helden für ihre Mitmenschen in den sicheren Tod gegangen. Wenn er dies tut, opfert der Held sein physisches Selbst, um ein anderes Selbst zu erhöhen, das ihm wichtiger ist: sein Selbst-Bild.

Das Bedürfnis nach Selbstverwirklichung

Wir haben im vorigen Kapitel gesehen, daß das Selbst-Bild über den physischen Leib hinausgeht. Die Erfüllung des Selbst, die der Mensch im Ausdruck des Wachstumsprinzips sucht, ist die Verwirklichung der Vorstellung vom eigenen Selbst, nicht einfach von dessen Umhüllung. Infolgedessen kommt es vor, daß Menschen sehr intensiv nach Selbsterhöhung streben, nicht nur in der Gegenwart, sondern auch für die Zukunft. Viele Menschen wenden große Teile ihres Lebens und ihres Vermögens dafür auf, ein günstiges Bild ihres Selbst im Geist anderer unvergänglich zu machen, selbst über den Tod hinaus. Als eine andere Weise, das Selbst so adäquat und effektiv wie möglich zu erhalten, ist der Selbstmord eine Form der Selbsterhöhung. Es kann vorkommen, daß ein Mensch, um dieses Ziel zu erreichen, sich lieber heute umbringt, als die Demütigung zu erdulden, von der er weiß, daß sie morgen kommt. Dem japanischen Adligen war eine geachtete Unsterblichkeit sicher, wenn er Harakiri beging.

Das wirkende Wachstumsprinzip ist von Biologen auch als »Homöostase« bezeichnet worden, als Weisheit des Körpers und Drang zur Gesundheit. Unter den Psychologen hat Maslow es als ein Bedürfnis nach Selbstaktualisierung bezeichnet, Allport als einen Prozeß des Werdens, Lecky als Selbst-Konsistenz, Festinger als Abbau der Dissonanzen, Frankl als eine Suche nach dem Sinn und Rogers als eine Suche nach Selbsterfüllung. In ihrem frühesten Werk haben Combs und Snygg es als ein Bedürfnis nach Erhaltung und Erhöhung des Selbst bezeichnet; in einem späteren Werk wurde es ein Bedürfnis nach persönlicher Zulänglichkeit genannt. Welchen Namen man ihm auch gibt, das Prinzip bezeichnet immer das Streben aller Menschen, die auf einer nie endenden Suche nach persönlicher Zulänglichkeit oder Erfüllung sind.

Psychologen klassifizieren den weiter verbreiteten Ausdruck des Wachstumsprinzips im Handeln oft als »Bedürfnis«, und sie haben manchmal versucht, diese Bedürfnisse in eine Hierarchie der Werte oder der Motivationsstärke einzuordnen. Maslow z. B. beschreibt eine Hierarchie der

Bedürfnisse; er geht aus von den grundlegenden physiologischen Bedürfnissen, die zur Erhaltung des Organismus notwendig sind (Bedürfnis nach Nahrung, Wasser oder Obdach), dann nennt er sozialere (das Bedürfnis, geliebt, gehegt und geschätzt zu werden), schließlich Bedürfnisse der höchsten Ebene wie das nach Selbstverwirklichung. Er sagt auch, derartige Bedürfnishierarchien stellten eine Art System von Forderungen dar, in dem die niedrigeren irgendeine Form der Erfüllung finden müssen, bevor höhere erfüllt werden können. Diese Beobachtung scheint am unteren Ende der Bedürfnishierarchie genügend bewiesen. Ein Mensch, der vor Durst zu sterben meint, ist nicht in der Lage, angenehme Gedanken zu denken, und Leute mit leeren Magen reagieren sehr unangenehm auf die Forderung, die Besonderheiten der demokratischen Staatsform zu bedenken.

In den oberen Rängen dieser Bedürfnishierarchien ist der Abfolge-Charakter nicht so deutlich ersichtlich. Das Streben des Organismus nach Selbsterfüllung kann sich bei jedem Individuum in jedem Augenblick in vielen verschiedenen Verhaltensmustern ausdrücken. Selbst unter Bedingungen, die dem außenstehenden Beobachter ähnlich erscheinen, können sich die Verhaltensmuster zweier Menschen stark voneinander unterscheiden. Die Vorstellung von einer Bedürfnishierarchie hat ihre Verdienste als Wertskala für Bedürfnisse, aber der Praktiker sollte sie nicht als universell gültig ansehen. Das fundamentale Streben des Organismus ist auf Selbsterfüllung gerichtet. Die spezifischen Bedürfnisse, die der Mensch zeigt, sind die Ziele, in denen sich sein Streben ausdrückt. Diese mögen sich verschieben und verändern, wie es die Zeit und die Umstände erfordern, aber die Suche nach Selbsterfüllung geht unaufhörlich weiter.

Ist der Mensch von Natur selbstsüchtig?

Zweifellos wird es einigen Lesern schmerzlich erscheinen, daß die Grundnatur des Menschen, wie wir sie hier beschrieben haben, ein Streben nach Selbsterfüllung ist. Manche mögen es abstoßend finden, zu denken, daß der Mensch ständig auf Selbstverwirklichung aus ist. Sie werden vielleicht fragen: »Ist die menschliche Natur wirklich so von Grund auf selbstsüchtig?« Die Antwort ist: ja und nein. Ohne Zweifel ist der Grundtrieb nach Selbsterfüllung ein Anliegen des Selbst. Wir haben auch im vorigen Kapitel gesehen, daß das Selbst-Bild das grundlegende Bezugssystem des Individuums ist. Und in diesem Sinne erscheint der Mensch wirklich als selbstsüchtig. Das Bild ist jedoch nicht annähernd so düster, wie es ausieht.

Wir haben im vorigen Kapitel gesehen, daß das Selbst-Bild sich erheblich erweitern kann. Wenn ein Kind mit einem Grundtrieb zur Selbsterfüllung geboren wird und mit den Menschen in seiner Umgebung gute Erfahrungen macht, dehnt es ganz allmählich sein Selbst so aus, daß es die Menschen in seiner Umgebung mit einschließt, die ihm wichtig sind. Es beginnt, sich zunächst mit seinen Eltern »eins« zu fühlen, dann mit seinen Geschwistern, Spielkameraden und Freunden. Wenn das Kind älter wird, kann sich der Kreis jener, die es in sein Selbst einschließt, so erweitern, daß er immer größere Gruppen von Menschen umfaßt. Mit der Zeit mag es sich mit »mein Vaterland« und »meine Schule« identifiziert fühlen. Bei Heiligen kann sich das Gefühl der Identifikation schließlich auf die ganze Menschheit erstrecken. In diesem Zustand ist das Problem der Selbstsucht völlig verschwunden, denn wenn das Selbst mit der ganzen Menschheit identifiziert wird, tut man das, was man für sein Selbst tut, für alle, und was man für alle tut, tut man für sein Selbst! Die Frage der Selbstsucht ist ein Problem der Ausschließung oder Entfremdung. Es ist eine Frage der *Größe* des Selbst. Ein beschränktes Selbst ist ein selbstsüchtiges Selbst; ein erweitertes Selbst ist ein frommes Selbst. Die Grundnatur des Menschen ist nur in dem Maß selbstsüchtig, in dem das Selbst nicht durch die Identifizierung mit anderen gewachsen ist. In einem späteren Kapitel werden wir entdecken, daß Menschen, die am erfolgreichsten ihre Selbsterfüllung erlangt haben, auch großmütig, warmherzig, von Gemeinsinn erfüllt, anteilnehmend und in hohem Maß selbstlos sind.

Die determinierende Wirkung der Bedürfnisse auf das Verhalten

Wie sich Menschen in ihrem Leben verhalten, wird in jedem Augenblick vom Grundbedürfnis des Organismus nach Selbsterfüllung bestimmt. Niemand ist jemals frei vom Wirken des Wachstumsprinzips. Es ist eine Funktion des Lebens selbst und wirkt auf jede Handlung ein. Es bestimmt ebenfalls, was wir sehen, hören und sogar, was wir denken und glauben können. Teilnehmer an Versuchen mit Nahrungsentzug berichten z. B., es sei äußerst schwierig, an irgend etwas anderes als Essen zu denken, wenn der Hunger und das Bedürfnis nach Nahrung zunehmen. Sie berichten, sie hätten unter diesen Bedingungen bei fast allen Tätigkeiten Phantasien von Nahrung gehabt. Freizeit wurde damit zugebracht, Speisenfolgen für Festessen zu entwerfen, und der geringste Reiz in der Umwelt setzte derartige Gedanken in Gang, auch wenn er überhaupt keinen Bezug zu Nahrung hatte. Ähnliche Wirkungen von Bedürfnissen auf die Wahrnehmung sind in einer Menge verschiedenster

Bereiche menschlicher Betätigung durch wissenschaftliche Untersuchungen nachgewiesen worden. Ganz abgesehen von Nachweisen durch die Forschung haben wir alle in unserem eigenen Leben Erfahrungen gemacht, die zeigen, wie die Wahrnehmung durch die Bedürfnisse beeinflußt wird, die wir spüren. Wenn ein Mann glaubt, er brauche einen neuen Anzug, nimmt er die Werbung für Männerkleidung sehr viel stärker wahr. Im Verlauf der unersättlichen Versuche, unsere Bedürfnisse zu befriedigen, schälen sich bestimmte Ziele und Wertvorstellungen als solche heraus, die zur Befriedigung führen. Andere, die zur Frustrierung von Bedürfnissen zu führen scheinen, werden als negative Ziele erkannt, die um jeden Preis zu vermeiden sind.

Durch die selektive Wirkung der Bedürfnisse auf die Wahrnehmung wird das Verhalten von Menschen ganz gut vorhersagbar, wenn wir wissen, welche besondere Art das Streben nach Wachstum und Erfüllung bei ihnen angenommen hat. Von seinem eigenen Standpunkt aus strebt das Individuum ständig danach, sich unter den Bedingungen, denen es unterworfen ist, so gut wie möglich selbst zu verwirklichen. Wie es dies tut, mag denen nicht immer klug, wünschenswert oder angemessen erscheinen, die das Individuum beurteilen, aber von seinem eigenen Bezugssystem aus gesehen, ist sein primäres Wesen im Grunde positiv und vorhersagbar. Der jugendliche Delinquent, dem es unmöglich erscheint, in einem zerrütteten Elternhaus, in der Schule oder in einer Religionsgemeinschaft, die ihn ablehnen, Status und Ansehen zu gewinnen, entdeckt vielleicht, daß er in einer Bande zumindest teilweise seine Erfüllung finden kann. Schließlich bringt es auch Prestige und Status, wenn man Autos stiehlt, die Polizei an der Nase herumführt oder in einen Bandenkampf verwickelt wird. Zur Selbstverwirklichung des Delinquenten scheint nicht das beizutragen, was die Gesellschaft für wünschenswert hält, sondern das, von dem der Delinquent, der sich so oder so verhält, glaubt, es werde zu diesem Ziel führen. Unter diesem Gesichtspunkt ist sein Verhalten sinnvoll. Es ist sogar vorhersehbar.

Das Verstehen eines Bedürfnisses kann oft dazu führen, daß das rätselhafteste und scheinbar verwirrende Verhalten einen Sinn bekommt. Zum Beispiel zeigten einige Studentinnen in einem bestimmten College äußerstes Widerstreben gegen die Verwendung oraler Empfängnisverhütungsmittel, obwohl sie damit rechneten, in sexuelle Beziehungen verwickelt zu werden. Auf die Fragen des Arztes begründeten sie ihre Abneigung folgendermaßen: Würden sie die Pille nehmen, dann sähe es so aus, als planten sie, sich sexuell mit jemand einzulassen; dies galt als unschicklich außerhalb der Ehe und war nicht vereinbar mit ihrem Selbst-Bild des »anständigen« Mädchens. Wenn sie jedoch sexuelle Beziehungen hätten und die Pille nicht nähmen, dann geschehe es, weil sie »in einem Augenblick der Leidenschaft den Boden unter den Füßen verloren hätten«. Dies wurde als verständlich angesehen, sogar als entschuldbar, da es ja jedem passieren konnte!

Der Mensch: ein vertrauenswürdiger, vorhersagbarer Organismus

Das Bedürfnis nach Erfüllung, das alle Lebewesen kennzeichnet, ist nur ein einziges Bedürfnis mit einer einzigen Richtung. Dies macht das Verhalten von Menschen vorhersagbar und den Organismus zuverlässig, unter der Voraussetzung, daß wir den einer bestimmten Person eigenen Bedürfnisausdruck kennen[1].

Dies ist eine ganz andere Auffassung von der Natur des Menschen als jene, die meint, der Mensch liege im Kampf mit sich selbst. Der Mensch tut von seinem eigenen Standpunkt aus immer das, was nach seiner Meinung im Augenblick seines Verhaltens zur Erfüllung führen wird. Weit davon entfernt, mit sich selbst im Kampf zu liegen, ist er eine organisierte Ganzheit mit Richtung und Ziel. Man kann einwenden: »Aber das scheint meiner persönlichen Erfahrung nicht zu entsprechen. Ich erinnere mich, daß ich diese oder jene schwierige Entscheidung treffen mußte, und daß es überhaupt nicht einfach war. Ist das nicht ein Zeichen dafür, daß ich mit mir selbst uneins war?« Überhaupt nicht.

Immer, wenn wir unser eigenes Verhalten betrachten, müssen wir uns daran erinnern, daß wir es nachträglich betrachten. Das heißt, wir beobachten wie jeder andere Außenstehende. Von dieser Außenseiterposition aus mag es so aussehen, als gebe es gleichzeitig bestehende Wünsche. Das scheint nur so, weil die Sache von außen betrachtet wird. Im Augenblick des Sich-Verhaltens tut das Individuum jedoch, was ihm *in diesem Augenblick* mit der größten Wahrscheinlichkeit zu Erfüllung und Selbstverwirklichung zu führen scheint. Gewiß kann es das vor oder nach der Handlung ganz anders gesehen haben. Diese Illusion eines Konflikts kommt zustande, weil der Mensch zwei zeitlich getrennte Ereignisse an-

---

[1] Dies bedeutet nicht, daß jeder Mensch moralisch vertrauenswürdig ist. Auch die Autoren sind in ihrem Leben bestohlen, belogen und getäuscht worden. Hier kommt es darauf an, daß dem Menschen nichts Unzuverlässiges *angeboren* ist. Man kann sich darauf verlassen, daß sich der menschliche Organismus in vorhersagbarer Weise verhält. Wenn er unzuverlässig erscheint, liegt dieses Urteil »im Auge des Betrachters«, der vielleicht nicht genug Daten hat, die ihm eine richtige Vorhersage ermöglichen. Hätten die Verfasser genug über jene gewußt, die sie betrogen, hätten sie vorhersagen können, wann sie bestohlen und belogen werden würden.

sieht. Der Leser kann dies, wenn er will, an seiner eigenen Erfahrung nachprüfen. Nehmen Sie einen Fall, wo Sie sich in letzter Zeit »falsch verhalten« haben. Wenn Sie nun von Ihrer gegenwärtigen Position auf diese Handlung zurückblicken, mag es Ihnen scheinen, als sei die Handlung dumm, unerwünscht oder vielleicht sogar moralisch unrecht gewesen. Selbst bevor die Handlung sich ereignete, mag sie Ihnen, als Sie ihre Möglichkeiten erwogen, unbefriedigend oder unmoralisch erschienen sein. In dem Augenblick, als sie geschah, schien sie jedoch eine gute Handlungsweise zu sein. Sie erschien wünschenswert und bedürfnisbefriedigend, vielleicht sogar notwendig, um das Ziel zu erreichen, das Sie in jenem Augenblick hatten. Es mag zwar manchmal Zweifel geben, wie man die Erfüllung erlangen kann, aber es gibt keinen Konflikt der Motive. Erfüllung ist das Motiv, gleichgültig, wie sie erreicht wird.
Der Grundtrieb der Individuen nach Erfüllung ist auch charakteristisch für die Gesellschaften, die sie sich schaffen, um an ihr Ziel zu gelangen. Gruppen aller Art — Schulen, Klubs, Gemeinwesen, Nationen — sind damit beschäftigt, für ihre Angehörigen nach Erfüllung zu streben. Sie werden zu diesem Zweck gebildet. Sie gedeihen so lange, wie sie dieses Ziel erreichen und werden zerstört oder lösen sich auf, wenn sie es nicht mehr gewährleisten können.

Fehlanpassung – ein Mangelproblem

Das Streben des Menschen nach Selbstverwirklichung besteht so lange wie möglich. Das Bedürfnis ist unersättlich. Sobald ein Mensch ein Ziel erreicht hat, ist immer schon ein anderes bereit, so daß niemand jemals vollständige Erfüllung findet und der Drang nach Selbstverwirklichung so lange besteht, wie er lebt. Bei manchen Menschen kann die Kraft dies Drangs leider mehr oder weniger dauernd gelähmt werden, oder sie wird aufgrund von Benachteiligung, Angst oder Verzweiflung in ungünstige Kanäle abgelenkt.
Die Erlangung eines befriedigenden Grades von Selbstverwirklichung bedeutet psychische Gesundheit. Menschen, denen es gelingt, ein bestimmtes Maß an Selbstverwirklichung zu erreichen, sind meistens glücklich und mit sich selbst zufrieden und leistungsfähig in ihren Beziehungen zur Welt. Menschen, die in ihren Versuchen, Erfüllung zu erlangen, erfolglos oder frustriert sind, werden krank und unangepaßt. Genau wie es zu körperlicher Krankheit führt, wenn es dem Körper nicht gelingt, angemessenes Wachstum und angemessene Erfüllung zu finden, so bedeutet es psychische Krankheit, wenn es dem Individuum mißlingt, eine befriedigende Selbsterfüllung zu erreichen. Wenn die normale Tendenz

des physischen Organismus zu Wachstum und Gesundheit blockiert wird, ist Krankheit die Folge. Ähnlich ist Fehlanpassung eine Folge verhinderter Selbsterfüllung. Psychische Krankheit ist Unzulänglichkeit, ein Mangel an Erfolg im Streben nach Selbstverwirklichung. Die Unangepaßten sind die Frustrierten, und die Schwere ihrer Krankheit ist fast direkt abhängig von dem Grad der Benachteiligung, die sie erlitten haben. Die meisten Menschen können mit einem gewissen Maß des Mißerfolgs in der Selbsterfüllung fertig werden. Wenn der Mißerfolg chronisch wird oder den Menschen in einem wichtigen Aspekt seiner Selbststruktur trifft, wird er rasch unglücklich. Wenn schwere Mängel bestehen oder wenn sie lange andauern, können die Menschen zunehmend neurotischer werden. Je nach dem Grad der Frustration werden sie auch mutlos, niedergeschlagen, wütend oder feindselig. Fast sicher frustrieren sie auch andere Menschen. Wenn der Mangelzustand zu groß ist oder zu lange dauert, fühlen sich die Menschen schließlich geschlagen und hoffnungslos. Wenn dies geschieht, werden sie für die anderen zur Last oder zur Gefahr, denn sie sind es, die unsere Nervenheilanstalten und unsere Strafanstalten bevölkern. Schwere Benachteiligungen führen schließlich zum moralischen Verfall.

Menschen sind nicht »von Natur aus« krank. Wir wissen heute, daß Krankheit und Fehlanpassung Folgen von Benachteiligung, Mißerfolg und Frustration des Menschen sind. Früher hat man Kriminalität als willkürliche Unmoral angesehen. Maßnahmen gegen diesen Zustand entsprachen auch dieser Überzeugung. Sie waren oft unglaublich roh und brutal. Heute haben wir eine aufgeklärtere Anschauung, und wir sehen solche Menschen nicht mehr als von Natur aus böse an, sondern als psychisch krank. Ganz allmählich lernen wir auch, diese Erkenntnis auf die Probleme derer auszudehnen, deren Krankheit sich weniger dramatisch äußert, auf die Armen und auf die Opfer von Vorurteilen auf verschiedenster Grundlage. Früher einmal konnte man die Probleme der Kranken und der Benachteiligten als unvermeidlichen Ausdruck des göttlichen Willens ansehen. Heute sehen wir sie nicht mehr als unvermeidlich an, und wenn sie weiterhin bestehen, liegt es nicht am Willen Gottes, sondern daran, daß es dem Menschen am Willen fehlt.

Wenn die hier besprochene Ansicht von der Natur des Menschen richtig ist, sind ganz andere Einstellungen gegenüber der menschlichen Schwäche und den menschlichen Fehlern erforderlich. Viele von uns sind rasch damit bei der Hand, unsere Mitmenschen für ihre Unterlassungen und ihr Fehlverhalten zu tadeln. Wir werden wütend auf Eltern wegen der Dinge, die sie ihren Kindern antun. Wir verachten unsere Patienten für die Dummheiten, die sie krank gemacht haben, und wir tadeln die Lehrer wegen ihre Unfähigkeit, mit den Kindern fertigzuwerden, die sie in die Beratung geschickt haben. Wir übersehen den Umstand, daß der Sich-Verhaltende immer das tut, was ihm unter den gegebenen Umständen vernünftig, sogar notwendig erscheint. Wir vergessen, daß andere Leute auch Probleme haben, und daß die Art, wie sie sich verhalten, aus diesen Bedingungen hervorgeht. Wenn jedoch die Grundeigenschaft des Menschen sein Streben nach Erfüllung ist, wenn jeder Mensch in allem, was er tut, stets auf der Suche nach Selbstverwirklichung ist, wenn jeder Mensch unablässig danach strebt, das Beste zu werden, was er werden kann, wen können wir dann für irgend etwas tadeln?

Freiheit und die Rechte der anderen

Bisher haben wir von dem Bedürfnis des Individuums gesprochen, seine eigene Erfüllung zu erlangen. Aber wie ist es mit der Erfüllung der Bedürfnisse der übrigen Gesellschaft? Die Antwort auf diese Frage lautet folgendermaßen: Wenn ein Mensch wirklich frei ist, die Erfüllung seiner Bedürfnisse anzustreben, und wenn er einen einigermaßen befriedigenden Grad einer derartigen Erfüllung erreicht, wird er sich auf eine Weise verhalten, die auch die Bedürfnisse der übrigen Gesellschaft befriedigt. Warum ist das so?

Erstens müssen wir uns darauf besinnen, daß wir alle mit unserem Leben tief in ein soziales Gefüge verwoben sind. Wir haben eine Welt geschaffen, die so auf Zusammenarbeit und wechselseitige Abhängigkeit angelegt ist, daß nur wenige von uns auch nur ein paar Stunden ohne die Hilfe und den Beistand anderer Menschen leben könnten. Wir sind selbst in bezug auf unsere einfachsten Bedürfnisse buchstäblich von Millionen Menschen abhängig, die wir nie auch nur gesehen haben. Das bedeutet, daß die gelungene Selbsterfüllung jedes Individuums nur durch irgendeine Form der erfolgreichen Interaktion mit anderen erreicht werden kann. Das Selbst-Bild lernen wir aus der Art, wie andere sich uns gegenüber verhalten, und die meisten unserer Befriedigungen erwachsen aus menschlichen Beziehungen der einen oder anderen Art. Der Dialog zwischen dem Individuum und seiner Gesellschaft ist also notwendig und sensitiv. Menschliche Fehlanpassung ist eine Folge des Zusammenbruchs dieser lebenswichtigen Bedingung.

Wir haben schon gesehen, daß die Selbstsucht verschwindet, wenn der Mensch der Erfüllung näherkommt. Wenn das Selbst sich erweitert, werden immer mehr andere Menschen in sein Gefüge einbezogen und als Erweiterungen des Selbst behandelt. Im gleichen Maß, in dem Erfüllung eintritt, wird also das Verhalten des Individuums immer verantwortlicher. Tatsächlich ist die von uns beschriebene Dynamik eine wesentliche Vorbedingung für wirklich verantwortliches Verhalten. Verantwortungsloses Verhalten tritt dann ein, wenn der Dialog zusammengebrochen ist, wenn sich der Mensch entfremdet fühlt oder anderen gegenüber keine Verpflichtung fühlt. Da das Selbst-Bild aus den Reaktionen anderer gelernt wird, ist seine Erhöhung von erfolgreicher Interaktion abhängig. Daraus folgt, daß die Menschen, *vorausgesetzt, daß sie die Freiheit dazu haben*, sich in gute Richtungen bewegen können, werden, *müssen*, nicht nur für sich selbst, sondern auch für andere. Menschen, die sich zum erstenmal mit dieser Vorstellung konfrontiert sehen, werden zweifellos finden, daß sie ihre Gutgläubigkeit stark beansprucht. Sie mag ihnen sogar hoffnungslos naiv erscheinen. Wenn jedoch das Grundmotiv des Organismus ein Drang zur Gesundheit ist, und wenn der Organismus sich frei bewegen kann, muß er in einer gesunden Richtung fortschreiten. Die entscheidende Bedingung dieser Aussage liegt in dem Satzteil »wenn er sich frei bewegen kann«. Der Drang zur Erfüllung ist angeboren. Die Bedingungen der Freiheit sind es nicht; sie liegen in den Wahrnehmungen des Individuums und in der Welt, die er bewältigen muß. Ein dummer Mensch ist nicht frei, ebensowenig einer, der zutiefst Mangel leidet, der unfähig ist, mit anderen mitzufühlen, oder dem es an den Möglichkeiten fehlt, mit seinen Problemen fertigzuwerden. Im 7. und 8. Kapitel wollen wir die Bedingungen der Freiheit ausführlicher untersuchen. Wenn sich jene Bedingungen tatsächlich schaffen lassen, wird die Auffassung: »Wenn Menschen frei sind, können sie selbst ihren besten Weg finden«, zu einem offensichtlich vertretbaren Prinzip. Was mehr ist, wenn Menschen offen und sinnvoll mit anderen interagieren, werden die Weisen, die sie finden, um zur Selbsterfüllung zu gelangen, zur Erfüllung aller beitragen.

Man kann sich darauf verlassen, daß das Wachstumsprinzip die motivierende Kraft liefert. Das Problem der Helfer besteht darin, die Bedingungen der Freiheit zu schaffen und das Prinzip wirksam werden zu lassen. Genau wie der physische Organismus wieder gesund wird, wenn wir geschickt darin sind, Bedingungen zu schaffen, die eine Genesung ermöglichen, so werden sich Menschen auch angemessener verhalten, wenn es uns gelingt, jene Arten von Bedingungen zu schaffen, die dazu beitragen, ihr Streben nach Erfüllung freizusetzen, genau wie der Arzt versucht, den physischen Organismus zu befrcien, so daß er sich auf Genesung und Wachstum zu bewegen kann. Die Aufgabe von Beratern, Lehrern, Eltern, Psychologen, Sozialarbeitern und allen anderen Angehörigen helfender Berufe besteht darin, Menschen so zu dienen, daß dieser Grundantrieb freigesetzt wird, das Individuum auf die wirksamste und zweckmäßigste Weise in die Richtung seines optimalen Wachstums zu bewegen, was sein Verhalten angeht. Wenn es uns gelingt, diese Bedingungen zu schaffen, können wir uns darauf verlassen, daß der dem Individuum eigene Drang nach Verwirklichung und Erfüllung es in diese Richtung treibt.

Einige Folgerungen für die helfenden Berufe

Die Menschen sind auf unserer Seite

Wenn es zutrifft, daß der Mensch unerbittlich in die Richtung von Gesundheit und Zulänglichkeit getrieben wird, folgt daraus für die helfenden Berufe, daß wir immer einen mächtigen Verbündeten auf unserer Seite haben — den Menschen selbst. Die Entdeckung, daß der menschliche Organismus vertrauenswürdig ist, ist eine gute Nachricht für die Angehörigen der helfenden Berufe. Es bedeutet, daß die Menschen, denen die Helfer beistehen möchten, nicht Feinde sind, die den Bemühungen der professionellen Helfer verstockt, halsstarrig oder bösartig Widerstand leisten. Sie sind vielmehr zutiefst und fundamental motiviert durch das Bedürfnis, so gut zu sein, wie sie nur irgend können — wie sie selbst es sehen. Angehörige der helfenden Berufe haben es also nicht mit unvorhersehbaren, vom Zufall gesteuerten Problemen zu tun, sondern sie können in bezug auf ihre Klienten, Schüler und Patienten Verhaltensweisen formulieren, mit der realen Hoffnung, daß diese Verhaltensweisen zu bestimmten und vorhersagbaren Ergebnissen führen werden. Der Helfer und der, dem geholfen werden soll, ziehen am gleichen Strang. Sie streben nach dem gleichen Ziel — Selbsterfüllung des Klienten. Dies macht die Beziehung zu einer Art Partnerschaft. Gewiß kann eine solche Partnerschaft gelegentlich unbehaglich oder voll von Fallstricken und Schwierigkeiten sein. Eine Partnerschaft aber, mag sie noch so unbehaglich sein, bringt mit viel größerer Wahrscheinlichkeit positive Ergebnisse als ein offener Kampf zwischen Feinden.

Die Menschen sind immer motiviert

Die meisten Menschen sehen das Problem der Motivation als eine Frage der Lenkung oder der Manipulation an, um andere dazu zu bringen, das zu tun, was sie nach ihrer Ansicht tun sollten. Motivation wird vor allem als ein System von Belohnung und Strafe angesehen, das dazu da ist, andere zu veranlassen, das zu tun, »was gut für sie ist«, oder sie davon abzuhalten, sich in einer als schädlich angesehenen Weise zu verhalten oder in einer Weise, die den besten Interessen des Motivierenden zuwiderläuft. Im Licht des Wachstumsprinzips, das wir in diesem Buch erörtert haben, ist eine ganz andere Ansicht von der Motivation erforderlich.

Wenn der Mensch ständig auf der Suche nach Selbsterfüllung ist, ist er *immer* motiviert. Tatsächlich ist er nie unmotiviert, es sei denn, er wäre tot. Gewiß mag er nicht motiviert sein, etwas zu tun, von dem irgendein Außenstehender meint, er solle oder müsse es tun. Der kleine Junge in der Schule, der das hübsche kleine Mädchen, das vor ihm sitzt, in der Rechenstunde anstößt, ist in diesem Augenblick nicht sehr motiviert, rechnen zu lernen, aber er ist gewiß nicht unmotiviert! Im Licht unserer Erörterung des Wachstumsprinzips ist die Motivation keine Frage der Manipulation von außen; sie hat mit dem zu tun, was in den Menschen vorgeht. Sie ist immer da, »gegeben« durch das Wesen der Lebenskraft selbst.

Frymier und Thompson haben es in einer Besprechung dieses Themas, wie es in der Pädagogik vorkommt, folgendermaßen ausgedrückt:

Dieses Bild von der Motivation weist darauf hin, daß die Motivation, in der Schule zu lernen, etwas ist, was Schüler *haben* oder *sind*, und nicht das, was Lehrer *tun*, um ihnen lernen zu helfen. Untersuchungen, die noch im Gang sind, lassen darauf schließen, daß die Motivation, zu lernen, ein ziemlich *konstanter* Faktor ist. Er ist veränderbar, aber im allgemeinen nur langsam. Lehrer *können* das Motivationsniveau ihrer Schüler beeinflussen, aber nur über längere Zeiträume wie etwa ein Jahr; wahrscheinlich nur sehr wenig an einem einzigen Tag.

Die Motivation, in der Schule zu lernen, ist eine Funktion der Persönlichkeitsstruktur, der Ziele und Wertvorstellungen, der Vorstellung des Menschen von sich selbst und anderen und seiner Einstellung gegenüber Veränderungen. Diese Aspekte des menschlichen Verhaltens werden gelernt, und sie sind dem Wandel unterworfen. Trotzdem müssen Lehrer, denen etwas an den Motivationen ihrer Schulkinder liegt, viel mehr tun, als eine Mohrrübe am Stock oder einen Klaps aufs Hinterteil einzusetzen, wenn sie signifikante Veränderungen in irgendeiner Richtung erhoffen[2].

Die Aufgabe von Angehörigen der helfenden Berufe liegt also nicht darin, diejenigen zu motivieren, denen sie helfen wollen, sondern darin, ihnen zu helfen, neue Ziele, neue Wertvorstellungen und neue Möglichkeiten, sich selbst und die Welt zu sehen, zu erforschen und zu entdecken. Es geht darum, der Motivation neue und befriedigendere Äußerungsmöglichkeiten zu verschaffen, indem man die Wahrnehmung erweitert und verändert.

Wenn der Helfer die menschlichen Motive so versteht, wie wir sie hier

[2] Frymier, J. R. und Thompson, J. H., The learner's mainspring, Educational Leadership (1965), 22, 567—570.

beschrieben haben, wird es auch eine positive Wirkung auf seine Beziehungen zu seinen Klienten, Patienten oder Schülern haben. Es ist wahrscheinlich, daß der Rapport viel besser ist. Helfer, die ihre Klienten wirklich verstehen und sich mit ihnen identifizieren können, sind höchstwahrscheinlich mitfühlender, anteilnehmender und einfühlungsfähiger — also weit mehr geneigt, eine gute Kommunikation zu fördern. Wenn der Helfer andererseits von der Annahme ausgeht, daß die Natur des Menschen von Grund auf böse sei, macht es ihn in seinen Beziehungen zu denen, denen er helfen will, mißtrauisch, und es könnte ihn veranlassen, nach dem System von Belohnung und Strafe vorzugehen. Wenn man das Verhalten nicht als etwas versteht, das auf das fundamentale Bedürfnis des Individuums nach Selbsterfüllung bezogen ist, wirkt es auf den außenstehenden Beobachter meistens rätselhaft, dumm und unmoralisch. Eine derartige Einstellung des Helfers macht ihn bei denen, denen er helfen will, nicht beliebt.

Der zornige Vater, der sein Kind heftig prügelt, mag eine hassenswerte und verächtliche Gestalt sein, bis man begreift, daß seine Angriffe auf Jimmy durch den Wunsch motiviert sind, »einen guten Jungen aus ihm zu machen«! Sein Problem liegt nicht in seinen Motiven, sondern in seiner Art, das Problem zu lösen. Man kann einen Vater gernhaben, der möchte, daß sein Sohn ein guter Junge ist, aber der Vater, der bösartig zu beabsichtigen scheint, seinen Sohn zu vernichten, ist in Gefahr, gehaßt zu werden. Die Art der Beziehung, die zu einem solchen Vater hergestellt wird, ist abhängig von den Ansichten des Helfers über die Motive des Vaters. Es ist eine schwere Aufgabe, zu Menschen eine Beziehung herzustellen, die feindlich und verdammend wirken. Angehörige der helfenden Berufe, die es für nötig halten, mit einem Tadel derjenigen anzufangen, denen sie helfen wollen, können zu ihren eigenen schlimmsten Feinden werden. Sie riskieren, daß ihre eigene unglückliche Einstellung ihnen im Wege steht, wenn sie versuchen, ihr Ziel zu erreichen.

Im Licht der Ansicht über die Motivation, die in diesem Buch vertreten wird, wird das Ziel der helfenden Berufe zu einem positiven, nämlich einem vertrauenswürdigen, strebenden Organismus zu dienen, und nicht, einen verstockten, unberechenbaren zu beherrschen und zu steuern. Unsere Ansicht erfordert Methoden des Helfens, die darauf angelegt sind, die Weiterentwicklung zu fördern und zu erleichtern, und sie bietet die Gewißheit, daß die Menschen, wenn es den Helfern gelingt, die Bedingungen für Freiheit zu schaffen, sich in Richtung auf den ihnen jeweils möglichen Grad der Selbsterfüllung bewegen werden. Der Leser erkennt vielleicht, daß diese Auffassung von der Natur des Menschen dem Konzept der Demokratie zugrunde liegt. Die Grundlage der Demokratie ist ein Glaube an den Menschen — die Auffassung, daß die Menschen ihren eigenen besten Weg finden können, wenn sie frei sind. Dies bedeutet, daß das, was die Helfer tun, um einzelnen zur Freiheit zu verhelfen, sich am Ende auch für die Gesellschaft als gut erweisen wird. Es ist ein beruhigender Gedanke, daß die Grundsätze der Demokratie nicht nur »hübsche Ideen« sind. Sie haben ihre Wurzeln im fundamentalen Charakter des Lebens selbst. Der Helfer braucht keine gespaltene Persönlichkeit zu sein. Seine Überzeugungen in bezug auf seine Arbeit mit seinen Schülern, Klienten und Patienten können mit denen übereinstimmen, nach denen er sein eigenes Verhalten richtet, und mit denen, die in seiner Gesellschaft gelten.

Eine Orientierung am Prozeß für die helfenden Berufe

Wenn das fundamentale Bestreben des Individuums auf Selbsterfüllung gerichtet ist, brauchen die Helfer die spezifischen Ziele, die jene erreichen sollen, denen sie helfen wollen, nicht genau und im voraus zu kennen. Wenn es zutrifft, daß »der Mensch das Beste wird, was er sein kann, wenn wir Wege gefunden haben, ihm Freiheit zu verschaffen«, müssen die helfenden Berufe ihre Aufmerksamkeit nicht auf das Ziel des Prozesses richten, sondern auf die *Prozesse* des Helfens. Die Helfer können also sicher sein, daß die Ergebnisse so positiv sein werden, wie es die herrschenden Bedingungen erlauben, wenn es ihnen gelingt, die Bedingungen für Weiterentwicklung zu schaffen. Dies nimmt dem Helfer eine ungeheure Last von den Schultern. Es bedeutet, daß er weder gottgleich sein muß, noch im voraus genau zu wissen braucht, wie seine Klienten oder Schüler aus der Erfahrung hervorgehen werden. Infolgedessen kann er seine volle Aufmerksamkeit der Herstellung der Bedingungen für die Freiheit widmen und dabei sicher sein, daß die Endergebnisse positiv sein werden, wenn es ihm gelingt.

Wenn die Helfer nicht *glauben*, daß der Mensch vertrauenswürdig ist, wagen sie es nicht, ihm zu vertrauen! Wenn der Helfer nicht vom positiven Wesen der Bestrebungen des Menschen überzeugt ist, kann er es sich nicht leisten, das Risiko einzugehen, den Menschen, denen er helfen will, Entscheidungen zu erlauben. Wenn Lehrer, Sozialarbeiter und Geistliche nicht glauben, daß ihre Schutzbefohlenen gute Entscheidungen treffen können, wäre es wirklich geradezu unmoralisch, ihnen zu erlauben, solche Risiken auf sich zu nehmen. Man braucht einen sehr festen Glauben an die Grundnatur des Menschen, um abwarten und beobachten zu können, wie ein Mensch, dem man zu helfen versucht, eine andere Entscheidung trifft, als man sie selber treffen würde. Aber das ist die Art von Gewißheit, die für die wirklich wirksame helfende Beziehung erforderlich ist. Um diesen Gedanken richtig zu Ende zu denken, müssen die Helfer eine Stellung einnehmen, in der sie sagen: »Wenn ich für meinen Klienten, Schüler, Patienten, Arbeiter oder Gemeindeangehörigen wirklich die Bedingungen der Freiheit geschaffen habe, und er zu einer anderen Lösung gekommen ist als ich, dann muß ich bereit sein, meine Position sorgfältig zu überprüfen. Es könnte ja sein, daß ich unrecht habe!«

Die Orientierung am Prozeß für die helfenden Berufe, die wir hier besprochen haben, ist tatsächlich die Position, die die meisten modernen Ansätze gegenüber den Problemen der Hilfe für andere in einer Vielfalt von Bereichen vertreten. Sie finden ihren Ausdruck in beweglichen Einstellungen zur Sozialarbeit; hierbei vermeidet es der Sozialarbeiter, seinem Klienten zu erlauben, von ihm abhängig zu werden; er setzt seine Kräfte dafür ein, seinem Klienten beim Finden seiner eigenen Lösungen für seine Probleme zu helfen. Eine ähnliche Einstellung wird von Fachleuten der Pastoralfürsorge für die Geistlichkeit empfohlen. Im Erziehungswesen wird sie vertreten von schülerzentrierten Konzepten des Unterrichts, die darauf angelegt sind, das eigene Suchen der Schüler nach Bedeutung und Sinn zu fördern und zu erleichtern. In der psychotherapeutischen Beratung sehen wir diese Einstellung im existenziellen und klientenzentrierten Behandlungsmethoden, wo man den Klienten hilft, in einer Beziehung zu einem Berater, der besonders dafür ausgebildet ist, diese Art der Suche zu erleichtern, ihre eigenen Lösungen für Probleme zu entdecken. In der Supervision und Verwaltung kommt die besprochene Einstellung in neu entstehenden Auffassungen von der Führungsfunktion zum Ausdruck; hier werden die helfenden und erleichternden Aspekte der Verwaltung betont und nicht Herrschaft und Steuerung. Jede dieser modernen Entwicklungen in den helfenden Berufen geht von der Annahme aus, daß der menschliche Organismus vorhersagbar ist, und daß man sich darauf verlassen kann, daß er sich auf wünschenswerte Ziele zu bewegt, vorausgesetzt, daß er die geeigneten Freiheitsbedingungen hat.

Die Rolle des Helfers

Die Rolle des Helfers, wie sie sich aus der Anschauung vom Menschen herleitet, die wir in diesem Kapitel beschrieben haben, besteht im wesentlichen darin, Menschen zu dienen. Sie will die Betroffenen nicht lenken oder steuern, sondern dem Organismus dienen und die Bedingungen schaffen, die ihn mit größter Wahrscheinlichkeit frei machen. Es geht nicht darum, die Menschen zu manipulieren, sondern die Prozesse. Es geht darum, Menschen zu Besserem zu helfen, Beistand zu leisten, zu erleichtern, zu ermutigen und zu unterstützen und nicht darum, Menschen zu Besserem zu zwingen, zu nötigen, zu beschwatzen, zu bestechen oder zu ermahnen. Es ist eine Frage des Arbeitens *mit* dem Organismus, nicht gegen ihn; der Helfer und der, dem geholfen wird, sind nicht als Gegner zu sehen, sondern als »Mannschaftskameraden«.

Wenn die Auffassung von den Bedürfnissen des Menschen, die wir in diesem Kapitel besprochen haben, richtig ist, folgt auch daraus, daß das Ziel der helfenden Berufe nicht Frustrierung, sondern Befriedigung von Bedürfnissen sein muß. Es muß mehr sein. Der Helfer muß auch zu Erfüllung und Selbstverwirklichung beitragen, zu gesteigerten Gefühlen der persönlichen Zulänglichkeit auf seiten der Klienten, Schüler und Patienten. Die helfenden Berufe sind dienende Berufe, die dazu da sind, zu geben und zu lehren, und nicht dazu, vorzuenthalten und zu disziplinieren. Helfer dieser Art müssen Bedingungen vermeiden, die das Selbst demütigen und degradieren, und aktiv Methoden suchen, anderen zu helfen, eine positive Meinung von ihrem Selbst zu behalten und zu verbessern. Dies kann man bewerkstelligen, indem man mit der Umgebung des Betroffenen arbeitet oder durch die besonderen Beziehungen, die zwischen dem Helfer und seinem Klienten hergestellt werden.

Bei der Beeinflussung durch die Umwelt kann der Helfer seine Bemühungen darauf lenken, die Welt seines Klienten zu verändern, so daß sie ihm größere Freiheit gewährt, seine maximale Selbsterfüllung zu untersuchen und zu entdecken. Der Sozialarbeiter kann dies tun, indem er einem Arbeitslosen hilft, eine Beschäftigung zu finden. Der Lehrer kann das gleiche Ziel erreichen, indem er ein Kind in eine Gruppe von Gleichartigen versetzt. Der Psychologe kann einen ähnlichen Zweck verfolgen, indem er ein Kind in einer Pflegefamilie unterbringt. In jedem helfenden Beruf gibt es buchstäblich Tausende von Möglichkeiten, wie die Welt beeinflußt werden kann, damit sie den Menschen mehr positive befreiende Erfahrungen ermöglicht. Eine Hauptaufgabe des professionellen Helfers besteht darin, diese Hilfsquellen effektiv zu nützen, um den Bedürfnissen seines Klienten zu dienen und die Erlangung maximaler Selbsterfüllung zu ermöglichen.

Eine zweite Möglichkeit für die Angehörigen der helfenden Berufe, zur Freiheit jener beizutragen, mit denen sie arbeiten, liegt in der Beziehung zum Helfer selbst. Im ersten Kapitel dieses Buches haben wir gesehen, daß der Kern der professionellen Arbeit in der wirksamen Ausnutzung des Selbst als eines Instruments zum Dienst am anderen liegt. Durch den Einsatz des Selbst stellt der Helfer Beziehungen zu anderen her, die darauf angelegt sind, ihnen die Freiheit zu verschaffen, in der sie effektivere

Beziehungen zwischen sich und der Welt, in der sie leben, ausprobieren und entdecken können. Die ist das gleiche Ziel, wie wir es im vorigen Absatz in bezug auf die Manipulation der Umwelt besprochen haben, die der Helfer für seinen Klienten vornimmt. In diesem Fall setzt jedoch der Helfer sich selbst ein. In vieler Hinsicht ist dies ein viel schwierigerer Prozeß als die Manipulation der Außenwelt; aber einige der helfenden Berufe, besonders jene, die Verantwortung für die Kranken und Unglücklichen auf sich nehmen, sind fast ausschließlich auf die effektive Entwicklung solcher Beziehungen angewiesen.

Ausgewähltes Schrifttum

Stern bedeutet Abdruck in: Donald L. Avila, Arthur W. Combs, und William W. Purkey, The Helping Relationship Sourcebook, Boston (Allyn & Bacon) 1971.

Aspy, D. N., Maslow and teachers in training, Journal of Teacher Education (1969), 20, 303—309.

Cantril, H., The human design, Journal of Individual Psychology (1964), 20, 129—136.

Combs, A. W. und Snygg, D., Individual behavior: A perceptual approach to behavior, (2. A.) New York (Harper & Brothers) 1959.

Festinger, L., Cognitive dissonance, Scientific American (1962), 207, 93—107.

Frymier, J. R. und Thompson, J. H., Motivation: The learner's mainspring, Educational Leadership (1965), 22, 567—570.

Maslow, A. H., Motivation and personality, New York (Harper & Brothers) 1954.

Maslow, A. H., Toward a psychology of being, Princeton, N. J. (Van Nostrand) 1962.

Rogers, C. R., A note on »the nature of man«, Journal of Consulting Psychology (1957), 4, 199—203 (b).

Rogers, C. R., Entwicklung der Persönlichkeit, Stuttgart (Ernst Klett) 1973.

* Snygg, D., The psychological basis of human values. In D. Ward. (Hrsg.), Goals of economic life, New York (Harper & Brothers) 1953, S. 335—364.

5

Der entscheidende Charakter von Bedeutungen

Um eine Veränderung im Verhalten eines Menschen herbeizuführen, ist es notwendig, auf die eine oder andere Weise eine Veränderung in seinem Wahrnehmungsfeld — seinem persönlichen Feld von »Bedeutungen« — zu bewirken. Um dies mit Erfolg tun zu können, muß der Helfer das Wesen persönlicher Bedeutungen kennen und wissen, wie sie sich ändern.

Tatsachen, Bedeutungen und Realität

Mit dem Ausdruck »Bedeutung« bezeichnen die Wahrnehmungspsychologen nicht einfach das, was gesehen und gehört wird, sondern das, was der Sich-Verhaltende begreift. In die private Begriffswelt eines Menschen kann man nicht direkt eindringen; man kann sie auch nicht unmittelbar manipulieren. Gleichgültig, wie stark sie von außen bombardiert wird, die Gefühle, Einstellungen, Ideen und Überzeugungen, aus denen sie sich zusammensetzt, bleiben für immer der souveräne Besitz des Menschen selbst.

Seine Bedeutungsinhalte sind für den Menschen die Tatsachen des Lebens. Eine Tatsache ist *nicht das, was ist*; eine Tatsache ist für jeden Menschen das, von dem er *glaubt, es sei so*. Wenn Joe Green glaubt, sein Arbeitgeber sei ungerecht, benimmt er sich so, als wäre er ungerecht. Ob Joes Chef in den Augen anderer Leute *wirklich* ungerecht ist, hat wenig oder gar nichts mit der Sache zu tun. Wie Joe denkt, so verhält er sich. Was Joes Verhalten angeht, sind die »realen« Tatsachen, wie sie einem Außenstehenden erscheinen, irrelevant und unwesentlich. Wenn wir versuchen, Joe davon zu überzeugen, daß er unrecht hat, laufen wir Gefahr, daß er glaubt, wir verstünden ihn auch nicht.

Selbst die Tatsachen, die wir aus der Außenwelt annehmen und nach denen wir uns richten, sind nichts weiter als allgemein akzeptierte Bedeutungsinhalte, die von Leuten geteilt werden, die wir achten. Während eines nationalen politischen Feldzugs z. B. sind die »Tatsachen«, auf die wir hören und nach denen wir handeln, höchstwahrscheinlich jene, die von der Partei vertreten werden, der wir angehören oder die wir bewundern. »Tatsachen«, die die Opposition vorbringt, werden nicht ernst genommen, vielleicht sogar verlacht. Selbst die einfachsten und offensichtlichsten Tatsachen unserer Umwelt gelten nur für Angehörige einer gemeinsamen Kultur. Solange man in ein und derselben Kultur bleibt, wird eine gegebene Tatsache vielleicht niemals ernsthaft in Frage gestellt. Aber wenn man auch nur einen Schritt aus der eigenen Kultur hinausgeht, wird man bald entdecken, daß viele Tatsachen, die man für Realität gehalten hat, in dem neuen Milieu überhaupt keine Gültigkeit haben. Selbst etwas so Alltägliches wie ein »Tisch« mag in einer anderen Kultur anders genannt werden. Tatsächlich wird es vielleicht überhaupt nicht als ein Tisch angesehen. Statt dessen wird es vielleicht als eine Plattform zum Tanzen, als ein Sitz für den Dorfhäuptling, ein Liegebett, ein Schutzdach gegen den Regen oder ein nutzloser Gegenstand angesehen, den man als Brennholz gebrauchen kann!

Die Vorstellung, daß es viele Realitäten geben kann, ist für manche Menschen sehr beunruhigend. Der Gedanke, die Dinge könnten nicht das sein, was sie zu sein scheinen, ist bestürzend. Die Frage, ob es irgendeine »wirkliche« Realität gibt, hat jedoch mindestens zweitausend Jahre lang die Philosophen verwirrt, und sie ist immer noch unbeantwortet. Um Verhalten zu verstehen, brauchen wir uns glücklicherweise nicht mit der Frage zu befassen, ob es eine Realität *wirklich* gibt. Es genügt, zu wissen, daß sich die Menschen gemäß dem Feld der für sie gültigen Bedeutungen verhalten. Dieses *ist* für sie Realität, und es bestimmt die Art ihres Verhaltens. Auf dieser Grundlage können wir eine Psychologie aufbauen und wirksame Techniken ersinnen, um Menschen zu helfen, sich weiterzuentwickeln oder auf befriedigende Weise Probleme zu lösen.

Die persönliche Qualität von Bedeutungen und der Stellenwert, den sie in der privaten Welt des Individuums haben, ist für Praktiker der helfenden Berufe unermeßlich wichtig. Die Annahme der Menschen, Realität sei das, was sie erleben, ist die größte Ursache von menschlichen Mißverständnissen und Konflikten. Von dem Augenblick an, in dem wir Verhalten als Folge persönlicher Bedeutungsinhalte verstehen, wird ein Großteil dessen, was vorher rätselhaft oder unerklärlich war, sinnvoll und vernünftig.

Vor kurzem stellte eine Studentin in einem unserer Psychologie-Seminare folgende Situation zur Diskussion: »Ich habe gerade eine Zeitung von zu Hause bekommen. Dort las ich, daß ein Mann wegen Ladendiebstahls verhaftet worden war. Er hatte eine ganze Tasche voll gestohlener Sachen bei sich. Als man ihn durchsuchte, hatte er hundert Pfund bei sich! Wie erklären Sie sich, daß er unter diesen Bedingungen stahl?« Die Studentin stand offensichtlich vor einem Rätsel. Ihr schien irgend etwas an der Situation seltsam. Auch der Dozent stand vor einem Rätsel, denn er konnte in der Geschichte nichts sehen, was der Erklärung bedurft hätte.

Es war eine Tatsachenfeststellung. Es ist nichts Rätselhaftes an einem Mann, der beim Ladendiebstahl mit hundert Pfund Beute erwischt wird. Warum war diese Studentin so frustriert und verstört? Dann erinnerte er sich plötzlich, daß die Studentin aus Jamaica kam, einer britischen Kolonie. »Pfund« bezog sich in den Augen der Studentin nicht auf Gewicht, sondern auf Geld! Auf einmal war das Problem klar. Warum sollte ein Mann Ladendiebstahl begehen, wenn er mehr als zweihundert Dollar in der Tasche hat? Wenn man es mit den Augen der Studentin sah, war das Problem verständlich. Das Rätsel war klar, als der Dozent fähig war, das Problem mit den Augen seiner Studentin zu sehen.

Wegen des individuellen Charakters von Bedeutungen verstehen sich Menschen gegenseitig nicht und begegnen einander wie Schiffe in der Nacht. Das gilt besonders für Menschen, die in verschiedenen Kulturen aufgewachsen sind, aber es gilt auch für Menschen mit verschiedenen Erfahrungen, die in der gleichen Kultur aufgewachsen sind. Man denke an die Schwierigkeiten der Kommunikation zwischen Männern und Frauen, Erwachsenen und Heranwachsenden, oder zwischen Menschen verschiedener Berufe, Religion und Landschaft. Ohne eine Kenntnis der einzigartigen und besonderen Bedeutungen, die für einen Menschen existieren, sind die Schwierigkeiten, ihm wirksam zu helfen, fast unüberwindlich.

Bedeutungen werden entdeckt

Man sollte sich darüber klar sein, daß die Bedeutung eines Ereignisses nicht in dem Ereignis selbst liegt. Ein unter Lehrern weit verbreiteter Irrtum liegt in ihrer Annahme, die Bedeutung liege im Lehrstoff. Bruner z. B. ist dafür eingetreten, die Erzieher sollten Tatsachen weniger stark betonen, aber mehr Gewicht auf Bedeutungen legen. Leider sieht er die Bedeutung als eine Funktion des Inhalts und fordert dazu auf, den Lehrstoff um Bedeutungen anstatt um Fakten herum zu organisieren. Gewiß wäre es leichter, Bedeutungen zu lernen, wenn der Lehrstoff besser organisiert wäre, aber das Problem wird dadurch nicht gelöst, weil die Bedeutung nicht im Stoff liegt. Bedeutungen sind ein Problem der Menschen. Sie entstehen in Personen. Die Entwicklung von Bedeutungsgehalten ist ein schöpferischer Akt, der geschieht, weil Menschen mit der Welt, in der sie leben, interagieren.

Wir haben schon gesehen, daß Selbst-Bilder infolge von Erfahrungen erworben werden, die der Mensch macht, während er aufwächst. Auf diese Weise werden alle Bedeutungsgehalte erworben — durch einen Prozeß der Differenzierung. Es ist buchstäblich wahr, daß die Menschen Informationen nicht durch das bedruckte Papier bekommen. Bedeutungen werden in Wirklichkeit durch den Lernenden entdeckt. Bedeutungen sind auch höchst persönlich. Keine zwei Menschen können jemals genau die gleichen Bedeutungen innehaben, denn keine zwei Menschen werden jemals genau die gleiche Erfahrung machen. Die Bedeutungsgehalte, die ein Mensch durch seine Erfahrung herausdifferenziert hat, stellen das Universum dar, wie er es kennt. Dies ist seine eigene, persönliche Realität, wenn auch bestimmte Aspekte in gewissem Grad dem Feld von Bedeutungen ähnlich sein mögen, das anderen eigen ist.

Die Ökonomie der Bedeutungen

Stabilität der Bedeutungen

Wenn der Mensch in jeder Situation die Bedeutungen von neuem entdecken müßte, würden wenige von uns jemals aus dem Säuglingsalter herauskommen. Es ist eine Tatsache, daß Bedeutungen einen Grad von Stabilität haben, der es möglich macht, die Dinge in einem Bereich zu regeln, so daß der Mensch frei wird, seine Zeit und seine Aufmerksamkeit anderen Bereichen zuzuwenden. Das Wahrnehmungsfeld ist kein Konglomerat von individuellen Bedeutungen. Es ist eine Gestalt, ein Gefüge, in dem einige Bedeutungen eine Wichtigkeit oder eine zentrale Stellung einnehmen, um die herum andere Bedeutungen angeordnet werden können. Die wichtigste dieser fundamentalen Bedeutungen ist das Selbst-Bild, von dem wir schon gesprochen haben. Es gibt andere Gefüge im Wahrnehmungsfeld, die dem Menschen in seinem Leben zusätzliche Orientierung und Steuerung ermöglichen, weil sie eine Art Bezugspunkt liefern, auf den andere Bedeutungen bezogen werden können.

Einige Ankerpunkte sind Aspekte der physikalischen Welt; der Mensch hat gelernt, daß diese einen hohen Grad von Stabilität haben und so als Bezugspunkte für die Interpretation neuer Erfahrungen benützt werden können. Zu den allgemeinsten Aspekten dieser Art gehört der Horizont, der uns dazu dient, uns in bezug auf Entfernung und Lage zu orientieren. Andere sind die Stellung von Erde und Himmel zueinander — die Entdeckung, daß weit entfernte Gegenstände kleiner sind als nahe, und daß helle Dinge im allgemeinen näher sind als dunkle. Den meisten von uns erscheinen diese Aspekte so natürlich, daß wir sie als selbstverständlich ansehen. Aber wir sind nicht mit ihnen zur Welt gekommen. Wir haben sie gelernt, und nachdem wir ihre Stabilität entdeckt hatten, haben wir gelernt, uns auf sie zu verlassen. Bei den meisten Ankerpunkten, die die physikalische Welt betreffen, ist dies so früh in unserer Erfahrung geschehen, daß wir uns kaum daran erinnern können, sie einmal nicht gehabt zu haben. Man kann ihre Entwicklung aber manchmal in den Zeichnungen kleiner Kinder sehen, die sich mit Horizonten viel mehr Freiheiten nehmen als Erwachsene. Erwachsene in unserer Kultur haben sehr gründlich gelernt, daß wir von links nach rechts schreiben und lesen. Infolgedessen kommt es manchmal vor, daß Eltern, die nicht begreifen, was vor sich geht, sich Sorgen machen, wenn sie feststellen, daß ihr Kind sich in den Anfangsphasen des Lesen- und Schreibenlernens wenig darum kümmert, ob es von links nach rechts geht oder von rechts nach links.

Ankerpunkte existieren nicht nur in bezug auf die physikalische Welt der Erfahrung, sondern es gibt sie auch in bezug auf persönliche, soziale und politische Beziehungen. Kinder können z. B. einen Elternteil oder beide Eltern als praktisch unfehlbare Instanzen für wahr und falsch ansehen. Für manch ein kleines Kind ist »Mein Pappi hat es gesagt« in einem Streit das absolut entscheidende Argument — die Quintessenz der Wahrheit. Später kann ein Lehrer diese Stellung einnehmen, und »der Lehrer hat es gesagt« kann dann zur entscheidenden Waffe am Familientisch werden. Auch Erwachsene können ähnliche höchst stabile Gefühle in bezug auf Ehepartner, religiöse Überzeugungen und selbst Weltanschauungen oder Regierungsformen entwickeln.

Fixierungspunkte sind sehr wertvoll, weil sie Erwartungen oder praktische Bezugssysteme liefern, an denen man neue Erfahrungen rasch überprüfen und beurteilen kann. Sie können auch große Qual hervorrufen, wenn sie aus der Erfahrung verschwinden. Völlig isolierte Menschen, denen die meisten ihrer gewöhnlichen Bindungen ans Leben weggenommen worden sind, empfinden dies im allgemeinen als ein höchst quälendes Erlebnis. Bei Versuchen mit sensorischer Isolierung werden z. B. die Versuchspersonen von den Psychologen mit verstopften Ohren und verbundenen Augen in körperwarmem Wasser in einen Schwebezustand versetzt; dadurch verlieren sie fast völlig den Kontakt zur vertrauten Umwelt. Die meisten Versuchspersonen finden es unter diesen Bedingungen — abgeschnitten von der üblichen Verankerung in der Realität — sehr schwierig, sich zu konzentrieren, und erleben oft wilde Wahnvorstellungen. Ähnliche Angst und Qual kann, wenn auch gewöhnlich weniger stark, fast jeder empfinden, wenn seine Realitätsbindungen zerstört werden. Die erste Reaktion auf die Ermordung eines geliebten Präsidenten oder auf den Verlust des Ehemannes oder der Ehefrau kann sein, daß die Tatsache vollständig verleugnet wird. Die meisten von uns werden von Angst befallen, wenn sie entdecken, daß etwas, wovon sie fest überzeugt waren, gar nicht stimmt. Kleine Kinder klammern sich oft noch an die Vorstellung vom Weihnachtsmann, wenn sie schon lange den Verdacht haben, daß es ihn vielleicht gar nicht gibt, und regen sich sehr auf, wenn andere seine Existenz leugnen. Einer der Autoren erinnert sich noch an den Schrecken, den er als kleines Kind erlebt hat, als im Lauf einer Polio-Behandlung die Rückenmarksflüssigkeit untersucht werden mußte. Die Prozedur fand auf dem Eßzimmertisch statt. Bis heute erinnert sich der Autor höchst lebhaft an den Schock der Erkenntnis: »Pappi hält mich fest und läßt es zu, daß sie mir das antun!«

Die Angst, die erlebt wird, wenn Verankerungen zerbrechen, schafft schwierige Lern-Barrieren. Es ist z. B. für Menschen, die in tief fundamentalistischer Tradition aufgewachsen sind, nicht leicht, Evolutionsideen anzunehmen. Die Überwindung von Vorurteilen und das Annehmen der Gleichberechtigung der Rassen kann eine beunruhigende und schwierige Anpassung für Menschen sein, die unter Bedingungen aufgewachsen sind, die sie zu entgegengesetzten Schlüssen geführt haben. Jeder, der jemals mit dem Problem gekämpft hat, eine Gewohnheit abzulegen, kann die Angst bezeugen, die auftritt, wenn bequeme Verhaltensformen unterbrochen werden.

Wertvorstellungen, verallgemeinerte Einstellungen gegenüber Ereignissen oder Personen sind Bedeutungsgefüge, die in ihrer Wirkung Ankerpunkten sehr ähnlich sind. Wie alle Bedeutungen werden auch sie durch Erfahrungen gelernt, aber wegen ihres allgemeinen Charakters tragen sie meistens zur Stabilität des Wahrnehmungsfeldes des Menschen bei. Wertvorstellungen stellen für den Menschen auch ein Bezugssystem für Erfahrungen dar — eine Art abgekürzter Bestimmung von Ereignissen für den Sich-Verhaltenden. Da das Verhalten immer eine Funktion der Bedeutungen ist, die der Mensch in seiner Welt sieht, hat eine Wertvorstellung, wenn sie zu einem zentralen stabilen Merkmal geworden ist, eine Wirkung auf viele Verhaltensweisen. Dies macht das Verhalten eines Menschen oft so vorhersehbar, daß andere Menschen, die diese Stabilität beobachten, Erwartungen entwickeln, und man kann sie manchmal sagen hören: »Ach, natürlich! Was erwartet ihr von Joe? Ihr wißt doch, wie er ist!«

Die stabilisierende Wirkung von Wertvorstellungen auf das Verhalten ist so wichtig, daß man mit der Zeit wirklich von einem Menschen sagen kann, daß er seine Überzeugungen verkörpert. Das bringt Beständigkeit in sein Verhalten. Dieser Umstand ist für Angehörige der helfenden Berufe unerhört wichtig. Im 1. Kapitel haben wir schon gesehen, daß die Effektivität von Angehörigen der helfenden Berufe eine Funktion ihrer Überzeugungen ist. Diese Beziehung zwischen Wertvorstellungen und Verhalten ist ebenfalls bei den Menschen zu finden, mit denen sie arbeiten. Wenn ein Mensch zu einer anderen Überzeugung kommt, findet er auch seine eigenen Möglichkeiten, sich anders zu verhalten. Daraus folgt, daß die Helfer, wenn sie Wege finden, um den ihnen Anvertrauten zu einer Änderung ihrer Überzeugungen zu verhelfen, im Lauf dieses Prozesses eine Verhaltensänderung beobachten werden.

Die selektive Wirkung bestehender Bedeutungen

Wir haben in den vorigen Kapiteln gesehen, wie die Wahrnehmungen des Menschen durch Bedürfnisse und durch das Selbst-Bild beeinflußt werden. Wir fügen nun einen dritten Faktor hinzu — die Wirkung des bestehenden Bedeutungsfeldes auf neue Erfahrungen. Der Mensch neigt dazu, sich auf einmal entdeckte Bedeutungen zu verlassen; sie werden selten in Frage gestellt, es sei denn, der Mensch ist dazu gezwungen, weil neue Erfahrungen seinen Erwartungen nicht entsprechen. Genau wie das einmal etablierte Selbst-Bild alles beeinflußt, was der Mensch wahrnimmt, wirkt auch das Bedeutungsfeld, das einem bestimmten Menschen eigen ist. Zum Teil beruht dies auf dem Umstand, daß manche Wahrnehmungen erst möglich sind, wenn ihnen andere vorangegangen sind — d. h. einige Differenzierungen können erst eintreten, wenn jene früheren Wahrnehmungen, von denen sie abhängig sind, gemacht worden sind. Die besten Beispiele für diese Beziehung sind beim Erlernen von Schul-Lehrstoffen zu sehen, die auf Folgerungen aufgebaut werden — z. B. in der Mathematik. Hier werden Begriffe Schritt für Schritt gebildet. Bevor man kompliziertere Begriffssysteme begreifen kann, müssen die einfacheren verstanden worden sein. Auf diese Weise hat das bestehende Feld von Bedeutungen einen lenkenden Einfluß darauf, welche weiteren Bedeutungen ohne Schwierigkeiten erworben werden können.

Diese aufeinanderfolgende Beziehung von Bedeutungen findet sich auch in bezug auf viele Begriffe, die der Mensch im Verlauf des Heranwachsens zu einem tüchtigen Erwachsenen erwerben muß. Piaget hat einen Großteil seiner Laufbahn damit zugebracht, die Begriffsbildung bei Kindern zu erforschen, und er konnte mit großer Genauigkeit das stufenweise Fortschreiten der von ihm untersuchten Kinder von einfachen zu immer komplizierteren Begriffen registrieren. Die Kinder durchliefen diese Phasen zwar oft verschieden rasch, aber die Abfolge der Entwicklung war erwartungsgemäß höchst beständig.

Die Schwierigkeit, neue und kompliziertere Begriffe zu differenzieren, bevor man sich die vorher erforderlichen angeeignet hat, wird praktisch veranschaulicht in den Problemen, die mit der Erziehung von Kindern aus stark benachteiligtem Milieu verbunden sind. Generationen andauernde unzureichende Ernährung, Armut, eine Umwelt, die keine Anregungen bietet, und eine unzulängliche Grundschulbildung machen es den Kindern im äußersten Süden der USA äußerst schwer, mit den Aufgaben fertigzuwerden, die in den öffentlichen Schulen verlangt werden, deren Lehrmethoden auf die Kinder einer wohlhabenderen weißen Mittelschicht zugeschnitten sind. Außer der Art von Selektion nach »Wohnvierteln«, die das Wahrnehmungsfeld ausübt, wirkt auch das Bedürfnis des Individuums nach Selbsterfüllung auf die Wahrnehmungen selektiv. Wir haben schon gesehen, wie dies durch das Wirksamwerden des Selbst-Bildes geschieht. Das Bedürfnis des Organismus nach Selbsterfüllung erfordert notwendigerweise ein stabiles Wahrnehmungsfeld. Ein Feld der Bedeutungen ohne Stabilität oder mit rasch eintretenden großen Veränderungen von einem Augenblick zum anderen wäre katastrophal. Ohne ein gewisses Maß an Stabilität wäre Erfüllung unmöglich. Demgemäß bleiben einmal differenzierte Bedeutungen im Wahrnehmungsfeld des Individuums bestehen und üben ihren Einfluß aus, indem sie die Bedeutung neuer Erfahrungen teilweise bestimmen. Der Mensch neigt dazu, einmal entdeckte Bedeutungen auf ähnliche Ereignisse zu übertragen.

Neue Erfahrungen, die zum bestehenden Gefüge passen, werden rasch und leicht einverleibt. Sie bestätigen und verstärken das, was schon differenziert ist. Wenn jedoch die neue Erfahrung nicht zu bereits bestehenden Bedeutungen paßt, sieht sich der Sich-Verhaltende dem Problem disparater Wahrnehmungen gegenüber (von einigen Psychologen auch »kognitive Dissonanz« genannt), und es muß eine Anpassung stattfinden. Im allgemeinen kann dies auf eine der drei folgenden Weisen geschehen:

Die neue Erfahrung kann geleugnet oder nicht beachtet werden, während sich der Mensch an die alten Bedeutungen klammert, die er vorher schon kannte. Jeder kennt diese Verhaltensweise bei sich oder bei anderen. An Tatsachen, die nicht zu bestehenden Mustern passen, geht man möglicherweise einfach vorbei. Mahnungen wegen überfälliger Zahlungen werden vielleicht gar nicht gelesen. Warnzeichen werden möglicherweise nicht gesehen. Unannehmbare Beweise werden einfach so behandelt, als existierten sie nicht. Selbst wenn einer neuen Bedeutung genug Nachdruck verliehen wird, so daß eine Konfrontation nicht zu vermeiden ist, kann den Bedeutungen dennoch der Zugang zum Wahrnehmungsfeld verweigert werden, indem man sie ohne weiteres ablehnt. So kann man hören, daß Kommunisten in ihrem Eifer, die Herrlichkeiten ihrer eigenen Ansichten zu preisen, die Erfolge des Kapitalismus leugnen. Ähnlich scheinen Organisationen der extremen Rechten oft gegenüber den offenkundigsten Fakten der sozialen Interaktion blind zu sein. Der Mann des Ku Klux Klan z. B., den man in die Rassenintegration hineinzwingt, widersteht einer Veränderung seines Systems von Überzeugungen und gräbt sich tiefer in seine etablierte Einstellung.

Eine zweite Art, mit Bedeutungen umzugehen, die nicht zu den vorhandenen passen, besteht darin, sie so zu verdrehen, daß sie doch passen. Auf diese Weise wird die Erfahrung weder unbeachtet gelassen noch geleugnet. Vielmehr wird ihr eine Bedeutung verliehen, die keine Neuordnung des bestehenden Wahrnehmungsfeldes erfordert. Dies kann man oft beobachten, wenn einem ein Freund von einem Film erzählt, den er gesehen hat. Anstatt die Geschichte so zu erzählen, wie wir sie im Gedächtnis haben, zimmert er sie sich so zurecht, daß sie seiner eigenen Erfahrung entspricht, nimmt sich Freiheiten mit dem Verlauf der Handlung und übersetzt sogar den Dialog in seine eigene vertraute Redeweise. Weitere Beispiele kann man in der üblichen Praxis der Rationalisierung sehen, wo ein guter Grund für eine Verhaltensweise an die Stelle des wirklichen Grundes gesetzt wird. »Ich hab' ihn gekauft, weil mein alter Wagen angefangen hat, Öl zu fressen.« »Ich muß essen, um bei Kräften zu bleiben.« »Sie hatte wahrscheinlich schon eine Verabredung.« »Die Geschwindigkeitsbegrenzung auf dieser Strecke ist absolut lächerlich.«

Die dritte Art, mit divergenten Bedeutungen fertigzuwerden, besteht darin, daß man sich der neuen Erfahrung stellt und die Veränderungen der bereits bestehenden Bedeutungen vornimmt, die angebracht sind. Dies könnte zur Annahme oder Ablehnung des neuen Begriffs führen. Etwas Derartiges wird aber nur auf der Grundlage der Bereitschaft unternommen, sich dem bestehenden Problem zu stellen und das vorhandene Feld von Bedeutungen den neuen Daten auszusetzen. Diese Art des Umgangs mit neuen Erfahrungen ist wahrscheinlich auf die Dauer gesehen die gesündeste. Sie entspricht auch dem, was man anfangs beim Entdecken von Bedeutungen tut.

In Wirklichkeit findet man diese drei Arten des Umgangs mit neuen Bedeutungen selten isoliert vor. Wenn ein Mensch sich einem neuen Problem gegenüber sieht, kommen meistens alle drei Arten gleichzeitig vor. Je nachdem, was für die Bedürfnisbefriedigung am wirksamsten erscheint, werden jedoch einige unbeachtet gelassen, einige verdreht und in einigen Fällen werden im persönlichen Feld von Bedeutungen des Individuums Veränderungen vorgenommen.

Die zirkuläre Wirkung von Bedeutungen

Der Prozeß, auf der einen Seite in der Welt Bedeutungen zu entdecken und ihr andererseits Bedeutungen aufzuprägen, hat eine höchst bedeutsame zirkuläre Wirkung auf das Verhalten. Wenn der Mensch ein bestimmtes Feld von Bedeutungen erworben hat, verhält er sich diesem Feld gemäß und wird so zum Ausdruck seiner Überzeugungen. Ein solches Verhalten ruft außerdem mit Wahrscheinlichkeit bei anderen die Arten von Interaktion hervor, die geeignet sind, das bestehende Bedeutungsfeld zu bestätigen. Das Kind z. B., das Angst vor dem Wasser hat, kann bei seinen ersten Schwimmversuchen so von Schrecken erfüllt sein, daß es sich in seiner panischen Angst Wasser ins Gesicht spritzt, worauf es noch mehr Angst bekommt, und am Ende ist bewiesen, was es am Anfang schon geglaubt hat. Ähnlich werden Lehrer oder Berater durch das, was sie von Kindern oder Klienten glauben, veranlaßt, sich so zu verhalten, daß bestehende Überzeugungen bestätigt werden. Der »unverbesserliche« Junge wird wahrscheinlich sorgfältiger beobachtet und eingeschränkt, so daß in ihm das Gefühl entsteht, man habe es »auf ihn abgesehen« — ein Gefühl, das fast mit Sicherheit aggressives Verhalten und weiteren Widerstand gegen Autoritätsfiguren auslöst.

Die zirkuläre Wirkung von Bedeutungen auf das Verhalten ist auch beim Angeber zu beobachten, der sich unbedeutend fühlt und Geschichten erzählt, die dazu da sind, sein kümmerliches Selbst aufzubauen. Es ist unwahrscheinlich, daß ihn dieses Verhalten sehr beliebt macht, und das Verhalten anderer ihm gegenüber bestätigt nur, was er schon glaubt. In einem sehr realen Sinn ist jeder Mensch sein eigenes Projekt oder der Architekt seiner eigenen Persönlichkeit. Jedes Erlebnis eines Menschen, das eine Veränderung in seinem Bedeutungsfeld bewirkt, muß seine Wirkungen auf sein Verhalten haben und so wieder den Menschen selbst verändern. Dies kann man vielleicht in bezug auf die Entscheidungen, die wir im Leben treffen, am besten sehen. Jede Wahl eröffnet neue Möglichkeiten und schließt andere aus. Der Entschluß eines Menschen, Priester zu werden, macht es höchst unwahrscheinlich, daß er Ingenieur wird. Zugleich eröffnet eine solche Entscheidung ganz neue Bereiche für die Erforschung und Entdeckung von Bedeutungen, die höchstwahrscheinlich dem Menschen, der sich für den Beruf des Ingenieurs entscheidet, nicht im gleichen Maß offenstehen. Wie Tillich gesagt hat: »Der Mensch ist seine Wahl.« Er ist auch zunehmend einzigartig, denn er erwirbt sein Feld der Bedeutungen durch seine eigenen individuellen Erfahrungen. Danach veranlaßt ihn sein persönliches Bedeutungsfeld, sich in einer Weise zu verhalten, die auf immer ein Ausdruck seiner einzigartigen Persönlichkeit ist. So werden Menschen um so ungleicher und um so individueller, je länger sie leben.

Lernen – ein Problem des Menschen

Der Leser wird erkannt haben, daß das, was wir in unserer Erörterung als die Entdeckung von Bedeutungen bezeichnet haben, in Wirklichkeit Lernen ist. Lernen ist die Entdeckung von Bedeutungen. Das Problem des Lernens, so sagen die modernen Psychologen, hat immer zwei Aspekte: Einer ist das Erwerben neuer Informationen oder Erfahrungen; der andere hat damit zu tun, daß das Individuum entdeckt, welche persönliche Bedeutung die Informationen haben. Die Informationszufuhr kann von einem Außenstehenden mit oder ohne Mitwirkung des Lernenden gelenkt werden. Sie kann sogar, wenn es nötig ist, durch mechanische Mittel erfolgen, die überhaupt keinen Menschen erfordern. Die Entdeckung von Bedeutungen kann jedoch nur im Menschen stattfinden; sie ist nicht ohne die Beteiligung von Menschen möglich. Dies ist die menschliche Seite des Lernens.

Wir sind es gewöhnt, das Lernen als eine Frage von »ja oder nein« anzusehen. Wir sagen von einem Schüler, »Er hat es gelernt« oder »Er hat es nicht gelernt«, als sei es eine Frage von »alles oder nichts«. Die Entdeckung von Bedeutungen ist jedoch eine Frage des »mehr oder weniger«, eine Frage von Art und Grad der Differenzierung.

Ein Großteil dessen, was als Lernen angesehen wird, ist nichts weiter als die Entstehung vorübergehenden Gewahrseins. Infolgedessen verhalten sich Schüler nicht nach den Maßstäben, die sie im Test manifestiert haben, und Klienten und Patienten tun auch nicht das, wovon sie wissen, daß sie es tun sollten. Tatsächlich wissen wir alle es recht viel besser, als wir es in unserem Verhalten verwirklichen. Die Fähigkeit, erworbene Information wieder von uns zu geben, ist nur der erste Schritt des Lernens — das erste schwache Glimmen einer Bedeutung. Leider kann man sich selten darauf verlassen, daß es, nachdem die Notwendigkeit, die Information wiederzugeben, vorbei ist, eine Verhaltensänderung herbeiführt. Trotzdem werden schriftliche Wissensprüfungen weiterhin in unseren Schulen fast überall verwendet, und oft werden nur sie als zuverlässige Indikatoren annehmbarer Lernerfolge akzeptiert. Der Schaden, der durch diese falsche Auffassung erzeugt wird, ist nicht berechenbar und führt zu den gröbsten Unzulänglichkeiten und Ungerechtigkeiten für alle Beteiligten — Schüler, Lehrer und Verwaltung.

Die Entdeckung von Bedeutungen hat mit dem einfachen Gewahrwerden kaum begonnen. Wenn sie nicht weiter als bis dahin geht, muß man sich ernsthaft fragen, ob das Ergebnis die Mühe überhaupt lohnt. Wirkliches Lernen — ein Lernen, das einen Unterschied bewirkt und eine Verhaltensänderung hervorruft — erfordert eine tiefergehende, umfassendere Entdeckung von Bedeutungen. Es erfordert insbesondere die Entdekkung der Beziehung von Ereignissen zum Selbst, denn wahrhaft wirksames Lernen ist eine zutiefst persönliche Angelegenheit.

Die Bedeutung und das Selbst

Ob irgendeine Bedeutung wichtig genug ist, um einen Einfluß auf das Verhalten auszuüben, ist abhängig von ihrer Beziehung zum Selbst des betreffenden Menschen. Die Möglichkeiten dessen, was in irgendeinem bestimmten Erlebnis wahrgenommen werden *könnte*, sind praktisch unbegrenzt. Wenn wir einem Ereignis gegenüberstehen, nehmen wir jedoch nicht irgend etwas Beliebiges wahr, sondern das, was für uns eine Bedeutung hat. Wahrnehmung ist ein selektiver Prozeß. Wir achten besonders auf jene Dinge, die eine Beziehung zum eigenen Selbst oder zu einer Erweiterung des Selbst haben. Danach ist die Wirkung des Wahrgenommenen auf das Verhalten abhängig von den weiteren Bedeutungen, die es im Wahrnehmungsfeld erlangt. Combs und Snygg haben dieses Prinzip folgendermaßen formuliert: *»Jede Information beeinflußt das Verhalten eines Menschen nur in dem Maß, in dem er die Bedeutung entdeckt hat, die sie für ihn persönlich hat.«*

Nehmen wir ein Beispiel, um zu sehen, wie dies funktioniert:

Beim Frühstück lesen Sie in der Morgenzeitung eine Statistik über Pulmonalstenose. Es hat in Ihrem Staat im vergangenen Jahr fünfunddreißig Fälle gegeben. Wird dies Ihr Verhalten beeinflussen? Wahrscheinlich nicht. Für die meisten Leser ist diese Information wahrscheinlich wenig mehr als eine fremde Sprache. Sie hat wenig persönliche Bedeutung und hat also sehr wenig Wirkung auf Ihr Verhalten. Später am Tag hören Sie, wie jemand Pulmonalstenose erwähnt, und weil sie nichts Besseres zu tun haben und ein Lexikon greifbar ist, sehen Sie das Wort nach. Sie erfahren, daß es eine Erkrankung des Herzens ist, die mit einer Verengung oder Verstopfung der Lungenarterie zu tun hat. Sie lesen weiter und entdecken, daß dies eine Störung ist, die manchen Kindern angeboren ist. Die Information hat nun ein wenig mehr Bedeutung, und Sie fühlen sich vielleicht vage unbehaglich. Da die meisten Leser dieses Buches mit helfenden Beziehungen zu tun haben, nehmen wir nun einmal an, Sie seien eine Lehrerin, und Sie hören, daß ein Kind an einer Schule am anderen Ende der Stadt unter dieser Störung leidet. Die Sache ist nun

Ihren persönlichen Sorgen schon näher. Infolgedessen hat sie mehr Wirkung auf Ihr Verhalten. Vielleicht sind Sie nun aufmerksamer, hören genauer hin und denken sogar über das Problem Pulmonalstenose nach.

Geben wir nun diesem Thema eine noch persönlichere Bedeutung. Sagen wir, Sie sind eine Lehrerin, die diese Worte gerade im Brief von der Mutter eines Kindes in ihrer Klasse gelesen hat. Sie schreibt Ihnen, daß ihr Kind an dieser Störung leidet und in nächster Zukunft operiert werden muß. Sie bittet Sie, die Krankheit des Kindes zu berücksichtigen, wenn Sie ihm Schulaufgaben aufgeben. Diese Information hat nun einen viel persönlicheren Bezug, und sie hat eine Reihe von Wirkungen auf Ihr Verhalten. Vielleicht schreiben Sie der Mutter ein Briefchen. Sie sprechen gewiß über die Sache mit anderen Lehrern und sind besonders nett zu dem Kind. Dies ist nicht mehr bloße »Information«. Es ist etwas, das einem *Ihrer* Kinder geschieht. Weil die Information eine persönlichere Bedeutung hat, ist außerdem Ihr Verhalten stärker konzentriert und genauer orientiert.

Gehen wir nun einen Schritt weiter und nehmen wir an, Ihr Arzt hat Ihnen gerade gesagt, Ihre Tochter oder Ihr Sohn leide an dieser Störung. Jetzt ist Ihr Verhalten wirklich zutiefst beeinflußt. Alle Arten von Dingen geschehen in direktem Bezug zu Ihrem Wissen um die Pulmonalstenose.

Um uns diese Angelegenheit optisch vorzustellen, könnten wir uns das Erfahrungsfeld eines Menschen so vorstellen, wie es in Abb. 1 dargestellt ist. Im Mittelpunkt dieses Feldes sind die Vorstellungen des Menschen von sich selbst, die alle zusammen als Selbst-Bild bezeichnet werden. In verschiedener Entfernung von diesem Zentrum sind seine Wahrnehmungen von der übrigen Welt. Je näher dem Selbst die Ereignisse wahrgenommen werden, desto stärker sind ihre Wirkungen auf das Verhalten. Je näher sie der Peripherie des Wahrnehmungsfeldes stehen, desto weniger Einfluß üben sie aus. Wenn wir unsere Diskussion über den Begriff der Pulmonalstenose in den vorhergehenden Abschnitten auswerten, könnten wir die Beziehungen zum Selbst auf der Linie A-E veranschaulichen und sie so darstellen wie in der Abb. 1.

Also je näher dem Selbst die Ereignisse wahrgenommen werden, desto wahrscheinlicher haben sie auf das Verhalten einen signifikanten Einfluß. Dies ist ein Grundprinzip des Lernens. Das Problem, Menschen lernen zu helfen, wird also ein Problem, dessen Informationen in nähere und bedeutsamere Beziehung zum Selbst zu bringen.

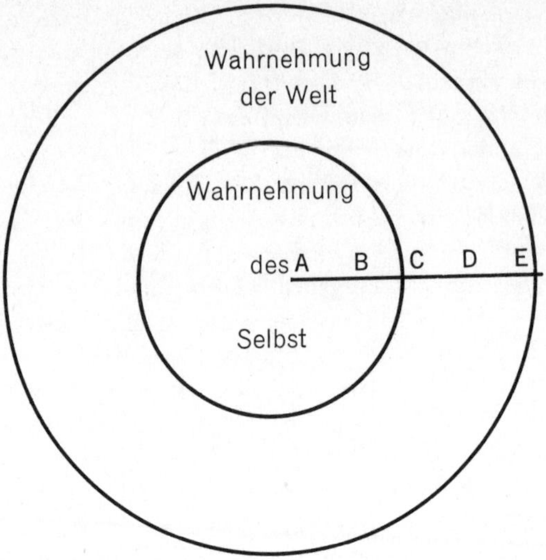

Pulmonalstenose

E. Lesen der Statistik

D. Nachschlagen des Wortes

C. Ein Kind am anderen Ende der Stadt hat die Krankheit

B. „Meine" Schülerin Mary Alice hat sie

A. Meine Tochter hat sie

Abb. 1: Diagramm für die Natur des Lernens

Eine Ursache des Nicht-Lernens

Der Grundsatz, daß jede Information das Verhalten eines Menschen in dem Maß beeinflußt, in dem er ihre persönliche Bedeutung wahrnimmt, dient auch dazu, zu erklären, warum ein Großteil dessen, was wir zu lehren versuchen, so wenig Wirkung zeigt. Schüler, die die persönliche Bedeutung nicht sehen, die Ereignisse für sie haben könnten, werden meistens von den ihnen gebotenen Lernerfahrungen nicht beeinflußt. Sehr

lange sind wir in allen helfenden Berufen, besonders beim Unterricht, von einem unzulänglichen Lernbegriff ausgegangen. Die meisten Neuerungen, die wir ausprobiert haben, leitete sich von irgendeiner Form der Reiz-Reaktions-Psychologie her.
Wenn man das Problem des Lernens so sieht, führt dies logischer- und natürlicherweise zur vorwiegenden Beschäftigung mit der Manipulation von Ereignissen außerhalb des Lernenden. Das Beunruhigende daran ist nicht, daß diese Ansicht falsch, sondern daß sie teilweise richtig ist. Die Reiz-Reaktions-Psychologie hat zur Informationsseite der Lerngleichung wichtige Beiträge zu leisten. Durch ihre Anwendung waren wir tatsächlich fähig, unsere Techniken im Sammeln und Verbreiten von Information bis zu einem hohen Wirkungsgrad zu verbessern. Leider verführt uns gerade dieser Erfolg zu einer unheilvollen Konzentration auf nur die eine Hälfte der Gleichung. Und infolge unserer Teilerfolge glauben wir ermutigt, die Probleme des Lernens könnten gewiß gelöst werden, wenn wir fortführen wie bisher, nur mit größerer Genauigkeit, häufiger und mit mehr Nachdruck.
Demgemäß sehen wir uns veranlaßt, unsere Techniken der Informationsvermittlung immer noch mehr zu verfeinern, in dem treuherzigen Glauben, wenn wenig gut ist, müsse eine Menge sehr viel besser sein.
Daß wir es unterlassen, uns mit dem zweiten Aspekt der Lerngleichung zu befassen, erklärt, warum soviel von dem in der Schule Gelernten wieder vergessen wird. Irgendwann haben die meisten von uns gelernt, wie die Hauptstadt von Nord-Dakota heißt, wie weit es zum Mond ist, wann die Schlacht von Waterloo war, und eine Million anderer derartiger Informationseinheiten. Aber wo sind sie heute? Tatsächlich scheint ein Großteil dessen, was in den Schulen vor sich geht, fast ausdrücklich darauf angelegt zu sein, den Schüler in seiner Suche nach persönlichen Bedeutungen zu entmutigen, während man sich fast ausschließlich auf die Aufnahme von Informationen konzentriert. Man hört nicht selten, daß sich ein Schüler beklagt, der Lehrer habe sich nicht für das interessiert, was er dachte, sondern nur für das, was irgend jemand in einer aufgegebenen Abhandlung geschrieben hatte. »Laß mal beiseite, was du darüber denkst, Jimmy. Wie heißt es im Buch?« Das vorzeitige Verlassen der Schule wird durch den Umstand erklärt, daß der Schüler keine persönlichen Bedeutungen entdeckt. Schüler verlassen nicht die Schule, weil man ihnen keine Informationen gegeben hat. Sie gehen ab, weil sie nie herausbekommen haben, was das alles bedeutet. Und Tag für Tag wurden sie mit Informationen überschwemmt, die weder für sie selbst noch für die Welt, in der sie lebten, relevant waren. Sehr wahrscheinlich ist unsere überwiegende Beschäftigung mit der Informationshälfte der Lernglei-

chung auch verantwortlich für einige der schwierigen Probleme, die wir für unsere jungen Leute geschaffen haben, wie Entmenschlichung, Entpersönlichung und Entfremdung.

Wissen und Sich-Verhalten

Zwischen Wissen und Sich-Verhalten ist ein großer Unterschied. Wissen kommt daher, daß man neue Information bekommt. Verhaltensänderungen kommen durch die Entdeckung von Bedeutungen zustande. Ein Teil unseres wichtigsten Lernens hat in Wirklichkeit nichts mit neuen Informationen zu tun, alles aber mit der immer tiefer gehenden Entdekkung der Bedeutung von Dingen, die wir schon haben. Tausende von weißen Bürgern, die inmitten unseres »Südlichen Bibelgürtels« wohnen, gehen seit vielen Jahren in die Kirche. Sie haben generationenlang von der »Bruderschaft der Menschen« gesprochen und gesungen, mit vergleichsweise wenig Einfluß auf ihr Alltagsverhalten. Erst vor kurzer Zeit haben sie angefangen, sich zu fragen, ob sie es wirklich so meinen, und erst vor kurzem hat es begonnen, größeren Einfluß auf ihr Verhalten zu zeigen.

Die meisten Angehörigen der helfenden Berufe sind in der Informationshälfte der Lerngleichung sehr tüchtig. Sie wissen sehr gut, wie man Menschen Informationen gibt. Die meisten Mißerfolge kommen bei den helfenden Berufen aber nicht deshalb vor, weil die Helfer Informationen nicht geschickt vermitteln, sondern wegen ihres Mangels an Geschick in der Hilfe für die Menschen, die es diesen ermöglichen könnte, die persönliche Bedeutung der Informationen für sich zu entdecken. Unsere Schulen z. B. sind sehr bewandert darin, Menschen Informationen zu vermitteln. Wenn man daran denken muß, die Schulen zu verbessern, kommt man oft zu dem Schluß, es sei mehr Information notwendig. Also wird mehr hinzugefügt: mehr Fächer, mehr Schularbeiten, mehr Lehrmaschinen, mehr audio-visuelle Hilfsmittel, mehr Sprachen, mehr Mathematik, mehr Naturwissenschaften, mehr Leibesübungen usw. Die Liste ist praktisch endlos. In den letzten Jahren haben wir das Problem geregelt, indem wir unsere produktiven Kräfte darauf verwendet haben, tausend neue Vorrichtungen zu erfinden, um Informationen wirksamer und aktiver zu sammeln und zu übermitteln! Was könnten wir wohl erreichen, wenn wir die gleiche Mühe darauf verwendeten, Veränderungen in der Bedeutung hervorzurufen?

Neue Informationen können oft sehr viel rascher an Menschen herangebracht werden als früher. Das Problem der Bedeutungsveränderung hingegen ist eine menschliche Aufgabe, die langsamer und schwieriger und nicht durch einen Außenstehenden zu erledigen ist. Der Lernende selbst muß es tun. Natürlich brauchen die Menschen Information. Gefährlich wird es, wenn wir unsere richtigen Maßstäbe verlieren und erwarten, daß »Anweisungen« oder Ratschläge bleibende Veränderungen nach sich ziehen. Menschen, die nicht wahrnehmen, welche Beziehung Ereignisse zu ihrem Selbst haben, bleiben von Erfahrungen einfach unberührt. Die meisten Amerikaner wissen, daß Rauchen mit großer Wahrscheinlichkeit ihr Leben merklich verkürzen wird. Sie haben Zugang zu unzähligen »Fakten« über die Frage gehabt. Aber das Verhalten vieler Amerikaner zeigt deutlich, daß sie es nicht wirklich glauben. Die Handlung des Rauchens bleibt für sie weiterhin stärker selbsterhöhend als die Erkenntnis der Möglichkeit, Lungenkrebs zu bekommen. Infolgedessen können sie sich die Tatsache auf Armeslänge vom Leibe halten, um ihre Relevanz für das Selbst nicht wahrzunehmen.

Wenn die Würfel gefallen sind, kommen wir alle auf das zurück, was für uns persönlich relevant ist. Was wir gelernt, aber noch nicht in einer Beziehung zum Selbst gesehen haben, wird rasch abgeschüttelt, wenn die Schule aus oder der Pastor nicht um die Wege ist. Fast jeder weiß, was er tun *sollte*. Fehlverhalten ist gewöhnlich das Ergebnis dessen, daß man nicht tun will, was man, wie man weiß, tun sollte, weil etwas anderes persönlich befriedigender ist. Gute Beispiele für die Rückkehr zum persönlich Signifikanten sind in der Ausbildung von Menschen für die helfenden Berufe zu finden. Es ist ziemlich einfach, Anfängern einen neuen Begriff oder neue Techniken beizubringen. Sie kommen rasch dahin, daß sie »Bescheid wissen«. Ein Berater z. B. lernt mehrere geeignete Arten des Vorgehens, um mit Klienten zu arbeiten. Er kennt sie, kann eine Prüfung über sie ablegen, kann sogar überzeugend über sie sprechen. Dann fängt er die Arbeit mit einem Klienten an und verhält sich vielleicht so, als hätte er noch nie von diesen Dingen gehört! In der Konfrontation mit realen Problemen hat er nicht Zeit, darüber nachzudenken, was er tun soll. Statt dessen tut er, was ihm natürlich ist, die Dinge, die am engsten mit seinem Selbst und seinen früheren Erfahrungen verbunden sind.

Die Beziehung von Bedeutungen zum Gedächtnis, zu Emotionen und Gefühl

Gedächtnis

Die persönliche Bedeutung ist nicht nur für die Lernprobleme des Menschen wichtig, sondern weit darüber hinaus. Sie ist auch wichtig für Fragen des Gedächtnisses, des Gefühls und der Emotionen. Wenn ein Mensch auf ein Ereignis in der Vergangenheit zurückblickt, ist das, woran er sich erinnert, nicht, was wirklich geschehen ist, sondern das Ereignis, getönt durch die Bedeutung, die es damals für ihn hatte oder jetzt für ihn hat. Er erinnert sich an das, was ihm damals zu geschehen schien oder, noch ungenauer, an das, was nach seiner Meinung damals geschehen sein muß! Die Erinnerung an ein Ereignis ist also eine Meinung über es, nicht ein genaues Protokoll des Ereignisses. Jeder Lehrer, der jemals eine Prüfung abgehalten hat, kennt die tollen und manchmal erheiternden Bedeutungen, die den Schülern aus noch so sorgfältig geplanten Unterrichtsstunden im Gedächtnis bleiben. Die Schüler erinnern sich nicht an das, was gesagt wurde. Sie erinnern sich an das, was nach ihrer Meinung gesagt wurde, was sie begriffen haben. Der entscheidende Charakter der Bedeutung ist auch in der Beratungspraxis zu beobachten. Klienten verbringen oft große Teile der Beratungsstunde damit, Erinnerungen an ihre Kindheit wieder hervorzuholen, und oft kann man beobachten, wie sie im Verlauf dieser Kindheitserforschung ihre Meinung über Ereignisse der Vergangenheit ändern. Sie rufen dann vielleicht aus: »Wissen Sie, ich glaube gar nicht, daß es sich überhaupt so abgespielt hat!« »Ich nehme an, ich muß mir das eingebildet haben ...« oder »Also, es kann wirklich nicht so abgelaufen sein. Es muß ...«

Weitere Gedächtnistäuschungen können durch die selektive Wirkung der Bedürfnisse, das Selbst-Bild und das Wesen des bestehenden Feldes von Bedeutungen hervorgerufen werden — Dinge, die wir in diesem Buch schon erörtert haben. Durch diese Wirkungen können Erinnerungen so verzerrt werden, daß sie den Berichtenden in besserem Licht erscheinen lassen. Wer hat sich dessen nicht schon einmal schuldig gemacht, Geschehenes im bestmöglichen Sinn zu berichten? Und wer hat noch nie seine Erzählung so ausgeschmückt, daß er makellos, gerechter, tapferer oder gescheiter erschien? Erinnerungen können auch so entstellt werden, daß sie zum bestehenden Wahrnehmungsfeld passen. Dies geschieht, wenn sich Menschen an das erinnern, was geschehen sein *muß*. Zauberer machen sich diese Eigenschaft des menschlichen Gedächtnisses geschickt zunutze, indem sie im Geist des Zuschauers absichtlich ein vernünftiges »Erwartungsgefüge« herstellen, so daß das Geschehene gemäß dem interpretiert wird, was nach der Meinung des Beobachters geschehen sein muß.

Dies sind ernste Probleme für Gerichte. Die allgemein bekannte Ungenauigkeit des menschlichen Gedächtnisses kann die »Glaubwürdigkeit von Zeugen« für Angeklagte, Rechtsanwälte, Richter und Geschworene zu einem stets gegenwärtigen Problem machen. Viele gerichtliche Verfahrensregeln, die für den Laien so rätselhaft sind, wurden in Wirklichkeit als Mittel eingeführt, um möglichst genaue Darstellungen genau dessen sicherzustellen, was in einem bestimmten Fall geschehen ist. So wird der Zeuge gebieterisch aufgefordert, »bei den Tatsachen zu bleiben«, und der Verteidiger der Gegenseite hat das Recht, die Einführung von Meinungen oder Vermutungen zu beanstanden, wenn sie seinem Mandanten schaden könnte. Dies ist nicht nur ein Problem bei Zeugen, die vielleicht lügen. Selbst unter Eid kann der von bester Absicht erfüllte Zeuge etwas Falsches zu Protokoll geben — aus jedem der Gründe, die wir schon besprochen haben.

Emotionen

Bei dem Beispiel von der Pulmonalstenose, das wir vor einiger Zeit verwendet haben, haben wir gemerkt, daß die Wirkungen der Information auf das Verhalten eines Menschen zunahmen, je näher die Bedeutung an das Selbst herankam. Das Erlebnis der Emotion wird auch durch den Grad der persönlichen Bedeutung beeinflußt. Für den Psychologen ist die Emotion ein Zustand der Beschleunigung. Sie ist die Reaktion des Organismus, die ihn zum Handeln bereit macht. Gewöhnlich ist das Emotionsniveau sehr niedrig, wenn man schläft und »der Motor mit der geringsten Drehzahl läuft«. Beim Aufwachen ist mehr Energie nötig, und die Körperprozesse beschleunigen sich, um sich an größere Anforderungen anzupassen. Ihre Höhepunkte erreicht die Emotion in Notsituationen, wenn das Selbst in Gefahr ist, wie bei Wut oder Angst. Oder sie ist beteiligt an wichtigen Steigerungserlebnissen wie Ekstase oder Triumph. Zu solchen Zeiten ist der Organismus für kurze Zeit zu ungeheuren Ausbrüchen von Energie fähig. Es ist interessant, daß die physiologischen Wirkungen, die mit der Emotion einhergehen, bei all diesen Formen identisch sind. Emotion ist ein Produkt der Bedeutungen, die für das Individuum im Augenblick jeweils bestehen. Allgemein ausgedrückt, je nachdem, wie nah das Ereignis am Selbst wahrgenommen wird, desto intensiver ist auch das Verhalten und die vom Sich-Verhaltenden erlebte Emotion. Emotion ist also je nach dem Grad der persönlichen Beteiligung verschieden. Vom Tod eines Fremden werden wir kaum berührt, vom Tod eines Freundes aber sehr. Die Emotion, die wir empfinden, ist eine Folge der Beziehung des Ereignisses zum Selbst.

Beachten Sie im folgenden Beispiel, wie mit der größeren Annäherung an das Selbst die Emotion steigt. Sie stehen auf dem Rasen und sprechen mit einem Freund über Schlangen in einem fernen Land. (*Es erfolgt nicht viel Reaktion.*) »Ich hab' gerade gelesen«, sagt Ihr Freund Ed, »daß die Giftschlangen in Texas beängstigend zunehmen.« (*»Eine beängstigende Zunahme« ist immer etwas erschreckend, um so mehr, wenn Sie in Texas leben!*) In diesem Augenblick gesellt sich ein anderer Freund, Joe, zu

Ihnen, der zu Ed sagt, er täusche sich. »Die Zunahme ist nicht in Texas, sondern in unserem Bezirk. Und hier in der Umgebung ist es mit am schlimmsten!« *(Das Herz schlägt schon ein wenig schneller.)* Er fährt fort: »Tatsächlich hab' ich gerade auf dem Nachbargrundstück eine gesehen.« (*Die Beschleunigung nimmt zu.*) »Paß auf!« schreit Ed, »Du trittst beinah auf sie drauf!« (*Eine Welle höchster Energie steigt auf, während Sie senkrecht in die Luft springen.*)
Je näher und wichtiger die Bedeutung des Ereignisses für das Selbst ist, desto höher ist der Grad der ausgelösten Emotion. Dieser Grundsatz gilt auch für erfreuliche und erfüllende Ereignisse.

Gefühle

Die Bezeichnungen, die wir emotionalen Erfahrungen geben, sind als Gefühle bekannt. Man könnte sie auch persönliche Bedeutungen nennen, denn das ist es, was ein *Gefühl* ist — eine Beschreibung der persönlichen Bedeutung, die etwas für den Sich-Verhaltenden hat. Wenn einer sagt: »Ich liebe Mary«, »Ich hasse John«, »Ich kann Hunde nicht ausstehen«, »Ich hab' gute Filme gern«, »Ich fühle mich verletzt«, »Ich bin enttäuscht, stolz, amüsiert, entzückt« usw., drückt er, so gut er kann, aus, welche persönliche Bedeutung diese Menschen oder Dinge oder Sachverhalte für ihn haben.
In Wirklichkeit kann natürlich niemand jemals die volle Bedeutung ausdrücken, die ein Ereignis für ihn hat, wenn er von seinen Gefühlen spricht. Die volle Bedeutung des Ereignisses betrifft das ganze augenblickliche Wahrnehmungsfeld des Sprechenden, und nur ein Teil davon kann jemals in Worte umgesetzt werden. Man drückt sich mit Hilfe der besten Sprache aus, die einem zur Verfügung steht. Wir sind uns alle klar bewußt, wie unzulänglich Worte das volle Gewicht dessen ausdrükken, was wir fühlen. Welcher Liebende hat sich noch nie über den Mangel an Worten beklagt, um all das zu sagen, was er sich zu sagen wünschte! So sind zwar Gefühle persönliche Bedeutungen, aber ihre Äußerung in Worten ist nicht mehr als eine Annäherung, eine Stellvertretung für die Bedeutung selbst, eine Art Kurzschrift, um eine komplexe Vorstellung auszudrücken.
Wir haben oben gesehen, daß bei stärkerem persönlichem Bezug Verhalten und Emotion intensiver sind. Ebenso ist es mit dem Gefühl persönlicher Bedeutung, das der Sich-Verhaltende erlebt. Man hat wenig Gefühl bei einem isolierten Faktum. Je näher jedoch das Faktum ans Selbst herankommt, desto mehr persönliche Bedeutung oder Gefühl wird mit ihm verbunden.

Für Angehörige der helfenden Berufe ist eine Kenntnis dieser Beziehung zwischen Gefühl und Bedeutung wichtig, denn die Vorstellung, Erkennen und Emotion, Wissen und Gefühl hätten keinen Zusammenhang, ist weit verbreitet. Im Licht unserer Erörterung hier muß klar sein, daß jede Bedeutung, die ein Mensch erfaßt, gleichgültig, welcher Art, in gewissem Grad sowohl Erkennen als auch Emotion in sich haben muß. Es kann kein Gefühl geben, außer in bezug auf etwas, und kein Wissen ohne irgendeinen persönlichen Bezug. Also teilt uns der Beratungsklient, der sagt: »Mit dem Verstand weiß ich's, aber ich kann es nicht tun«, einfach nur mit, das, was er wisse, sei unwirksam, denn er sehe es nicht in einer bedeutungsvollen Beziehung zu sich selbst. Damit er sein Dilemma lösen kann, braucht er nichts weiter zu wissen; er muß die persönliche Bedeutung dessen entdecken, was er schon weiß. Wenn ihm das gelungen ist, wird er es mit Ausdrücken des Fühlens sagen: »Ich habe das Gefühl, das sollte ich tun« oder »Ich glaube, ich werde das versuchen« oder »Ich glaube, das würde mir Spaß machen«.

Der Fetisch der Objektivität

Der Versuch, Wissen und Gefühl oder Erkennen und Emotion so zu behandeln, als hätten sie nichts miteinander zu tun und gehorchten verschiedenen Gesetzen, kann nur zu Verwirrung und Mißverständnissen führen. Wir erleben Erkennen und Emotion nicht als getrennte Einheiten. Das einzige, was wir jemals erleben, ist Bedeutung, und Bedeutung besteht immer aus Gewahrsein und mehr oder weniger persönlicher Relevanz. Psychologisch versteht man Emotion als ein Zeichen für persönliche Beteiligung. Dinge ohne persönliche Bedeutung erregen keine Emotionen. Angesichts dieser Tatsachen ist der Fetischkult, den manche Menschen mit der Notwendigkeit der Objektivität treiben, lächerlich. Tatsache ist, daß man nur in bezug auf Dinge objektiv sein kann, die nicht wichtig sind. Was nicht wichtig ist, ist keines Menschen Zeit oder Kraft wert. Wenn es nicht wichtig ist, ist es ohne Bedeutung. Wenn es etwas ausmacht, tut es das subjektiv.
In den Naturwissenschaften hat man viele Fortschritte durch die Anwendung dessen gemacht, was man manchmal als die wissenschaftliche Methode bezeichnet, durch den Versuch, mit vollständiger Objektivität Beobachtungen zu machen. Wegen der Erfolge der Naturwissenschaft haben viele Leute versucht, diese Methoden direkt auf die Probleme des Umgangs mit Menschen anzuwenden. Leider gelten die Antworten auf menschliche Probleme, zu denen man durch vollständige Objektivität gekommen ist, nur für Menschen unter Laboratoriumsbedingungen. Sie

halten nicht stand, wenn es um den Mann auf der Straße geht, das Kind im Klassenzimmer oder den Klienten im Sprechzimmer des Beraters. Selbst die besten Wissenschaftler sind keineswegs völlig objektiv.

Jeder, der einmal eng mit Naturwissenschaftlern zusammengearbeitet hat, kann den Umstand bezeugen, daß sie in bezug auf ihre theoretischen Positionen keineswegs objektiv sind; diese sind schließlich das, wohin ihre Beobachtungen führen sollen. Oft verteidigen sie ihre theoretischen Positionen wie die Löwin ihre Jungen. Sie behandeln Angriffe gegen ihre Theorien als Angriffe auf sich selbst, und natürlich ist dies, angesichts dessen, was wir über die Erweiterung des Selbst-Bildes wissen, buchstäblich wahr.

Menschen verhalten sich nicht nach Ideen, an denen ihnen nichts liegt. Wenn *einem etwas an einer Sache liegt*, ist das, wie man beachten möge, das, was wir mit Emotion meinen. Die Entdeckung der Bedeutung und die begleitende Emotion liegen im Kern des Lernens. Die Praxis der Pädagogik, der Beratung, der Sozialarbeit oder der Seelsorge, die das Gefühl ausschließt, macht sich notwendigerweise selbst unwirksam. Der Versuch, Wissen von Gefühl oder persönlicher Bedeutung zu trennen, macht das Lernen steril. Humanismus ist nicht antiintellektuell. Im Gegenteil, er versucht realistisch, die Intelligenz funktional zu machen. Er kümmert sich um Anteilnahme und persönliche Bedeutung — nicht einfach nur, weil das eine angenehme Lebensweise ist, sondern weil es der nüchterne, notwendige Weg dahin ist, die Art von Menschen hervorzubringen, die wir wollen und brauchen.

Der Versuch, mit Menschen rein objektiv umzugehen, kann dazu führen, daß der Helfer ganz unwirksam wird. Einige Untersuchungen über die helfenden Berufe an der Universität von Florida haben festgestellt, daß Objektivität bei Beratern und Geistlichen mit Untüchtigkeit korrelierte! Der Berater, der versucht, mit seinem Klienten lediglich auf der Grundlage der »Fakten« umzugehen, muß scheitern. Ebenso wird der Sozialarbeiter oder Pastor, der auf einer rein objektiven Basis mit einem Paar umzugehen versucht, das Eheschwierigkeiten hat, sich nur die Wirkungsmöglichkeit nehmen.

Ausgewähltes Schrifttum

Sterne bedeuten teilweisen oder vollständigen Abdruck in: Donald L. Avila, Arthur W. Combs, und William W. Purkey, The Helping Relationship Sourcebook, Boston (Allyn & Bacon) 1971.

Bartlett, F. C., Serial reproduction of picture material. In Bartlett, F. C., Remembering, überarb. Neuausgabe, Cambridge, England (Cambridge University Press) 1950, 177—178, wiederabgedruckt in: Wrenn, R. L., Basic contributions to psychology: Readings, Belmont, Calif. (Wadsworth) 1966, 172—178.

Craddick, R. A., Height of Christmas tree drawings as a function of time. Perceptual and Motor Skills (1963), 17, 335—339.

English, H. B., Education of the emotions, Journal of Humanistic Psychology, Spring 1961, 101—109.

Heron, W., The pathology of boredom, Scientific American (1957), 196, 52—56.

* Ittelson, W. H., The involuntary bet, Vogue, März 15 (1952), 76—77, 127.

Ittelson, W. H. und Cantril, H., Perception: A transactional approach, New York (Doubleday) 1954.

Kolers, P. A., It loses something in the translation, Psychology Today, (1969), 2, 32—35.

* Marshal, J., The evidence, Psychology Today (1969), 2, 48—52.

Schultz, D. P., Sensory restrictions: Effects on behavior, New York (Academic Press) 1965.

Wittreich, W. J., The honiphenomenon, Journal of Abnormal and Social Psychology (1952), 47, 705—712.

6

Lernen als Bedeutungsveränderung

Die Prozesse des Helfens müssen bei Klienten, Schülern oder Patienten zu wirksameren und befriedigenderen Verhaltensweisen führen. Dies erfordert Veränderungen der persönlichen Bedeutungsinhalte. Bedeutungen liegen jedoch im Menschen und können von Außenstehenden nicht direkt verändert werden. Sie können aber von Ereignissen in der Außenwelt beeinflußt werden. Um dies zu erreichen, muß der Helfer das Wesen der Bedeutungen und die Dynamik kennen, die zur Bedeutungsveränderung führt.

Der logische Trugschluß

Oft mißlingt es, einem Menschen zur Änderung seines Verhaltens zu verhelfen, weil man die Beziehung zwischen Bedeutung und Verhalten nicht versteht. Wenn man logisch an die Sache herangeht, kann man meinen, wenn man das Verhalten eines Menschen ändern wolle, müsse man dessen Aufmerksamkeit auf das Verhalten lenken, es sorgfältig untersuchen, entscheiden, was er anders machen soll und dann nach dieser Entscheidung handeln. Leider erreicht man mit dieser hübschen logischen Methode nur gelegentlich die erhofften Veränderungen. Der Versuch, Verhalten zu ändern, indem man sich unmittelbar mit ihm befaßt, ist nur ein symptomatischer Weg, mit Menschen zu arbeiten; hier unterläßt man es, sich mit den Ursachen auseinanderzusetzen.
Warum ist dies so?
Das Verhalten, das wir an uns und anderen beobachten, ist nur ein Symptom für das, was im Inneren vor sich geht. Die Verhaltensweisen, in denen Menschen sich ergehen, sind nicht Anfänge, sondern Endstadien; sie sind keine Ursachen, sondern Ergebnisse.
Im Umgang mit Fragen des menschlichen Wohl- und Fehlverhaltens ist es eine Methode von sehr begrenztem Wert, sich auf Symptome zu konzentrieren. Der Versuch, durch einen direkten Angriff auf das Verhalten Änderungen herbeizuführen, kann nur unter drei Bedingungen wirksam werden.

1. *Wenn der Manipulator kurzfristige Ziele hat.* »Dynamische« Verkäufer z. B. wissen, daß man Menschen manchmal in eine augenblickliche Verhaltensänderung hineinmanövrieren kann, und sie benützen diesen

Umstand zu ihrem Vorteil, um einen Kunden dazu zu bewegen, einen Kauf zu tätigen oder einen Vertrag zu unterschreiben, wenn es ihr einziges Ziel ist, einen Vertrag unterschreiben zu lassen, um ein Produkt zu verkaufen. Verhalten läßt sich tatsächlich manchmal manipulieren, aber gewöhnlich nur für sehr kurze Zeit. Wenn nicht eine dauerhaftere Veränderung von Bedeutungen ins Spiel kommt, kehren die Menschen rasch zu Handlungsweisen zurück, die sie mehr gewöhnt sind. Für den Verkäufer, der keine Rücksicht auf die andauernde Zufriedenheit seines Kunden nimmt, und dem seine künftigen Beziehungen zu dem Kunden gleichgültig sind, kann eine derartige Manipulation des Verhaltens eine annehmbare Art des Umgangs mit Kunden sein. Angehörigen der helfenden Berufe werden solche kurzfristigen Ziele selten genügen.

2. *Wenn der Mensch, dessen Verhalten geändert werden soll, sich ausschließlich auf das konzentrieren kann, was er tut.* Manchmal ist es möglich, ein Verhalten ganz unmittelbar zu verändern, indem man »beschließt«, etwas anders zu machen. Aber wenn nicht auch in der Wahrnehmung, in den Überzeugungen, in den Wünschen oder in irgendeinem anderen persönlichen Bedeutungsinhalt zugleich mit diesem Beschluß Veränderungen eintreten, bleibt wahrscheinlich eine Verhaltensänderung dieser Art ziemlich unwirksam. Sie kann sogar ein so katastrophales Scheitern zur Folge haben, daß weitere Änderungsversuche ganz und gar entmutigt werden. Dies geschieht oft, wenn man an Lehrerbildungsanstalten versucht, den Studenten die »richtige« Methode des Lehrens beizubringen. Wenn eine Methode, die der Student versuchen soll, zu ihm, zu seinem Gegenstand und zu seiner Arbeitssituation paßt, kann er möglicherweise die Idee seinem System von Überzeugungen einverleiben. Dann kann er sie mit Hoffnung auf Erfolg verwirklichen. Wenn hingegen die Methode, die er versuchen soll, ihm als bloße Technik oder intellektuelle Übung erscheint, kann er sie so lange anwenden, wie er sich auf sie konzentrieren kann. Solange er an nichts anderes denken muß und keine Notfälle oder unerwarteten Ereignisse eintreten, kann er in der Lage sein, seinen Plan mit Erfolg durchzuführen. Leider geschieht dies nur selten. Man kann eine Schulklasse nur selten unter so starren Bedingungen führen. Infolgedessen verliert der Student in dem Augenblick den Faden, in dem irgendein unerwartetes Ereignis eintritt und ihn von dem ablenkt, was er tut. Dann versucht er, aus seiner Verwirrung einen Ausweg zu finden, indem er auf das zurückgreift, was er denkt und fühlt oder was er aus früheren Erfahrungen weiß. Wenn er sich nicht mehr auf das konzentriert, was er tut, werden die Methoden, die er gerade ausprobierte, fast mit Sicherheit versagen. Da er nicht versteht, was vor

sich gegangen ist, kommt der Student zu dem Schluß, die Methode tauge nichts — das, was man an der PH gelehrt habe, sei »für die Katz'«. Diese Folgerung wird dann meistens noch unterstützt durch »alte Hasen« unter den Lehrern um ihn her, die die gleiche Erfahrung gemacht haben. Nur wenige von uns bringen wesentliche Verhaltensänderungen durch einen direkten Angriff auf das Verhalten zustande. Um wirklich bedeutungsvolle Veränderungen zu erreichen, muß man sich nicht mit Symptomen, sondern mit Ursachen befassen.

3. *Wenn das manipulierte Verhalten dem Bedürfnis des Manipulierten entspricht.* Verhalten läßt sich oft direkt durch Manipulation verändern, wenn man den Anschein erwecken kann, daß die Veränderung ein wichtiger Beitrag zu den Bedürfnissen und Vorsätzen des Individuums ist, das sich verhält. Beispiele dafür können wir überall um uns her in der Werbung sehen, wo man versucht, Menschen zu einem Verhalten zu bewegen, das für die Werbenden gewinnbringend ist. Die Werbung zehrt vom Ausdruck des Grundbedürfnisses nach Zulänglichkeit, wie dem Bedürfnis, klug, geliebt, geruchfrei, männlich, attraktiv, gesellschaftlich »up to date« zu sein oder dergleichen. Da alles menschliche Verhalten ein Versuch ist, das Grundbedürfnis nach Erhaltung und Erhöhung des Selbst zu befriedigen, können sich Manipulationen, die beim Sich-Verhaltenden den Eindruck zu erwecken verstehen, sie führten zu diesem Ziel, als wirksam erweisen.
Der Versuch, Verhalten durch direkte Manipulation zu verändern, kann für beiläufige Interaktionen mit Menschen in einer nicht professionellen Rolle befriedigend sein. Es ist jedoch kaum angemessen für Leute, die das Helfen zu ihrem Beruf machen. Der Versuch ist meistens für den Helfer und den, dem geholfen werden soll, höchst frustrierend. Die Mühe des Helfers wird vereitelt, weil die Wirkung seiner Techniken unvorhersehbar ist, und der, dem geholfen werden soll, wird verwirrt, weil die Techniken nichts nützen. Da die meisten helfenden Berufe direkt abhängig sind von der Aufrechterhaltung wirksamer Beziehungen und offener Kommunikationswege zwischen dem Helfer und dem Klienten, verleihen solche Frustrationen der direkten Verhaltensmanipulation einen zweifelhaften Wert.
Manipulative Methoden der Verhaltensänderung haben auch noch aus einem anderen Grund enge Grenzen. Das Ziel der helfenden Berufe ist die Hervorbringung von Menschen, die sich selbst lenken können. Die Manipulation tendiert dazu, dieses Ziel zunichte zu machen, weil sie die Klienten von ihren Helfern abhängig macht — ein Zustand, der dem Ziel der Selbstbestimmung direkt zuwiderläuft.

Allgemein gesagt: Symptomatische Methoden des Helfens sind zu ungenau oder zu zeitraubend für die meisten professionellen Zwecke. Wenn die helfenden Berufe irgendeine Daseinsberechtigung haben, müssen sie auf die sicherste, vorhersehbarste und rascheste Weise wirken, die nur möglich ist. Wenn sie von einer symptomatischen Orientierung ausgehen, ist dies nicht wahrscheinlich. Professionelle Helfer müssen in erster Linie von Ursachen ausgehen. Dies erfordert Aufmerksamkeit für persönliche Bedeutungen und das Hervorrufen von Veränderungen in der Selbst- und Welt-Wahrnehmung bei denen, denen sie helfen wollen.

Die Wirkungen von Herausforderung und Bedrohung auf Verhaltensänderungen

Die Wirkung von Bedrohungen auf die Wahrnehmung

Ein höchst wichtiger Faktor, der die Entdeckung von Bedeutungen und ihre Anfälligkeit für Veränderungen beeinflußt, ist die Erfahrung von Bedrohung und ihrer Wirkung auf die Wahrnehmung. Diese Wirkungen sind für Angehörige der helfenden Berufe besonders wichtig, weil sie die möglichen Wahrnehmungen beeinflussen und bestimmen, wie groß die Wahrscheinlichkeit der Veränderung von Arten der Wahrnehmung und des Verhaltens ist.

In einem früheren Kapitel haben wir gesehen, daß das fundamentale Bedürfnis des Organismus nach Erfüllung auf die Wahrnehmungserlebnisse des Menschen eine selektive Wirkung ausübt. Menschen nehmen das wahr, was sie wahrzunehmen nötig haben. Diese selektive Wirkung tritt immer dann ein, wenn der Mensch mit Ereignissen konfrontiert ist, die für ihn besonders wichtig sind. Je wichtiger der Bezug zum Selbst, desto höher die Konzentration der Wahrnehmung. Je näher Weihnachten heranrückt, desto aufgeregter wird das Kind. Diese Konzentration der Aufmerksamkeit ist besonders aktiv, wenn Menschen sich bedroht fühlen, und die Wirkungen auf die Wahrnehmung unter solchen Umständen sind für Angehörige der helfenden Berufe außerordentlich wichtig.

Psychologen stellen zwei Wirkungen der Erfahrung von Bedrohung beim Individuum fest. Die erste hat man »Tunnel-Optik« genannt. Wenn sich ein Mensch bedroht fühlt, verengt sich das Wahrnehmungsfeld auf das Drohungsobjekt. Fast jeder hat unter erschreckenden Umständen schon einmal diese Erscheinung erlebt. Unter dem Einfluß der Bedrohung verengt sich das, was wahrgenommen werden kann, bis zu dem Punkt, wo es schwierig wird, außer dem drohenden Objekt noch irgend etwas wahrzunehmen — wie wenn man durch einen Tunnel schaut.

Einer der Autoren erinnert sich, daß er einmal am Abendbrottisch seine Tochter fragte, was sie an diesem Tag in der Schule gelernt habe. »Ach, nichts!« antwortete sie. »Aber unsere Lehrerin war vielleicht wütend!« Unter der Bedrohung durch eine wütende Lehrerin machte wenig oder gar nichts anderes großen Eindruck.

Wenn die Bedrohung sehr groß ist, konzentriert sich die Aufmerksamkeit scharf auf das bedrohliche Ereignis, wobei alles andere ausgeschlossen wird. Das Kind in der Schule z. B., das sich dadurch bedroht fühlt, daß seine Mutter ins Krankenhaus muß, ist natürlich gar nicht in der Lage, die Nuancen einer Zeile von Shakespeare, die Bedeutung der Rohstoffe Arizonas oder die Folgerungen aus dem Verfassungsgesetz aufzunehmen. Manchmal führt die einengende Wirkung der Bedrohung sogar dazu, daß jemand in einer Notlage etwas Dummes tut. Als einer der Autoren einmal bei sich zu Hause eine Party veranstaltete, geriet eine Binsenmatte vor dem Kamin in Brand. Als er es sah, hob der Autor die Matte auf, lief durchs Zimmer zur Haustür und warf sie hinaus in den Schnee. Als sich die Aufregung gelegt hatte, fragte jemand: »Warum hast du sie nicht einfach in den Kamin geworfen?« Ja, warum nicht? Im Augenblick der Gefahr war das einzige, woran er denken konnte, die brennende Matte aus dem Haus hinauszubringen, und die einfache Lösung, sie in den Kamin zu werfen, fiel ihm überhaupt nicht ein, weil seine Wahrnehmungen darauf eingeengt waren, das Feuer hinauszubekommen, nicht herein!

Die wahrnehmungsverengende Wirkung der Bedrohung ist auch dann spürbar, wenn das Gefühl nur sehr gering ist. Combs und Taylor baten z. B. Versuchspersonen, kurze Sätze in einen einfachen Code zu übertragen. Manche dieser Sätze waren leicht bedrohlich oder wenig schmeichelhaft. Sie stellten fest, daß selbst unter Bedingungen sehr geringer Bedrohungsgrade die Leistung des Übertragens signifikant gestört war. Fast jede Versuchsperson machte unter Bedingungen sehr geringer Bedrohung mehr Fehler und brauchte länger, um die Aufgabe zu lösen als dann, wenn keine derartige Bedrohung vorlag.

Diese einschränkende Wirkung der Bedrohung auf die Wahrnehmung erscheint als ein zu wichtiger Faktor, als daß man ihn bei der Konstruktion einer wirksamen Lernsituation übersehen dürfte. Tatsächlich ist diese Wirkung genau das Gegenteil dessen, was wir in den helfenden Berufen zu erreichen hoffen. Wir wollen nicht, daß unsere Klienten in dem, was sie sehen, eingeschränkt werden. Was wir wollen, ist die umfassendste und reichste Erfahrung, die möglich ist. Eine Verengung der Wahrnehmung macht das Grundanliegen, das die helfenden Berufe verwirklichen wollen, zunichte.

Eine weitere Wirkung, die die Bedrohung auf die Wahrnehmung ausübt, macht sie zu einem sogar noch wichtigeren Faktor beim Lernen. Wenn sich ein Mensch bedroht fühlt, ist er gezwungen, die Wahrnehmungen zu verteidigen, die er schon hat. Diese Wirkung der Bedrohung auf die Wahrnehmung ist dem Mann auf der Straße äußerst wohlbekannt, aber es ist vielleicht verblüffend, wie wenig Aufmerksamkeit man ihr als einem Prinzip geschenkt hat, das das Lernen beeinflußt. Man braucht sich nur umzuschauen, um zahlreiche Beispiele für das Wirken dieses Prinzips zu sehen. Leute, die mitten in einer Auseinandersetzung stehen, scheinen nicht zu hören, was andere sagen. Kinder werden trotzig und weigern sich, mitzutun. Erwachsene Männer werden halsstarrig. Menschen wehren sich gegen anscheinend völlig eindeutige Beweise dafür, wie sehr sie im Unrecht waren. Fast jeder weiß, daß seine erste Reaktion, wenn er sich bedroht fühlt, darin besteht, daß er sich auf jede nur denkbare Weise verteidigt. Darüber hinaus hält er um so zäher an den Wahrnehmungen, Ideen oder Praktiken fest, die er schon hat, je größer die Bedrohung ist, der er ausgesetzt ist. Während sie sich bedroht fühlen, finden es die Menschen fast unmöglich, sich zu ändern. Die Kommunikation bricht also zusammen.

Wir dürfen nicht vergessen, daß wir vom Bedrohungserlebnis eines Individuums sprechen. Ob sich ein Individuum bedroht fühlt oder nicht, ist abhängig von dem, was es wahrnimmt. Ob ein Außenstehender, der die Situation beobachtet, auch glaubt, daß es bedroht ist, ist irrelevant und unwesentlich. Bedrohung ist eine persönliche Angelegenheit, die die eigene einzigartige Erfahrung des Individuums mit einem Ereignis betrifft. Eine Lehrerin mag glauben, daß sie einen Schüler nicht bedroht, wenn sie seine Arbeit benotet oder in der Klasse seinen Sprachgebrauch verbessert. Von ihrem Standpunkt aus hilft sie. Trotz ihrer Beurteilung nimmt das Kind es vielleicht ganz anders wahr. Die Annahme, die Dinge sähen für andere genauso aus wie für uns, macht es uns unmöglich, das Wesen dessen zu verstehen, was in der privaten Welt des anderen vor sich geht. Dieser Grundsatz ist besonders für solche Angehörige helfender Berufe wichtig, von denen erwartet wird, daß sie Menschen helfen, die in Schwierigkeiten sind. Menschen, die sich zutiefst unzulänglich fühlen, sind im allgemeinen gegen weitere Bedrohungen ihres Selbst äußerst empfindlich.

Natürlich sind Ereignisse, die Menschen in eine stark defensive Position bringen, ganz und gar nicht das, was wir in den helfenden Berufen zu erreichen versuchen. Wir wollen Menschen helfen, ihre Wahrnehmungen zu *verändern*, nicht die zu verteidigen, die sie schon haben. Alles, was den Prozeß der Veränderung verhindert, behindert das Helfen.

Herausforderung

Man kann beobachten, daß manche Menschen, wenn sie scheinbar bedrohlichen Situationen ausgesetzt sind, nicht in der Weise berührt zu werden scheinen, die wir beschrieben haben. Sie scheinen sich statt dessen herausgefordert zu fühlen, bessere Arbeit zu leisten. Was ist der Unterschied zwischen Bedrohung und Herausforderung?
Der Mensch fühlt sich bedroht, wenn er sich einer Situation gegenüber sieht, der er sich nicht gewachsen fühlt. Der Mensch fühlt sich herausgefordert, wenn er vor Problemen steht, die ihn interessieren und bei denen er sich einigermaßen fähig fühlt, mit ihnen fertig zu werden. Das Verhalten des Menschen, der sich bedroht fühlt, ist meistens schwach, unsicher, ungenau und unzulänglich. Er wird vielleicht sogar versuchen, in der einen oder anderen Weise ganz aus der Situation herauszukommen. Ein Mensch, der sich in der Lage fühlt, mit dem Problem fertig zu werden, wird sich in der gleichen Situation vielleicht gar nicht bedroht fühlen. Er wird sie vielleicht als eine Herausforderung empfinden, die ihm eine wichtige Gelegenheit zur Selbsterhöhung bietet. Deshalb wird er einer solchen Situation vielleicht mit Freude und Kraft als einer neuen Probe auf seine Zulänglichkeit begegnen.
Der Unterschied zwischen einer bedrohenden und einer herausfordernden Situation liegt darin, welchen Grad von Zulänglichkeit ein Individuum in bezug auf die Situation zu haben glaubt, in der es steht. Auch hier müssen wir uns wieder daran erinnern, daß der Unterschied nicht im Auge des Außenstehenden liegt, sondern im Auge dessen, der sieht. Die Lehrerin, die ein schüchternes Kind ermutigt, »den Mund aufzumachen und was zu sagen«, mag das Gefühl haben, ihm eine Herausforderung zu bieten. Vom Standpunkt des Kindes aus kann es so aussehen, als ob es vor einer schreckenerregenden Möglichkeit der Demütigung stünde. Die Unterschiede zwischen dem Erleben von Bedrohung und Herausforderung sind so wichtig, und die Wirkung dieser verschiedenartigen Erlebnisse ist so groß, daß jeder Angehörige der helfenden Berufe sie genau kennen sollte. Ein sehr großer Teil der Arbeit der Menschen in diesen Berufen gründet sich auf diese Kenntnis. Ein vorrangiges Problem der Helfer besteht darin, wirksame Methoden zu finden, um die Menschen herauszufordern, denen sie zu helfen versuchen, ohne sie zu bedrohen.

Wettbewerb: Motivation oder Bedrohung?

Die Rolle des Wettbewerbs in der Motivierung von Lernen und Verhaltensänderung ist besonders interessant bei der Betrachtung des Problems von Herausforderung und Bedrohung. In unserer Gesellschaft herrscht fast überall die Ansicht, Wettbewerb sei ein ausgezeichnetes Mittel, um Menschen zu motivieren, sich im Sport, im Geschäft oder in der Ausbildung hervorzutun. In Wirklichkeit stellt sich heraus, daß der Wettbewerb, wenn man ihn im Hinblick auf die Wirkungen von Herausforderung und Bedrohung betrachtet, für manche Menschen eine Motivierungskraft von begrenztem Wert und für andere geradezu destruktiv ist[1].

Wir sind sehr beeindruckt von den Wettbewerbszügen unserer Gesellschaft und halten uns gern für ein im Grunde kompetitives Volk. Aber in Wirklichkeit sind wir gründlich und vollständig abhängig vom guten Willen und von der Mitarbeit von Millionen unserer Mitmenschen. Wenige von uns könnten länger als eine kleine Zeitspanne abgesondert von anderen leben. Ob es uns gefällt oder nicht — wir sind in jedem Augenblick unseres Lebens durch und durch abhängig von anderen. Tausende von anderen Menschen sind ihrerseits von uns abhängig. Wir sind tatsächlich »unseres Bruders Hüter« wie nie zuvor in der Geschichte. Wenn es auch zutrifft, daß wir gelegentlich mit anderen in Wettbewerb treten, ist doch der Wettbewerb nicht die Regel des Lebens, sondern die Ausnahme. Wettbewerb kommt in die Zeitung, während Zusammenarbeit den Fortschritt bringt. Man braucht nur über die eigenen letzten vierundzwanzig Stunden nachzudenken, um zu entdecken, wie überwiegend das eigene Verhalten von Zusammenarbeit bestimmt war und wie selten von Wettbewerb.

Wenn wir die Wirkungen des Wettbewerbs im Licht unserer Erkenntnisse über Herausforderung und Bedrohung untersuchen, wird dreierlei deutlich:

1. *Wettbewerb hat nur für jene motivierende Kraft, die glauben, sie hätten eine Chance, zu gewinnen.* Das heißt, der Wettbewerb motiviert jene, die ihn als Herausforderung sehen. Der Mensch arbeitet nicht für Dinge, von denen er meint, er könne sie nicht erreichen. Er arbeitet nur für Dinge, die innerhalb seiner Reichweite zu sein scheinen. Es macht wenig aus, wie die Situation einem Außenstehenden erscheint.

---

[1] Teile dieses Abschnitts über den Wettbewerb sind übernommen aus A. W. Combs, The Myth of Competition, Childhood Education (1957) 33, 264—269, und werden hier wiedergegeben mit Erlaubnis des Verlegers. The Association for Childhood Education International, 1200 15th St. N. W. Washington 5, D. C.

2. *Menschen, die zum Wettbewerb gezwungen werden und die nicht glauben, eine Erfolgschance zu haben, werden durch die Erfahrung nicht motiviert; sie fühlen sich durch sie bedroht.* Wettbewerb wird unter diesen Bedingungen, weit davon entfernt, jemanden zu motivieren, höchstwahrscheinlich mit Enttäuschung und Entmutigung enden. Menschen, die keine große Erfolgschance sehen, lassen sich nicht dazu verlocken, sich anzustrengen. Sie beachten den Wettbewerb nicht, wo immer sie es können. Jeder Lehrer weiß, daß die Kinder, die für schulische Auszeichnungen arbeiten, die wenigen sind, die eine Möglichkeit sehen, zu gewinnen. Die Wettkämpfer arbeiten wie verrückt, während die Nichtteilnehmer sich um wichtigere Angelegenheiten ihrer Wahl kümmern.
Wettbewerb wird oft als ein Mittel behandelt, Menschen dazu zu bringen, sich zu erweitern. Wenn man auch glaubt, er sei ein Mittel, um Menschen »herauszufordern«, kann er in Wirklichkeit ernsthaft bedrohlich sein. Wie wir gesehen haben, ist der Umstand, ob der Wettbewerb jemandem herausfordernd oder bedrohend erscheint, abhängig davon, wie die Situation dem erscheint, der im Wettbewerb steht — nicht davon, wie sie dem Außenstehenden vorkommt. Wenn man die Menschen sich selbst überläßt, treten sie nur selten in einen Wettbewerb ein, und auch nur dann, wenn sie eine Erfolgschance sehen. Wenn man Menschen zum Wettbewerb zwingt, kann das Ergebnis nur Entmutigung oder Auflehnung sein. Wenn uns das Kartenglück nicht hold ist, geben wir das Spiel auf oder fangen einen Streit mit den Leuten an, die die Karten gemischt haben. Wenn ein Mensch gegen seinen Willen zum Wettbewerb gezwungen wird, wird er möglicherweise einfach niedergeschlagen und lustlos auf mechanische Weise seine Arbeit verrichten oder in irgendeine Form des Widerstands gegen seine Bedrücker ausbrechen. Nur wer einigermaßen erfolgreich gewesen ist, schätzt den Wettbewerb so hoch.

3. *Wenn der Wettbewerb zu wichtig ist, wird jedes Mittel gerechtfertigt, um das Ziel zu erreichen.* Das Ziel des Wettbewerbs ist es, zu gewinnen, und die Versuchung besteht darin, um jeden Preis gewinnen zu wollen. Obwohl der Wettbewerb mit dem lobenswerten Ziel beginnt, die Produktion zu fördern, sinkt er rasch zu einem Kampf um den Sieg um jeden Preis ab. Wenn das Gewissen nicht entscheidend ist, wie bei informellen Sportarten oder Spielen, kann der Wettbewerb Erregung und Spaß hinzufügen und so eine nützliche und befriedigende Rolle spielen. Wettbewerb als Lebensform ist etwas ganz anderes. Die Mittel, die wir verwenden, um zu unseren Zielen zu gelangen, kosten immer ihren Preis. Wenn der Sieg zu wichtig wird, betrügen Schüler bei Prüfungen, beginnen

Sportmannschaften »unfair« zu spielen, und Geschäftsleute belügen ihre Kunden. Dieser Preis kann mehr sein, als wir zu zahlen bereit sind. Man muß Preisschilder nicht nur in Mark und Pfennig lesen, sondern auch in bezug auf menschliche Werte, beschädigte Leiber und gebrochene Charaktere und entmutigte und enttäuschte Menschen, die nicht im Kreis der Gewinner, auf den Sportseiten oder als Ehrengäste beim Festbankett erscheinen.

Wettbewerb fördert »einsame Entschlüsse«, und Einzelgänger dieser Art können einer auf Zusammenarbeit ausgerichteten Gesellschaft gefährlich werden. Wir müssen uns darauf verlassen können, daß andere Menschen nicht nur in ihrem eigenen Interesse handeln, sondern zugleich auch in unserem. Im ungestümen Gedränge nach dem Sieg verliert der Wettbewerb allzu leicht die Verantwortung aus den Augen. Er schätzt Aggression, Feindseligkeit und Verachtung. Rücksichtslose Selbstsucht wird zu seiner Weltanschauung. Allzuoft steht das Maß des Ruhmes für den Sieger in direktem Verhältnis zur Demütigung und Erniedrigung des Verlierers.

Bedeutungsveränderung und Problemlösung

Lernen findet während des Vorgangs der Problemlösung statt. Viele unserer Schulen und Vorlesungssäle werden in direktem Widerspruch zu diesem Grundsatz betrieben, da Lehrer und Professoren den Schülern und Studenten Berge von Informationen über Probleme vermitteln, die nicht die ihren sind und es vielleicht niemals sein werden.

Probleme müssen den Antworten vorausgehen. Darum ist das Erteilen von Ratschlägen für andere Leute so selten wirklich nützlich, und darum vermeidet man es gewöhnlich in der modernen Praxis der Beratung, der Psychiatrie und der Sozialarbeit. Die Helfer versuchen vielmehr, zum aktiven Suchen nach Lösungen für Probleme zu ermutigen. Sie wissen, daß der Vorgang des Suchens nach Bedeutungen für die Weiterentwicklung des Individuums sogar noch viel wichtiger sein kann als die Antworten, die es entdeckt.

In unserer Kultur herrscht weithin die Überzeugung, Übung mache vollkommen. Der richtige Weg zum Lernen, so glaubt man, bestehe darin, den Menschen die richtigen Antworten zu verschaffen und sie daran zu setzen, diese Antworten immer noch einmal zu wiederholen, bis sie sie »gelernt« haben. Donald Snygg hat einmal darauf hingewiesen, wie falsch diese Vorstellung ist:

1929 hat Knight Dunlap gezeigt, daß eine Methode, um Gewohnheiten loszuwerden, darin besteht, sie zu üben. Er heilte Stenotypistinnen von ihren charakteristischen Fehlern, indem er von ihnen forderte, sie sollten den Fehler üben. Er heilte Kinder vom Daumenlutschen, indem er sie aufforderte, am Daumen zu lutschen. Man hat Grund zu der Annahme, viele Kinder seien durch die gleiche Methode vom Klavierspielen geheilt worden, und ziemlich wahrscheinlich haben wir eine ganze Menge Kinder vom Rechnen und Lesen geheilt[2]!

Die beste Lernsituation ist nicht eine, in der der Lernende keine Fehler macht. Es ist eine Situation, in der dem Lernenden geholfen wird, seine Vorstellungen unter günstigen Bedingungen zu untersuchen, und in der er Gelegenheit hat, die Wahrscheinlichkeit ihres Erfolgs zu beurteilen. Unter solchen Umständen können seine Fehler viel wertvoller sein als seine Erfolge. Die Konfrontation mit Problemen liefert den Reiz für Verhaltensänderungen.
Es ist die Aufgabe der Helfer, Menschen zu helfen, sich ihren Problemen zu stellen und ihnen die aktive Suche nach Lösungen zu erleichtern und sie dabei zu ermutigen. Psychologen haben diesen Vorgang als Auflösung von Dissonanzen, Suche nach Selbstgemäßheit, Entdeckung von Bedeutungen, Lösung von Spannungen und dergleichen bezeichnet. Derartige Konfrontationen lassen sich auf mehrerlei wirksame Arten herbeiführen.

1. *Man schafft Probleme für andere Menschen.* Dies ist eine Frage der Schaffung von »schwierigen Situationen«. Das kann ganz brutal geschehen oder so subtil, daß der Mensch, der gezwungen ist, sich den Problemen zu stellen, nicht einmal merkt, was geschehen ist. Ein Richter kann einem Delinquenten drohen, indem er ihm befiehlt, »sich zusammenzureißen oder ins Gefängnis zu gehen«. Eine Lehrerin mag subtilere Möglichkeiten finden, Kinder vor Probleme zu stellen. Sie könnte z. B. eine Gruppe von Kindern ermutigen, ein Theaterstück aufzuführen. Damit könnte sie sie mit der Notwendigkeit konfrontieren, eine Rolle zu lesen, Plakate und Eintrittskarten zu schreiben, zu rechnen, um Geld zu wechseln, eine soziale Organisation zu entwickeln, oder mit hundert anderen Problemen, aus denen die Schüler etwas Brauchbares über Musik, Kunst, Geschäft, Drama oder eine ganze Skala von menschlichen Beziehungen lernen können. Auf noch subtilere Weise kann ein Berater seinem Klienten helfen, ganz allmählich eine Vorstellung preiszugeben, die so schrekkenerregend war, daß er bisher nicht in der Lage war, sich ihr mit Gleichmut zu stellen.

---

[2] Snygg, D. A., A cognitive field theory of learning, in: W. B. Waetjen & R. R. Leeper (Hrsg.) Learning and Mental Health in the School. Washington, National Education Association (1966), 80—81.

2. *Man führt Menschen in Situationen, in denen Probleme auftreten müssen.* Das tut z. B. die Lehrerin, wenn sie mit ihrer Klasse eine Exkursion macht. Das ist eine Technik, die auch Sozialarbeiter benützen, wenn sie einen Menschen in ein Viertel schicken, von dem sie sicher erwarten, es werde den Klienten schockieren, erschrecken, verwirren oder ihm anderweitig Fragen aufgeben. Probleme, die gelöst werden müssen, liegen überall in unserer Umgebung. Eine Konfrontation mit ihnen herbeizuführen, erfordert oft wenig mehr, als dorthin zu gehen, wo sie sind. Das bekannteste Milieu kann manchmal große Mengen von Problemen hervorbringen, wenn man nur lange genug wartet. Ein Berater weiß, daß »alle Wege nach Rom führen«, und wenn er nur einem Klienten lange genug zuhört, wird er sich bald einem Problem gegenüber sehen, mit dem man fertigwerden muß. Gruppendiskussionen bieten äußerst wirksame Möglichkeiten, für die Teilnehmer Probleme zu schaffen, und viele der helfenden Berufe benützen sie häufig zu diesem Zweck.

3. *Man erschließt die fruchtbarste Quelle schwieriger Situationen, die im Individuum selbst zu finden ist.* Menschliche Ambivalenzen und Ungewißheiten sind oft die brennendsten Probleme, mit denen manche von uns jemals konfrontiert sind. Zweifel, Ängste, einander widerstreitende Wünsche, nicht verwirklichte Hoffnungen, entdeckte Unzulänglichkeiten — derartige Probleme können die schmerzlichsten von allen sein, und sie sind natürlich der Grund für die moderne Entwicklung einiger neuer helfender Berufe wie psychologische Beratung, Sozialarbeit, Psychiatrie, klinische Psychologie und Pastoralberatung. Das Grundbedürfnis des Menschen nach Erhaltung und Erhöhung des Selbst erfordert, daß er sich auf eine fortwährende Suche nach Bedeutungen begibt, die die Erfüllung ermöglichen.

Die Suche nach Bedeutung geht unersättlich weiter, so lange Leben vorhanden ist. Der Mensch kann, will und *muß* Bedeutungen untersuchen, vorausgesetzt, a) daß ihm das Ziel wichtig erscheint, und b), daß die Bedingungen ihm Bewegungsfreiheit bieten. Bei einer solchen Motivation ist die Förderung der Untersuchung von Bedeutungen keine Sache, die man sich ausdenken, erzwingen oder sorgfältig formen und lenken muß. Menschen zur Suche nach Lösungen für ihre Probleme zu ermutigen, bedeutet nicht so sehr, daß man sie etwas lehren muß, sondern vielmehr, daß man einen Prozeß auslösen muß. Daraus folgt, daß die Ermutigung zum Entdecken von Bedeutungen folgende Bedingungen erfordert: maximale Flexibilität in der Anpassung an individuelle Bedürfnisse, größtmögliche Wahlmöglichkeit, damit der optimale Raum zum Manövrieren gegeben ist, und möglichst viele Gelegenheiten zum freien Erforschen. Wenn man diese Bedingungen wirklich schaffen kann, kann man sich darauf verlassen, daß die eigenen Bedürfnisse des Individuums das übrige tun.

Lernen – ein aktiver Vorgang

Menschen beim Entdecken neuer Bedeutungen zu helfen, ist ein aktiver Vorgang. Wenn der Lernende mit den Informationen nicht etwas *tut*, werden sie ihn wahrscheinlich nicht wesentlich beeinflussen. Dies ist John Deweys Grundsatz des Lernens durch Tun. Dewey meinte nicht, daß nur gelernt wird, wenn körperliche Tätigkeit beteiligt ist, wenn er auch gewiß den Wert einer solchen Äußerung gewürdigt hätte. Seine Befürwortung galt der psychischen Aktivität — es sollte etwas mit Begriffen getan werden, ob in den persönlichen Grenzen eines einzelnen Gehirns oder indem man einen Berg erstieg, um zu sehen, was auf der anderen Seite ist. Gefordert wird die aktive Beschäftigung mit neuen Erfahrungen oder neuen Informationen. Was zählt, ist der Dialog, das Herausfinden der Beziehung von Ereignissen zum Selbst. Das gilt, ob wir vom Erlernen neuer Vorstellungen sprechen, von einer neuen Arbeit oder von der Beziehung des Einzelnen zu der Gesellschaftsordnung, in der er lebt. Ohne daß sich das Selbst einer Idee verpflichtet, wird wahrscheinlich wenig Wirkung auf das Verhalten ausgeübt.

Wirksames Lernen ist ein Ergebnis des Dialogs mit realen Problemen. Man kann Problemen gegenüberstehen, wenn ein Liebender von seinem Schatz abgewiesen wird; wenn ein älterer Mann gezwungen ist, seinen Beruf aufzugeben, wenn man entdeckt, daß man sein Konto bei der Bank überzogen hat, wenn ein Student bei der Prüfung durchfällt oder bei einer Million anderer Gelegenheiten. Man kann Problemen auch symbolisch begegnen: durch die Medien der Sprache, der Kunst oder der ganzen Skala moderner elektronischer Geräte. Es ist, unter im übrigen gleichen Bedingungen, wahrscheinlich, daß die symbolische Konfrontation im allgemeinen eine geringere Wirkung oder geringeren Einfluß auf das Individuum hat als eine reale. Andererseits haben symbolische Konfrontationen den Vorteil, den Menschen nicht in Gefahr zu bringen (z. B. wenn er an Mord denkt), und einen viel größeren Spielraum für die Erforschung von Bedeutungen zu ermöglichen.

Aus dem Wert des Handelns für das Lernen ergeben sich wichtige Folgerungen für die Haltbarkeit des Lernens und die Hingabe des Lernenden. Er ist auch von grundlegender Bedeutung für einige unserer großen sozialen Probleme. Ob das Gelernte Bestand hat und ob man sich darauf verlassen kann, daß die Menschen die Werte unserer Kultur unterstützen und sich ihr gegenüber verantwortlich verhalten, ist abhängig von dem Grad der persönlichen Anteilnahme an dem, was sie gelernt haben, und an den Wertvorstellungen der Gesellschaft, in der sie leben. Nur was einen Bezug zum Selbst zu haben scheint, berührt den Lernenden. Was als »Nicht-Ich« wahrgenommen wird, kann ohne Gefahr übersehen werden. Menschen, die gezwungen werden, sich um etwas Irrelevantes zu kümmern, finden rasch Möglichkeiten, so langweiligen Situationen zu entkommen. Sie werden die vorzeitigen Schulabgänger, die Mißerfolge der Beratungspraxis, die Gemeindemitglieder, die nicht in die Kirche gehen, und die Abwesenden in der Klinik, im Gemeindezentrum oder bei der öffentlichen Versammlung.

In ähnlicher Weise werden die Wertvorstellungen einer Gesellschaft wahrscheinlich nur von jenen Menschen angenommen und geachtet, die das Gefühl haben, diese Werte seien für sie persönlich relevant. Nach dem Koreakrieg zeigten Untersuchungen an den jungen Männern, die vom Feind gefangengenommen und mit Erfolg einer Gehirnwäsche unterzogen worden waren, daß sie junge Leute waren, die sich den Ideen der Demokratie oder den Wertvorstellungen, von denen man allgemein annimmt, daß sie in den USA hochgehalten werden, wenig oder gar nicht verpflichtet fühlten. Die meisten waren junge Männer aus verarmtem Milieu, die sich als Kämpfende in einem Krieg fanden, der über ihr Verständnis ging. Er hatte für sie persönlich keinen Sinn. Wenn man mit Leuten streiten muß, deren Überzeugungen so stark sind, daß sie praktisch eine Religion sind, und selbst keine persönliche Überzeugung hat, ist man ein leichtes Opfer für die Bekehrung. Ideen, die nicht persönlich relevant erscheinen, werden wahrscheinlich nicht verteidigt, wenn sie angegriffen werden. Die einzige wirkliche Abwehr gegen einen überzeugten Menschen ist eine eigene Überzeugung.

Die Bedeutung des „Feedback"

Für eine wirksame Verhaltensänderung müssen die Lernenden fortwährend Gelegenheit haben, die Folgen ihres Handelns zu beobachten. Wenn man die Ergebnisse von Bedeutungen sieht, wird es möglich, die Richtigkeit oder Angemessenheit der eigenen Wahrnehmungen zu überprüfen und, wenn nötig, falsche Annahmen zu korrigieren. Vielleicht noch wichtiger ist es, daß das Erkennen der Folgen neuer Auffassungen oft die Wirkung hat, daß neue Probleme auftauchen, die gelöst werden müssen. Eine Handlung, die nicht die Ergebnisse zeitigt, die der Lernende erwartet hat, stellt ihn sofort vor ein neues Problem. Wenn er das Ergebnis seiner neugefundenen Bedeutung nicht sehen kann, bleibt er im Ungewissen, ob sie der weiteren Abwandlung bedarf oder nicht. Ohne »Feedback« werden neue Bedeutungen wahrscheinlich nicht weiter angeregt. Wirksames Lernen, ob es im Zusammenhang mit dem Schießen auf einem Schießstand geschieht, beim Verkaufen eines Produkts, beim Aufziehen eines Kindes, bei der Lösung von Rechenaufgaben oder in einer Liebesbeziehung, erfordert, daß man die Ergebnisse erfährt. Weil dies so ist, ist ein Großteil der Zeit und der Kraft der Helfer dem Bemühen gewidmet, Schülern und Klienten zu helfen, die Folgen ihrer Entscheidungen zu entdecken und mit ihnen fertigzuwerden. Manchmal können sie reale Möglichkeiten anbieten, um neue Bedeutungen auszuprobieren — wie wenn ein Trainer einem jungen Boxer einen Gegner verschafft, um seinen neuen »Stand« auszuprobieren. Manchmal kann der Helfer nur warten, während der Klient seine eigenen Versuche in der Welt anstellt, in der er lebt. Gelegentlich mag dies sogar notwendig machen, daß Berater oder Lehrer ruhig abwarten, während einer, dem sie helfen wollen, für sich eine Lösung ausprobiert, von der der Helfer im voraus weiß, daß sie wahrscheinlich nicht funktioniert. Nicht aller »Feedback« erfolgt als Resultat einer Interaktion mit der realen Welt. Wichtige Informationen über die Tauglichkeit von Entscheidungen können durch einfache psychisch-geistige Manipulation zustande kommen, und ein Großteil der Arbeit vieler Helfer ist darauf gerichtet, Klienten oder Schülern dazu zu verhelfen, während der helfenden Beziehung über die wahrscheinlichen Ergebnisse der einen oder anderen Handlung »nachzudenken«. Dies ist einer der großen Vorzüge der Sprache und der Symbole. Man kann Ereignisse manipulieren und prüfen, ohne die Strafen für eine volle Hingabe ans Handeln zahlen zu müssen.

Bewertung

Die meisten Helfer wissen darum, wie wichtig die Kenntnis der Ergebnisse als Lernfaktor ist. Infolgedessen wird oft auf die Bewertung großes Gewicht gelegt. Für manche Menschen wird dieses Anliegen manchmal zu einer so wichtigen Sorge, daß sie blind werden für seinen angemessenen Stellenwert und seine Funktion in den Lernprozessen. Dieser bedauerliche Zustand tritt meistens ein, wenn die Helfer vergessen, daß, welches Gewicht eine Bewertung auch besitzen mag, die Beurteilung das erfassen muß, was in dem Menschen vor sich geht, der beurteilt wird. Wie jede andere Praxis der helfenden Berufe kann man die Bewertung von beiden Seiten her betrachten — vom Standpunkt des Außenstehenden oder vom Standpunkt des Lernenden selbst. Wenn er diesen Umstand übersieht, läuft der Helfer Gefahr, sich selbst unwirksam zu ma-

chen oder, noch schlimmer, die Weiterentwicklung seiner Schüler oder Klienten erheblich zu stören.
Von außen gesehen, wird die Bewertung gewöhnlich durch irgendeine Form des Vergleichs der Leistung mit einem äußeren Kriterium bewerkstelligt, mit einer zu leistenden Menge von Arbeit, mit richtigen Antworten, die zu geben sind, an Autoritäten gemessen, denen man gefallen soll, an einer Aufmerksamkeit, die man gewinnen soll, an Mitbewerbern, die geschlagen werden sollen. Im Lauf der Zeit wird die Kenntnis der Ergebnisse viel weniger wichtig als Erfolg oder Mißerfolg. Der Zweck der Bewertung wird verzerrt. Sie wird nicht mehr als eine wichtige Information für den Lernenden benützt, sondern als ein Ansporn zur Leistung. Sie wird zu einem Werkzeug des Helfers, das nützlich ist, um den, dem geholfen wird, zu manipulieren oder zu zwingen, und dabei wird sie sehr wahrscheinlich weder dem Helfer noch dem Lernenden nützen.
Die Wirkung jeder Information auf ein Individuum ist, wie wir gesehen haben, abhängig von ihrer besonderen Bedeutung, die sie in seiner privaten Welt des Denkens und Fühlens hat. Infolgedessen wird die Wirkung der von außen her angewandten Bewertung oft zum Bumerang, der gerade die Motivationen zerstört, die hervorgerufen werden sollten. Wer ist nicht schon ernsthaft durch irgendeine Beurteilung bedroht worden, die ein wohlmeinender Außenstehender abgegeben hatte, der nur daran dachte, uns vorwärts und aufwärts anzuspornen? Die Wirkungen von Herausforderung und Bedrohung zeigen sich bei der Beurteilung und Bewertung ganz deutlich. Die Beurteilung, ursprünglich als Herausforderung für den Probanden gedacht, wird von ihm möglicherweise als bedrohlich empfunden und stört oder vernichtet so gerade die Lernprozesse, die sie erleichtern sollte. Auch die Grundsätze, die den Wettbewerb beherrschen, gehören hierher, denn der beabsichtigte Zweck der meisten Beurteilungen liegt darin, den Probanden dazu zu bringen, die Herausforderung zum Wettstreit anzunehmen. Er tut dies nur, wenn er glaubt, eine Gewinnchance zu haben, wenn nicht, wird die Beurteilung ihn kaum verführen, sich zu bemühen. Der Umstand, daß die Bewertung von außen her fast immer offen oder versteckt von Urteilen über gut oder schlecht, Erfolg oder Mißerfolg und Annahme oder Ablehnung begleitet ist, kompliziert die Sache. Beurteilungen, die eine verminderte Selbstachtung zur Folge haben, sind selten der Mühe wert. Was das Selbst herabsetzt, stört den Lernprozeß und hat daher in wirksamen helfenden Beziehungen nur wenig zu suchen.
Den größten Nutzen für den Lernenden hat eine Kenntnis von Ergebnissen, die aus seiner eigenen Beurteilung dessen besteht, wie die Dinge liegen und wo er in bezug auf das Ziel steht, auf das er sich zubewegt.

Jeder braucht diese Art von Einschätzung, die ihm Richtlinien für sein aktuelles Handeln und Informationen für weiteres Handeln verschafft. Derartige Beobachtungen, die der Sich-Verhaltende selber macht, gleichen einem Blick auf die Straßenkarte. Man sieht, wo man ist, wo man noch hinfahren muß, und welche möglichen Wege zur Verfügung stehen. Die Karte sagt einem, *wo* man ist, nicht *was* man ist. Dies ist die Art von Beurteilung, die mit der größten Wahrscheinlichkeit in helfenden Beziehungen von Nutzen ist. Beurteilungstechniken haben ihren Platz in der Praxis der helfenden Berufe, aber es ist wichtig, daß die Hilfswilligen sich über die Dynamik klar sind, die hier im Spiel ist.

Das Übernehmen von Verantwortung für Verhalten

Jeder braucht Reaktionen von der Welt, in der er lebt. Dies sind die Daten, auf Grund deren Bedeutungen weitgehend entdeckt werden. Eine der wichtigsten Quellen solcher Reaktionen ist die Notwendigkeit, mit den Folgen der eigenen Handlungen zu leben. Natürlich hat der Wert der Folgen seine Grenzen. Es wird nicht viel gelernt, wenn das Ergebnis einer Verhaltensweise der Tod des Sich-Verhaltenden ist. Der Mensch braucht Schutz vor solchen drastischen Ergebnissen, aber zuviel Beschützung kann die Persönlichkeit, wenn auch nicht das physische Selbst, zerstören. Eins der aktuellen Übel unserer öffentlichen Schulen ist das Widerstreben der Lehrer und Verwaltungsbeamten, Kinder mit den Ergebnissen ihres Wohl- und Fehlverhaltens leben zu lassen. Das kann man oft an den Schicksalen von Schülermitverwaltungen sehen. Nach der großen Aufregung des Entwerfens von Statuten beginnt die Schülermitverwaltung und sieht sich der Aufgabe gegenüber, Vorschriften zu erlassen. Mit großer Begeisterung beschließt die Körperschaft der Schüler ein neues Gesetz, nur um zu sehen, wie es vom Lehrkörper mit einem Veto bedacht wird. Etwas »geläutert« versuchen sie es noch einmal, nur um festzustellen, daß auch dieses Gesetz unannehmbar ist. Es ist daher kein Wunder, daß die Schüler zu dem Schluß kommen, daß ihre Schülermitverwaltung nur ein Spiel ist. Diese Einstellung macht natürlich die Lehrerschaft wütend, die sagt: »Seht euch das an! Sie behandeln nicht einmal ihre eigene Verwaltung als etwas Ernsthaftes! Sie haben kein Verantwortungsgefühl!« So entartet das wackere neue Regime zu einer Posse dessen, als was es gedacht war. Wie ist dies gekommen? Es ist geschehen, weil die Lehrerschaft Angst hatte, die Schüler Fehler machen zu lassen. Sie konnte die Schüler-Körperschaft nicht die Folgen ihres eigenen Verhaltens tragen lassen und hat so der ganzen Erfahrung jeden wirklichen Sinn genommen.

Verantwortlichkeit wird dadurch gelernt, daß einem Verantwortung überlassen wird. Sie wird nie dadurch gelernt, daß sie einem vorenthalten wird. Wie jeder andere Gegenstand wird sie dadurch gelernt, daß man Gelegenheit bekommt, die Folgen der eigenen Handlungen in einer Atmosphäre der Gefahrlosigkeit auf sich zu nehmen. Menschen können nicht lernen, verantwortlich zu sein, wenn niemand ihnen Verantwortung überträgt. Wenn man Menschen keine Gelegenheit gibt, Verantwortung zu erleben, werden sie abhängig und unsicher. Wenn man Menschen übermäßig vor dem Leben beschützt, tut man ihnen keinen Gefallen. Ganz im Gegenteil, man beraubt sie der inneren Möglichkeiten, die ihr Leben effektiv machen können.

Wenn Eltern und Lehrer zu ängstlich sind, Fehler zu machen, übertragen sie diese Ängste auf die Kinder, mit denen sie zusammenleben. Allzuoft ist das Ergebnis ein Teufelskreis. Weil Lehrer und Eltern sich davor fürchten, Kindern zu erlauben, die Folgen ihres Verhaltens zu tragen, haben die Kinder keine Gelegenheit, für sich selbst verantwortlich zu sein. Später, wenn ihnen die Erwachsenen Verantwortung übertragen, werden sie mit großer Wahrscheinlichkeit von ihr erschreckt oder sie sind unfähig, sie zu tragen. In jedem Fall geht der Teufelskreis weiter. Wenn sie wegen ihrer Angst die Verantwortung ablehnen, rufen die Erwachsenen meist in gerechter Empörung aus: »Seht euch das an! Ich wollte ihm die Verantwortung übertragen, aber er wollte sie nicht einmal übernehmen!« Oder, wenn das Kind die Verantwortung übernimmt und wegen Mangels an Übung versagt, zeigt dies dem Erwachsenen nur, wie unfähig das Kind ist, mit Verantwortung umzugehen. In jedem Fall ist es angebracht, da das Kind so unzulänglich ist, ihm keine Verantwortung mehr zu übertragen. Und damit sind wir wieder am Ausgangspunkt angelangt. Damit wirksame Entdeckung persönlicher Bedeutungen stattfinden kann, muß dieses Karussell angehalten werden, indem man Menschen Verantwortung überträgt und *erwartet*, daß sie Fehler machen. Alles, was weniger ist, ist zum Scheitern verurteilt. Zuviel Angst davor, sich den Konsequenzen zu stellen, kann denen, denen geholfen werden soll, gerade die Erfahrungen vorenthalten, die sie zur Anregung einer wirksamen Weiterentwicklung brauchen.

Das Entdecken von Bedeutungen erfordert Zeit

Man braucht Zeit, um Bedeutungen zu entdecken. Man braucht sich nur daran zu erinnern, wie lange es gedauert hat, bis man selbst einige der wichtigsten Begriffe gelernt hat, um sich dies klarzumachen. In dem

Wunsch, jemand anders zu helfen, zu den gleichen Schlüssen zu kommen, vergißt man diesen Umstand leicht. Der Lehrer, der zwanzig oder dreißig Jahre gebraucht hat, um sein Fach zu lernen, und nun glaubt, er könne es einem Schüler in ein paar Wochen oder Monaten beibringen, hat einen frustrierenden Kurs eingeschlagen. Für das Entdecken von Bedeutungen gibt es eine Höchstgeschwindigkeit. Wo sie liegt, ist von einer großen Zahl von Faktoren abhängig, die mit dem Wesen des Individuums, dem Gegenstand der Untersuchung, den früheren Erfahrungen des Schülers, den augenblicklichen Umständen usw. zu tun haben. Der Versuch, die Entdeckung von Bedeutungen zu weit über die Höchstgeschwindigkeit hinaus voranzutreiben, kann tatsächlich die Möglichkeiten des Menschen zunichte machen, überhaupt Bedeutungen zu entdecken. Wenn man Menschen über den Punkt hinausdrängt, bis zu dem sie glauben, wirksam mit Ereignissen fertigwerden zu können, treten immer mehr die negativen Wirkungen der Bedrohung ins Bild und zerstören die Möglichkeiten zu wirksamem Lernen. Allgemein gesagt: Je wichtiger der Sinn ist, der erfaßt werden soll, desto langsamer wird gewöhnlich seine Bedeutung entdeckt.

Eine Eigenschaft, die vom Helfer gefordert wird, ist die Geduld. Manch ein Helfer hat sich in seinem Eifer, bei der Durchführung seiner Aufgabe zu rasch voranzugehen, selbst unwirksam gemacht. Menschen, denen geholfen wird, sind begreiflicherweise oft sehr darauf bedacht, mit dem Finden der Lösung für ihr besonderes Problem voranzukommen. Es geschieht daher oft, daß sie großen Druck auf den Helfer ausüben, er solle die Dinge beschleunigen. Natürlich obliegt es dem Helfer, so rasch wie möglich zu helfen, aber er muß auch eine sehr klare Vorstellung von den Zielen, Zwecken und von der Dynamik der Prozesse haben, mit denen er sich befaßt.

Es gibt Grenzen für die Beschleunigung des Lernens. Es ist ein großer Unterschied zwischen dem bloßen Besitzen von Informationen und dem so starken Gewahrsein ihrer Bedeutung, daß man sich ihnen gemäß verhalten kann. Man braucht Zeit, um diese Bedeutungen zu untersuchen und zu entdecken. Versuche, diesen Prozeß zu überspringen, bringen vielleicht nur eine Illusion der Hilfe, die rasch zusammenbricht, wenn sie der Probe der Anwendung unterworfen wird.

Meistens liefern die Menschen, denen geholfen werden soll, selber die besten Hinweise auf die Höchstgeschwindigkeit. Wie wir schon in vorangehenden Kapiteln gesehen haben, verschafft das Bedürfnis des Individuums nach Zulänglichkeit ihm die Motivation, sobald wie möglich etwas zu unternehmen, wenn der Weg dazu offen zu sein scheint. Erfahrene Angehörige der helfenden Berufe haben diesen Umstand schon vor langer Zeit entdeckt und haben gelernt, mit ihm zu arbeiten, anstatt gegen ihn, indem sie der Initiative ihrer Klienten folgen. Sie haben gelernt, daß man jemandem bei der Entdeckung von Bedeutungen nicht so sehr durch Manipulation hilft, sondern dadurch, daß man ihn in die Lage versetzt, Alternativen zu entdecken.

Wir haben vom Entdecken persönlicher Bedeutungen gesprochen. Das Wort »Entdeckung« muß besonders betont werden, denn persönliche Bedeutungen kommen genau in dieser Weise zustande: durch Differenzierung einer Vorstellung aus dem Ganzen. Sehr weitgehend besteht der Vorgang des Entdeckens von Bedeutungen darin, daß man sie kommen läßt, daß man sich empfänglich macht und neue Bedeutungen würdigt, wenn sie auftauchen. Dazu braucht man Zeit. Das Entdecken neuer Bedeutungen kann sogar stark behindert werden, wenn man zu angestrengt daran arbeitet. Ähnlich wie Archimedes hat fast jeder schon einmal die Erfahrung gemacht, daß er sich sehr bemüht hat, ein Problem zu lösen, und die Antwort nicht finden konnte — und plötzlich kam sie in einem Augenblick der Entspannung, beim Rasieren, im Schlaf oder beim Nachdenken über etwas ganz anderes als das Problem, mit dem er sich abgemüht hatte. Früher in diesem Kapitel haben wir gesehen, wie das Erlebnis von Bedrohung oder die Konzentration der Aufmerksamkeit dazu tendiert, die Wahrnehmung auf das bedrohende Objekt oder auf das beachtete Ereignis zu verengen. Unter diesen Bedingungen können Differenzierungen aus einem weiteren Wahrnehmungsfeld vorübergehend unmöglich gemacht werden. Dieses Prinzip wirkt ganz dem entgegengesetzt, an das manche Menschen glauben, die ganz fest davon überzeugt sind, daß Arbeit das einzige Mittel ist, um zum Verständnis zu gelangen. Offenbar kommen einige unserer wichtigsten Entdeckungen von Bedeutungen nicht zustande, wenn wir inmitten des Problems stecken, sondern dann, wenn wir es eine Weile beiseite gelegt haben. Ferien sind nicht nur ein Spaß — sie können sogar gut für uns sein!

Die Entdeckung von Bedeutungen kommt durch eine zunehmende Differenzierung der Erfahrung zustande. Gewöhnlich geschieht dies als Folge einer Reihe von langsamen Schritten, wobei eine Differenzierung auf die andere folgt, bis das neue Ereignis gelernt oder seine persönliche Bedeutung entdeckt ist. Dies scheint selbst in den Fällen zuzutreffen, wo die Einsicht in einem plötzlichen Aufleuchten des Erkennens gekommen zu sein scheint — was Karl Bühler als »Aha-Erlebnis« bezeichnet hat. Selbst in solchen Fällen stellt sich das, was ein plötzliches Aufleuchten der Bedeutung zu sein scheint, bei näherer Untersuchung lediglich als die letzte Differenzierung in einer ganzen Reihe vorangegangener Differenzierungen heraus, die in fast unmerklichen Stadien auf die endgültige Lösung hingeführt haben. Es ist ähnlich, wie wenn man in einem Bilder-Puzzle das Schlüsselteil findet, das die ganze Umgebung verständlich macht. Ohne die vorangegangenen Entdeckungen wäre das Auffinden des Schlüsselteils von geringer oder gar keiner Bedeutung gewesen. Sein außerordentlicher Wert ist abhängig von der mühsamen Arbeit, die vorher geleistet worden ist. So ist es auch bei der Offenbarung einer persönlichen Bedeutung. Die Frucht erscheint erst, wenn der Boden gepflügt und die Saat ausgesät worden ist, und wenn günstige Wachstumsbedingungen hergestellt worden sind. In späteren Kapiteln werden wir das Wesen dieser Bedingungen zur Erleichterung des Lernens näher untersuchen.

Ausgewähltes Schrifttum

Stern bedeutet Abdruck in: Donald L. Avila, Arthur W. Combs, und William W. Purkey, The Helping Relationship Sourcebook, Boston (Allyn & Bacon) 1971.

Bruner, J. S., The art of discovery, Harvard Educational Review (1961), 31, 21—32.

Combs, A. W., Counseling as a learning process, Journal of Counseling Psychology (1954), 1, 31—36.

Combs, A. W., The myth of competition, Childhood Education (1957), 33, 264—269.

Combs, A. W. und Taylor, C., The effect of perception and mild degrees of threat on performance, Journal of Abnormal and Social Psychology (1952), 47, 420—424.

Gibb, J. R., Defensive communication, The Journal of Communication (1961), 11, 141—148.

Ittelson, W. H., The Ames demonstrations in perception: Together with an interpretative manual by Adelbert Ames, Jr, New York (Hofner) 1968.

MacKinnon, D. W., The nature and nurture of creative talent, American Psychologist (1962), 17, 484—495.

McCandless, B. R. und Castaneda, A., Anxiety in children, school achievement, and intelligence, Child Development (1956), 27, 379—382.

Mouly, G. J., Psychology for effective teaching, (2. A.) New York (Holt, Rinehart and Winston) 1968.

Skinner, B. F., Why we need teaching machines, Harvard Educational Review (1961), 31, 377—398.

* Snygg, D., A cognitve field theory of learning. In: W. B. Waetjen and R. R. Leeper (Hrsg.), Learning and mental health in the school, Washington, D. C., Association for Supervision and Curriculum Development, (National Education Association) 1966.

7
Die Grenzen des menschlichen Werdens

Was immer Helfer von den Grenzen der menschlichen Fähigkeiten glauben, muß unweigerlich die Ziele beeinflussen, die sie anstreben, die Methoden, die sie verwenden, die Achtung vor ihren Klienten, und sogar die Mühe, die sie bei ihren Versuchen zu helfen wahrscheinlich aufwenden werden. Es ist gut zu wissen, daß solche Überzeugungen wünschenswert sind. Zu glauben, der Mensch sei im Grunde zu allem fähig, klingt ganz hübsch, aber ist es auch wahr? Kann man wirklich diese Auffassung mit irgendeinem Grad von Gewißheit akzeptieren und glauben, daß sie von mehr gestützt wird als von Wunschdenken? Die Antwort heißt »ja«.

Bei der Untersuchung menschlicher Fähigkeiten muß man zwei Aspekte des Verhaltens berücksichtigen: Bewältigungs- und Ausdrucksverhalten. Der eine hat mit der Fähigkeit des Individuums zu tun, in der Welt, in der es leben muß, effektiv zurechtzukommen — d. h. damit, wie intelligent es sich verhalten kann. Dies ist eine Frage der Tüchtigkeit, der Fähigkeit, mit dem Leben fertigzuwerden. Aber das bloße Zurechtkommen ist selten für jemand genug. Wir wollen mehr als uns intelligent verhalten. Wir wollen vom Leben auch ein gewisses Maß an persönlicher Erfüllung. Dies ist Ausdrucksverhalten und stellt den zweiten Aspekt der Fähigkeiten dar. Es hat mit den Befriedigungen zu tun, die der Mensch aus seinem eigenen Leben zieht. In diesem Kapitel befassen wir uns mit der Fähigkeit zu intelligentem Verhalten oder Bewältigungsverhalten. Die Frage der persönlichen Erfüllung ist dem nächsten Kapitel vorbehalten. Natürlich sind diese Aspekte immer gleichzeitig wirksam, und wenn wir sie hier auch für die Zwecke der Erörterung trennen, sollte klar sein, daß sie niemals isoliert vorkommen, sondern, immer in dynamischer Wechselbeziehung.

Die Fähigkeit und das physikalische Modell

Wenn wir an die Fähigkeit, die Welt um uns herum zu bewältigen, denken, ist es natürlich, daß wir es gemäß unserer Erfahrung mit unserem physischen Leib tun. Das physikalische Modell ist immer bei uns. Wenn wir es uns ansehen, scheint es ziemlich offensichtlich, daß wir durch die Art unserer Physiologie stark eingeschränkt sind. Es gibt Grenzen dafür, wie weit und wie schnell wir laufen können, und es ist wahrscheinlich, daß sie enger werden, wenn wir älter werden. Wir brauchen nur krank zu werden, um beobachten zu können, wie gründlich eine Krankheit die Leistungsfähigkeit beeinträchtigen kann. Natürlich können wir unseren Körper nicht veranlassen, etwas zu tun, was unsere Physiologie nicht erlaubt. Nach solchem Augenschein sieht es so aus, als seien unsere Fähigkeiten abhängig von den Erbmerkmalen, mit denen wir zur Welt gekommen sind, und von dem Zustand, in dem wir uns bis heute haben erhalten können. Da wir dieses Modell fortwährend vor uns haben, ist es nicht überraschend, wenn man annimmt, daß die Fähigkeiten für Wohlverhalten oder Fehlverhalten in der gleichen Weise begrenzt sei wie der Körper, in dem es sich abspielt. Dies ist die Auffassung von den menschlichen Fähigkeiten, die generationenlang am weitesten verbreitet war. Bis vor sehr kurzer Zeit teilten sie auch die meisten Wissenschaftler, die das Problem der menschlichen Intelligenz untersuchten. Viele Psychologen sehen heute jedoch das Problem ganz anders an.

Eine der erregendsten Entdeckungen dieser Generation ist die Vorstellung, daß die menschliche Fähigkeit viel größer ist als alles, was man jemals für möglich gehalten hat. Wir fangen an zu begreifen, daß wir dic Menschen unterschätzt haben. Wir haben geglaubt, der Mensch werde mit streng begrenzten Fähigkeiten des Verhaltens geboren, und niemand könne etwas daran ändern oder doch nur wenig. Zweifellos sind viele Leser dieses Buches mit der festen Überzeugung aufgewachsen, Intelligenz sei ererbt. Heute wissen wir, daß Intelligenz etwas ist, das man erzeugen kann. Das Faszinierende und Außergewöhnliche am Menschen ist *nicht* seine Begrenztheit, sondern seine unermeßlichen Fähigkeiten. Wir wollen sehen, warum das so ist.

Es trifft zu, daß unser physischer Zustand unsere physische Leistungsfähigkeit bestimmt. Aber die meisten Verhaltensweisen, die erforderlich sind, um in der Welt, in der wir leben, gut zurechtzukommen, haben wenig oder gar nichts mit dem Zustand unserer Physis zu tun. Es geht dabei um Denken, Fühlen, Verstehen, Wahrnehmen und um das, was wir anderen Menschen mitteilen oder nicht.

Aus der Wahrnehmungspsychologie lernen wir, daß das menschliche Verhalten vom Feld der Bedeutungen des Menschen im Augenblick des Handelns abhängig ist. Das Verhalten wird also vom Wahrnehmungsfeld des Sich-Verhaltenden gesteuert. Gewiß finden diese Wahrnehmungen im physischen Leib statt, aber sie werden, wenn überhaupt, nur in geringem Maß von seiner Struktur begrenzt. Verhaltensweisen wie Denken, Lieben, Hassen, Verlangen, Erschaffen, Hoffen, Suchen und einander Verstehen oder Mißverstehen sind Fragen der Wahrnehmung. Sie haben nur wenig mit der Natur des physischen Organismus zu tun, in dem sie sich abspielen. Tatsächlich wird, wohin der Körper geht und was er tut, von dem Feld der Bedeutungen bestimmt, die für das Selbst bestehen, das in diesem Körper wohnt. Der Körper ist das Haus, in dem wir wohnen. Es ist ein Fehler, ihn mit der Person selbst gleichzusetzen. Der physische Leib ist das Vehikel für einen großen Teil des Verhaltens, erklärt es aber nicht. Das Flugzeug ist zum Fliegen gemacht. Auf dem Boden bewegt es sich nur sehr unbeholfen, und unter Wasser überhaupt nicht. In dem Medium, für das es entworfen ist, hat es große Möglichkeiten. Wenn wir hingegen ein an der Rampe des Flughafens geparktes Flugzeug ansehen, können wir durch eine Untersuchung seiner Struktur nicht herausfinden, wo es gewesen ist, wohin es fliegt, und nicht einmal, wo es jetzt ist. Ebenso ist es mit dem menschlichen Verhalten. Der Leib liefert die Maschinerie, damit man gehen kann; wohin der Leib geht und was er danach tut, bestimmt nicht die Maschinerie. Und eine Untersuchung seiner Physiologie verschafft uns keine Kenntnis der Verhaltensweisen, die wir brauchen. Es stimmt, wir brauchen Augen, um zu sehen. Danach ist das, was gesehen wird, was gesehen worden ist, und was in Zukunft gesehen werden wird, nicht mehr allein eine Frage des Baus der Augen. Wahrnehmung wird durch den Organismus ermöglicht, nicht erklärt. Die Fähigkeit zu Wohlverhalten oder Fehlverhalten geht über den Organismus hinaus, in dem es sich ereignet. Der Leib ist nicht der Lenker des Verhaltens, sondern das Vehikel, in dem es stattfindet, und Fähigkeit liegt nicht in der Struktur, sondern darin, welcher Gebrauch von ihr gemacht wird.

Die Überkapazität des Menschen

Wir beginnen zu entdecken, daß das Besondere am menschlichen Organismus nicht seine Begrenzungen, sondern seine Möglichkeiten sind. Es ist bezeichnend für den Menschen, daß er eine »eingebaute Überkapazität« hat! Wenn ein Ingenieur seine Brücke baut, entwirft er sie mit einem eingebauten »Sicherheitsfaktor« — einem Grad der Festigkeit, der ein Vielfaches dessen ist, was der Bau jemals auszuhalten haben wird. Der Mensch ist auch so. Manifestationen von physischer Anstrengung, die weit über die normale Erwartung hinausgehen, falls es sich als notwendig erweist, sind gar nicht selten. 1895 zerstörte ein Großbrand die Rotunde der Universität von Virginia. Während des Brandes leisteten die Studenten Unglaubliches bei der Rettung einer Statue Thomas Jeffersons aus den Flammen. Hier folgt eine Beschreibung des Ereignisses aus der *History of the University of Virginia:*

Einige Minuten vor der Explosion hatte man das schöne Marmorstandbild Jeffersons von Galt mit Seilen auf einen rasch untergeschobenen Tisch heruntergelassen. Sein Gewicht war so groß, daß diese Stütze sofort darunter zusammenbrach, aber glücklicherweise wurde die Statue durch den Sturz auf den Boden nicht beschädigt. Auf dem Bauch liegend wurde die Statue rasch zu der Tür gezerrt, die zur Vordertreppe führte, und als gerade der Versuch begann, sie durch diesen engen Ausgang hinauszuziehen, erschütterte die Explosion das ganze Gebäude. Morgan P. Robinson sagt in seiner lebhaften Schilderung der Szene: »Man brachte die Statue hinaus auf die Treppe, und mit den Füßen voran wurde sie eine Stufe nach der anderen die Westtreppe hinuntergetragen. Während der Fuß der Statue vorsichtig die Stufen hinuntergelassen wurde, nahm ihre Eigenbewegung zu, sie wurde schneller und riß die Oberkante der nächsten Stufe ab, während die ganze Treppe unter dem vereinten Gewicht der Statue und der zwanzig bis dreißig Studenten erzitterte. Eine vorsichtige Schätzung besagt, daß es nur zehn bis fünfzehn Minuten dauerte, das Standbild von der Bibliothek bis zum Rasen zu befördern (Bd. IV. S. 260, Bruce, 1921).«

Morgan P. Robinson, ein Augenzeuge des Ereignisses, schrieb:

Eine vorsichtige Schätzung besagt, daß es zehn bis fünfzehn Minuten dauerte, das Standbild aus der Bibliothek zu entfernen. Sicher ist, daß eine ganze Mannschaft von Arbeitern mit Rollen, Hebewinden, Flaschenzügen und Seilen einen halben Tag brauchte, um es vom Rasenplatz bis ins Museum zu bringen, wo es vorübergehend aufbewahrt wurde.

Es ist eine schlichte Tatsache, daß die meisten von uns im täglichen Leben nur einen kleinen Teil dessen anwenden, was dem physischen Organismus möglich ist. Wir lesen jeden Tag von außerordentlichen Heldentaten physischer Ausdauer: von Bergleuten, die in einem Schacht eingeschlossen sind, von Seeleuten, die sich ihren Weg durch einen Orkan erkämpfen, von Sportlern, die das Spiel mit einem gebrochenen Fuß durchstehen, von Menschen, die die Schrecken eines Konzentrationslagers überleben. Wir bewundern auch den Mut unserer Freunde, wenn wir ihre Bemühungen beobachten, Notlagen zu überwinden, sich nach einer Krankheit zur Gesundheit zurückzukämpfen oder scheinbar unüberwindliche Widrigkeiten zu bewältigen. Wir erkennen, daß wir, wenn »die Würfel gefallen sind«, auch viel mehr zu geben hätten, als wir normalerweise leisten. Tatsächlich mußte es in der ganzen Menschheitsgeschichte so sein. Der menschliche Organismus konnte im Lauf der Evolution nur überleben, wenn er fähig war, Notlagen zu meistern.

Wir haben in einem früheren Kapitel gesehen, daß das Grundbedürfnis des Organismus ein Drang nach Erfüllung ist, auf den sich der Arzt verläßt, um uns wieder gesund zu machen. Selbst in physischen Dingen haben wir noch nicht gelernt, die Fülle dieser fortwährenden Kraft physischer Gesundheit zu nützen. Amerikanische Kinder werden immer noch größer und stärker. Die Lebenserwartung steigt weiter an. Wir haben einige Krankheiten ganz ausgerottet, und wir haben gelernt, andere so gut in Schach zu halten, daß sie selten zum Tod führen. In jüngster Zeit haben wir sogar gelernt, Organe von einem Menschen in einen anderen zu verpflanzen, und immer noch sagen uns unsere Wissenschaftler, wir hätten die oberen Grenzen dessen, was menschlicher Gesundheit und Kraft möglich ist, noch nicht erreicht.

In dem weniger auf den Körper bezogenen Verhalten ist die Reichweite der menschlichen Möglichkeiten sogar noch größer. Man weiß, daß es Menschen gibt, die eine Seite mit einem Blick lesen und erstaunliche Erinnerungs- und Wahrnehmungsleistungen erbringen. Die Schöpferkraft des Menschen geht immer weiter. Wissenschaftler entdecken immer mehr, Maler malen und Schriftsteller schreiben. Es scheint buchstäblich keine Grenzen der Möglichkeiten des Menschen zu geben, zu denken, zu fühlen, zu leben und sich zu verhalten. Die Menschen scheinen immer neuen Gegebenheiten gewachsen zu sein. In der Geschäftswelt findet man alle Tage, daß das Verhalten eines Menschen der Beförderung entspricht, die ihm zuteil geworden ist. Aus allem, was wir beobachten können, scheint klar hervorzugehen, daß nur wenige von uns auch nur von fern an die Möglichkeiten effektiven Verhaltens herankommen, die in uns liegen. Die meisten von uns nützen nur einen kleinen Bruchteil ihrer Fähigkeiten.

Intelligenz als funktionelle Fähigkeit

Intelligenz ist die Fähigkeit eines Individuums, sich wirksam und tüchtig zu verhalten. Diese Fähigkeit kann man auf zwei Arten betrachten: als äußerste und als funktionelle Fähigkeit. Die *äußerste Fähigkeit* ist das maximale Potential, das durch die physiologische Mitgift ermöglicht mit der der Mensch geboren worden ist; sie ist das, was das Individuum leisten könnte, wenn jede seiner Lebensbedingungen maximal wirksam wäre. *Funktionelle Fähigkeit* ist jenes Verhalten, das ein Mensch normalerweise bieten kann, wenn er dazu aufgerufen ist. Dieser Begriff bezieht sich auf die aktuelle Fähigkeit des Menschen zu wirksamem und tüchtigem Verhalten. Es ist ebenfalls das, was wir in diesem Buch meinen, wenn wir von Intelligenz sprechen.

Äußerste physische Kapazität

Die Vorstellung, menschliche Fähigkeiten hätten überhaupt keine Grenzen, ist natürlich lächerlich. Jedes Lebewesen ist letztlich durch seine

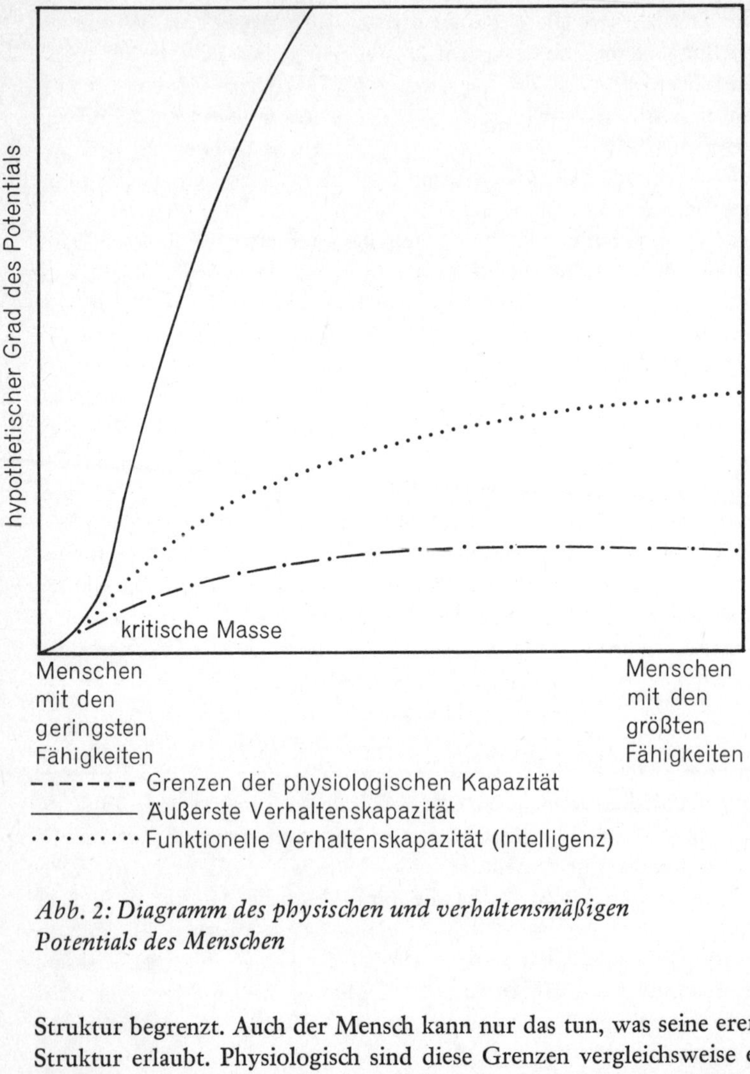

Abb. 2: Diagramm des physischen und verhaltensmäßigen Potentials des Menschen

Struktur begrenzt. Auch der Mensch kann nur das tun, was seine ererbte Struktur erlaubt. Physiologisch sind diese Grenzen vergleichsweise eng; psychologisch sind sie viel weiter. Wir müssen daher unterscheiden zwischen physiologischen und verhaltensmäßigen äußersten Fähigkeiten. In Abb. 2 haben wir dies getan. Wir haben die Potentiale für physische Leistungen durch eine Punkt-Strich-Linie dargestellt, die in einer ziemlich sanften Kurve am einen Ende des Kontinuums aufsteigt und sich in einer Höhe in guter Entfernung von der Grundlinie verflacht. Das Niveau, auf das die Menschen sich in ihren Alltagstätigkeiten begeben können, liegt irgendwo zwischen dieser Linie und der Grundlinie der Darstellung. Zwar können manche Menschen unter ungewöhnlichen Umständen dem höchsten Niveau gelegentlich nahekommen, aber gewöhnlich sind ihre physischen Aktivitäten auf einem viel niedrigeren Niveau.

Äußerste Verhaltenskapazität

Wenn wir uns der Frage der Verhaltenskapazität zuwenden, finden wir eine ganz anders geformte Kurve. Es gibt natürlich eine vergleichsweise kleine Zahl von armen Seelen, die mit einer so unzulänglichen Physis oder mit einem so jämmerlichen Nervensystem geboren werden, daß sie auch in ihrem Verhalten schwer beeinträchtigt sind. Manche davon, wie z. B. die »Pflegefälle« in unseren Anstalten für die geistig Zurückgebliebenen, sind dazu bestimmt, ihr Leben als wenig mehr als »menschliches Gemüse« zu verbringen. Andere, wie die durch Hirnschäden oder durch fehlende Organentwicklung *in utero* oder nach der Geburt weniger schwer Behinderten, bringen es fertig, mehr oder weniger erfolgreich durchs Leben zu kommen, sind aber wegen ihrer physischen Schwierigkeiten auf begrenzten Verhaltenserfolg reduziert. Dies sind Menschen, deren Verhalten durch Körperschäden stark beeinträchtigt ist. Sie sind in unserem Diagramm am äußersten linken Ende der Kurve für das äußerste Verhalten repräsentiert. Für die meisten von uns sieht glücklicherweise das Bild ganz anders aus.

Wir haben früher in diesem Band das menschliche Verhalten als Produkt des Wahrnehmungsfeldes des Menschen beschrieben. Wenn die mechanischen Voraussetzungen für die Wahrnehmung gegeben sind, und sei es auch nur in ziemlich begrenztem Maß, sind die Verhaltensmöglichkeiten von daher fast astronomisch. Sobald ein Mensch Augen oder Ohren hat, die in einigermaßen funktionsfähigem Zustand sind, sind die Möglichkeiten dessen, was er sehen und hören kann, nicht mehr in der gleichen Weise durch die physiologische Mitgift begrenzt wie die physische Betätigung. Die Situation entspricht nicht der einer linearen Gleichung, sondern der einer nicht-stetigen. Wir können eine Analogie herstellen zu dem Problem der Tragfähigkeit in der Tragfläche eines Flugzeugs, das in einer sanften Kurve steigt, während die Geschwindigkeit zunimmt, bis die Schallgeschwindigkeit erreicht ist. Sobald die Schallmauer durchstoßen ist, ist eine neue Gleichung erforderlich, und man muß ein neues System von Bedingungen bewältigen. Dieses Auftreten einer Welt neuer Bedingungen ist in der Physik nicht ungewöhnlich. Es stellt sich z. B. dar in der kritischen Masse, die für eine Atomexplosion erforderlich ist. Bis zu einem bestimmten Punkt reagiert das spaltbare

Material auf gleichmäßige, vorhersagbare Weise, bis die kritische Masse erreicht ist; dann entsteht ein ganz neues System von Bedingungen. Etwas Ähnliches haben wir auch bei der Frage der äußersten Verhaltenskapazität. Wenn die kritische Masse vorhanden ist, die Wahrnehmung möglich macht, ist das, was der Organismus daraus macht, nicht mehr abhängig von den physikalischen Bedingungen. Um dies zeichnerisch darzustellen, ist die äußerste Verhaltenskapazität in Abb. 2 durch die punktierte Linie dargestellt, die bis zur kritischen Masse sanft ansteigt, dann aber aus der Zeichnung in unbekannte Höhen aufsteigt. Fast buchstäblich geht die Wahrnehmung über den Organismus hinaus, in dem sie geschieht.

Intelligenz: die Fähigkeit zu wirksamem, tüchtigem Verhalten

Intelligenz, wie wir den Begriff in diesem Buch verwendet haben, bezeichnet die funktionelle Fähigkeit des Menschen — seine Fähigkeit, sich wirksam und tüchtig zu verhalten. Sie bezeichnet das Verhältnis, das ein Mensch erbringen kann, wenn er es braucht. Diese funktionelle Fähigkeit ist in Abb. 2 durch eine durchgezogene Linie dargestellt, die auf einem sehr niedrigen Niveau in der linken unteren Ecke der Zeichnung beginnt — für die physiologisch schwer beeinträchtigten Menschen — und rechts bis zu der Höhe aufsteigt, welche die hervorragendsten Menschen erreichen. Bei den am schwersten Behinderten, am Beginn der Kurve, ist die funktionelle Intelligenz durch physiologische Faktoren stark eingeschränkt, aber die Kurve überholt die physiologische Kapazität schnell. Sie erreicht selbst bei den herausragenden Menschen jedoch nie auch nur annähernd die äußerste Verhaltenskapazität. Wegen der fast unbegrenzten Möglichkeiten der menschlichen Wahrnehmung erreicht keiner von uns jemals mehr als einen kleinen Teil dessen, was uns möglich ist. Die Frage der äußersten Verhaltenskapazität eines Menschen hat daher wenig oder gar keine praktische Bedeutung. Zweifellos gibt es Grenzen für die äußerste Verhaltenskapazität, und eines Tages werden wir vielleicht entdecken, wo sie liegen. Dann werden wir ohne Zweifel auch entdecken, daß diese Grenzen bei jedem Menschen verschieden sind. Aber da keiner jemals auch nur entfernt an diese Grenze herankommt, was macht es aus? Die äußersten Verhaltensmöglichkeiten, mit denen wir auf die Welt kommen, sind für die meisten von uns eine rein akademische Frage.

Unsere Verwendung des Begriffs »Intelligenz« als gleichbedeutend mit funktioneller Kapazität entspricht dem heutigen Denken vieler Psychologen. Sie haben Intelligenz aber nicht immer in dieser Weise definiert.

Ursprünglich haben die Psychologen den Begriff benützt, um die äußerste Kapazität zu bezeichnen. Bei dieser Art der Verwendung wurde die Intelligenz als festgelegt und unveränderlich angesehen, als etwas, das in erster Linie aus dem Erbgut stammte und nur in begrenztem Maß der Veränderung durch Umweltkräfte zugänglich war. Da dem menschlichen Organismus eine so große Überkapazität eingebaut ist, und da die äußerste Kapazität so selten von irgend jemand erreicht wird, haben die Psychologen die Intelligenz immer mehr als funktionelle Kapazität definiert. Dies ist eine viel sachdienlichere und nützlichere Auffassung für die helfenden Berufe. Die aktuelle Fähigkeit eines Menschen zu wirksamem und tüchtigem Verhalten ist das, was die meisten Leute in der täglichen Kommunikation mit »intelligentem Verhalten« meinen. Sie ist es auch, die Intelligenztests messen sollen. Sie hervorzubringen ist das Ziel der Bildung und der helfenden Berufe.

Definiert als die Fähigkeit zu wirksamem und tüchtigem Verhalten, ist die Intelligenz kein Problem des Erbguts, und sie ist auch kein statisches, unveränderliches Potential. Sie ist vielmehr eine vergleichsweise niedrige Stufe von Errungenschaften, mit großen Möglichkeiten der Verbesserung. Es ist interessant, daß schon Alfred Binet, der Urheber der ersten Intelligenztests, diese Meinung vertrat.[1] Er erklärte:

> Einige Philosophen aus neuerer Zeit scheinen diese bedauerlichen Wahrsprüche unterschrieben zu haben, die Intelligenz eines Individuums sei eine konstante Größe, die man niemals steigern könne. Gegen einen solchen Pessimismus müssen wir Einspruch erheben, da er zu weit geht; wir wollen ihn zu widerlegen suchen. Der Geist dieser Kinder ist wie ein Feld, für welches der Landwirt gescheiterweise die Art der Bebauung verändert hat; infolgedessen haben wir jetzt anstelle des unbebauten Landes eine Ernte. Nur in diesem einzig für uns möglichen praktischen Sinne haben wir die Intelligenz dieser Kinder steigern können. Man steigert das, was die Intelligenz eines Schulkindes ausmacht, nämlich die Fähigkeit zu lernen, sich durch Unterweisung zu verbessern.

Leider wurde Binets Warnung viele Jahre nach seinem Tod von vielen Psychologen weitgehend übersehen, und erst in jüngster Zeit fängt man wieder an, die Intelligenz als eine breit angelegte Funktion des Menschen zu betrachten, die verändert werden kann. J. P. Guilford z. B. beschreibt sie in seinen Studien über das Wesen der Intelligenz als etwas, das sich mindestens aus 120 Eigenschaften zusammensetzt. Er sagt, unsere Schulen und unsere Intelligenztests hätten sich nur mit acht von diesen befaßt!

---

[1] Binet A., Die neuen Gedanken über das Schulkind, Leipzig 1912/1927, S. 104/108.

Wir wollen uns hier nicht damit aufhalten, einen Überblick über all die Forschungen zu geben, die zu dem Schluß führen, daß Verhaltenskapazität geschaffen werden kann. Die Beweise sind so reichlich und vielfältig, daß sie ein eigenes Werk erlangten, das J. McV. Hunt schon in hervorragender Weise erfaßt hat; es heißt *Intelligence and Experience*. Lesern, die daran interessiert sind, die Beweise für Intelligenzänderung ausführlicher zu prüfen, empfehlen wir dieses Buch nachdrücklich. Zum Abschluß seiner gelehrten Beurteilung der Daten hat Dr. Hunt folgendes zu sagen:

Es ist höchst unwahrscheinlich, daß irgendeine Gesellschaft ein System der Kinder-Aufzucht und -Ausbildung entwickelt hat, das das Potential ihrer Mitglieder maximal zur Geltung bringt. Wahrscheinlich hat noch nie ein Individuum gelebt, das sein ganzes Potential für frohes intellektuelles Interesse und frohe intellektuelle Weiterentwicklung ausgeschöpft hat. Verschiedene Einzelheiten der besprochenen Beweise lassen ahnen, daß es bei einem vollständigeren Verstehen der Art und Weise, wie Begegnungen mit der Umwelt die Entwicklung von intellektuellem Interesse und intellektueller Kapazität fördern, möglich sein könnte, das durchschnittliche Intelligenzniveau der Menschen erheblich zu steigern. Angesichts der Wechselwirkung zwischen Genotypus und Umwelt würden wahrscheinlich individuelle Unterschiede vergrößert, und der größte Gewinn würde sich vermutlich bei den Genotypen mit dem höchsten hypothetischen Potential einstellen. Es wäre natürlich ein weiter Weg vom Erlernen, wie man Veränderungen in der Kinderaufzucht herbeiführt, bis zu ihrer Annahme durch die Kultur, aber der erste Schritt besteht im Erlernen, wie man es macht. Die Hoffnung, das durchschnittliche Intelligenzniveau durch eine richtige Handhabung der entwicklungsfördernden Umweltbegegnungen des Kindes zu steigern, eine Hoffnung, die durch die hier besprochenen Beweise und durch den Verzicht auf die Annahme, Intelligenz sei festgelegt und Entwicklung sei vorbestimmt, vernünftig wird, ist eine Herausforderung höchster Ordnung. Aus ihr ergeben sich bedeutsame Folgerungen für das Wohl der Menschen, da das Anwachsen der Technik in der westlichen Kultur einen immer höheren Prozentsatz von Menschen erfordert, die mit Symbolen umgehen und komplexe Probleme lösen können. In dieser Herausforderung sind die Theorie von der Natur des Menschen und das Schicksal seines Wohls offensichtlich miteinander verflochten[2].

Die Bedeutung dieses Konzepts für die Angehörigen der helfenden Berufe kann kaum überschätzt werden. Der Gedanke, daß die menschliche Verhaltenskapazität nicht so festgelegt und unwandelbar ist, wie frühere Generationen glaubten, sondern daß sie offen ist für Veränderung und

[2] J. McV. Hunt, *Intelligence and Experience*, The Ronald Press Co., New York 1961, S. 346.

Entwicklung, ist ein Konzept von ungeheurer Bedeutung. Es bedeutet, daß das Potential der meisten Menschen weit größer ist als alles, was wir uns jemals haben träumen lassen.

Was die Intelligenztests messen

Was ist es, im Licht unserer Erörterung der Fähigkeiten zu intelligentem Verhalten, das die Intelligenztests messen? Viele Jahre lang hat man diese Tests zur Bestimmung des Potentials von Menschen benützt; sie werden oft von der Öffentlichkeit und von manchen ihrer Benützer als unfehlbare Anzeiger der Möglichkeiten eines Menschen angesehen. Die meisten der frühen Intelligenztests wurden von Leuten entworfen, die gemäß dem allgemein herrschenden Glauben verfuhren, die Intelligenz sei etwas ganz Statisches. Die Intelligenz wurde als eine allgemeine Fähigkeit des Organismus betrachtet, hauptsächlich aus dem Erbgut herrührend, die dem intelligenten Verhalten eine Obergrenze setzt. Es konnte sein, daß Menschen ihre Möglichkeiten nicht ausschöpften; über sie hinauszukommen, war unmöglich. Die frühen Test-Konstrukteure versuchten, dieses äußerste Potential zu messen.

Da die äußerste Kapazität der direkten Messung nicht zugänglich ist, mußten die Hersteller von Intelligenztests einen anderen Weg finden, um zu ihren Schätzungen zu gelangen. Sie taten dies mit der Annahme, alle Personen, die dem Test unterzogen wurden, hätten die gleichen Möglichkeiten gehabt, das im Test enthaltene Material zu lernen. Wenn jeder die gleiche Gelegenheit hätte, Material zu lernen, so glaubte man, dann müßten die Personen, die bessere Ergebnisse erzielten, schon eine größere angeborene Kapazität haben. Einige der besten Test-Konstrukteure haben sich große Mühe gegeben, in ihre Tests nur solche Fragen aufzunehmen, die möglichst allgemein bekannt und an keine Kultur gebunden waren. Andere waren leider nicht so sorgfältig, und die von ihnen entworfenen Tests wichen weit von der ursprünglichen Annahme ab. In jedem Fall brachten die Testkonstrukteure auf der Basis der Annahme der Chancengleichheit in Wirklichkeit Leistungstests hervor oder allenfalls Tests, die darauf angelegt waren, zu messen, wieviel von einer gegebenen Menge an Material sich ein Mensch angeeignet hatte.

Im Lauf der Jahre seit dem großen Aufschwung der Beliebtheit dieser Tests haben wir allmählich begriffen, daß die Grundannahme, von der man bei ihrer Konstruktion ausging, nicht mehr haltbar ist. Sie ist im Licht der Erörterung in diesem Buch aus mehreren Gründen völlig unannehmbar. Wir würden z. B. die Grundannahme von der Chancengleichheit leugnen. Wenn das Verhalten wirklich eine Funktion der privaten Wahrnehmungswelt jedes Individuums ist, können niemals zwei Menschen die gleiche Erfahrung machen, selbst wenn die von außen beobachtete Situation gleich ist. Selbst bei eineiigen Zwillingen, die scheinbar gleich behandelt werden, wird die Erfahrung des Zwillings A weitgehend durch Zwilling B geschaffen, und die Erfahrung des Zwillings B liefert Zwilling A! Wir haben in diesem Kapitel auch behauptet, daß die äußersten Möglichkeiten, zumindest beim heutigen Stand unseres Wissens, so ungeheuer groß sind und daß ihre Grenzen so wenig definiert sind, daß sie heutzutage noch nicht meßbar sind. Selbst wenn dies nicht so wäre, würde uns der Versuch, die äußersten Potenzen des Menschen zu messen, nicht mehr interessieren, weil die Frage für die helfenden Berufe im Grunde akademisch ist. Wenn niemand je dem äußersten Potential nahekommt, brauchen wir es nicht zu kennen. Was uns praktisch interessiert, ist die funktionelle Kapazität eines Menschen, und zwar aus zwei Gründen: Sie ist ein viel brauchbareres Konzept, und man kann mit ihr etwas anfangen.

Wenn wir auch die Grundvoraussetzung der Intelligenztests verworfen haben, sollte man doch keineswegs glauben, daß solche Tests wertlos sind. Als Leistungstests können sie wirklichen Wert haben, wenn sie uns darüber informieren, wo ein Mensch in bezug auf eine bestimmte Gesamtheit von Wissen steht. In dem Maß, in dem die Tests sorgfältig konstruiert worden sind, können sie uns auch ein Bild vom aktuellen Funktionsniveau eines Menschen geben. Das ist natürlich wertvolle Information. Wir haben gesehen, daß intelligentes Verhalten abhängig ist vom Umfang, der Vielfalt und der Verfügbarkeit von Wahrnehmungen im Wahrnehmungsfeld. Intelligenztests können dieses Feld prüfen und uns eine Beurteilung des aktuellen Standes eines Menschen in bezug auf das ermöglichen, was der Test prüft. Da jeder Test das erfaßt, was seine Konstrukteure für wichtig hielten, müssen wir uns natürlich fragen, ob diese Dinge für die Zwecke, die wir im Sinn haben, geeignet sind. Wenn wir das entschieden haben, müssen wir auch feststellen, ob die Prüfung in angemessener Weise geschieht. Dann bleibt noch die Frage, ob diejenigen, die dem Test unterzogen werden, wirklich zur Zeit und am Ort des Testens frei sind, die Probe zu liefern.

Determinanten der Intelligenz

Wenn man davon ausgehen kann, daß eine einigermaßen zureichende Physiologie gegeben ist, wovon hängt dann die Fähigkeit zu intelligentem Verhalten ab? Von zweierlei: den Bedeutungen, die ein Mensch sich zu eigen gemacht hat, und seiner Freiheit, sie zu benützen.

In einer früheren Veröffentlichung hat Combs festgestellt: „Wie intelligent sich ein Mensch in irgendeinem Augenblick verhalten kann, ist abhängig von der Vielfalt, dem Umfang und der Verfügbarkeit von Bedeutungen in seinem Wahrnehmungsfeld." Das bedeutet, daß die Fähigkeit, sich wirksam und tüchtig zu verhalten, in erster Linie erfordert, der Sich-Verhaltende müsse im Besitz der für die Situation, mit der er konfrontiert ist, notwendigen oder geeigneten Bedeutungen sein. Ein Mensch mit einem reichen und ausgedehnten Wahrnehmungsfeld hat viel mehr Verhaltensmöglichkeiten als einer, dessen Feld von Bedeutungen mager ist. Je reicher das Feld von Bedeutungen ist, desto größer ist das Potential für wirksames Verhalten. Aber der bloße Besitz eines reichen und ausgedehnten Wahrnehmungsfeldes genügt allein noch nicht. Es ist auch notwendig, daß die Bedeutungen zum Gebrauch bereitstehen, wenn sie erforderlich sind. Es ist wahrscheinlich, daß man sich selbst und anderen dumm vorkommt, wenn man sich zu gegebener Zeit nicht an den Namen eines Menschen erinnern kann. Jeder Schüler weiß, daß seine Intelligenz letzten Endes an dem gemessen wird, was er bei der Prüfung von sich geben kann. In dem verbleibenden Teil dieses Kapitels wollen wir einige der Faktoren untersuchen, die Breite und Tiefe von Bedeutungen bestimmen. Wir wollen die Frage der psychischen Freiheit für das folgende Kapitel übriglassen.

Welche Faktoren bestimmen den Umfang und die Vielfalt des Wahrnehmungsfeldes eines Menschen? In vorhergehenden Kapiteln dieses Bandes haben wir schon drei sehr wichtige Faktoren persönlicher Bedeutungen betrachtet: die Wirkungen von Bedürfnissen, das Selbst-Bild und das bestehende Feld von Bedeutungen. Wir wollen einen Moment lang die Hauptwirkungen dieser Faktoren noch einmal überblicken, bevor wir die Liste der bestimmenden Faktoren für Bedeutungen fortführen.

Die Wirkung von Bedürfnissen

Das Bedürfnis nach Erfüllung übt eine selektive Wirkung auf alle Erfahrungen des Individuums aus und bestimmt so in hohem Maß die Art der Wahrnehmungen, die in seinem Wahrnehmungsfeld bestehen. Menschen nehmen wahr, was sie wahrzunehmen nötig haben. Weil das Wirken menschlicher Bedürfnisse unersättlich ist, suchen die Menschen fortwährend nach Mitteln, um ihre Bedürfnisse zu befriedigen. Die bloße Tatsache dieses Suchens trägt mit großer Wahrscheinlichkeit zur Vielfalt des Feldes von Bedeutungen bei.

Die selektive Wirkung der Bedürfnisse ist jedoch ein zweischneidiges Schwert. Die gleiche Suche nach Bedürfnisbefriedigung, die zur Bereicherung des Feldes beiträgt, kann auch zu seiner Einschränkung führen. Wir haben gesehen, wie z. B. die Erfahrung einer Bedrohung eine »Tunnel-Optik« hervorruft und die Aufmerksamkeit eines Menschen so konzentriert, daß er gar nicht für weitere Erfahrungen offen ist. Dies bereitet besonders Angehörigen der helfenden Berufe große Sorgen, denn viele von denen, denen sie helfen möchten, sind oder waren mehr oder weniger schwer bedroht. Die Wirkungen der Bedürfnisse können also zu Weite und Vielfalt der Wahrnehmung beitragen; sie können aber auch wegen ihrer Macht, die Aufmerksamkeit zu konzentrieren, die umgekehrte Wirkung haben, indem sie Menschen für Erfahrungen blind machen und es ihnen nicht erlauben, die ihnen gebotenen Gelegenheiten voll auszuschöpfen.

Das Selbst-Bild

Weil der Organismus immer das Bedürfnis hat, eine maximale Erhöhung zu erreichen, übt das Selbst-Bild eine höchst wichtige determinierende Wirkung auf den Reichtum und den Umfang der Bedeutungen aus. Wie die Wirkung der Bedürfnisse kann auch das Selbst-Bild dem Individuum ganze neue Erlebniswelten aufschließen. Es kann auch große Bedeutungsbereiche verschließen, je nach dem Wesen der beteiligten Selbst-Definitionen und je nach den Umständen, denen der Mensch ausgesetzt ist.

Die Wirkung früher erworbener Bedeutungen

Das Bedürfnis des Organismus, sein Gefüge zu erhalten und zu verbessern, bringt ein Feld von Bedeutungen mit einem hohen Maß von Stabilität hervor, in dem neue Bedeutungen im Licht dessen gedeutet werden, was vorhergegangen ist. Auf diese Weise werden neue Erfahrungen einer Auswahl unterworfen, die dazu führen könnte, daß das Feld ungeheuer bereichert wird. Andererseits können bestehende Bedeutungen bewirken, daß die Möglichkeiten eingeschränkt werden, indem Bedeutungen verleugnet oder verzerrt werden, die den bereits vorhandenen widersprechen, oder sie können, wenn die Aufmerksamkeit auf die Weiterentwicklung bereits bestehender Bedeutungen konzentriert wird, eine so starke Beanspruchung herbeiführen, daß es unmöglich wird, einem weiteren Bereich von Ereignissen Aufmerksamkeit zu schenken.

Das Alter

Ein weiterer Faktor, der Weite und Tiefe von Bedeutungen bestimmt, ist das Lebensalter. Man braucht Zeit, um ein Feld von Bedeutungen zu entwickeln. Unter im übrigen gleichen Bedingungen ist es bei älteren Menschen wahrscheinlicher, daß sie, da sie mehr erlebt haben, ausgedehntere Bedeutungsfelder haben. Ein Mensch muß lange genug gelebt haben, um bestimmte Arten von Erfahrungen gemacht zu haben, besonders jene, die in einer Abfolge von früheren abhängig sind. Obwohl junge Leute daran zweifeln, hat Erfahrung wirklich ihre Vorteile. Die bloße Tatsache des längeren Lebens bedeutet mehr Möglichkeiten, Erfahrungen zu machen, aber sie garantiert sie natürlich nicht. Wie wir im vorigen Abschnitt bemerkt haben, können bereits bestehende Bedeutungen im Feld eines Menschen seine weiteren Wahrnehmungsmöglichkeiten einschränken. Dies geschieht oft, wenn ältere Menschen unfähig werden, neue Bedeutungen anzunehmen und damit die Kluft zwischen den Generationen schaffen, die Alten und Jungen gleichermaßen Kummer bereitet.

Der körperliche Zustand

Wir haben schon früher in diesem Kapitel festgestellt, daß die äußerste Kapazität mancher bedauerlicher Individuen durch eine unzulängliche Physis stark beeinträchtigt sein kann. Glücklicherweise scheint das nur bei relativ wenigen der Fall zu sein. Der Zustand des physischen Organismus hat jedoch auch seine Wirkungen auf die funktionelle Kapazität, selbst bei Menschen, deren äußerste Kapazität für ein aktives Leben völlig ausreicht. Wie scharf und genau ein Mensch sieht, hört, fühlt, riecht und schmeckt, hat gewiß seine Wirkung auf das Wesen seiner Erfahrungen. Diese Sinne sind unser »Fenster zur Welt« — die mechanischen Voraussetzungen, durch die Interaktion möglich wird.

Das physische Vehikel, in dem wir uns bewegen, hat auch seine Wirkungen auf die Bedeutungen durch das Feedback, das es in den Reaktionen anderer Menschen hervorruft. Die Erfahrungen einer schönen jungen Frau sind ganz anders als die ihrer weniger attraktiven Schwestern. Ähnlich kann die physische Einsatzbereitschaft, die einen jungen Mann zum Fußballhelden macht, ihm viel reichere Bedeutungen verschaffen als jene, die er ohne seine fabelhafte physische Kondition hätte haben können. Weniger erfreuliches Feedback erleben Jugendliche mit Akne oder behinderte Menschen. Ihr körperlicher Zustand verbietet eine volle Teilnahme an dem Leben um sie her und verzerrt die Reaktionen anderer Menschen auf sie.

Auch andere Aspekte der körperlichen Gesundheit können ihre Wirkungen haben, wenn auch vielleicht auf den ersten Blick nicht so offensichtlich. Was die Lebenskraft des Körpers herabsetzt, kann die Erfahrungsmöglichkeiten beeinträchtigen. Bedeutungen werden aus der Interaktion gewonnen. Was die Möglichkeiten der Interaktion beeinträchtigt, kann also das Entdecken von Bedeutungen behindern. Der Umstand, daß ein krankes und lethargisches Kind sich in der Schule nicht am Unterricht beteiligt oder nicht mit seinen Altersgenossen spielt, kann dazu führen, daß die Bedeutungen, die sich in ihm entwickeln, begrenzt bleiben. Fast jeder hat schon einmal erlebt, daß er sich zu müde fühlte, um noch an irgend etwas Anteil zu nehmen, oder so krank, daß er nur noch schlafen wollte. So kann fast alles, was die Bereitschaft und Fähigkeit des Körpers zur Anteilnahme vermindert, das Erleben vermindern. Diese herabsetzenden Faktoren umfassen Dinge wie Unterernährung, Herdinfektionen, Krankheiten verschiedener Art, Drüsenstörungen, Verletzungen und dergleichen. Alle erwähnten physischen Faktoren können Menge und Art der Bedeutungen vermindern oder modifizieren, über die ein Individuum verfügt. Es sollte jedoch klar scin, daß dies nicht notwendigerweise so sein muß. Manche Menschen mit schweren Behinderungen, wie z. B. Helen Keller, bringen es fertig, in ihrem Feld von Bedeutungen Weite und Tiefe zu erlangen, obwohl sie physiologisch so eingeschränkt sind. Es ist sogar vorstellbar, daß einige Behinderungen das Feld der Bedeutungen dadurch bereichern, daß sie einen Menschen in mancher Hinsicht sensitiver machen als seine mehr vom Glück begünstigten Mitmenschen.

Gelegenheit

Der Umfang der Bedeutungen, die ein Mensch zu eigen hat, wird von jedem Aspekt der Umwelt beeinflußt, besonders aber durch die Menschen, mit denen er in Berührung kommt. Die Bedeutungen, die für Menschen im Norden und im Süden bestehen, sind keineswegs die gleichen. Menschen, die in den Bergen leben, in der Ebene, an der Küste, in Flußtälern, in der Wüste oder in Nadelwäldern, machen verschiedene Arten von Erfahrungen und erwerben infolgedessen verschiedene Arten von Bedeutungen. Die Interaktionen, die zwischen den Menschen und ihrer Umwelt stattfinden, schaffen private Bedeutungswelten und Gefühlswelten und bestimmen ihrerseits die Intelligenz, mit der die Menschen zu Werke gehen können.
Die Wirkung von Gelegenheiten auf persönliche Bedeutungen beginnt mit dem Beginn des Lebens und währt so lange, wie der Mensch lebt. Wegen der selektiven Wirkung bestehender Bedeutungen auf später hin-

zukommende ist die früheste Entwicklung von Bedeutungen für die Entwicklung der Intelligenz entscheidend wichtig. In den letzten Jahren ist uns die mißliche Lage vieler Kinder deutlich bewußt geworden, die in den von Armut heimgesuchten Gebieten unseres Landes aufwachsen, wo es nur wenig Gelegenheit gibt, die Erfahrungen über die tödliche tägliche Plackerei hinaus zu erweitern, die dazu dient, Leib und Seele zusammenzuhalten. Viele dieser Kinder haben keine Gelegenheit, auch nur die alltäglichsten Ereignisse im Leben ihrer glücklicheren Altersgenossen zu erleben — eine Kuh zu sehen, zu telefonieren, schwimmen zu lernen, radzufahren, einen Brief zu schreiben oder Geld zu zählen. Millionen von Kindern, die unter solchen Umständen aufwachsen, müssen mit traurig eingeschränkten Bedeutungen auskommen und sind nicht ausreichend in der Lage, mit der Welt fertig zu werden, in der sie sich bewegen. Dies führt oft zu einem schrecklichen Teufelskreis, der sich fortwährend selbst verstärkt. Mit einem Wahrnehmungsfeld, das nicht ausreicht, um mit den Schwierigkeiten des Lebens fertig zu werden, sind solche Kinder oft zum Scheitern verdammt, wenn sie nicht besonders viel Glück haben. Weil sie dumm sind, können sie nicht mit dem Leben fertig werden. Weil sie es nicht meistern können, leiden sie weiterhin an einer Mangelsituation und schaffen für ihre Kinder wiederum die gleiche traurige Existenz, die sie selbst seinerzeit so verkrüppelt hat. Mit einem neuen Erwachen des Gewissens beginnen wir, Wege zu finden, diesen Teufelskreis zu durchbrechen. Programme des Bundes, der Einzelstaaten und von Privatleuten unterstützte Programme, die darauf angelegt sind, die Übel der Armut zu kurieren, die Ausbildung zu verbessern, Arbeitsplätze zu schaffen und die Entwürdigung durch Vorurteile zu beseitigen, werden immer häufiger ins Leben gerufen, um das Leben der in diesen Fallen gefangenen Kinder zu bereichern. Indem wir dies tun, steigern wir auch die Fähigkeit der Kinder zu intelligenterem, wirksamerem und tüchtigerem Verhalten in der Zukunft.

In den letzten Jahren haben Psychologen, die die Wirkungen reicherer Erfahrungen auf das Wachstum und die Entwicklung der Intelligenz ganz kleiner Kinder untersuchten, einige höchst bedeutsame Forschungsprojekte durchgeführt. In einem der wichtigsten lehrte Ira Gordon junge Mütter, ihre Babys unter Verwendung einfacher Dinge, die selbst im ärmsten Haushalt zu finden sind, anzuregen. Am Ende eines Jahres konnte er zeigen, daß diese Bemühungen tatsächlich das Intelligenzniveau der Kinder, wie es mit Standard-Tests gemessen wurde, gehoben hatte. Bei seiner Arbeit mit älteren zurückgebliebenen Kindern zeigte S. Kirk, daß sich bei vielen, ursprünglich als geistig zurückgeblieben diagnostizierten Kindern mit Hilfe erweiterter Gelegenheiten durch Erfahrungen im Kindergarten bedeutende Intelligenzzunahmen erreichen ließen. Die Arbeit dieser Forscher, bestätigt durch die Erfahrungen vieler anderer, läßt wenig Raum für Zweifel an der Tatsache, daß die Bereitstellung reicherer Gelegenheiten merklich verbesserte Fähigkeiten zu wirksamem Verhalten schaffen kann.

Die Bedeutungen, die ein Mensch erworben hat, sind abhängig von seinen Gelegenheiten. Ohne günstige Gelegenheiten können Bedeutungen eingeschränkt oder verdreht werden, so daß wirksames Verhalten fast unmöglich wird. Das Prinzip wird hübsch veranschaulicht im Bericht eines Kollegen über seine Erfahrungen bei der Arbeit mit Kindern aus Familien der oberen Mittelschicht, verglichen mit Kindern aus einem armen Elendsviertel. Eine der Aufgaben, die er diesen Kindern stellte, lautete: »Du bist ganz allein in einem leeren Zimmer eines verlassenen Hauses. An der Decke außerhalb deiner Reichweite ist ein Luftballon, an dem ein Zehn-Dollar-Schein befestigt ist. Wie kriegst du ihn herunter?« Viele der Kinder aus den Familien der oberen Mittelschicht hatten, wie er berichtet, große Schwierigkeiten, eine Lösung für dieses Problem zu finden, und viele gaben auf, bevor sie es gelöst hatten. Andererseits lösten Kinder aus Elendsvierteln das Problem häufig sehr prompt. Sie sagten: »Ich würde das Fenster einschlagen und mit dem Glas nach dem Ballon werfen!« Für diese Kinder waren Fenster nicht etwas, das man nicht beschädigen darf. Sie waren etwas, das man zerbrechen kann, wenn es nötig ist. Für das Kind aus der oberen Mittelschicht hatten Fenster eine ganz andere Bedeutung, die sie nicht für die Problemlösung verfügbar machte.

Der vordringliche Zweck des Schulunterrichts ist es, Kindern Gelegenheit zu geben, tiefere und weitere Bedeutungen der Welt zu gewinnen, in der sie leben. Kinder, denen der Schulunterricht vorenthalten wird, oder die unzulänglich unterrichtet werden, haben weit weniger Gelegenheit, die Fülle und Weite von Bedeutungen zu entwickeln, die notwendig sind, um ein vollständig erfolgreiches und tüchtiges Leben zu führen. Die Entwicklung von Bedeutungen ist ein Problem der Interaktion zwischen dem Individuum und seiner Welt. Was die Gelegenheiten zu solcher Interaktion vermindert, muß seine Wirkungen auf die funktionelle Kapazität des Individuums haben.

Die Wirkungen von Wertvorstellungen und Zielen

Der Umfang des Bedeutungsfeldes eines Menschen wird auch bestimmt durch die Interessen, die er entwickelt, und durch die Werte und Ziele, die er anstrebt oder vermeidet. Die Dinge, die man für wichtig hält, haben einen erheblichen Einfluß auf Wahrnehmungsfähigkeiten. Sie treffen die Auswahl, welche weiteren Wahrnehmungen wahrscheinlich gemacht werden. Ein Geschäftsmann, den einer der Autoren kannte, brachte sich selbst dadurch an den Rand des Ruins, daß er nicht entscheiden konnte, was wichtig war. Er hatte eine kleine Maschinenfabrik. Nach dem Zweiten Weltkrieg, als die Regierung die Bestände der Streitkräfte wieder auffüllte, waren Hunderte von Aufträgen für alle Arten von Dingen zu haben, die Heer und Marine brauchten. Dies war eine goldene Gelegenheit. Ein ums andere Mal sagte er ja zu den Verträgen, die man ihm anbot, und besorgte sich dann hastig die Maschinen, die zur Herstellung nötig waren. Am Jahresende hatte er die Kapazität seiner Fabrik verdoppelt. Er war für die Herstellung von Hunderten von Dingen ausgerüstet. Aber bald blieben die Aufträge aus, und all diese Maschinen mußten in Gang gehalten werden. Er war auf allen Gebieten ausgerüstet, ohne Sinn und Verstand, und mußte herumflitzen, um Aufträge zu finden, mit denen er seine Maschinen auslasten konnte. Der arme Kerl verausgabte sich ganz und landete schließlich in einer Nervenklinik, während sein Unternehmen Bankrott machte.

Die Ziele, die wir verfolgen und die Werte, zu denen wir uns bekennen, haben unvermeidliche Folgen, sie bestimmen die Art des Feldes von Bedeutungen und damit das Verhalten. Der Entschluß, aufs College zu gehen, eröffnet dem Studenten z. B. einerseits eine ganze neue Welt von Möglichkeiten; andererseits verschließt er Türen und macht bestimmte Arten von Erfahrungen unwahrscheinlicher. Der Entschluß, eine Ingenieur-Fachschule zu besuchen, macht es sehr unwahrscheinlich, daß der Student, falls er erfolgreich ist, sich als wandernder Landarbeiter glücklich fühlen wird. Der Entschluß, Fischer zu werden, führt einen Mann auf die See hinaus. Das bringt ihm ganz andere Erfahrungen als sie sein Bruder macht, der beschließt, Bergmann zu werden. Die Interessen der Menschen beeinflussen immer Umfang und Wesen der Bedeutungen, die sie sich zu eigen machen. Menschen, die sich für Baseball interessieren, gehen zu Baseballspielen; wer sich für Kunst interessiert, geht ins Museum. Diese Interessen bestimmen selbst so einfache Sachen wie die Zeitungsseiten, die man sich ansieht.

Grenzen der Veränderung in der Fähigkeit zu wirksamem Verhalten

Die Unterschiede in der Breite und Tiefe von Bedeutungen, die Menschen sich zu eigen machen, sind ungeheuer groß. Am einen Ende der Skala ist das eingeschränkte Wahrnehmungsfeld des geistig stark zurückgebliebenen Kindes, das sein Leben in der fötalen Stellung verbringt, in der es zur Welt gekommen ist. Etwas weiter oben sind die Menschen, denen es gelingt, recht und schlecht »durchzukommen«. Das ist an sich in der Welt, in der wir leben, keine geringe Leistung. Die Vielfalt und die Fülle von Bedeutungen, die man z. B. braucht, um sich in einer Stadt wie New York oder Los Angeles zurechtzufinden, ist beträchtlich. Den meisten Menschen gelingt es irgendwie, Bedeutungen zu entwickeln, die sie weit über ein solches Minimalniveau hinaustragen, und manche werden wirklich bemerkenswert. An der Spitze der Skala sind die Wahrnehmungsfelder einiger unserer begabtesten Mitmenschen oft so reich und umfassend, daß sie sich in weiten Bereichen menschlicher Erkenntnis bewegen können.

Breite und Tiefe der Bedeutungen sind wohl bei jedem Menschen in einem fortwährenden Prozeß der Veränderung begriffen. Das Wahrnehmungsfeld wird bei manchen ihr Leben lang fruchtbarer und ausgedehnter. Bei anderen scheint das Wachstum der Bedeutungen ruckweise vor sich zu gehen. Bei wieder anderen kann leider das Feld der Bedeutungen mit der Zeit verarmen und sich verengen.

Ein Rückblick auf die Faktoren, die wirksames Verhalten bestimmen, wie wir sie auf den letzten Seiten besprochen haben, macht deutlich, daß sie alle bis auf einen (die Zeit) erheblichen Veränderungen unterworfen sein können. Man kann wenig tun, um das Alter zu manipulieren. Das muß gewöhnlich von selbst ablaufen. Die übrigen bestimmenden Faktoren lassen sich hingegen manipulieren. Die Fähigkeit zu wirksamem Verhalten kann erzeugt werden, und die besprochenen Faktoren sind die Variablen, durch die sich dies bewerkstelligen läßt. Sie sind auch die Sache der helfenden Berufe, die Dynamik, durch die die Helfer ihr Ziel zu erreichen hoffen.

Bis heute wissen wir noch nicht, bis zu welcher obersten Stufe sich die Intelligenz entwickeln kann. Wo auch diese obersten Grenzen liegen mögen, sie werden fast sicher erreicht werden, weil wir lernen, mit den verhaltensbestimmenden Faktoren, die wir oben angeführt haben, umzugehen, ebenso wie mit anderen, die wir vielleicht in Zukunft entdecken. Wir sind noch weit davon entfernt, Intelligenz geschickt und sicher erzeugen zu können. In unserer Erörterung dieser bestimmenden Faktoren sind jedoch schon einige der Leitlinien zu sehen. Schon mit dem, was wir wissen, läßt sich viel tun. Außerdem müssen wir die Grenzen unseres Wissens dringend erweitern. Viel mehr Forschung ist notwendig, um uns zu helfen, diese bestimmenden Faktoren besser zu verstehen, und um wirksame Möglichkeiten zu finden, dieses Wissen in die Praxis umzusetzen.

Eine Stelle, wo wir nach Hinweisen für diese Forschung suchen können, ist das Leben begabter Menschen. In der Vergangenheit waren wir es gewöhnt, solche Menschen als Glückszufälle der Vererbung anzusehen. Viele Angehörige der helfenden Berufe verwenden viel Zeit und Energie, um solche Menschen zu finden, und versehen sie dann mit besonderer Ernährung und Anregung. Wenn es jedoch zutrifft, daß man Intelligenz erzeugen kann, sind diese Menschen keine Glückszufälle. Sie stellen vielmehr unsere Spitzenerrungenschaft dar — die Menschen, bei denen wir schon besonders erfolgreich gewesen sind! Unser Problem besteht nicht darin, sie zu finden und sie zu verhätscheln. Wir müssen herausfinden, wie wir sie erzeugt haben, so daß wir uns so schnell wie möglich daran machen können, mehr von ihnen herzustellen! Die Untersuchung ihres Wachstums und ihrer Entwicklung sollte uns wichtige Hinweise darauf geben, wie wir den Vorgang bei anderen wiederholen können.

Diese Medaille hat aber noch eine andere Seite. Bestimmende Faktoren lenken nicht nur, was möglich ist, sie begrenzen auch Möglichkeiten. In unserer Erörterung der Intelligenz haben wir die starke Einschränkung der Vererbung geleugnet, die nach der Ansicht früherer Generationen das Verhalten beherrschte, aber man sollte nicht glauben, daß uns gar keine Grenzen zu kümmern brauchen. Die Menschen werden immer durch Unwissenheit und Gleichgültigkeit behindert. Der Umstand, daß man vorhandene Informationen nicht benützt, kann zu einer erheblichen Einschränkung der Intelligenz führen. Obwohl wir wissen, welche Wirkungen z. B. die Benachteiligung auf die Kinder in unseren Gettos ausübt, wachsen immer noch Tausende von Kindern behindert durch ihre Erfahrungen auf. Das geschieht nicht, weil wir nicht wüßten, was getan werden muß, sondern weil wir nicht bereit sind zu tun, was getan werden muß.

Selbst bei den besten Absichten würden aber die bestimmenden Faktoren immer noch einschränkend auf die Intelligenz wirken. Ein Kind, das mit einem beschränkenden Selbst-Bild aufwächst, ist ebenso schlimm behindert, als wenn es so zur Welt gekommen wäre. Wir haben auch gesehen, daß ein einmal etabliertes Selbst-Bild nicht leicht zu verändern ist, und daß die zirkuläre Wirkung, die es auf die Auswahl von Wahrnehmungen ausübt, dazu führt, daß es sich selbst verstärkt. Ähnlich können Behinderungen der vollen Entwicklung des physischen Organismus, eine verarmte Umwelt und ein Mangel an Gelegenheiten, hemmende Ziel- und Wertvorstellungen oder die Wirkung von Bedrohung auf die Wahrnehmung alle stark einschränkend auf die Intelligenz wirken. Außerdem können diese Einschränkungen so schwierig zu beseitigen sein, daß wir weder die Zeit noch die Kraft, noch die wirtschaftlichen Mittel haben, mit ihnen fertigzuwerden. Es gibt tatsächlich Grenzen für das Wachstum

der Intelligenz, und funktionelle Grenzen können ebenso furchtbar sein wie ererbte. Sie haben aber den Vorteil, daß man etwas gegen sie tun kann, weil sie funktionell sind.
Wenn die Intelligenz eine Funktion der Breite und Tiefe der Bedeutungen ist, müssen wir, um Intelligenz zu schaffen, das Wahrnehmungsfeld des Individuums erweitern und vertiefen. Um dies wirksam zu tun, müssen wir uns mit beiden Aspekten des Problems beschäftigen. Die professionellen Helfer werden Wege finden müssen, die einschränkenden Wirkungen der bestimmenden Faktoren zu vermindern oder auszuschalten und andererseits ihre positiven Beiträge maximal zur Geltung kommen zu lassen. Dies ist eine Frage des Lernens und Lehrens. Für den Lernenden ist es eine Frage der Bereicherung und Erweiterung seines Feldes persönlicher Bedeutungen. Für den Helfenden ist es eine Aufgabe, Bedingungen zu schaffen und die Art von Erfahrungen zur Verfügung zu stellen, die Bereicherung ermöglichen. In späteren Kapiteln werden wir uns näher ansehen, wie dies bewerkstelligt wird.

Einige Folgerungen für die helfenden Berufe

Wir haben dieses Kapitel damit begonnen, auf die Forschungen aufmerksam zu machen, durch die festgestellt wurde, daß tüchtige Helfer Menschen sind, die fest davon überzeugt sind, daß ihre Klienten, Patienten und Schüler im Grunde fähig sind. Aus unseren Erörterungen in diesem Kapitel scheint sich zu ergeben, daß diese Überzeugung nicht unbegründet ist. Die Fähigkeit zu wirksamem Verhalten ist weit größer, als es die meisten Menschen vermuten. Noch besser ist es für die helfenden Berufe, daß die die Fähigkeiten bestimmenden Faktoren in hohem Maß in unserer Hand liegen. Dies ist für die helfenden Berufe ein sehr erregender Gedanke. Er bedeutet, daß professionelle Helfer nicht bloße Opfer der menschlichen Intelligenz sind, sondern ihre Schöpfer! Er bedeutet, daß Klienten, Schüler und Patienten unermeßliche Wachstums- und Gesundheitskapazität haben, und daß man fast für jeden etwas tun kann.
Es macht sehr viel aus, ob man seine Arbeit mit der Überzeugung angeht, sie sei nur ein Erhalten des Status quo mit wenig oder gar keinen Aussichten auf Erfolg, oder ob man glaubt, sie biete ungeheure Möglichkeiten. Generationenlang haben viele Lehrer z. B. geglaubt, sie könnten wirklich nur wenig tun, um die Kapazität eines Kindes zu vergrößern. Die Ansichten, die sie über die Kinder hatten, mit denen sie arbeiteten, schränkten ihre Erwartungen sowohl gegenüber den Kindern als auch gegenüber sich selbst stark ein. Allzu oft entsprachen beide Parteien diesen Erwartungen. Niemand freut sich, wenn er sich unnütz fühlt. Eine

Anschauung über die Fähigkeiten des Menschen, die einen großen Teil der Steuerung in die Hände des Lehrers legt, eröffnet daher ganz neue Horizonte. Die Lehrer können ihre Arbeit mit Hoffnung anpacken und sicher sein, daß das, was sie tun, sinnvoll ist. Für Lehrer, die ihren Beruf ernst nehmen, kann sich dieses Wissen als große Herausforderung und Befriedigung erweisen. Für Lehrer, die sich nicht so verpflichtet fühlen, kann es zutiefst bedrohlich sein. Es bedeutet, daß man Mißerfolge nicht wohlgemut auf die Vererbung oder auf etwas abschieben kann, was ein anderer hätte tun sollen. Die Tüchtigkeit im Beruf wird der eigenen Verantwortung anheimgestellt.

Wirksame Helfer müssen über die bestimmenden Faktoren der Kapazität, die wir in diesen und anderen Kapiteln besprochen haben, Bescheid wissen. Diese Faktoren werden zu den Werkzeugen ihrer Kunst. Erfolg oder Mißerfolg von Beratern, Lehrern, Krankenschwestern, Sozialarbeitern und anderen Angehörigen helfender Berufe sind zum Teil abhängig von ihrer Fähigkeit oder Unfähigkeit, mit ihnen umzugehen. Wenn man es Menschen ermöglicht, vielfältigere und umfassendere Bedeutungsfelder zu entwickeln, ermöglicht man es ihnen, aktiver mit dem Leben fertigzuwerden und sich intelligenter zu verhalten. Aber der bloße Besitz eines solchen Feldes ist nicht genug. Es muß auch die Freiheit vorhanden sein, die Bedeutungen zu benützen, die man erworben hat. Das ist das Problem, das im nächsten Kapitel erörtert wird.

Ausgewähltes Schrifttum

Sterne bedeuten teilweisen oder vollständigen Abdruck in: Donald L. Avila, Arthur W. Combs, and William W. Purkey, The Helping Relationship Sourcebook, Boston (Allyn & Bacon) 1971.

Bettelheim, B., Where self begins, Child and Family (1968), 7, 5—12.

Birney, R. C., Burdick, H. und Teevan, R. C., Fear of failure, New York (Van Nostrand) 1969.

Bugental, J. F. T. (Hrsg.), Challenges of humanistic psychology, New York (McGraw Hill) 1967.

* Combs, A. W., Intelligence from a perceptual point of view, Journal of Abnormal and Social Psychology (1952), 47, 662—673 (b).

Getzels, J. W. und Jackson, P. W., Creativity and intelligence: Explorations with gifted students, New York (Wiley) 1962.

* Gordon, I., New conceptions of children's learning and development. In W. B. Waetjen und R. R. Leeper (Hrsg.), Learning and mental health in the school, Washington, D. C., Association for Supervision and Curriculum Development (National Education Association), 1966, 49—73.

Herman, Sister Mary, Self concept of the Negro child, Catholic School Journal (1966), 66, 62—63.

Hunt, J. McV., Intelligence and experience, New York (Ronald Press) 1961.

Hunt, J. McV., The implications of changing ideas on how children develop intellectually, Children (1964), 11, 83—91.

Kvareceus, W. C., Poverty, education and race relations. In: W. C. Kvaraceus, J. S. Gibson und T. J. Curtin (Hrsg.), Poverty, education and race relations: Studies and proposals, Boston (Allyn and Bacon) 1967, 3—10.

* Purkey, W. W., Self concept and school achievement, Englewood Cliffs, N. J. (Prentice-Hall) 1970.

8
Freiheit und Selbstverwirklichung

Wie gut Menschen in dem Leben, das sie führen, fähig sind, Erfüllung zu finden, ist zum Teil davon abhängig, ob sie ein angemessenes Feld von Bedeutungen haben. Dieses liefert ihnen das Potential für effektives Verhalten. Ein ausgedehntes Bedeutungsfeld allein genügt aber noch nicht. Der Mensch muß außerdem die Freiheit haben, seine Bedeutungen auf möglichst wirksame Weise zu benützen. Manchmal kann diese Freiheit durch Kräfte außerhalb des Menschen selbst, die in seiner physikalischen Umwelt wirken, beeinträchtigt werden, oder es werden durch andere Menschen absichtlich oder zufällig Hindernisse geschaffen. Häufiger haben Einschränkungen der Freiheit ihren Ursprung im Individuum selbst. Dies ist die psychische Freiheit, die damit zu tun hat, in welchem Maß ein Mensch für die Entwicklung neuer Bedeutungen offen ist, und wie sehr er fähig ist, sein Feld von Bedeutungen ganz zu benützen. Ein sehr großer Teil der Arbeit der Angehörigen helfender Berufe besteht darin, anderen zu helfen, sich von diesen inneren Hindernissen zu befreien.

Die Frage der Intelligenz und der psychischen Gesundheit wird oft so behandelt, als stünden sie an entgegengesetzten Enden eines Kontinuums. Kritiker des Erziehungswesens z. B. haben manchmal gefragt: »Wollt Ihr zu Wissen oder zur Anpassung erziehen?« Der Versuch, diese Dinge in einer solchen Entweder-Oder-Weise zu trennen, kann unserem Verstehen der menschlichen Probleme großen Schaden zufügen. Wirklich intelligentes Verhalten läßt sich nicht so klar trennen. Es erfordert sowohl die Fähigkeit, mit dem Leben fertigzuwerden, als auch die Freiheit, wirksam zu funktionieren. Wissen und Fühlen stehen in engem Zusammenhang, und Wissen ohne persönliche Relevanz wird wahrscheinlich nie sehr wirksam. In jüngster Zeit haben viele Gelehrte der Untersuchung der Selbstverwirklichung ihre Aufmerksamkeit zugewandt, der Frage, was der Mensch werden könnte, wenn er maximal frei wäre, seine Potenzen bis zum äußersten einzusetzen. Sie fragen: »Wie wäre so ein Mensch?« und »Was können wir tun, um Menschen zu helfen, diese hohen Ziele zu erreichen?« Wenn sich auch die Gelehrten der Untersuchung der Selbstverwirklichung von verschiedenen Richtungen her genähert haben, ist man sich doch allgemein einig, daß Menschen mit viel psychischer Freiheit auch mit größter Wahrscheinlichkeit ein hohes Niveau der Selbstverwirklichung erreicht haben. Besonders drei Faktoren spielen eine wichtige Rolle bei der Bestimmung von psychischer Freiheit und Selbstverwirklichung: Selbstachtung, Offenheit für Erfahrungen und die Fähigkeit zur Identifizierung.

Selbstachtung

Der grundlegende Satz der Demokratie ist so formuliert worden: »Wenn die Menschen frei sind, können sie ihre eigenen optimalen Wege finden.« Aber wer ist ein freier Mensch? Ein Mensch mit einem vollen Bauch? Ein Mensch ohne Probleme? Ein Mann, den kein Druck bedrückt? Der frei ist, zu handeln, wie es ihm gefällt? Wenn solche Dinge erreicht worden sind, ist der Mensch erst auf dem Weg zur Freiheit. Der Mensch braucht mehr; er braucht die Freiheit, zu *werden*. Die Wissenschaftler, die über das Wesen der Selbstverwirklichung geschrieben haben, sind sich im allgemeinen einig, daß es ein Merkmal so vom Glück begünstigter Menschen ist, ein hohes Maß an Selbstachtung zu haben. Sie sehen sich im wesentlichen positiv.
Es wäre wirklich schwer, die Bedeutung einer positiven Anschauung vom eigenen Selbst für wirksames Verhalten zu überschätzen. Das Selbst ist das Zentrum der Existenz eines Menschen, sein Bezugssystem für den Umgang mit dem Leben. Menschen, die ihre Probleme mit einer Miene des »ich kann« anpacken, sind jenen schon weit voraus, die mit einer Haltung des »ich kann nicht« anfangen und eine Niederlage erwarten. Mit einer positiven Ansicht vom eigenen Selbst kann man etwas wagen, offen für Erfahrung sein und der Welt mit offenen Armen und ruhiger Gewißheit begegnen. Negative Ansichten vom eigenen Selbst können einen Menschen in einen Teufelskreis einsperren, in dem seine Bemühungen, mit dem Leben fertigzuwerden, immer zu gering, zu spät oder unangemessen sind.

Die unterstützende Wirkung der positiven Ansicht vom eigenen Selbst

Das Selbst ist unser wichtigstes Werkzeug im Umgang mit der Welt. Welcher Art auch das Selbst-Bild sein mag, wir nehmen es überall mit. Sogar ein armes, lumpiges, unglückliches Selbst muß von seinem Eigentümer in alles mit hineingezerrt werden, was er tut. Ein positives Selbst hat wesentlichen Einfluß auf die Tüchtigkeit eines Menschen einerseits und auf seine Freiheit, neuen Dingen zu begegnen andererseits. Ein hohes Maß an Selbstachtung zu haben, ist ähnlich, als wenn man ein starkgebautes Schiff besitzt. Mit einem widerstandsfähigen Gefährt kann man weit von der Küste fort segeln. Wenn man an seinem Schiff zweifelt und in bezug auf seine Seetüchtigkeit besorgt ist, muß man sicher gehen und sich nicht weit vom Hafen entfernen. Selbstachtung ist ähnlich. Sie ist eine feste Grundlage, von der aus man zuversichtlich und sicher mit den Problemen des Lebens umgehen kann.

Die Untersuchungen zeigen, daß freie Menschen sich als »gemocht«, erwünscht, annehmbar, fähig, würdig und wertvoll sehen. Mit diesen Gefühlen sich selbst gegenüber haben sie wahrscheinlich auch ein tiefes Gefühl persönlicher Geborgenheit, das es viel leichter macht, sich den Nöten des Lebens zu stellen. Sie haben von sich selbst das Gefühl, Menschen von Würde und von Wert zu sein, und sie *verhalten* sich auch so. Rogers hat darauf hingewiesen, daß eins der Merkmale gesunder Persönlichkeiten ein Vertrauen zum eigenen Organismus ist. Wenn sich jemand seiner selbst sicher fühlt, kann er seinen Impulsen besser vertrauen. Er erlebt sich selbst als vertrauenswürdig und zuverlässig.

Ein positives Selbst-Bild liefert eine große innere Stärke, von der aus ein Mensch wirksamer mit den Anforderungen des Lebens fertigwerden kann. Was andererseits das Selbst verkleinert oder herabsetzt, untergräbt das Selbstvertrauen und erzeugt Angst und führt zum Sich-Zurückziehen. Sogar ein so traumatisches Ereignis wie der Krieg wird so bewältigt, wie der Mensch in bezug auf sich selber empfindet, wenn das Ereignis eintritt. H. B. English sagt z. B. über das Verhalten der Einwohner von Coventry im Zweiten Weltkrieg:

> Arm und reich waren auf eine gleiche Ebene herabgedrückt worden. Was glauben Sie, wer nun am standhaftesten den Verlust der zerstörten Häuser, den Mangel an Bequemlichkeiten des modernen Lebens — Heizung, Licht und fließendes Wasser — zu ertragen wußte? *Mass Observation*, eine Art von öffentlicher Meinungsforschung, die keine Fragen stellt, sondern versucht, aufzuzeichnen, was Menschen in der Öffentlichkeit sagen, war zur Stelle, um das herauszufinden. Die verzweifelt armen Leute wurden durch den Verlust ihrer tragisch geringen Besitztümer in eine Panik getrieben; die Wohlhabenden hatten, obwohl sie soviel mehr verloren hatten, viel mehr Tapferkeit in der Not[1].

Die Menschen mit einer langen Geschichte von Erfolgen, die zu einer positiven Ansicht vom eigenen Selbst beigetragen hatte, waren am besten fähig, mit einem Trauma fertigzuwerden. Die Menschen mit einer Geschichte des Mißerfolgs waren unfähig, mit den Notlagen umzugehen.

Daß eine positive Ansicht vom eigenen Selbst Selbstsicherheit hervorruft, kann man auch am Verhalten von Kindern mit positivem und negativem Selbst-Bild beobachten, wenn sie sich vor dem Problem sehen,

---

[1] Siehe English, H. B., Dynamics of Child Development, New York (Holt, Rinehart & Winston) 1961, S. 193.

was man dagegen tun kann, daß man es in der Schule nur zu schlechten Leistungen bringt. Auf die Frage von Prüfern, was man tun könne, wenn man in Rechtschreibung (Rechnen, Sozialkunde usw.) eine schlechte Note habe, schlugen Kinder mit einer positiven Ansicht ihres Selbst und mit einer Erfolgsvergangenheit in bezug auf Schulleistungen allerlei Möglichkeiten vor: »Eifriger lernen«, »die Lehrerin fragen«, »Meine Mutter bitten, mir zu helfen«, »Üben«, »Versuchen, herauszufinden, was ich falsch mache« usw. Als man die gleichen Fragen an Kinder richtete, die ein negatives Selbst-Bild und eine Geschichte des Mißerfolgs in der Schule hatten, war die Antwort fast ausnahmslos: »Nichts!« Sie sahen die Sache als hoffnungslos, das Problem als unlösbar an.

Menschen mit hoher Selbstachtung sind auch mit größerer Wahrscheinlichkeit unabhängig und selbständig in ihrem Handeln. Sie brauchen nicht mit der Masse zu gehen. Weil sie »Vertrauen zum Organismus« haben, können sie auf eigenen Beinen stehen. Sie widerstehen dem Aufgeben von Integrität, das mit Abhängigkeitsbeziehungen verbunden ist. Sie verlassen sich auf sich selbst. Wenn das Selbst stark genug ist, braucht man sich nicht auf die Entscheidungen anderer zu stützen, wenn ein solches Sich-Stützen nicht angemessen ist. Starke positive Gefühle in bezug auf das eigene Selbst ermöglichen einerseits Unabhängigkeit und Selbständigkeit und andererseits effektive Zusammenarbeit. Der Mensch mit hoher Selbstachtung bewahrt seine Unabhängigkeit. Weil er an sich glaubt, kann er Richtungen seiner Wahl einschlagen, wenn die Gruppe oder die Gesellschaft einen Kurs steuert, den er nicht richtig findet. Er empfindet kein Bedürfnis, sklavisch den Gruppenwünschen zu folgen, um Erfüllung zu finden. Mit Selbstvertrauen kann er es sich leisten, sich von Gruppennormen zu lösen und Gruppendruck unbeachtet zu lassen. Die gleichen Empfindungen von Selbstachtung machen es ihm auch möglich, zu passender Zeit ein effektiverer Mitarbeiter zu sein, denn er kann in derartige Beziehungen eintreten, ohne ein Gefühl der Selbstaufgabe zu haben. Zusammenarbeit ist für ihn keine Kapitulation des Selbst, sondern ein Investieren des Selbst, eine Manifestation psychischer Freiheit.

Die Reichen werden reicher

Es ist bezeichnend, daß das Selbst-Bild die Tendenz hat, sich selbst zu verstärken. Der Mensch mit einem positiven Selbst ist also in der höchst glücklichen Lage, daß seine Bemühungen, mit dem Leben fertigzuwerden, die positiven Gefühle verstärken, die er ohnehin schon hat. Das Gefühl des »Könnens« gewichtet die Würfel zugunsten dessen, der dieses Gefühl hat, und macht den Erfolg wahrscheinlicher. Es ist z. B. im Sport bekannt, daß, sobald jemand einen Rekord gebrochen hat, rasch andere ihn ebenfalls brechen. Trainer Darrell Mudra, einer der erfolgreichsten Trainer der USA für College-Football, berichtet mit der folgenden Begebenheit von einem lustigen Beispiel für die Wirkung einer positiven Ansicht:

Als ich am Adams State College war, hatten wir dort einen Ringer, der in bezug auf die Qualitäten seines Gegners nicht Bescheid wußte. Bei einem unserer Treffen gab es zwei Jungen namens Martinez. Der eine war ein großartiger Ringer, der andere ein schlechter. Der Ringer, gegen den unser Junge antrat, war in Wirklichkeit der gute, aber er dachte, er habe es mit dem schlechten zu tun. Unser Junge war nur ein gewöhnlicher, durchschnittlicher Ringer, aber er ging hinaus und machte seinen Gegner fertig. Nach dem Kampf stürzten wir in die Garderobe hinunter, um ihm zu gratulieren. Er stand da auf der Bank, und wir erzählten ihm, wie großartig er gewesen sei. Er war wirklich ganz durcheinander. Als er schließlich begriff, was geschehen war, fiel er von der Bank herunter! Ich bin sicher, wenn er wirklich gewußt hätte, was los war, wäre er schon im ersten Gang besiegt worden. Aber weil er es nicht wußte, brachte er eine Leistung zuwege, die man nicht für möglich gehalten hatte. Man stelle sich vor, wie überrascht der andere Ringer war, als dieser Junge wie ein Tiger da herauskam[1]!

Wir haben schon bemerkt, daß das Erleben von Herausforderung oder Bedrohung eine Frage von Gefühlen der persönlichen Zulänglichkeit ist. Menschen, die sich selbst positiv sehen, leben in einer weniger bedrohten Welt, und wahrscheinlich erscheint ihnen ein größerer Teil ihrer Erfahrungen als Herausforderung. Sie können ein Engagement riskieren. Sie können es wagen, etwas zu versuchen. Möglicherweise haben sie sogar Freude an der Konfrontation mit Problemen. Sie können in einen effektiven Dialog mit dem Leben eintreten. In seinen Untersuchungen an Menschen, die sich selbst verwirklichen, hat A. H. Maslow beobachtet, daß solche Menschen viel mehr Ausdrucksverhalten als Bewältigungsverhalten an den Tag legen. Das heißt, ein viel größerer Teil ihres Verhaltens ist darauf gerichtet, einfach zu sein, wer und was sie sind, als darauf, mit dem Leben »fertigzuwerden«. Darüber hinaus ist das Ausdrucksverhalten solcher Menschen viel wirksamer in bezug auf die Meisterung des Lebens als das Bewältigungsverhalten ihrer weniger glücklichen Mitmenschen. Eine derartige Beziehung zur Welt ist der Wesenskern der psychi-

[2] Abdruck mit Genehmigung von Dr. Mudra aus einem Originalmanuskript, das in Vorbereitung war, als dieses Buch in Druck ging. Dr. Mudra ist vor kurzem Mitglied der Fakultät der Western Illinois University in Macomb, Ill., geworden.

schen Freiheit. Sie ist auch die Essenz der Kreativität. Wir haben schon bemerkt, daß eine positive Einschätzung des eigenen Selbst Wagemut und persönliches Engagement wahrscheinlicher macht. Diese Dinge liegen, zusammen mit dem Ausdrucksverhalten, von dem Maslow berichtet, im Kern des kreativen Verhaltens. Menschen mit einer positiven Selbsteinschätzung können es sich leisten, freie Geister zu sein. Tatsächlich wäre alles, was weniger ist, eine Selbstverleugnung. Sie *sind* schöpferisch; das Schöpferische ist kein Problem, das bearbeitet werden muß.

Menschen mit einer positiven Selbsteinschätzung neigen zu Verhaltensweisen, die zu Erfolgserlebnissen in der Welt und bei den Menschen führen, die in ihr leben. Das Feedback, das sie wiederum von der Welt bekommen, macht es viel wahrscheinlicher, daß sie in ihrem privaten und öffentlichen Leben glücklich und tüchtig sind. Dieser Erfolg dient dazu, die Gefühle des Menschen in bezug auf sich selbst noch höher aufzubauen. Die zirkuläre Wirkung tritt ebenso in umgekehrter Richtung ein. Menschen, die sich unzulänglich fühlen, zeigen Verhaltensweisen, die die Tendenz haben, ihre eigene Unzulänglichkeit zu bestätigen. Menschen, die sich positiv sehen, haben einen großen Vorteil im Leben und viel mehr Möglichkeiten, ein glückliches und aktives Leben zu führen, als ihre Mitmenschen.

Insgesamt trägt eine positive Selbsteinschätzung zur psychischen Freiheit bei. Sie bietet dem, der sie hat, eine feste Basis, von der aus er mit dem Leben fertig werden kann, und sie macht eine wirksame und aktive Interaktion mit dem Leben wahrscheinlicher. Was zur Selbstachtung beiträgt, macht intelligentes Verhalten wahrscheinlicher; was das Selbst zerstört oder herabsetzt, verdummt und lähmt.

Eine positive Selbsteinschätzung wird gelernt; da sie gelernt wird, kann sie gelehrt werden. Sie kommt zustande infolge erfolgreicher Erfahrungen mit der Welt. Die Menschen lernen, daß man sie gern hat, daß man sie braucht und akzeptiert, und sie werden Menschen mit Würde und Integrität, weil sie als solche behandelt worden sind. Sie sehen sich selbst als fähig an, weil sie Erfolg erlebt haben. Selbstachtung ist eine Folge erfolgreichen Lebens. Ein Mangel an Selbstachtung andererseits ist ein Produkt des Mißerfolgs, der Unzulänglichkeit. Allgemein ausgedrückt: Was immer die Selbstachtung oder die Integrität des Selbst untergräbt, stört die psychische Freiheit und vermindert die Wahrscheinlichkeit wirksamen und befriedigenden Verhaltens.

Viele Menschen glauben, Mißerfolg sei gut für den Menschen, ein wertvoller Anreiz für Weiterentwicklung. Diese Vorstellung ist wohl aus der Beobachtung entstanden, daß die Menschen oft durch die Erfahrung von Problemlösungen gestärkt werden. Das trifft natürlich zu. Die Beobachtung ist jedoch viel weiter getrieben worden, so daß manche Leute ganz fest glauben, nicht nur das Lösen von Problemen sei gut, sondern auch umfassender Mißerfolg sei eine stärkende Sache. Sie haben die Einstellung, »wenn es schwer ist, ist es gut für sie«, und sie glauben ehrlich, das Erleben von Mißerfolg baue Charakter und Mut auf und sei ein Anreiz, erfolgreich zu sein. Nach dem, was wir jetzt über Selbstverwirklichung und die Entwicklung in höchstem Maß gesunder Menschen wissen, ist eine solche Annahme nicht nur falsch, sondern geradezu destruktiv!

Früher in diesem Band haben wir psychische Erkrankungen als ein Problem der Deprivation bezeichnet, als eine Unfähigkeit des Organismus, Erfüllung zu erlangen. Psychologisch ist der Mißerfolg das gleiche wie physiologisch die Krankheit. Wir sagen nicht von Krankheiten: »Wir wollen die Kinder diese Krankheiten so bald wie möglich durchmachen lassen!« Wir sagen vielmehr: »Wir wollen dieses Kind so lange wie möglich davor bewahren, Krankheiten zu bekommen.« Oder wir können vielleicht auch sagen: »Wir wollen ihm die Krankheit in einer so gemilderten Form geben, daß wir wissen, es wird erfolgreich mit ihr fertig.« Das tun wir mit einer Impfung, weil wir wissen, daß der Körper durch eine *erfolgreiche* Erfahrung mit der Krankheit gestärkt wird. Dann wird, wenn die eigentliche Krankheit in der Zukunft ausbricht, mehr Widerstand gegen sie vorhanden sein. Der gleiche Grundsatz gilt für die psychische Erkrankung. Eine Kost von Mißerfolgen ist für die menschliche Persönlichkeit destruktiv. Der Mensch lernt aus Erfolgserlebnissen, daß er zulänglich und fähig ist. Die beste Garantie dafür, daß ein Mensch in Zukunft fähig sein wird, mit Notlagen fertig zu werden, liegt darin, daß er in der Vergangenheit im wesentlichen erfolgreich gewesen ist. Sogar der Selfmademan, der sich an die Brust schlägt und vor der Welt verkündet, daß er den dornigen Weg nach oben geschafft hat, übersieht den Umstand, daß er durch eigene Erfolge ein Selfmademan geworden ist. Er ist zu dem geworden, was er heute ist, weil es ihm gelungen ist, den Mißerfolg zu vermeiden!

Positive Wirkungen von Erfolgsgefühlen und negative von Mißerfolgserlebnissen werden in dem folgenden Bericht einer Lehrschwester sehr schön veranschaulicht:

Louise wiederholte das erste Ausbildungsjahr an unserem Schwesterncollege, als sie mir zum Unterricht zugewiesen wurde. Sie war die Tochter eines Allgemeinpraktikers aus einer Kleinstadt; ihre Mutter lebte nicht mehr. Ihr älterer Bruder studierte Medizin und kam gut voran.
Ihre Leistungen im Intelligenztest waren so, daß sie als »kaum fähig« zu einem Erfolg im College eingestuft wurde. Im Jahr vorher hatte sie im ersten Semester des ersten Ausbildungsjahrs versagt. Sie beschloß, dieses Semester im folgenden Jahr zu wiederholen. Sie erreichte eine »D«-Note. Ihre Beurteilung ließ wenig Hoffnung auf Erfolg. Der Dozent sagte gleichsam: »Ich hab's versucht, aber ich konnte nicht genug Anhaltspunkte finden, die eine F-Note gerechtfertigt hätten.«
Louise war sehr unscheinbar; die einzige Studentin, die darauf bestand, ihr mausbraunes Haar in einem Netz zu tragen. »Mir kann nichts gelingen« war ihr quer übers Gesicht geschrieben. Sie zitterte, wenn sie aufgefordert wurde, etwas auswendig vorzutragen, oder wenn man ihr formlos eine Frage stellte.
Als ihre klinische Lehrkraft hatte ich das Gefühl, die Patienten würden darunter leiden, wenn Louises Aufgaben zu schwierig wären. Ich meinte, sie würde Fehler machen, möglicherweise schwere Fehler, und ich wollte eine solche Belastung nicht auf mich nehmen. Wenn ich zurückschaue, wird mir klar, daß ich nie daran dachte, daß ich Louise Erfolge ermöglichen würde, indem ich ihr Aufgaben am Krankenbett zuwies, mit denen sie fertig werden konnte. Ich habe an Louise überhaupt nie in dieser Weise gedacht. Ich war mit mir selbst und mit den Patienten beschäftigt, die von meinen Schülerinnen versorgt wurden.
Die anderen Lehrschwestern waren an Louises Fortschritten interessiert. Im Lauf der Wochen berichtete ich stolz, wie gut sie ihre einfachen Aufgaben erledigen konnte (vier bis sechs Wochen später als normal), und daß ihr Zittern aufgehört habe. Sie konnte lächeln und freier zu anderen Kontakt aufnehmen.
Meine Vorgesetzten sagten mir jedoch, ich verhielte mich in dieser Lage völlig falsch. (Es ist mir klar, daß dies mein Selbst-Bild beeinträchtigte.) Sie sagten, die einzige Art, mit extrem schwachen Schülerinnen wie Louise umzugehen, bestehe darin, ihnen die schwersten Aufgaben zu geben, die für Schülerinnen dieser Stufe überhaupt möglich seien, sie ständig zu beaufsichtigen, Einzelheiten zu sammeln, auf Grund deren sie durchfallen würden, ihnen zu zeigen, wo sie versagt hätten, es aufzuschreiben und ein »F« auf die Beurteilung zu schreiben.
Sie überzeugten mich! Ich leistete erstklassige Arbeit, und wissen Sie, was geschah? Louise verhielt sich ganz ihren Erfahrungen gemäß. Sie versagte kläglich, machte haarsträubende Fehler und fiel durch.
Ich machte meine Sache so gut. Ich wurde sehr gelobt. Louise ist letzten September nicht wiedergekommen. Und ich fühle mich selbst wie ein Versager, weil ich weiß, daß ich ein Teil von Louises Alptraum des Versagens bin.

Es ist erschreckend, zu beobachten, wie sehr unsere Gesellschaft an den Wert des Mißerfolgs glaubt. Wenn moderne Erzieher vorschlagen, den Mißerfolg aus der Schulklasse auszuschließen, begegnen ihnen oft Proteststürme von Eltern und Gemeinde, die fürchten, dies würde die Grundlage unserer öffentlichen Schulen zerstören. Im Englischen gibt es kein Wort, das zwischen dem Akt des Versagens (failing) und seiner »nicht negativen« und nicht kritischen Beurteilung unterscheidet. Das Wort *failure* (Versagen, Mißerfolg, Scheitern) ist herabsetzend; es läßt ein Gefühl der »Nichtsnutzigkeit« anklingen, es bedeutet, daß man besiegt, geschlagen und unzulänglich ist. Der Mensch lernt sehr früh, daß er, wenn eine Handlung nicht zu dem erwarteten oder erwünschten Ergebnis führt, ein »Versager« (a failure) ist. Kindergartenkinder z. B. sind oft entzückt von den Erfolgen ihrer Freunde, und sie sagen voll Stolz: »Ja, Jimmy macht es besser als ich.« In sehr kurzer Zeit lernt das Kind jedoch, diese Sachlage »Mißerfolg« zu nennen — mit allen Nebenbedeutungen der eigenen Unzulänglichkeit.

Man sollte sich darüber klar sein, daß das, was eine Sache zum Mißerfolg macht, das ist, was der Mensch selbst davon hält. Wenn ein Kind glaubt, es habe versagt, ist es nicht sehr wichtig, ob andere Leute der gleichen Meinung sind oder nicht. Es verhält sich gemäß seinem Glauben. Eine Gesellschaft, die nicht zwischen »Nicht-Erreichen« und »Versagen« unterscheidet, läuft ernsthaft Gefahr, einen großen Teil ihrer Mitglieder zu demoralisieren und zu entmutigen.

Wenn man den Nutzen des Mißerfolgs leugnet, bedeutet das nicht notwendigerweise, daß die Menschen immer verhätschelt und vor schwierigen Erfahrungen bewahrt werden sollen. Ganz und gar nicht. Die Menschen arbeiten gern schwer, wenn die Ziele es wert sind, und wenn die Aufgaben als lösbar angesehen werden. Sie genießen es, herausgefordert zu werden. Nur die Erfahrung lange andauernder Bedrohung ruft destruktive Folgen hervor, sowie Gefühle der Unzulänglichkeit und des Versagens.

Mißerfolg ist entkräftend und schwächend, daran müssen wir uns erinnern. Weil das so ist, muß er so gut wie möglich aus den menschlichen Angelegenheiten entfernt werden. Erfolgserlebnisse andererseits sind der Schlüssel zu weiteren Erfolgen und eine stärkende, unterstützende Kraft in der menschlichen Persönlichkeit. Jeder Mensch wird sich natürlich das eine oder andere Mal beiden Arten der Erfahrung gegenübersehen. Das Problem der helfenden Berufe besteht darin, die Dynamik dieser Erfahrungen ausreichend zu begreifen, um sicherzustellen, daß Langzeit-Wirkungen auf Menschen eher positiv als negativ sind.

Die Selbstachtung in der Schulklasse

Die Wirkungen der Selbstachtung auf den Erfolg von Schülern auf jeder Stufe der Ausbildung sind heute durch Hunderte von Untersuchungen dokumentiert. Es ist klar bewiesen, daß das, was Schüler von sich selber glauben, seine Auswirkungen darauf hat, wie gut sie lernen. Das gilt, ob wir nun von Elementarstoff sprechen wie Lesen und Schreiben oder von höchst komplexen Gegenständen wie höhere Mathematik oder Erfolg in einem erwählten Beruf.

Die Selbstachtung in der Industrie

Die Wirkungen der Selbstachtung gehen weit über das Klassenzimmer hinaus. Einige der interessantesten Beispiele für die Wirkungen positiver Meinungen über das eigene Selbst finden sich in Experimenten in der modernen Industrie, wo Versuche, bei den Beschäftigten die Selbstachtung zu verbessern, oft zu überraschenden Verbesserungen der Arbeitsproduktivität und zu Verminderungen des Wechsels von Arbeitskräften (Fluktuation), der Beschwerden und der Fehlzeiten führen. Ein früher Klassiker auf diesem Gebiet waren die Hawthorne-Studien im Betrieb der Western Electric Company. Bei diesen Untersuchungen gab man einer speziell für einen Versuch ausgewählten Gruppe von Frauen nacheinander Vorrechte und Anreize — und mit jedem Zusatz nahm ihre Produktionsrate zu. Dann nahm man ihnen all diese Dinge wieder, und die Produktion stieg noch einmal an! Allem Anschein nach war der Anstieg der Selbstachtung, den diese Frauen erlebten, weil sie an einem Versuch beteiligt und dadurch »wichtig für die Firma« waren, für ihre Leistungen wichtiger als die von den Forschern bewußt eingesetzten Maßnahmen. Diese Art der Reaktion auf Steigerungen der Selbstachtung hat man in anderem Rahmen, sowohl innerhalb als auch außerhalb der Industrie so häufig festgestellt, daß man sie als »Hawthorne-Effekt« bezeichnet.
In neuerer Zeit hat die Harwood Corporation eine in Schwierigkeiten geratene Fabrik übernommen und ein systematisches Programm eingeführt, das darauf abgestellt war, die Selbstachtung der Belegschaft zu erhöhen. Man machte sorgfältige Aufzeichnungen über die Wirkungen dieses Programms, und im folgenden geben wir einige von ihnen wieder, wie sie das Forschungsteam der Firma aufgeführt hat:

Im letzten Jahrzehnt — während dessen die partizipative Methode im größten Maßstab angewandt wurde —, ist der Arbeitsplatzwechsel der Beschäftigten in der Fabrik auf weniger als sechs Prozent pro Jahr gefallen. In der Bekleidungsindustrie (wo die meisten Beschäftigten wie in Harwood Frauen sind) wird allgemein eine jährliche Fluktuation von 25 % als hervorragend angesehen. Nach den besten greifbaren Informationen hat die Fabrik in Harwood die geringste Arbeitskräfte-Fluktuation in der gesamten Bekleidungsindustrie. Ingenieure, die die Fabrik besichtigten, haben die Arbeitsproduktivität hier als die höchste oder zur höchsten Rangstufe aller Fabriken in den USA gehörig eingestuft. Die Lohngruppen sind höher als bei jeder Konkurrenzfirma in diesem Industriebereich. Harwood ist rascher gewachsen als alle seine Konkurrenten und ist nun die größte Firma auf diesem Sektor. In bezug auf alle Faktoren, die die Effektivität einer Organisation ausmachen — Leistung, Gewinne, Einkommen der Belegschaft, Zufriedenheit und emotionales Wohlbefinden der Arbeiter —, ist die Fabrik in Harwood bemerkenswert.

Über diese bemerkenswerten Zunahmen der Produktivität hinaus berichtet das Forscherteam in bezug auf die menschlichen Fragen, die mit den Beziehungen zwischen Arbeitgebern und Arbeitnehmern zu tun haben, folgende Ergebnisse:

Eine intensive Prüfung relevanter Dokumente führt einen zu *einem* expliziten, unanfechtbaren und unbestreitbaren Schluß —; sie enthalten keine einzige Klage, Beschwerde oder Erwähnung irgendeiner Art, die die Mitbestimmungspraxis in der Firmenführung, ihre Haltung gegenüber Problemlösung und Zielsetzung in der Gruppe oder die Versuche der Firmenleitung betreffen, die darauf gerichtet sind, mehr über den Nutzen demokratischer Verfahren und den Vorgang zu erfahren, ein wünschenswertes Betriebsleben zu schaffen.
Nicht ein einziges Mal in 20 Jahren, in denen zweimal wöchentlich »Beschwerdesitzungen« abgehalten wurden, sind die Probleme »Manipulation«, »manipulative Demokratie«, »demokratische Beteiligung«, »unwillkürliche Manipulation«, »Mitbestimmung der Arbeiter«, »Experiment«, »Einschüchterung« oder »Zwang« aufgebracht worden, und auch die Mitbestimmungsmethode der Firma ist niemals in Frage gestellt worden — nicht von irgendeinem Gewerkschaftsmitglied, nicht von einem Gewerkschaftsfunktionär, nicht von irgendeinem Beschwerdeausschuß und nicht in einem der sieben Verträge mit der Gewerkschaft, die seit 1946 abgeschlossen worden sind...
Außerdem wurden Gewerkschaftsfunktionäre, die damals direkt beteiligt waren, vor kurzem befragt, ob sie sich an irgendwelche Proteste gegen »die fortwährenden Experimente in der Firma«, gegen »unwillkürliche Manipulation« oder gegen die »demokratische Betriebsführungspraxis« erinnern könnten. Keiner erinnerte sich an dergleichen[3].

Selbstachtung im Sport

Selbstachtung, Sensibilität und Identifizierung scheinen auch in einem Bereich ebenso wichtig zu sein, der einem auf den ersten Blick höchst un-

[3] Abdruck mit Erlaubnis von Dr. A. J. Marrow und der Herausgeber von *Trans-Action* aus Gombergs »Fantasy«, Sept./Okt. 1966.

wahrscheinlich vorkommen könnte — im College-Football. Trainer Darrell Mudra hat einmal den überraschenden Ausspruch getan, es gebe in einer Football-Mannschaft keinen Platz für Wettbewerb, wie er heute von vielen Trainern aufgefaßt wird. Wirklich wesentlich sei nur die Teamarbeit. Und diese wiederum sei abhängig von den Empfindungen der Spieler in bezug auf sich selbst und von ihrer Sensibilität für die anderen. Nach Mudras Ansicht unterscheidet sich, jenseits vom Besitz von Grundfertigkeiten, durch diese Qualitäten ein Gewinnerteam von einem Verliererteam. Im folgenden bringen wir einige Zitate aus Dr. Mudras provozierendem Bekenntnis:

Man könnte sagen, unser System sei eher auf den Spieler zentriert als auf das System selbst. Die einzelnen Systeme im Football haben nichts Geheimnisvolles an sich. Der Zauber liegt in den Spielern, und darum sind wir zur Zentrierung auf den Spieler gekommen...
Wir fangen nicht mit etwas Bestimmtem an, sondern wir haben ein sehr allgemeines System im Sinn. Wir hätten es am liebsten, wenn alle Trainer und alle Spieler bestimmen würden, was wir demnächst tun werden. Wenn wir unsere Spieltaktik ausarbeiten, tun wir es in kleinen Gruppen. Die »tackles« arbeiten vielleicht in einer Gruppe, die »backs« in einer anderen und die »ends« in einer dritten usw. Was sie ausarbeiten, ist vielleicht nicht so technisch präzise wie die Anweisungen, die die Trainer entwickeln würden. Aber was sie ausarbeiten, können sie gewöhnlich gut lernen und ausführen. Daraus ergibt sich eine effektivere individuelle und kollektive Leistung in der Zusammenarbeit. Der Erfolg des Spiels ist abhängig von etwas, dem die Spieler mit Überzeugung folgen, nicht von dem, was die Trainer wissen, aber vielleicht nicht ganz haben übermitteln können.
Der Autor stellt die Behauptung auf, Wettbewerbsverhalten, wie es allgemein aufgefaßt wird, sei keine natürliche, sondern eine erlernte Eigenschaft, die in manchen Situationen die Weiterentwicklung nicht fördert, sondern behindert. Der angeborene Drang nach Selbstverwirklichung ist um vieles größer als der erlernte Wettbewerbsdrang, den die Menschen in einer auf Wettbewerb ausgerichteten Kultur erworben haben. Der Mensch strebt nicht danach, besser zu werden als sein Mitmensch; er strebt danach, seine Potenzen bis zum äußersten auszuschöpfen.
Es ist wichtig, die alten Wettbewerbsvorstellungen durch Gelegenheiten zur Identifizierung zu ersetzen. Wenn ein Spieler die Leistung eines Gegners in der alten, traditionellen, auf Wettbewerb ausgerichteten Art betrachtet, ist er vielleicht nicht in der Lage, die signifikanten Aspekte der Leistung wahrzunehmen, weil seine feindseligen Gefühle sie aussperren. Wenn ein Gegner oder ein Mannschaftskamerad ein gutes Spiel macht, sollte man das nicht dankbar als eine Gelegenheit akzeptieren, eine neue Technik zu lernen? Während des Mineral-Bowl-Spiels, das wir letztes Jahr gespielt haben, schickten die Trainer 13 Spieler aufs Feld, und der Quarterback benützte nur eins davon. Er ging als der

Führer daraus hervor und übernahm die Verantwortung für die Spielansage. Wenn wir ein Spiel angaben, war es ein Vorschlag, und er wußte, er konnte jedes Spiel abschütteln, das er nicht benützen wollte. Unser Quarterback erwarb das Recht, die Mannschaft zu führen. Wir sind überzeugt, daß die Spieler sich viel effektiver einsetzen, wenn sie persönlich beteiligt sind. Sie haben mehr Gleichmut dabei, jede Aufgabe erfolgreich zu bewältigen, wenn sie entscheiden helfen, welche Aufgabe gestellt werden soll[4].

Derartige Vorstellungen über die Führung eines Football-Teams muß vielen Leuten gewiß ketzerisch erscheinen, wenn man nicht die Tatsache berücksichtigt, was für eine bemerkenswerte Erfolgsbilanz Dr. Mudra aufzuweisen hat. In neun Jahren hat er an vier verschiedenen Colleges eine Bilanz von 74 gewonnenen und nur 14 verlorenen Spielen. Zwei der Siege wurden bei Meisterschafts-Pokalspielen nach der Saison errungen!

Die Beziehung von Selbstachtung zu Erfolg und von Fehlanpassung zu Mißerfolg liefert eine Haupt-Leitlinie für die helfenden Berufe. Zum Helfen braucht man Selbsterfüllung und die Vermeidung von Deprivation. Um diese Forderung zu erfüllen, muß der Vorgang des Helfens zu gesteigerter Selbstachtung führen. Dazu müssen die Helfer geschickt und erfahren darin sein, bei Schülern, Klienten, Patienten und Gemeindemitgliedern das Wachstum einer positiven Ansicht vom eigenen Selbst zu fördern und zu erleichtern. Das vornehmste Ziel der helfenden Berufe ist die Schaffung von Selbstachtung, und Methoden ihrer Hervorbringung sind die Hauptprozesse, mit denen diese Berufe arbeiten. Was könnte es bedeuten, so können wir uns fragen, wenn es uns wirklich gelingen würde, bei Personen aller Schichten wesentliche Steigerungen der Selbstachtung hervorzubringen? Die Möglichkeiten gehen über alle Vorstellungskraft? Wenn wir dies auch nur teilweise bei den Entmutigten, den Geschlagenen und den Benachteiligten erreichen könnten, würden wir das Gefüge der Gesellschaft verändern, in der wir leben.

Offenheit für Erfahrungen

Ein zweites Merkmal, das zur maximalen Freiheit und Selbstverwirklichung notwendig ist, ist Offenheit für Erfahrungen. Diese hat mit der Fähigkeit des Menschen zu tun, die Welt wahrzunehmen. Es ist die Fähigkeit, dem zu begegnen, was ist, in eine Transaktion mit ihm einzutreten und in der Folge neue Bedeutungen zu entwickeln. In hohem Maß sich selbst verwirklichende, voll funktionsfähige Persönlichkeiten schei-

[4] Mudra, D., A new look at Leadership, Journal of Health. Physical Education and Recreation (1964), 35, 30 und 86.

nen mit einem Minimum an Verzerrung mit der Welt fertig werden zu können. Sie können sich selbst und ihre Umwelt offen und ohne Furcht betrachten. Sie neigen dazu, sich richtig und realistisch zu sehen.
Psychologen haben die Offenheit für Erfahrungen manchmal als »Akzeptieren« bezeichnet, womit sie die Fähigkeit meinen, dem zu begegnen, was ist — sei es im eigenen Selbst oder in der Außenwelt. Es sollte klar sein, daß das Wort *Akzeptieren* in diesem Sinn gebraucht, nicht bedeutet, daß man »nachgibt« oder »sich mit etwas abfindet«. Der Ausdruck bedeutet vielmehr, daß man »offen ist für« oder »bereit, etwas oder jemand zu begegnen«. Es ist einem Menschen möglich, den Umstand zu akzeptieren, daß jemand ihn z. B. nicht mag, ohne notwendigerweise dagegen selbst auch zu meinen, er sei völlig unzulänglich. Von Angehörigen der helfenden Berufe wird oft gefordert, den Umstand zu akzeptieren, daß ein Klient sich falsch verhält, ohne deshalb den Klienten abzulehnen. Das in dieser Weise angewandte Akzeptieren bedeutet keine Zustimmung und auch nicht die Unfähigkeit, etwas zu ändern.
Das erste Erfordernis, damit man mit der Welt oder mit dem eigenen Selbst umgehen kann, muß die Fähigkeit sein, sie wahrzunehmen, mit ihnen in einen Dialog einzutreten. Ob dies möglich ist, hängt sehr weitgehend von der Selbstachtung eines Menschen ab. Menschen, die sich in hohem Maß selbst verwirklichen, finden das Akzeptieren leicht. Zutiefst benachteiligt und fehlangepaßte Menschen finden es oft schwierig, wenn nicht gar unmöglich, etwas zu erreichen. Diese Beziehung von Offenheit zu Selbstachtung wurde in einem einfachen Versuch gemessen, den einer der Autoren durchgeführt hat. Allen Kindern einer Schule, die im sechsten Schuljahr waren, legte man übliche Anpassungstests vor. Auf einer Liste von »Dingen, die Jungen und Mädchen manchmal tun«, sollten sie außerdem die Dinge anstreichen, die für sie selbst zutrafen. Alle Punkte auf der Liste betrafen Verhaltensweisen, die gewählt worden waren, weil sie wahrscheinlich für alle Kinder gelten, bei denen es aber wenig schmeichelhaft ist, wenn man sie zugibt. Einige Beispiele: »Manchmal hab' ich meine Mutter belogen«, »manchmal vergesse ich absichtlich, mir die Zähne zu putzen« oder »manchmal war ich Tieren gegenüber unsanft«. Als man die Ergebnisse der beiden Tests verglich, entdeckte man (wie vorhergesagt worden war), daß die besser angepaßten Kinder mehr von den wenig schmeichelhaften Dingen als für sich zutreffend anstrichen als die schlecht angepaßten. Ein kleiner Junge mit der höchsten Anpassungs-Punktzahl in der Schule sagte, neunzehn von den zwanzig wenig schmeichelhaften Dingen träfen auf ihn zu.
Menschen, die sich in hohem Maß selbst verwirklichen, haben ein so hochgradiges Selbstvertrauen, daß sie alle Arten von Daten ansehen kön-

nen, ohne es nötig zu haben, sich zu verteidigen oder Ereignisse so zu verzerren, wie sie sie gern hätten. Ein Mangel an der Fähigkeit des Akzeptierens ist ein Hauptmerkmal der Neurose und zeigt sich in unzähligen Formen — von der Unfähigkeit des kleinen Kindes, den noch kleineren Bruder zu akzeptieren, vom mittelalten Schwerenöter, der die Beweise seines fortschreitenden Alters nicht akzeptieren kann, bis hin zu der Mutter, die sich nicht in der Rolle der Hausfrau akzeptieren kann. Menschen mit einer extremen Unfähigkeit, die Realität zu akzeptieren, enden in unseren Nervenheilanstalten und man sagt, sie hätten »den Kontakt zur Realität verloren«.

Selbstachtung und Offenheit

Die Mauern, die der Mensch baut, um andere draußen zu halten, sperren ihn selbst auch ein. Die Schutzmaßnahmen, die errichtet werden, um Verletzung zu vermeiden, haben auch die Folge, Offenheit für neue Erfahrungen zu zerstören. Man hat in der Forschung und in der klinischen Praxis wiederholt nachgewiesen, daß Gefühle des Sich-Selbst-Akzeptierens eine Voraussetzung für die Fähigkeit sind, andere Menschen zu akzeptieren. Ein schwaches, defensives Selbst oder ein Selbst, das der Eigentümer nicht ausstehen kann, ist eine schlechte Grundlage für konstruktive Gefühle in bezug auf andere Menschen. Wir haben schon gesehen, daß das Selbst-Bild die Tendenz hat, Verhalten hervorzurufen, das sich selbst verstärkt. Menschen, die sich selbst ablehnen, werden mit großer Wahrscheinlichkeit auch andere Menschen ablehnen und so dazu beitragen, daß sie sich selbst gerade von den Erfahrungen abschließen, die, auf die Dauer gesehen, ihre Probleme lösen könnten. Diese Beziehung zwischen dem Akzeptieren des eigenen Selbst, dem Akzeptieren anderer und der Offenheit für Erfahrungen wurde sehr schön veranschaulicht durch zwei schwer behinderte junge Frauen, die einer der Autoren kannte. Zwei Mädchen, die beide zu einem Ausbildungsprogramm in klinischer Psychologie für Studierende mit Abschlußexamen zugelassen werden wollten, kamen an aufeinanderfolgenden Tagen in das Büro des Autors. Da das Büro im 2. Stock lag, mußten beide Mädchen zu ihrem Interview hinaufgetragen werden. Das erste Mädchen war eine harte und bittere Person. Sie war, was ihre Gesichtszüge anging, ein attraktives Mädchen, aber ihre harte, zornige, trotzige Haltung verdarb alles, was sie an guten Möglichkeiten hatte. Ihre Haltung stieß jeden sofort ab, der ihr zuhörte. Im Lauf des Gesprächs sagte der Autor: »Ich frage mich, ob Sie jemals bedacht haben, in welchem Maß Ihre Behinderung ...«. Weiter kam er nicht. Sie schnappte: »Ich habe keine Behinderung!« Da sie unfähig war, sich selbst zu akzeptieren, war sie auch unfähig, wirksam mit sich oder anderen umzugehen. Das zweite Mädchen war in der gleichen Situation — aber was für ein Unterschied! Sie war gewiß körperlich nicht so attraktiv, hatte aber eine viel offenere, weiblichere Persönlichkeit — sie war ein Mensch, zu dem man sich unmittelbar hingezogen fühlte. Der Autor sagte das gleiche, was er zu der ersten jungen Frau gesagt hatte, aber diesmal ließ man ihn seinen Satz zu Ende bringen: »Ich frage mich, ob Sie jemals bedacht haben, wieweit Ihre Behinderung es Ihnen erschweren könnte, auf diesem Gebiet zu arbeiten?« Hier folgt ihre Antwort:

Ich habe sehr viel darüber nachgedacht. Wissen Sie, außer Kinderlähmung hab' ich vor einigen Jahren noch Tuberkulose gehabt. Damals hab' ich zwei Jahre lang in einem Krankenhaus auf dem Rücken gelegen und hatte viel Zeit zum Nachdenken. Mir scheint, daß Erfahrung helfen könnte. Wissen Sie, ich hab' so'n Gefühl, daß jemand, der soviel durchgemacht hat, besser in der Lage sein wird, andere Leute zu verstehen, die gelitten haben.

Die eine Person konnte sich selbst akzeptieren, und daher auch andere Menschen; die andere, unfähig, sich selbst zu akzeptieren, lehnte auch die Welt ab.

Menschen mit hoher Selbstachtung, die sich selbst akzeptieren können, können auch andere akzeptieren; dies macht eine wirksame Interaktion mit anderen viel wahrscheinlicher. Weil sie an sich glauben und sich vertrauen, können sie in hohem Maß selbständig handeln. Sie sind frei beweglich und können neue Richtungen einschlagen —; das ist es, was man mit Kreativität meint. Menschen, die für Erfahrungen offen sind, genießen das Ausforschen. Sie werden durch ihre Erfahrungen weder umgeworfen, noch wehren sie sie ab. Da sie für Erfahrungen offener sind, haben sie eine größere Sammlung von Daten, aus denen sie ihre Lösungen für Probleme beziehen können. Mit mehr Daten ist die Wahrscheinlichkeit größer, daß sie bessere Antworten finden, und dies wiederum macht wirksameres und tüchtigeres Verhalten möglich —; das meinen wir mit Intelligenz.

Bedürfnis und Offenheit

Das Bedürfnis nach Selbstverbesserung sorgt im allgemeinen dafür, daß das Individuum ständig in seiner Welt auf der Suche nach neuen Wegen zu stärkerer Selbstverwirklichung ist, und es hat die Wirkung, das Individuum für Erfahrungen aufzuschließen. Das Bedürfnis nach Selbsterfüllung kann jedoch auch in der Richtung wirken, daß es die Offenheit nicht fördert, je nachdem, wie dem Sich-Verhaltenden die Dinge erscheinen. Diese persönliche Eigenschaft der Bedürfnisbefriedigung ist oft für

Angehörige der helfenden Berufe eine große Frustration. Die Art von Offenheit, die zur Selbsterfüllung nötig ist, wie sie der Helfer sieht, wird möglicherweise von denen, denen er helfen möchte, überhaupt nicht gesehen. So schlägt z. B. die Krankenschwester, die darauf bedacht ist, die Ernährung des Patienten zu verbessern, neue Dinge vor, die der Patient essen sollte; vom Standpunkt des Patienten aus mögen diese Vorschläge nicht nur reizlos erscheinen, sondern sogar abstoßend. Ähnlich ist es die Aufgabe der Lehrer, den Schülern mehr Erfahrungen zu eröffnen, so daß sie das nötige Rüstzeug bekommen, um in der Zukunft mit dem Leben fertig zu werden. Für den Schüler, dem es nur um die Befriedigung seiner augenblicklichen Bedürfnisse geht, mögen jedoch diese Versuche des Lehrers im Blick auf seine Ziele sinnlos erscheinen.

Wertvorstellungen und Offenheit

Jeder von uns verhält sich demgemäß, was ihm wichtig oder unwichtig erscheint. Wenn auch das Vorhandensein von Wertvorstellungen immer Wege des Erlebens sowohl aufschließt als auch versperrt, rufen doch manche Wertvorstellungen mit viel größerer Wahrscheinlichkeit Offenheit hervor als andere. Man hat z. B. gesagt, ein Genie sei »ein Kerl, der aus reiner Freude am Wiederherauskommen in Schwierigkeiten gerät«. Gewiß wird ein Mensch, der es schätzt, Probleme zu lösen, mit viel größerer Wahrscheinlichkeit neue Erfahrungen machen als einer, der Problemen aus dem Weg geht. Kreativität erfordert einen Bruch mit der Tradition, Hinausgehen ins Blaue, das Ausprobieren der eigenen Flügel, das Ausbrechen aus den gebahnten Geleisen. Mit ihr ist auch wahrscheinlich eine gewisse Unordnung verbunden. In der Schule ist eine kreative Klasse wahrscheinlich keine ruhige, und eine streng geordnete Klasse wird keine kreative sein. Eine Lehrerin also, die zuviel Wert auf Ordnung, geregeltes Vorgehen, Brauch, Tradition und die »richtige« Art legt, kann in Wirklichkeit Offenheit bei ihren Schülern verhindern.

Die Einstellung, daß es an sich schon gut ist, hinzuschauen, und Spaß, etwas zu versuchen, führt fast mit Sicherheit das Individuum in Umstände hinein, wo seine Erfahrungen vertieft und erweitert werden. Sicher ist sie ganz anders als die eines Menschen, der die Einstellung hat, man dürfe nicht hinschauen oder »nur die Fachleute könnten gute Ideen haben«. Eins der Merkmale von Menschen, die einen hohen Grad von Selbstverwirklichung erreicht haben, scheint das zu sein, was Psychologen eine »Toleranz gegen Ungewißheit« genannt haben. Das heißt, solche Menschen haben die Einstellung, es sei »in Ordnung«, mit einem ungelösten Problem zu leben. Weniger »erfüllte« Menschen finden oft die Konfrontation mit nicht sofort lösbaren Problemen unerträglich und können so veranlaßt werden, jede Lösung anzunehmen, selbst eine schlechte, um das Problem zu lösen.

Wie man zur Offenheit ermutigt

Offenheit für Erfahrung wird gelernt. Das Akzeptieren wird dadurch erlernt, daß man selbst akzeptiert worden ist. Daraus folgt, daß reichlich Gelegenheiten erforderlich sind, in denen Individuen ausforschen und in Sicherheit sich selbst erproben können. Eine derartige Offenheit entsteht durch Gelegenheiten, sich an Ereignissen zu beteiligen. Es ist wie beim Schwimmenlernen, nur braucht man ausreichende Hilfe, um sicher zu sein, daß man nicht ertrinkt. Andererseits kann man *niemals* schwimmen lernen, wenn man nicht ans Wasser geht. Offenheit für Erfahrungen kommt zustande als Folge des Umstands, daß man sicher genug ist, wo man ist. Dann kann man mit Mut und Entschlossenheit in neue Ereignisse hineingehen. Dies liefert uns ein Leitprinzip für die Entwicklung von Offenheit.

Ein großer Teil der Zeit und der Bemühungen von Angehörigen der helfenden Berufe wird darauf verwendet, Klienten, Schülern und Patienten zu helfen, größere Offenheit und größeres Vermögen zum Akzeptieren zu entwickeln. Ein Großteil der menschlichen Fehlanpassung ist ein Produkt des fehlenden Akzeptierens; die Arbeit von Beratern, Psychiatern, Sozialarbeitern und all jenen Menschen, die mit seelisch-geistig Kranken arbeiten, wird notwendigerweise durch die Grundsätze bestimmt, die Offenheit und Akzeptieren beeinflussen. Ebenso ist es mit den Bemühungen anderer professioneller Helfer, die mit ganz normalen Menschen arbeiten. Offenheit für Erfahrungen ist ein Hauptfaktor der Intelligenz; sie muß also eine sehr wichtige Rolle in den Bemühungen aller jener spielen, die sich um die wirksame Weiterentwicklung anderer kümmern. Sie spielt eine besonders entscheidende Rolle im Verhalten von Eltern und Lehrern, die verantwortlich sind für die Erziehung der nächsten Generation.

Leider rufen gutgemeinte Versuche, andere zu motivieren, oft wie ein Bumerang ganz entgegengesetzte Wirkungen hervor. Eltern, die besonderen Wert darauf legen, daß ihr Kind sich bewährt, werden es vielleicht krampfhaft auffordern, alles besser zu machen, daß das Kind aus dieser Erfahrung lernt, es sei so, wie es ist, nicht akzeptabel. Eine ständige Kost dieser Art kann rasch dazu führen, daß sich ein Kind blöde und unzulänglich fühlt. Solche negativen Wirkungen von Motivierungsversuchen sind oft in besonders peinlicher Form bei der Behandlung von behinderten Menschen zu beobachten. Kindern werden oft viele Ratschläge erteilt, die gedacht sind, sie dazu zu bewegen, ihre Bereiche zu erweitern, sich über sich selbst zu erheben. Bemerkenswerte Beispiele wie Teddy Roosevelt, Franklin Roosevelt, Abraham Lincoln, Glenn Cunningham und sogar das »häßliche junge Entlein« werden ihnen oft als nachahmenswerte Beispiele vor Augen gestellt. Das bedeutet in Wirklichkeit, daß man das Kind auffordert, die Hauptanstrengungen seines Lebens auf seinen schwächsten Punkt zu konzentrieren! Nur wenige Erwachsene wären von allein bereit, für sich selbst eine solche Konzentration der Kräfte zu akzeptieren. Das Prinzip von Herausforderung und Bedrohung ist hier wichtig. Wenn eine Behinderung geringfügig ist und vom Betroffenen als Herausforderung angesehen werden kann, können sich derartige Motivierungsbemühungen als heilsam erweisen. Aber was geschieht mit dem Menschen mit einer schwerwiegenden Behinderung, die nicht zu überwinden ist? Ein ständiges Drängen, das Unmögliche zu leisten, genügt, um auch den stärksten Menschen zu entmutigen. Auf die Dauer wird es wahrscheinlich einen verdrehten, unglücklichen, geschlagenen Menschen produzieren.

Ein Überblick über die oben besprochenen Faktoren, die Offenheit und die Fähigkeit zum Akzeptieren beeinflussen, liefert eine Reihe brauchbarer Grundsätze, die die Richtung angeben und Techniken vorschlagen, mit denen Angehörige der helfenden Berufe ihre Aufgaben mit erhöhter Aussicht auf Erfolg erfüllen können.

Freiheit und Identifizierung

Intelligentes Verhalten erfordert eine Transaktion mit dem Leben, die Fähigkeit, in einen Dialog mit Menschen und Ereignissen einzutreten, das eigene Selbst zum Engagement zu verpflichten. Bedeutung kommt, wie wir gesehen haben, zustande infolge der Entdeckung der Beziehung von Ereignissen zum Selbst. Ein Selbst, das distanziert bleibt, muß sich notwendigerweise selbst weniger effektiv machen. Ein Selbst, das der Hingabe nicht fähig ist, ist von der Erfahrung durch eine Mauer abgetrennt. Sein Feld der Bedeutungen ist um so ärmer und sein Potential für wirksames Verhalten ist herabgesetzt. Ein reiches Feld von Bedeutungen ist das Produkt eines Selbst, das in aktiver Transaktion mit der Welt steht. Ob ein Mensch fähig ist, in solche Transaktionen einzutreten, und wie befriedigend sie mit Wahrscheinlichkeit sind, ist abhängig von dem Grad seiner Identifizierung mit Ereignissen und Menschen in der Welt, in der er lebt.

Der Mensch ist ein soziales Wesen. Der Grad, in dem er Erfüllung erreichen kann, ist davon abhängig, wie erfolgreich er Beziehungen mit den anderen Menschen gestalten kann, die die Gesellschaft oder die Kultur darstellen, in der er lebt. Wir sind so sehr von anderen Menschen abhängig, daß ein gewisses Maß an erfolgreicher Interaktion mit ihnen für das Leben selbst wesentlich ist. Befriedigende mitmenschliche Beziehungen sind nicht nur ein hübscher Gedanke; sie sind lebenswichtig. Versuche mit Affen, denen man jede Gelegenheit nahm, mit anderen Affen zu interagieren, beweisen, daß sie durch eine Isolierung dieser Art zu entstellten, falsch angepaßten Persönlichkeiten werden. Wenn sie ohne Kontakt miteinander aufgezogen worden sind, kann man sie oft nicht einmal dazu bringen, sich zu paaren. Anscheinend wissen sie nicht, daß sie Affen sind, ohne Erfahrungen mit anderen gemacht zu haben, die ihnen helfen zu entdecken, wer und was sie sind. Ähnlich werden auch Menschen erst menschlich durch Interaktion mit ihresgleichen. Gefühle der Identifizierung tragen zu diesem Prozeß und so zur Humanisierung der Menschen bei.

Wir alle leben in einer Menschenwelt. Menschen sind aller Wahrscheinlichkeit nach die wichtigsten Aspekte unserer Welt, die Ursache unserer meisten Befriedigungen und Frustrationen. Tatsächlich sind andere Menschen die einzigen wirklich wichtigen Ingredienzien des Lebens. Physische Dinge, seien sie Geld, Autos oder Kleidung, bekommen nur Bedeutung und Wichtigkeit, wenn man sie mit anderen Menschen teilt. Ohne persönlichen Bezug sind sie nichts. Durch das Wesen unserer Beziehungen zu anderen werden Freiheit und persönliche Erfüllung bestimmt.

Identifizierung mit Ideen

Identifizierung ist nicht nur in bezug auf Menschen ein wichtiger Faktor, der das Verhalten beeinflußt. Sie ist ebenso wichtig im Hinblick auf Ideen. Wir haben schon bemerkt, welch enge Beziehung zwischen dem Selbst-Bild und dem Lernen besteht. Ob irgendeine Information zu einer Verhaltensänderung führt, hängt davon ab, in wie enger Verbindung zum eigenen Selbst diese Information wahrgenommen wird. Ideen, die der Struktur des Selbst einverleibt werden, werden mit Sicherheit zukünftiges Verhalten bestimmen. Es gibt einfach kein erhebliches Lernen, ohne daß die Person in den Vorgang hineingezogen wird. Ideen an sich sind bloße Illusionen. Nur in Menschen werden sie lebendig, und nur durch die persönliche Entdeckung ihrer Beziehung zum Selbst beeinflussen sie das Verhalten.

Wirkliches Lernen und der Reichtum, den es dem Leben verleiht, kommen nur mit Beteiligung des Selbst zustande. Menschen, die nicht in den

Dialog mit Ideen eintreten können oder wollen, sind von der Erfahrung abgeschnitten, eingekreist, und im Verstehen gehemmt. Dieses Prinzip wurde einem der Autoren dieses Buches lebhaft verdeutlicht, als er mit einem ihm befreundeten Künstler ein Museum besuchte. Der Autor gab sich große Mühe, einige moderne Bilder zu verstehen, kam aber zu keinem Ergebnis. Da sagte sein Freund zu ihm: »Hör auf, dich zu mühen. Du siehst es dir von ferne an und tastest danach mit den Fingerspitzen. Laß es zu dir kommen. Versuch, dabei zu sein. Laß dich hineinziehen. Laß' es in dich hineinfließen.« Als der Autor das Bild auf diese Weise ansah, erlebte er fast sofort eine ganz neue Beziehung zu Gemälden. Er entdeckte eine neue Schönheit, eine neue Bedeutung und sinnliches Entzücken, als er sich erlaubte »dabei zu sein«. Anstatt das Bild *anzusehen*, lernte er, in einen *Dialog mit ihm* einzutreten und eröffnete sich dadurch eine ganz neue Welt der Erfahrung. Das Selbst, das mit der Erfahrung im Kampf liegt, schließt sich selbst von Bedeutungen ab und vermindert die psychische Freiheit. Das Selbst, das mit Ideen oder Vorstellungen in Interaktion treten kann, öffnet und erweitert seine Welt; zugleich verbreitert es seine Aktionsbasis und vergrößert seine Chancen, Selbsterfüllung zu erreichen.

Nirgends ist diese Beziehung zwischen dem Selbst und Ideen so wichtig wie in der Erziehung. Es ist ein Hauptzweck der Schulen, die Schüler in wirksame Beziehungen zu den angehäuften Erfahrungen anderer Menschen zu bringen. Wie erfolgreich sie ihre Aufgabe lösen, ist davon abhängig, wie gut es ihnen gelingt, die Schüler dazu zu bewegen, sich in die Lernvorgänge selbst einzubringen. Wir haben alle die Erfahrung gemacht, in der Schule »mitzukommen« oder nicht. Wir haben in jenen Klassen wenig gelernt, wo wir uns aus diesem oder jenem Grund geweigert haben, uns in den Lernprozeß selbst zu investieren. Andererseits können wir uns erinnern, daß wir in den Klassen, wo wir schwer gearbeitet haben, wo wir mit unseren Klassenkameraden interagiert haben und dergleichen, auch viel gelernt haben. Und es machte nichts aus, ob unser Interesse von innen heraus kam oder ob es auf einen inspirierenden Lehrer zurückging oder auf einen aufregenden Stoff. Wenn wir erst einmal wachgerüttelt waren, waren wir »dabei«, und wir lernten. Was gelernt wurde, wurde auch mit viel größerer Wahrscheinlichkeit behalten und in die Praxis umgesetzt. Die Menschen sabotieren nicht ihre eigenen Projekte. Nur jene Projekte, bei denen die Menschen kein Gefühl der Identifikation haben, werden übersehen oder, im aktiven Fall, bekämpft.

Identifizierung und Selbstverwirklichung

Tiefe Gefühle der Identifizierung mit anderen Menschen scheinen ein Hauptmerkmal von stark sich selbst verwirklichenden Personen zu sein. Das Vorhandensein dieser Gefühle ruft wiederum Interaktionen mit ihren Mitmenschen hervor, die die vorhandenen Ansichten bekräftigen und stärken. Weit gespannte Gefühle der Identifikation z. B machen es möglich, mehr Vertrauen in andere zu setzen. Sie tragen ein Gefühl der Sicherheit zu den eigenen Transaktionen bei. Man kann viel offener und freier in Beziehung zu anderen treten. Wenn man seines Willkommens sicher ist, ist man frei, mit höher erhobenem Haupt zu gehen und man wagt zu tun oder zu sagen, was andere, weniger selbstsichere Menschen nicht riskieren könnten. Man kann also in Interaktionen mit anderen mit einer Erfolgs*erwartung* hineingehen. Weil weiträumig identifizierte Menschen das Gefühl haben, dazuzugehören, stellen sie Beziehungen zu anderen Leuten her, als seien diese nicht Fremde, sondern Angehörige der Familie. Menschen, die zu einer derartigen Anteilnahme fähig sind, erlangen viel leichter Selbsterfüllung. Auch das Feedback, das sie durch diese Interaktionen erleben, ist mehr unterstützend und hebt stärker das Selbstgefühl als der von weniger zur Selbstverwirklichung fähigen Menschen.

Ein Gefühl des Einsseins mit anderen wird in dem, der es empfindet, wahrscheinlich ein tiefes Mitgefühl für andere erzeugen. Andere entdekken diesen Umstand rasch und fühlen sich veranlaßt, entsprechend zu reagieren. Sie entdecken auch, daß zutiefst identifizierte Menschen höchst verantwortungsvoll und vertrauenswürdig sind, denn was sie für andere tun, tun sie für sich und umgekehrt. Infolgedessen reagieren sie wahrscheinlich warmherzig und offen auf andere. Da weit identifizierte Menschen weniger bedrohlich sind, können andere es sich leisten, ihre Abwehr zu lockern und reaktionsbereiter in Beziehungen zu ihnen einzutreten. Dies war im Leben der von Maslow untersuchten Personen, die sich selbst verwirklichten, so häufig der Fall, daß es manchmal lästig wurde. Weil diese Menschen warmherzig, offen, mitfühlend und verständnisvoll waren, zogen sie meistens Menschen mit Problemen an und fanden sich deshalb manchmal umgeben von Unglücklichen, die Hilfe brauchten! In den Augen anderer erscheinen Menschen, die sich selbst verwirklichen, als warmherzig, freundlich, verantwortungsvoll und vertrauenswürdig. Weil sie so erfahren sind, wirken sie auf andere sehr anziehend. Aus dem Verhalten der Menschen in ihrer Umwelt erfahren sie wiederum, daß man sie mag, daß sie erwünscht, geachtet, geschätzt und geliebt werden. Dies ermöglicht es den tief identifizierten Menschen, in einer steigenden Spirale immer mehr so zu sein; das ist das wahre Wesen der psychischen Freiheit.

Tiefe Gefühle der Identifizierung tragen wahrscheinlich auch zu intelligenterem Verhalten bei. Mit positiven Gefühlen gegenüber anderen können die Menschen mit Erfolgserwartungen an Beziehungen herangehen. Mit einem Gefühl des Einsseins haben sie wenig zu fürchten; sie können sich daher ohne Rückhalt der Interaktion hingeben. Menschen ohne derartige Gefühle haben große Behinderungen zu überwinden. Sie müssen mit anderen umgehen, als seien sie Fremde oder Feinde, anstatt Kameraden oder Freunde. Demgemäß neigen sie dazu, an Interaktionen nur zögernd heranzugehen. Da sie Widerstand erwarten, wird ihnen wahrscheinlich auch Widerstand begegnen, und so bringen sie sich schon um den Erfolg, ehe sie noch recht begonnen haben.

Identifizierung und psychische Gesundheit

Ein Hauptmerkmal der psychisch Kranken ist ein Mangel an Identifizierung. Immer wieder stellt sich heraus, daß Menschen, die in psychologische Kliniken kommen, Menschen, die beim Berater, beim Sozialarbeiter und beim Priester Hilfe suchen, Menschen, die mit dem Gesetz in Konflikt kommen oder in die Nervenheilanstalt eingeliefert werden, unter tiefen Gefühlen der Depersonalisation oder Entfremdung leiden. Sie fühlen sich von ihren Mitmenschen abgeschnitten. Weit davon entfernt, sich frei zu fühlen, fühlen sie sich vom Leben eingezwängt, bedrängt und unfähig, Erfüllung zu finden. Sie werden die Einzelgänger, die Unfreien, die Getriebenen, Feindseligen, die keine Identifizierung zustande bringen und ihre Probleme durch Zurückweichen vor einem Engagement oder durch Ablehnung des Engagements lösen. In der Welt, in der wir leben, ist es fast unmöglich, ohne Identifizierung ein befriedigendes Maß an Selbsterfüllung zu finden. Wir leben in einer Welt der Menschen; ohne wirksames Engagement mit Menschen sind wir verloren.

Es ist wahrscheinlich kein Zufall, daß die allerbeste Kur, die wir für die Jugendkriminalität haben finden können, das Heiraten ist. Von allen Umständen, die bei sich bessernden Delinquenten zu finden sind, scheint das Heiraten wirksamer und sicherer zu sein als jede andere Einzelmaßnahme, die wir kennen. Wenn man jemand hat, dem an einem liegt, für den man leben kann, mit dem man etwas teilen kann, erfährt man eine gewisse Befreiung von der Langeweile und den Gefühlen der Entfremdung, die am Grund eines Großteils des delinquenten Verhaltens liegen.

Viele der großen sozialen und persönlichen Probleme unserer Zeit kommen durch die schrecklichen entmenschlichenden Kräfte zustande, die wir in unserer Mitte entfesselt haben. Wir haben eine Gesellschaft geschaffen, in der Millionen von Menschen das Gefühl haben, sie hätten nur wenig Bedeutung. Die deutliche Wirkung unserer technischen Neuerungen besteht darin, daß sie den Einzelmenschen depersonalisieren, und daß sie das Zustandebringen befriedigender zwischenmenschlicher Beziehungen zunehmend erschweren. Ein Großteil der Tätigkeit von Angehörigen der helfenden Berufe muß darauf gerichtet sein, Menschen zu helfen, neue und befriedigendere Beziehungen zwischen sich und anderen Menschen zu entdecken und anzuknüpfen.

Die Probleme der Entfremdung und der Einsamkeit bestehen natürlich auf jeder Ebene unseres Sozialgefüges. Sie sind besonders brennend in bezug auf die jungen Menschen. Viele jungen Leute wachsen mit tiefen Gefühlen der Entfremdung gegenüber der Gesellschaft auf, in der sie leben. Viele sind verzweifelt einsam und wissen nicht recht, was sie tun sollen, weil sie keine befriedigenden Pflichten haben. Wir können uns diese Verschwendung nicht leisten. Aus humanitären Gründen ist der mit dieser Ablehnung verbundene Verlust furchtbar. Der Verlust an menschlichem Glück ist sogar noch größer. Wenn es noch nicht genügt, sich in dieser Sache Sorgen zu machen, weil wir unsere jungen Leute lieben und achten, gibt es noch einen anderen, sehr praktischen Grund, warum wir uns besser dafür interessieren sollten. Es ist geradezu gefährlich, sich nicht Sorgen zu machen. Diese jungen Leute sind die Bürger von morgen.

Psychische Freiheit ist abhängig von Identifikation. Identifizierung wiederum wird gelernt aus den Erfahrungen, die der Mensch mit den bedeutsamen anderen Menschen in seinem Leben macht. Das Gefühl des Einsseins muß entdeckt werden. Man kann es niemandem geben. Es kommt zustande als Folge der persönlichen Entdeckung, daß irgendeine Idee, eine Person, ein Ding zutiefst erhebend oder erfüllend ist. Dies sind die Dinge, an denen Helfer etwas tun können.

Ausgewähltes Schrifttum

Sterne bedeuten teilweisen oder vollständigen Abdruck in: Donald L. Avila, Arthur W. Combs, und William W. Purkey, The Helping Relationship Sourcebook, Boston (Allyn & Bacon) 1971.

Allport, G. W., Pattern and growth in personality, New York (Holt, Rinehart and Winston) 1961.

* Combs, A. W., What can man become?, California Journal for Instructional Improvement (1961), 4, 15—23.

Courson, C., Personal adequacy and self perception in high school students: A study of behavioral and internal perceptual factors, Journal of Humanistic Psychology (1968), 8, 29—38.

Crutchfield, R. S., Conformity and character, American Psychologist (1955), 10, 91—98.

Jourard, S. M., Disclosing man to himself, Princeton, N. J. (Van Nostrand) 1968.

* Kelley, E. C., The meaning of wholeness. ETC: A Review of General Semantics (1969), 26, 7—15.

Maslow, A. H., Creativity in self-actualizing people. In: H. H. Anderson (Hrsg.), Creativity and its cultivation, New York (Harper and Brothers) 1959, 83—95.

* Maslow, A. H., The creative attitude. In: R. L. Mooney und T. A. Razik (Hrsg.), Explorations in creativity, New York (Harper and Row) 1967, 43—45.

Perceiving, behaving, becoming: A new focus for education, 1962 Yearbook, Association for Supervision and Curriculum Development (National Education Association), 1962.

Redl, F. und Wineman, D., Children who hate, Glencoe, Ill. (Free Press), 1951.

Rogers, C. R., Entwicklung der Persönlichkeit, Stuttgart (Ernst Klett) 1973.

9
Ziel und Zweck des Helfens

Ziel und Wertvorstellungen sind Hauptdeterminanten des menschlichen Verhaltens. Was Helfer in bezug auf die Ziele denken, die anzustreben sind, und was sie sich für eine Dynamik vorstellen, um diese Ziele zu erreichen, bestimmt unweigerlich, was sie tun und was sie nicht tun, gleichgültig, in welcher Form die Helferrolle praktiziert wird. Vorstellungen von Zielen und Werten bestimmen auch Erfolg oder Mißerfolg des Helfers. Es macht etwas aus, wie man sich als Lehrer verhält — ob man glaubt, die Aufgabe bestehe darin, die Kinder in der richtigen Weise zu formen, oder ihnen bei der Weiterentwicklung zu helfen. Ähnlich wird sich ein Berater gegenüber einem Paar, das sich scheiden lassen möchte, ganz verschieden verhalten, je nachdem, ob er glaubt, seine wahre Aufgabe bestehe darin, das Paar zusammenzuhalten, oder darin, den Betreffenden zu helfen, ihre eigene Lösung für ihre Probleme zu finden.
Die Auffassung eines Helfers von den Zielen, die er erreichen möchte, hat unerbittliche Wirkungen auf sein Verhalten. Das gilt immer, ob er sich dessen klar bewußt ist oder nicht. Selbst undeutliche Vorstellungen haben ihre Wirkungen auf alles, was Helfer zu tun versuchen. Ziele und Zwecke bestimmen das Handeln. Undeutlich vorgestellte Ziele sind wie ein Segeln im Nebel; mit Glück kommt man manchmal in einen Hafen. Wenn die Zwecke wirr oder widersprüchlich sind, ist die Lage viel schlimmer. Dann ist es, als segle man mit einem Dutzend Kapitänen, von denen jeder andere Vorstellungen hat; wenn man überhaupt landet, hat man Glück gehabt.
Menschen sind viel zu kostbar, als daß man mit ihnen so umgehen dürfte. Ein Mensch, der in einen helfenden Beruf eintritt, übernimmt automatisch die Verantwortung dafür, daß das, was er tut, mit größter Wahrscheinlichkeit positiv zum Leben von Schülern, Klienten oder Patienten beiträgt. Dies kann keine Frage des »vielleicht« sein. Das Helfen muß ein so vorhersagbarer Prozeß sein, wie ihn der Helfer nur irgend machen kann. Es ist deshalb wichtig, daß Leute, die sich für einen helfenden Beruf ausbilden lassen, klare und richtige Vorstellungen von den Zielen und Zwecken ihres Berufes entwickeln. Dies erfordert, daß die Ziele und Zwecke des Helfers a) durch psychologische Grundgedanken gestützt, b) untereinander vereinbar und c) nachweislich wirksam sind, wenn sie in die Praxis umgesetzt werden. In diesem Kapitel wollen wir

einige Aspekte der Ziele und Zwecke des Helfens untersuchen, die mit den humanistischen Auffassungen übereinstimmen, die wir in früheren Kapiteln vertreten haben.

Wer braucht Hilfe?

In der von uns geschaffenen komplexen Welt sind die Menschen — wir und die anderen — die wichtigsten Probleme, denen wir gegenüberstehen, und jeder von uns löst diese Probleme mit mehr oder weniger Erfolg. Zwar lösen manche Leute sie viel besser als andere, aber niemand bleibt von Problemen verschont, und fast jeder hat irgendwann einmal Hilfe nötig. Manche glückliche Menschen sehen sich selbst als höchst adäquat an und verhalten sich auch so. Sie werden von den Menschen ihrer Umgebung als Erfolgreiche angesehen und erfahren daher die Annahme und Billigung der Gesellschaften, in denen sie leben. Dies sind glückliche, sich selbst erfüllende Leute. Alles scheint so zu gehen, wie sie es sich wünschen. Aber die menschlichen Bedürfnisse sind unersättlich. Selbst die in höchstem Maß sich selbst verwirklichenden Menschen haben bis zum Ende ihrer Tage Selbsterfüllung nötig, und die können sie nur mit Hilfe ihrer Mitmenschen erreichen.

Weniger vom Glück begünstigte Menschen sehen sich nicht so endgültig. Trotz ihrer Zweifel und Ängste gelingt es ihnen jedoch, sich so zu verhalten, daß es im allgemeinen für die Gesellschaft annehmbar und für sie selbst einigermaßen erfüllend ist. Dies ist die Lage, in der sich wahrscheinlich die meisten Leser dieses Buches befinden — d. h. an irgendeinem Punkt zwischen Krankheit und Gesundheit.

Andere Menschen, noch weniger vom Glück begünstigt, sehen sich sehr viel negativer. Sie sind die Traurigen, Unglücklichen, denen es trotzdem gelingt, mit dem Leben auf eine Weise fertig zu werden, die für ihre Umwelt akzeptabel ist, selbst wenn der Kampf ihnen oft wenig persönliche Befriedigung einträgt. Es gibt auf der Welt viele solche Menschen, scheinbar erfolgreich, aber persönlich unerfüllt. Viele Beispiele so unglücklicher Menschen, die einem einfallen, stammen aus der Unterhaltungsindustrie; sie stehen oft im Licht der Öffentlichkeit. Aber Erfolg in der Öffentlichkeit und tiefe Gefühle der Benachteiligung im Privatleben finden sich in allen Schichten. Man kann sie bei dem getriebenen Industriemagnaten beobachten, beim reichen Selbstmörder oder der schönen und charmanten Geschiedenen. Man kann sie selbst unter seinen Freunden finden. Es sind die Leute, die der Außenwelt erfolgreich und tüchtig erscheinen, sich privat aber zu Gefühlen der Frustration, der Benachteiligung oder Entfremdung bekennen.

Manchmal können sogar die persönlichen Zweifel der »Teilerfolgreichen« gerade die Anregung liefern, die sie zu wirklich außergewöhnlichen Leistungen treibt, wie z. B. im Fall eines Künstlers wie Van Gogh oder eines Kaisers wie Napoleon.

Menschen in diesem Zustand überraschen uns oft, weil wir als Mitglieder der Gesellschaft von außen beobachten, und weil sie von diesem Standpunkt aus wie akzeptable, tüchtige Leute aussehen. Dann entdecken wir eines Tages, unter was für schrecklichen Lasten sie beinah zusammengebrochen sind, und wir sind verblüfft, daß sie so gut zurechtgekommen sind. Die menschliche Art ist zäh, und was ein Individuum aushalten kann, bevor Außenstehende ein Anzeichen von Schmerz bemerken, ist oft unglaublich. Aus dieser Gruppe der persönlich Unglücklichen, aber ziemlich Erfolgreichen stammen die meisten Klienten der Berater, der Geistlichen und der Sozialarbeiter.

Die jämmerlichsten Hilfsbedürftigen sind jene, bei denen beide Seiten der Gleichung negativ sind. Sie sehen sich selbst als unzulänglich, unerfüllt und benachteiligt; auch von der Gesellschaft, in der sie leben, werden sie als unzulänglich, unannehmbar, verächtlich und vielleicht sogar gefährlich angesehen. Dies sind die Verzweifelten, die keine Hoffnung für sich sehen, und die mit der Welt, in der sie leben, nicht erfolgreich fertig werden können. Sie sind es, die Eltern und Lehrern Schwierigkeiten machen, die (als Erwachsene) auf die Wohlfahrt angewiesen sind oder unsere Gefängnisse, unsere Heilanstalten und unsere Irrenhäuser bevölkern. Die Entwicklung einiger neuer Zweige der helfenden Berufe geht zum Teil auf die Notwendigkeit zurück, die Gesellschaft von den Lasten zu befreien, die derartige Leute bedeuten. Aber selbst wenn die helfenden Berufe der Gesellschaft bei der Lösung ihrer Probleme nicht helfen würden, gäbe es immer noch reichlich Gründe für ihre Existenz, und zwar rein persönlicher und humanitärer Art. Das Leben ist einfach besser, wenn jemand Anteil nimmt.

Wechselnde Ziele der helfenden Berufe

Die meisten helfenden Berufe sind ursprünglich für Zwecke der Rehabilitierung entstanden. Erziehungsberatungsprogramme in den öffentlichen Schulen z. B. wurden zunächst als eine Möglichkeit gesehen, um mit den »schlimmen Fingern«, den schulischen oder psychischen Krüppeln, fertig zu werden. Diese Programme wurden zunächst für die Arbeit mit jenen Kindern entwickelt, die aus dem einen oder anderen Grund nicht in die üblichen Schablonen paßten. Die Aufgabe bestand im Arrangieren und Flicken, im Umgang mit den Versagern, den »Fußkranken« des Systems. Die meisten helfenden Berufe haben mit dieser Betonung der

Rehabilitierung angefangen. Selbst die ältesten dieser Berufe, wie der Lehr- und der geistliche Beruf, hatten am Anfang hauptsächlich den Wunsch, ihre Schützlinge zu »retten« — im einen Fall vor der Dummheit, im anderen vor der Sünde.

Später interessierten sich die helfenden Berufe immer mehr für Probleme der Vorbeugung, d. h. dafür, Menschen vor dem Krankwerden zu bewahren. Wenn jemand schon in Schwierigkeiten geraten ist, ist die Rehabilitierung immer schwieriger und teurer, als wenn er sich von vornherein herausgehalten hätte. Diese Entwicklungsphase der helfenden Berufe wurde unendlich angeregt durch die Entwicklung von Sozialwissenschaften wie Anthropologie, Psychologie und Soziologie, die Hinweise dafür lieferten, wie Menschen in Schwierigkeiten gerieten, und dadurch eine bessere Diagnose und Vorbeugung ermöglichten. Die Erfindung psychologischer Tests lieferte ein weiteres Werkzeug, mit dem Praktikter Hilfsbedürftige entdecken konnten. Die Schaffung eines »Guidance Counselor« (etwa: lenkender Berater) in den amerikanischen Grundschulen war eine Frucht der Testbewegung. Heute tun Schulberater vieles außer der Anwendung psychologischer Tests. Aber in den Frühzeiten dieser Berufsrichtung waren Tests die Hauptwerkzeuge des Beraters und der Hauptnachweis seiner Existenzberechtigung.

Die Erweiterung des Zwecks der helfenden Berufe von der Rehabilitierung zur Vorbeugung erweiterte auch das Reservoir der Angesprochenen unendlich. Kranke gibt es vergleichsweise wenige; zu den potentiell Kranken gehören wir alle. Infolgedessen ist die Zahl der Angehörigen aller helfenden Berufe mit der Übernahme der Vorbeugungsaufgabe enorm angewachsen. Die Gesellschaft blickt mit ständig zunehmender Hoffnung auf die helfenden Berufe; sie sollen menschliche Not und menschliches Versagen verhindern. Die Erziehung wird neu geschätzt um dessentwillen, was sie zur Vorbeugung gegen kulturelle Aushungerung tun kann. Beratung und Lenkung werden als wichtige Dienstleistungen für *alle* Kinder angesehen. Psychotherapie ist heute schon ein so anerkanntes Vorbeugungsmittel gegen Erkrankungen, daß es in manchen Kreisen geradezu modisch geworden ist, eine Analyse hinter sich zu haben. Sozialarbeiter müssen sich nicht länger darauf beschränken, mit den Armen oder den Fehlangepaßten zu arbeiten; wir erkennen immer mehr ihren Wert für die Sozialplanung und für eine große Vielfalt von Hilfsorganisationen, die dazu da sind, auf allen Ebenen der Gesellschaft Menschen einzeln oder in Gruppen zu helfen. Wir haben sogar die Entwicklung neuer helfender Berufe miterlebt, die fast ausschließlich für die Vorbeugung geschaffen sind, z. B. in der öffentlichen Gesundheitsfürsorge oder in irgendeinem Aspekt der sozialen Gruppenarbeit.

Die Veränderung unserer Auffassungen vom Zweck der helfenden Berufe war mit der Einbeziehung der Vorbeugung noch nicht zu Ende. Unsere neuen Erkenntnisse über die menschlichen Möglichkeiten und die in den letzten Jahren durchgeführten Untersuchungen über das Wesen der Selbstverwirklichung haben den helfenden Berufen ganz neue Perspektiven eröffnet. Unsere neue Auffassung von den Möglichkeiten des Menschen macht deutlich, daß sein Potential unglaublich groß ist. Die Erforschung der Selbstverwirklichung liefert Erkenntnisse über das Wesen des Werdens des Menschen und weist darauf hin, auf welchen Wegen man sie erreichen kann. Je mehr wir das menschliche Potential studieren, desto deutlicher tritt zutage, daß das höchste Ziel der helfenden Berufe in Selbstverwirklichung und Erfüllung liegt. Es geht nicht darum, die Mißerfolge zurechtzuflicken oder Leiden und Kummer zu verhindern, so wichtig dies zweifellos ist. Dieses höchste Ziel erfordert ein Vorwärtsdrängen, ein Ausgreifen nach den Höhen, und die möglichst totale Verwirklichung des Selbst nicht nur für einige wenige, sondern für jedermann!

Im 4. Kapitel haben wir Gesundheit als das Erreichen von Erfüllung und Krankheit als ein Mangelproblem definiert. Der gesunde Organismus kann auf seinem höchsten Niveau funktionieren; er kann seine höchsten Möglichkeiten verwirklichen. Krankheit andererseits ist das Ergebnis der Frustrierung der Erfüllung, die Folge dessen, daß der Organismus kein annehmbares Verwirklichungsniveau erreicht. Das Ziel der helfenden Berufe in dieser Hinsicht muß es sein, bei ihren Klienten das höchstmögliche Niveau persönlicher Erfüllung zu entwickeln. Um dieses Ziel zu erreichen, versuchen sie, die Erforschung und Entdeckung wirksamerer und befriedigenderer Beziehungen zwischen Selbst und Welt zu fördern und zu erleichtern.

Die Grunddynamik des Helfens

Die grundlegende Strategie des Helfens ist immer auf eins oder mehr von drei Hauptzielen gerichtet, die in Abb. 3 zeichnerisch dargestellt sind: die Person (A), das Ziel (B) oder die Hindernisse (C). In jedem beliebigen Augenblick, den wir wählen, um uns den Seinszustand eines Menschen anzuschauen, werden wir ihn in irgendeinem zielbezogenen Verhalten und nach etwas strebend vorfinden, selbst wenn er nur danach strebt, sein Schläfchen fortzusetzen. Wie gut er in irgendeinem Augenblick fähig ist, seine Ziele zu erreichen, ist bedingt durch die Kraftreserven, die er in sich hat, und die er in diesem Moment auf seine Probleme wirksam anwenden kann. Dies hängt, wie wir im 7. Kapitel gesehen ha-

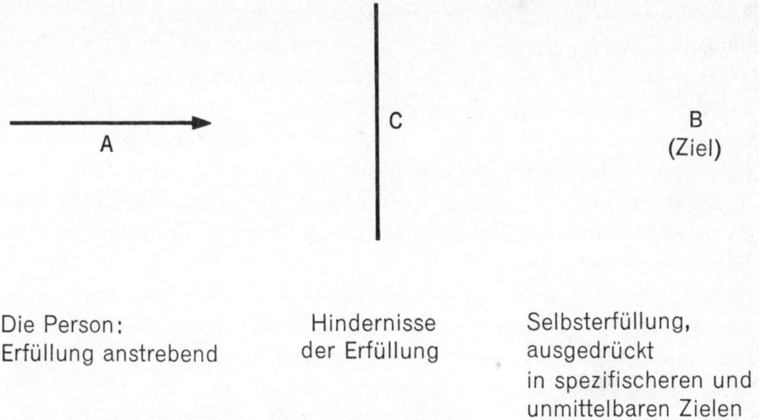

Abb. 3: Darstellung des Problems des Helfens

ben, von der Vielfalt und dem Umfang seines Wahrnehmungsfeldes ab. Das Ziel, das der Mensch anstrebt, ist immer das Ziel der Selbsterfüllung; aber natürlich wird dieses Ziel auf viele verschiedene Weisen definiert, und es verschiebt und verändert sich von Zeit zu Zeit, wie es die Bedürfnisbefriedigung verlangt. Menschliche Probleme entstehen, wenn das Streben des Organismus in irgendeiner Weise durch Sperren gegen das Erreichen der Erfüllung behindert wird. Diese Hindernisse mögen in der Welt außerhalb des Individuums oder in seiner eigenen Wahrnehmungsstruktur bestehen. Angehörige der helfenden Berufe können, wenn sie ihren Klienten, Schülern oder Patienten zu helfen versuchen, ihre Kräfte einzeln oder kombiniert auf alle diese Aspekte des Problems richten.

Jeder von uns hat schon einmal die Arzt-Patient-Beziehung erlebt; zu diesem ärztlichen Modell gehören: eine Person, die etwas weiß (der Arzt) und eine Person, die nichts weiß (der Patient). Wir rufen uns automatisch dieses Modell vor Augen, wenn es nötig ist, jemand anders zu helfen. Leider wird es wahrscheinlich ohne Wirkung bleiben, denn das Modell ist zur Beschreibung der helfenden Beziehung ungeeignet. Wenn man Menschen helfen will, ihre Eigen- und ihre Weltwahrnehmung zu ändern, braucht man ein anderes Modell als das, welches erforderlich ist, um den Körper zu verändern. Menschliches Verhalten ist davon abhängig, wie Menschen wahrnehmen. Eine Verhaltensänderung erfordert daher eine Veränderung in der Wahrnehmung. Aber Wahrnehmungen liegen innen im Menschen und sind der direkten Manipulation durch Außenstehende nicht ausgesetzt. Wenn man also einem anderen

Menschen helfen will, sein Verhalten zu ändern, muß man eine Beziehung zu ihm herstellen, die der Arzt-Patient-Beziehung direkt entgegengesetzt ist. In der Beziehung zwischen dem Helfer und dem, dem geholfen wird, ist es der *letztere*, der etwas weiß, und der *Helfer* weiß nichts; der *Klient* hat die entscheidende Information, und er muß die Veränderung zustandebringen. Die Diagnose- und Verschreibungstechniken, die der Arzt benützt, um seinem Patienten zu helfen, werden wahrscheinlich nur gelegentlich Erfolg haben, wenn die Probleme nicht physischer, sondern psychischer Natur sind.
Der Helfer und der, dem geholfen wird, wollen beide das gleiche — gesteigerte Erfüllung für den Klienten oder Schüler. Die Triebkraft ist der Person inhärent, und es ist die Aufgabe des Helfers, so gut er kann, dazu beizutragen, daß sie freigesetzt wird, so daß sie wirken kann. Er tut dies, indem er an irgendeiner der Phasen des Helfensvorgangs anpackt, wie wir oben skizziert haben. Er kann es tun, indem er die Umwelt manipuliert, der derjenige ausgesetzt ist, dem geholfen werden soll, oder indem er versucht, im persönlichen Gefüge von Bedeutungen des Betreffenden Veränderungen herbeizuführen.

Pesönliche Methoden oder Umweltmethoden

Funktionen des Helfens können auf zwei Weisen ins Werk gesetzt werden: indem man sich auf die Umwelt konzentriert oder auf das eigene Bedeutungsfeld des betreffenden Menschen. Jede der beiden Weisen hat ihre einzigartigen Möglichkeiten und Grenzen, die wir schon im 2. Kapitel besprochen haben. Die erste dieser Alternativen ist natürlich die einfachere; leider ist sie auch in ihren Möglichkeiten beschränkt. Der Versuch, das Verhalten eines Menschen durch eine Veränderung in seiner Welt zu verändern, mag relativ einfach sein, wenn man es mit einem sehr kleinen Kind zu tun hat, dessen Welt nicht sehr groß ist. Aber die Welt eines Erwachsenen zu verändern, der frei ist, zu gehen, wohin es ihm beliebt, ist etwas ganz anderes. Wenn der Helfer von der Umwelt her angreifen will, muß er sehr viel über die Kräfte wissen, die seinen Klienten veranlassen, sich so zu verhalten, wie er es tut. Da das Verhalten des Individuums eine Folge *alles* dessen ist, was an Kräften während seiner ganzen Lebensgeschichte auf es eingewirkt hat, ist dies eine ungeheure Aufgabe. Alles über die Kräfte zu wissen, die auf das Individuum eingewirkt haben, ist praktisch unmöglich. Glücklicherweise ist es auch nicht notwendig, denn die auf die Menschen einwirkenden Kräfte sind keineswegs alle gleich wichtig. Der Helfer kann, indem er die Kräfte auswählt, die am unmittelbarsten das Problem betreffende Bedeutungen berühren, die Menge der benötigten Information auf ein Maß reduzieren, mit dem man arbeiten kann.

Wenn die Umwelt-Methode etwas nützen soll, muß der Helfer auch das Wesen des aktuellen Bedeutungsfeldes seines Klienten genügend verstehen, um die wahrscheinlichen Wirkungen jeder Umweltveränderung, die geplant ist, vorhersagen zu können. Der Lehrer muß verstehen, auf welche Weise ein Kind seine Welt wahrnimmt. Zum Beispiel sollte ein Lehrer, der darauf besteht, daß ein Schüler »aufstehen und seinen Bericht erstatten« muß, überzeugt sein, daß dies für das Kind ein positives und kein negatives Ergebnis erbringt. Es genügt nicht, eine Umweltveränderung mit der vagen Hoffnung zu machen, sie »könnte vielleicht« nützlich sein. Da die Bedeutung der Erfahrung für die Person den Unterschied ausmacht, setzt die Verwendung von Umwelttechniken beim Helfen einen hohen Grad von Sensibilität beim Helfer voraus.

Im allgemeinen ist es um so weniger möglich, einem Menschen durch die Lenkung seiner Umwelt zu helfen, je älter er ist; statt dessen müssen wir uns mehr darauf verlassen, in seiner Wahrnehmungswelt, in der Welt seines Denkens und Fühlens, irgendeine Veränderung herbeizuführen. Die Praktiker der helfenden Berufe müssen sich meistens darauf verlassen, daß sie durch die Art, wie sie sich selber in der Interaktion mit ihren Klienten einsetzen, Veränderungen in deren Bedeutungsfeld induzieren. Das professionelle Helfen ist in erster Linie eine Beziehung, in der der Helfer wenig zu verkaufen hat außer sich selbst und seiner Interaktion mit denen, denen er helfen will. Von dieser Beziehung ist der Vorgang des Helfens abhängig. Der Kern wirksamer professioneller Hilfe ist der effektive Einsatz des Selbst des Helfers. Dieser erfordert die Entwicklung eines hohen Grades von Sensibilität für persönliche Bedeutungen des Individuums.

Der Aufbau persönlicher Kraftreserven

Eine Art des Helfens besteht darin, die Kraftreserven des Hilfsbedürftigen aufzubauen, seine Fähigkeit, die notwendige Mühe aufzuwenden. Dies ist eine Angelegenheit der Vergrößerung des menschlichen Potentials. Je größer die Kraft ist, die einem Menschen im Bedarfsfall zur Verfügung steht, desto größer sind seine Erfolgschancen in den Dialogen des Lebens. Dies ist der Zustand, den der Arzt herbeiführen möchte, wenn er Ruhe oder eine Diät verordnet. Es ist auch das Ziel des Lehrers, wenn er dem Schüler Informationen und Erfolgserlebnisse verschafft; es ist auch das, was der Berater zu übermitteln hofft, wenn er seinem Glauben an den Klienten Ausdruck verleiht.

Alles, was die Intelligenz eines Menschen vermehrt, versetzt ihn in eine günstigere Position, effektiv mit Ereignissen umzugehen. Dies ist tatsächlich der Hauptzweck unseres Erziehungssystems. Zunahmen des menschlichen Potentials werden auch dadurch bewirkt, daß man Faktoren verstärkt, die zur Selbstverwirklichung beitragen. Ein positives Bild vom eigenen Selbst liefert eine feste Grundlage, von der aus man kraftvoll und selbstsicher mit dem Leben interagieren kann. Das gleiche gilt für Gefühle der Identifikation. Menschen, die das Gefühl haben, sie »gehörten dazu«, sind in einer viel besseren Lage, mit dem Leben fertigzuwerden, als andere, die dieses Gefühl nicht haben. Faktoren, die die Intelligenz und die Selbstverwirklichung beherrschen, bieten also dem Helfer wichtige Hinweise, auf welche Art er die Wachstums- und Entwicklungsreserven jener verstärken kann, denen er helfen möchte. Eine sorgfältige Untersuchung der Praktiken, die Sozialarbeiter, Berater, Lehrer oder irgendwelche anderen Angehörigen helfender Berufe anwenden, macht rasch deutlich, daß die meisten von ihnen verwendeten Techniken in der einen oder anderen Weise dazu beitragen, ihre Klienten zu stärken. Ob diejenigen, die dies tun, es beabsichtigen oder nicht, die Wirkung vieler ihrer Funktionen besteht in einer Vermehrung der Intelligenz, in der Schaffung eines positiveren Selbst oder in einer Steigerung von Gefühlen der Identifizierung.

Das Wegräumen von Barrieren

Die Ziele des Helfens können auch dadurch erreicht werden, daß man die Hindernisse wegräumt, die dem Streben des Betroffenen im Weg stehen. Indem er selbst das Hindernis beseitigt oder es durch andere beseitigen läßt, kann der Helfer dies *für* einen anderen tun. Wie man dies macht, ist unter anderem von der Art der Hindernisse und vom Geschick des Helfers abhängig. Wenn die Hindernisse in der Außenwelt liegen, kann man sie möglicherweise physikalisch entfernen. Ganz andere Arten des Vorgehens sind notwendig, wenn die Hindernisse in Auffassungen oder Einstellungen, also im Menschen liegen. In diesem Fall ist zur Beseitigung der Hindernisse die aktive Beteiligung des Betroffenen nötig.
Die Grundsätze, die für das Erleben von Herausforderung oder Bedrohung gelten, sind auch auf den Umgang mit Hindernissen anwendbar. Wenn sie als herausfordernd wahrgenommen werden, kann man sie als faszinierende Probleme empfinden, während Hindernisse, die als bedrohlich wahrgenommen werden, schrecklich frustrierend und sogar destruktiv wirken können. Die Bemühungen vieler Helfer in allen einschlägigen Berufen sind deshalb darauf gerichtet, den Klienten zu helfen, die ihnen

im Weg stehenden Hindernisse als weniger bedrohlich zu sehen. Manchmal kann z. B. ein Hindernis überwunden werden, wenn ein Kind es lernt, mit einer Rechenoperation umzugehen, mit der es vorher nicht fertigwerden konnte. Manchmal lassen sich Hindernisse so verändern, daß sie überwindbar werden; manchmal kann es aber auch sein, daß man sie einfach nur akzeptieren und mit ihnen leben muß.
Ein Beispielfall betrifft eine Klientin der Autoren, die in mittleren Jahren einen Junggesellen heiratete, der sein Leben lang bei seiner Mutter gewohnt hatte. Das Paar lebte bei der alten Dame, die sofort eine Kampagne begann, um ihrer Schwiegertochter das Leben schwer zu machen; sie fing es aber so geschickt an, daß ihr Sohn nie merkte, was zwischen den beiden Frauen vor sich ging, wenn er nicht in der Nähe war. Die arme Ehefrau war in einer Situation gefangen, von der sie nicht erwarten konnte, ihr Mann werde sie jemals verstehen, und sie hatte keine Möglichkeit, mit ihrer Schwiegermutter fertigzuwerden. Nachdem sie sich monatelang mit ihrem Problem herumgeschlagen hatte, wurde sie schwerkrank und versuchte, in der Psychotherapie Hilfe zu finden. Im Verlauf der Beratung erwog sie sorgfältig alle Möglichkeiten, die alte Dame loszuwerden, kam aber zu dem Schluß, das sei keine Lösung, denn es würde auch ihr Ende bedeuten. Schließlich sagte sie: »Ich bin dreißig Jahre jünger als sie. Ich kann warten, bis sie stirbt!« Nachdem sie die Notwendigkeit akzeptiert hatte, mit dem Hindernis zu leben, und nachdem sie eine Möglichkeit gefunden hatte, es zu bewältigen, verschwanden ihre neurotischen Symptome, und sie stellte fest, daß sie ihr Problem ertragen konnte. Wirklich starb die alte Frau ein paar Jahre später, und die Schwiegertochter blieb als Siegerin zurück.

Die Änderung von Zielen

Die Aufgabe, eine Weiterentwicklung zu fördern, kann man auch auf dem Weg über eine Zielveränderung angehen. Ein Mensch, der feststellt, daß er in einer Richtung nicht weiterkommt, kann möglicherweise seine Probleme lösen, indem er sich einem anderen Gebiet zuwendet. Viele Bemühungen von Sozialarbeitern sind z. B. darauf gerichtet, ihren Klienten zu helfen, durch eine Zieländerung größere Erfüllung zu finden. Manchmal ist dies notwendig, weil die Welt, in der ein Mensch lebt, sich verändert hat, und weil auch die persönlichen Bestrebungen sich verändern müssen, um sich den neuen Umständen anzupassen. Ein Beispiel dafür kann der Versuch sein, für Bergleute aus den Appalachen, die in den Kohlenbergwerken nicht mehr gebraucht werden, neue Arbeitsplätze zu finden. Manchmal kann man einem Klienten helfen, indem man ihn

veranlaßt, sich ein geeigneteres oder ein erreichbareres Ziel auszusuchen. So kann man z. B. einer Mutter, die fordert, ihr Kind solle werden, was sie sich wünscht, dazu verhelfen, glücklicher mit ihrer Familie zusammenzuleben, indem sie die Ziele ihrer Tochter akzeptiert.
Das Entdecken neuer Ziele ist nicht nur einfach ein Mittel zur Lösung bestehender Probleme; es ist auch eine Methode, Probleme zu *schaffen;* auf diese Weise werden weiteres Wachstum und weitere Entwicklung eingeleitet.

Das Helfen: ein Lernproblem

Im Kern ist das Helfen ein Lernprozeß. Wenn die Hilfe gelingt, hat der Schüler, Klient oder das Gemeindemitglied eine neue und bessere Beziehung zwischen sich und seiner Umwelt herzustellen gelernt. Entsprechend können fehlgeschlagene Versuche der Hilfe dazu führen, daß eine armseligere, weniger tüchtige Lebensweise gelernt wird. Was immer geschieht, der Mensch, dem geholfen wird, lernt etwas durch die Erfahrung, — selbst wenn es nur die Einsicht ist, daß der Helfer ihm nicht viel helfen kann. Der Vorgang des Helfens ist ein Erlebnis des Problemlösens.
Wir haben gesehen, daß das Lernen immer zwei Aspekte hat: das Erwerben von Kenntnissen oder Erfahrung und die Entdeckung von deren Bedeutung. Die helfenden Berufe verschaffen also denen, mit denen sie sich befassen, Informationen und Erfahrungen auf den Gebieten, mit denen sie jeweils zu tun haben. Dies tut der Lehrer, wenn er dem Schüler Informationen über ein Fachgebiet gibt. Das tut der Sozialarbeiter, wenn er seinen Klienten mit einer neuen Gruppenkonstellation bekannt macht und ihm so neue Erfahrungen anderer Leute verschafft. In ähnlicher Weise deutet der Berater einen psychologischen Test für seinen Klienten, eine Krankenschwester zeigt der jungen Mutter, wie man einen Säugling badet, und der Priester oder Rabbi interpretiert seiner Gemeinde die Heiligen Schriften.
Die Hilfe hört bei der Vermittlung von Informationen noch nicht auf. Sie muß auch das Entdecken von Bedeutungen mit umfassen. Erst wenn das Individuum die persönliche Bedeutung erfaßt hat, die eine Information für es hat, kann man von ihm erwarten, daß es sein Verhalten ändert. Fast jeder kann anderen neue Informationen oder Erfahrungen verschaffen. Man braucht keinen Fachmann dazu. Tatsächlich können wir Informationsvermittlung mit unseren blanken neuen Maschinen oft besser bewältigen, wenn überhaupt kein Mensch dazwischentritt. Computer oder technische Geräte können aber keine Probleme der Humanisierung

und des Entdeckens persönlicher Bedeutungen lösen. Sie müssen letzten Endes durch menschliche Hingabe und Anteilnahme, durch die Interaktion von Menschen mit Menschen gelöst werden. Das Entdecken von Bedeutungen ist ein menschliches Problem und erfordert einen Menschen, der bereit und fähig ist, sein Selbst einzusetzen, um im Selbst eines anderen Menschen eine Weiterentwicklung anzuregen und zu fördern. In diesem Bereich leisten die helfenden Berufe ihren einzigartigen Beitrag.

Der allgemeine Zweck des Helfens

Das Ziel der helfenden Berufe ist die Selbstverwirklichung, und der Zweck der helfenden Berufe ist es, Menschen dabei zu helfen, dieses Ziel zu erreichen. Dieses Ziel ist für alle Arten von helfenden Berufen das gleiche, ob es sich um psychotherapeutische Beratung handelt, um Sozialarbeit, um Seelsorge, Krankenpflege, den Lehrberuf oder irgendeins der Dutzende von Spezialgebieten, die in diesem Bereich heute anerkannt sind. Die Praktiker mögen viele verschiedene Verhaltensweisen einsetzen, um Menschen bei der Selbsterfüllung zu helfen, aber das Ziel bleibt doch für alle das gleiche. Heute steht uns eine Reihe von Untersuchungen zur Verfügung, die diese grundlegende Einheit beweisen. In einer Studie über die Anschauungen von Psychotherapeuten hat F. E. Fiedler festgestellt, daß erfahrene Psychotherapeuten — gleichgültig, welcher Denkrichtung sie angehörten — sich in ihren Ansichten über das, was eine gute »helfende Beziehung« darstellt, näher standen als beginnende und erfahrene Therapeuten ein und derselben Schule. Anscheinend wurden ihre Ansichten um so ähnlicher, je erfahrener sie in ihrem Beruf wurden, was möglicherweise darauf hinweist, daß es wahrscheinlich eine »gute« helfende Beziehung gibt, auf die die Menschen sich mit wachsender Erfahrung zubewegen. Was noch aufschlußreicher ist: Fiedler stellte fest, daß der »Mann auf der Straße« die gute helfende Beziehung etwa ebensogut beschreiben konnte wie die Fachleute! Offenbar gibt es einen guten Zustand des Helfens, den wir alle ungefähr kennen, selbst wenn das Helfen nicht hauptsächlich unsere Sache ist. Bei einem ähnlichen Versuch kam R. W. Heine zu dem Schluß, es gebe wahrscheinlich im Grunde nur *eine* Psychotherapie, und alle Therapeuten näherten sich diesem gemeinsamen Prinzip in größerem oder geringerem Maß. Das ist gar nicht so überraschend. Schließlich würde man erwarten, daß bei einer Stabilität der Grundnatur des Menschen und der Verhaltensgesetze diese Grundprinzipien in ihrem Ausdruck Gemeinsamkeit zeigen. Da die Grundsätze, die die Gestaltung wirksamer helfender Beziehungen beherrschen, von einer gemeinsamen Grundlage ausgehen, *sollten* sie ähnlich sein.

Der Vorgang des Helfens ist ein Prozeß des Problemlösens, der durch das gelenkt wird, was wir von der Dynamik des Lernens wissen. Den Menschen zu helfen, effektivere und befriedigendere Beziehungen zwischen sich und der Welt zu finden, ist eine Übung im Lernen. In diesem Sinn sind alle Helfer, welcher Schulrichtung sie auch angehören mögen, im Grunde Lehrer. Manche Menschen werden zweifellos vor dem Gedanken zurückweichen, Helfer als Lehrer anzusehen. Was sie tun, erscheint so anders als die Arten des Lehrens, die sie beobachtet oder erlebt haben. Das liegt wahrscheinlich daran, daß sie sich unter Lehren gewöhnlich »Dozieren« vorstellen. Die Technik, die Helfer z. B. in der Zweierbeziehung der therapeutischen Beratung anwenden, scheint weit entfernt von Verfahrensweisen wie Vortragen, Aufgabengeben, Benoten, Belohnen und Bestrafen. Lehren erscheint ihnen synonym mit dem Lenken, Steuern und sogar Zwingen von Menschen. Gewiß werden solche Praktiken von manchen Lehrern verwendet. Viele moderne Lehrer sehen sie jedoch mit genau dem gleichen Abscheu an wie die Kollegen aus anderen helfenden Berufen. Wir haben aber wenig Grund zu der Annahme, das Lernen im Klassenzimmer unterscheide sich grundlegend von dem Lernen, das in den verschiedenartigen Beziehungen der anderen helfenden Berufe vor sich geht. Alle haben es mit Lernvorgängen zu tun. Beide hoffen, dem Schüler oder Klienten zu helfen, eine neue und bessere Methode zu lernen, mit sich selbst und seiner Umwelt fertigzuwerden. Die Unterscheidungen, die wir früher zwischen den Aufgaben der Lehrer und denen anderer Menschen in helfenden Berufen getroffen haben, scheinen angesichts dieser Erkenntnisse nicht länger haltbar zu sein. Die besten Lehrer in unseren Schulen sind weit entfernt von den abschrekkenden, autoritären Stereotypen, die noch vor einer Generation charakteristisch waren. Menschen zu helfen ist das Grundproblem der helfenden Berufe, und Menschen lernen zu helfen, ist genau das, was wir Lehren nennen. In einem sehr realen Sinn ist also jeder Therapeut ein Lehrer, und jeder Lehrer ist in gewissem Maß Therapeut.

Es mag manchen Lesern so scheinen, als sei die Betonung des gemeinsamen Wesens der verschiedenen helfenden Berufe »viel Geschrei um wenig Wolle«. Die Sache ist aber wichtig. Es ist oft notwendig, daß zwei oder mehr Helfer zusammen mit einem bestimmten Schüler oder Klienten arbeiten. Ohne klare Erkenntnis der Gemeinsamkeiten kann die Effektivität der Arbeit leicht zunichte gemacht werden. Es ist eine Katastrophe für einen Schüler oder Klienten, sich im Kreuzfeuer von Helfern zu finden, die miteinander im Kampf liegen. In einem Team oder im Rahmen einer Institution müssen Helfer oft zusammenarbeiten, und es ist wichtig, daß sie ihre gemeinsamen Ziele erkennen und richtig einschätzen. Leider ist dies oft nicht der Fall. Lehrer und Berater z. B. gehen oft wie Gegner miteinander um, anstatt wie Mitarbeiter. Manche Berater mögen ihr Vergnügen daran finden, über die schrecklichen Dinge zu klatschen, die Eltern und Lehrer den Kindern, mit denen sie arbeiten, angetan haben. Und es gibt Lehrer, die die Arbeit von Beratern als ein ungerechtfertigtes Eindringen in ihre eigenen Vorrechte betrachten und verächtlich von »Kopfschrumpfern« sprechen. Solche Einstellungen sind nicht nur schlecht für die ihnen Anvertrauten, sondern sie untergraben auch ernsthaft den Korpsgeist der Institution selbst. Helfer, die einander mit Geringschätzung behandeln, können wahrscheinlich nicht in effektiver Weise zusammenarbeiten. Sie brauchen selber Hilfe.

Angehörige der helfenden Berufe müssen sich immer der verzerrenden Wirkungen ihres eigenen Selbst-Bildes deutlich bewußt sein. Wie jeder andere verhalten sich auch Helfer gemäß ihren eigenen Anschauungen. Infolgedessen entstehen Mißverständnisse aus der Überzeugung jeder Fachrichtung von der Bedeutung ihrer Tätigkeit. Was andere tun, erscheint also als weniger wichtig oder weniger wertvoll, weil es weniger gut begriffen wird. Das kann manchmal so schlimm werden, daß bestimmte Ausdrucksformen der helfenden Berufe sich in Kulte verwandeln, wobei die Betroffenen jeweils fest überzeugt sind, sie seien die »Auserwählten«. Diese Einstellungen werden möglicherweise institutionalisiert durch ausgefeilte Eintrittszeremonien, die dazu da sind, die »Reinheit« des Berufszweiges aufrechtzuerhalten. Wenn dies geschieht, kann es vorkommen, daß die verschiedenen Zweige der helfenden Berufe einander entgegenarbeiten, wo sie lieber enge Zusammenarbeit pflegen sollten, um denen, denen sie helfen wollen, den größten Nutzen zu bringen. Um diese Art von Vernichtungskampf zu vermeiden, ist es wichtig, daß Angehörige der helfenden Berufe die grundlegende Gemeinsamkeit ihrer Aufgaben kennen und die Arbeit anderer mit Mitgefühl und Verständnis schätzen lernen. Die Ziele der helfenden Berufe sind so großartig und die Bedürfnisse der Klienten, Schüler und Patienten so unersättlich, daß kein Zweig der helfenden Berufe hoffen kann, den Vorgang des Helfens zu seinem exklusiven Vorrecht zu machen. Die verschiedenen Fachbereiche müssen zusammenarbeiten. Das erfordert, daß man mit einer richtigen Einschätzung ihres gemeinsamen Zwecks beginnt. Einige Ausbildungsinstitutionen haben in dieser Richtung den Anfang gemacht und Programme entwickelt, wo Leute, die verschiedene Aspekte dieses Fachbereichs anstreben, ihre Ausbildung gemeinsam beginnen.

Angehörige der helfenden Berufe, die den gemeinsamen Zweck des Helfens begriffen haben, werden mit größerer Wahrscheinlichkeit gut zusammenarbeiten. Menschen, die die Art richtig respektieren, in der die verschiedenen Berufszweige sich unterscheiden, werden ihren Klienten mit größerer Wahrscheinlichkeit helfen. Die Probleme des Helfens sind unermeßlich, und die besonderen Bereiche und Bedürfnisse der Menschen, wo sie Hilfe brauchen, sind so vielfältig, daß viele helfende Berufe entstanden sind.

Der Bereich, in dem geholfen wird

Ein Gebiet, auf dem sich die helfenden Berufe unterscheiden, ist der Bereich der Erfüllung, den sie zu liefern versuchen. Arzt und Krankenschwester haben es mit Problemen der physischen Gesundheit zu tun. Lehrer sind spezialisiert auf Wissen, Erkennen und Weiterentwicklung. Der Sozialarbeiter richtet seine Bemühungen hauptsächlich auf soziale Anpassung und soziales Wohlbefinden. Therapeutische Berater suchen bessere persönliche Erfüllung für ihre Klienten, und die Geistlichen kümmern sich um die Beziehung ihrer Pfarrkinder zu Fragen der Sittlichkeit und der Gottheit. Dies sind nicht so sehr Unterschiede der Art als vielmehr Unterschiede in den Aspekten der Anteilnahme. Es gibt weite Gebiete, in denen sich die einzelnen Fachbereiche unterscheiden. Zwar hat jeder einen Bereich besonderer Verantwortung, aber sie können es kaum vermeiden, auch mit anderen Bereichen befaßt zu werden. Die menschliche Persönlichkeit ist ein Ganzes, und man kann nur selten ein Stück nach dem anderen von ihr behandeln.
In den Frühzeiten der Entwicklung der helfenden Berufe versuchten verschiedene Zweige manchmal ihr exklusives Vorrecht auf die Praxis im einen oder anderen Aspekt zu etablieren. Manche Psychiater hofften z. B. einmal, die Praxis der Psychotherapie so zu definieren, daß sie ein exklusives Vorrecht der Mediziner würde. Nach jahrelanger Bemühung wurde jedoch deutlich, daß man Beratung und Psychotherapie nicht auf eine Weise definieren kann, die nicht etwas einbezieht, was Tausende von anderen in helfenden Berufen auch tun oder sogar, was Leute ganz allgemein im täglichen Leben tun. Wenn das warmherzige, freundliche Gespräch oder das Erteilen von Ratschlägen zum ausschließlichen Besitz eines bestimmten Berufszweiges gemacht würde, könnten nur wenige von uns, ob sie nun einen helfenden Beruf haben oder nicht, lange das Eingesperrtwerden vermeiden.

Eine zweite Perspektive, in der sich die helfenden Berufe unterscheiden, ist die persönliche Bezogenheit der Fragen, die exploriert werden, oder der enge Bezug dieser Fragen zum Selbst des Klienten. Diese Nähe zum Selbst wird manchmal als »Tiefe« bezeichnet. Es ist vielleicht hilfreich, wenn wir uns die Verhältnisse so vorstellen, wie Abb. 4 sie zeigt. Das Ziel der helfenden Berufe besteht darin, Menschen zu helfen, effektivere und befriedigendere Beziehungen zwischen sich und der Welt zu erforschen und zu entdecken. Im 5. Kapitel haben wir gesehen, daß wirksames Lernen darin besteht, daß der Lernende persönliche Bedeutungen entdeckt. Um seinen Zweck zu erfüllen, muß der Vorgang des Helfens dem Klienten dabei helfen, die Ereignisse in einen engeren Zusammenhang mit dem Selbst zu bringen. Nicht alle Bedeutungen sind für die Menschen gleich wichtig, und die Beziehung zwischen Bedeutungen und dem Selbst, die der Mensch entdecken muß, liegt auf verschiedenen Ebenen der Relevanz. In Abb. 4 sind diese auf einer Linie dargestellt, die durch das Zentrum konzentrischer Kreise geht. Diese Kreise bedeuten verschiedene Ebenen der Beziehung von Ereignissen zum Selbst. Ereignisse im Zentrum der Erfahrung eines Menschen werden als etwas wahrgenommen, das tiefe und wichtige Beziehungen zum Selbst hat. Ereignisse, die an der Peripherie wahrgenommen werden, haben wenig oder gar keine Beziehung zum Selbst und werden infolgedessen als etwas Unwichtiges wahrgenommen. Um ein wirksames Leben zu führen, muß der Mensch persönliche Beziehungen zu mindestens drei Großbereichen von Ereignissen entdecken: zur Welt des Wissens, zu anderen Menschen und zu seinem eigenen, ganz persönlichen Selbst. Diese Bereiche sind in der Abb. 4 durch eine Reihe konzentrischer Kreise dargestellt. In diese Stufen können wir ganz grob die allgemeinen Standorte der verschiedenen helfenden Berufe einordnen. Der äußerste Ring stellt einen Bereich dar, den keiner der helfenden Berufe als sein Hauptgebiet ansieht, abgesehen natürlich von dem Umstand, daß jede Information, die ins Wahrnehmungsfeld eines Menschen kommt, an der Peripherie beginnt. Etwas näher steht dem Selbst die Welt der Information, die angehäufte Kultur der Gesellschaft. Dies ist der Bereich, der in erster Linie wichtig ist für Ausbildung und Lehre. Der Zweck der Schulbildung ist es, den Schülern zu helfen, die persönliche Bedeutung der Welt zu entdecken, in der sie leben. Noch näher dem Selbst muß jeder von uns effektive Beziehungen im Zusammenleben mit anderen Menschen entdecken. Dies ist der Bereich der helfenden Berufe wie Sozialarbeit, von Berufen, die die zwischenmenschlichen Beziehungen im Blickfeld haben, und Gruppenpsycho-

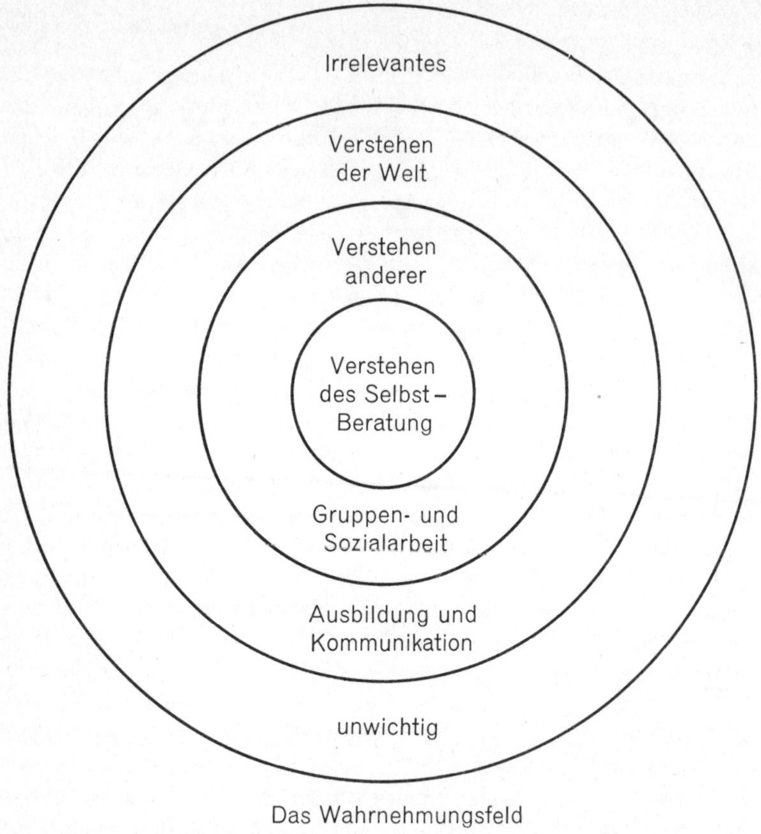

Abb. 4: Der persönliche Bezug der Exploration

therapie oder therapeutischer Beratung. Am nächsten stehen dem Selbst die Beziehungen, die wir zu denen haben, die uns am nächsten stehen — Mann, Frau, Kindern oder engsten Freunden. Hierher gehört auch die persönliche Entdeckung dessen, wer und was wir sind und was wir uns erhoffen. Dies sind höchst private Dinge; es sind die Bereiche, mit denen sich Psychotherapeut und Berater in erster Linie befassen.

Mit dem Ausdruck »tief« bezeichnen Psychologen die Beziehungen von Ereignissen zum Kern der Persönlichkeit, zum Selbst-Bild. Nach unserer Zeichnung beschäftigt man sich also in der Beratungspraxis im allgemeinen mit sehr tiefen Aspekten der Erforschung des Menschen, in der Sozialarbeit und in der Gruppenarbeit mit weniger zentralen Dingen, und beim Lehren von Fachwissen mit mehr am Rande liegenden Fragen. Man sollte sich ganz klar darüber sein, daß die hier getroffenen Unterscheidungen nur um der Bequemlichkeit willen getroffen werden und nur allgemeine Interessengebiete jedes helfenden Berufes betreffen. Letzten Endes beschäftigen sie sich alle, wenn sie etwas bewirken wollen, damit, ihren Klienten, Schülern und Patienten zu helfen, immer engere Beziehungen zwischen Ereignissen und dem Selbst zu entdecken.

Während dieses Vorgangs haben sie notwendigerweise auch mit Dingen zu tun, die in andere Bereiche fallen als in den, für den sie in erster Linie geschaffen sind. Der moderne Lehrberuf z. B. erfordert sehr viel mehr als die Aufmerksamkeit für die Beziehung des Kindes zur Welt des Wissens. Lehrer kümmern sich auch um die Beziehung der Kinder untereinander und um die Entwicklung des kindlichen Selbst-Bildes. Ähnlich finden therapeutische Berater es oft notwendig, ihren Klienten zu helfen, die Bedeutung von Ereignissen zu verstehen, die außerhalb des zentralen Kerns der Sorge um das Selbst liegen. Der Mensch ist immer eine Einheit. Man kann ihn nicht scharf in Segmente unterteilen. Es ist immer das ganze Selbst, das sich gut oder schlecht benimmt, und alle helfenden Berufe müssen sich mit dem ganzen Selbst befassen. Die Unterscheidungen, die wir getroffen haben, betreffen lediglich Gebiete der Verantwortung, die in der allgemeinen Praxis jedem der helfenden Berufe zugewiesen werden.

Das Erfassen der in Abb. 4 dargestellten Beziehungen kann auch nützlich sein zum Verständnis der Unterschiede in den von verschiedenen helfenden Berufen verwendeten Verfahren. Es hilft z. B. bei der Erklärung, warum Beratungstechniken eher »non-direktiv« sind als Techniken des Lehrens. Das hat seine guten Gründe. Wenn es darum geht, einem Schüler zu helfen, die Bedeutung der Außenwelt und der angesammelten Kultur zu entdecken, kann ein Lehrer dem Schüler viel sagen. Die Information, die nötig ist, um eine effektive Anpassung an die Gesellschaft und an die Welt der Menschen zustande zu bringen, ist jedoch durch den Helfer viel weniger steuerbar als in Erziehung und Unterricht. Die Entdeckung wirksamer Beziehungen zur Gesellschaft und zu anderen Menschen erfordert ein gut Teil mehr persönliches Engagement auf seiten des Klienten und erheblich weniger Information, die der Sozialarbeiter, der Gruppentherapeut oder der Berater für zwischenmenschliche Beziehungen liefern kann. In Dingen schließlich, die mit dem tiefsten Selbst des Menschen zu tun haben, kann von außen her sehr wenig wirklich nützliche Information gegeben werden. Demgemäß muß der Berater oder Psychotherapeut notwendigerweise viel stärker non-direktiv verfahren als der Lehrer — aus dem sehr einfachen Grund, daß die Information, die sein Klient braucht, schon weitgehend in dessen Besitz ist, und daß es wenig Wertvolles gibt, was der Berater hinzufügen könnte.

Wievielen geholfen werden muß

Die helfenden Berufe unterscheiden sich auch in bezug auf die Zahl der Menschen, mit denen sie gleichzeitig zu tun haben. Der Lehrer oder Geistliche kann mit Hunderten oder sogar Tausenden arbeiten; Sozialarbeiter haben es im typischen Fall mit sehr viel kleineren Gruppen zu tun, und Berater arbeiten jeweils nur mit einem Menschen. Zwar bleiben die Grundprinzipien der helfenden Berufe in all diesen Fällen die gleichen, aber natürlich müssen die Methoden, die die Helfer anwenden, um ihren Schülern und Klienten zu helfen, je nach der Größe der Gruppe, mit der sie umgehen, verschieden sein.

Persönliche und indirekte Arten des Vorgehens

Schließlich gibt es bedeutsame Unterschiede zwischen den helfenden Berufen, die von der Intimität der Beziehung zwischen dem Helfer und dem Hilfsbedürftigen abhängig sind. Manche Berufe wie Beratungspraxis und Sozialarbeit stützen sich vornehmlich auf das persönliche Gespräch zwischen Berater und Klient. Der Helfer versucht, als direkte Folge dieser Interaktion irgendeine Veränderung in den Bedeutungen zustande zu bringen, die der Klient für sich akzeptiert. Er benützt sich selbst als Hauptwerkzeug des Helfens. Auch Lehrer können so enge Beziehungen zu ihren Schülern haben, aber allein schon die Zahl derer, mit denen sie zu tun haben, erfordert gewöhnlich weniger intensive Beziehungen. In der Schulklasse wird der Einfluß des Lehrers meistens durch Methoden wie Manipulation von Ereignissen, Stellen von Aufgaben, Konfrontation mit neuen Erfahrungen und Umschichtung der Schülerschaft durch verschiedene Gruppierungen wirksam.

Manche der helfenden Berufe stützen sich stark auf enge persönliche Beziehungen, andere nicht. Natürlich müssen die Beziehungen zwischen Helfer und Hilfsbedürftigem weit weniger eng werden, wenn es dem Helfer vor allem darauf ankommt, sein Ziel durch verschiedene Arten der Umwelt-Manipulation zu erreichen. Manche Angehörige der helfenden Berufe können auch noch in einem anderen Sinn indirekt arbeiten. Der mit der Oberaufsicht oder Verwaltung Betraute z. B. hat vielleicht mit den Personen, denen er helfen will, gar nicht direkt zu tun. Er muß vielmehr oft seine helfende Funktion durch einen oder mehrere Dritte ausüben. Dies ist die Rolle des beratenden Spezialisten, die es notwendig macht, Menschen zu helfen, die man vielleicht nie gesehen hat und nie sehen wird.

Ethische Überlegungen

Die Aufgabe der Hilfe besteht darin, die Bedingungen zu schaffen, die es ermöglichen, daß das eigene Bedürfnis des Klienten nach Selbsterfüllung freigesetzt wird und optimal zum Ausdruck kommt. Dies ist ein Vorgang des Problemlösens und Lernens, in dem der Helfer als Katalysator (um Ereignisse in Gang zu bringen) und Lehrer oder Führer dient (um sicherzustellen, daß der Prozeß mit größter Wahrscheinlichkeit positives Wachstum zur Folge hat). Die spezifische Art und Weise, in der dieser Prozeß zustande gebracht wird, ist in den einzelnen Zweigen der helfenden Berufe verschieden, aber um welchen Zweig es sich auch handeln mag — die moralische Verantwortung des Helfers ist immer die gleiche; d. h., er muß seinen Klienten möglichst rasch und wirksam helfen. Es ist grausam und unmenschlich, wenn man es zuläßt, daß Menschen länger unter einem Mangel an Erfüllung leiden, als absolut notwendig ist. Angehörige der helfenden Berufe müssen daher immer möglichst wirksame Methoden anwenden, um ihren Klienten zu helfen, größtmögliches Wachstum und größtmögliche Gesundheit zu erreichen. Es genügt nicht, wenn der Helfer »seine Sache tut«, weil es das ist, was er tun muß; er muß sich ganz klar sein über seine persönlichen Vorzüge und Grenzen, ebenso über die des besonderen Zweiges der helfenden Berufe, mit dem er identifiziert wird. Dies ist für alle Helfer wesentlich. Es gilt besonders für jene, die mit Klienten arbeiten, welche in Schwierigkeiten sind oder Mangel leiden.

Die Verantwortung des Helfers geht weiter. Es genügt nicht, wenn er sich und seinen Berufszweig kennt. Er muß sich selbst und seine beruflichen Bemühungen im größeren Rahmen des ganzen Helfensvorgangs sehen, wozu auch eine richtige Einschätzung der Beiträge anderer Zweige der helfenden Berufe gehört. Klinikakten sind voll von bedauerlichen Fällen von Menschen, denen nicht die Hilfe zuteil wurde, die sie brauchten, weil der von ihnen gewählte Helfer entweder zu sehr in seine eigenen speziellen Kompetenzen verliebt war oder zu wenig von den Möglichkeiten wußte, die anderen Aspekten der helfenden Berufe zu eigen sind, um sie richtig nützen zu können. Natürlich kann kein Angehöriger eines helfenden Berufes auch in allen anderen Bescheid wissen. Der wirklich tüchtige Praktiker kennt die Hilfsmöglichkeiten, die in seiner Gemeinde zur Verfügung stehen, und hat die Freiheit, sie zu benützen. Zu diesen gehören die anderen helfenden Berufe. Es ist deshalb notwendig, daß der Helfer außer seinem eigenen Spezialgebiet auch die Möglichkeiten anderer kennt und den Willen hat, sie maximal auszunützen.

Ausgewähltes Schrifttum

Sterne bedeuten teilweisen oder vollständigen Abdruck in: Donald L. Avila, Arthur W. Combs, und William W. Purkey, The Helping Relationship Sourcebook, Boston (Allyn & Bacon) 1971.

* Bergin, A. E., Some implications of psychotherapy research for therapeutic practice, International Journal of Psychiatry (1967), 3, 136—150.

Bills, R. E., About people and teaching, Bulletin of the Bureau of School Service, College of Education, University of Kentucky, Lexington, Ky. (1955), 28, 1—77.

Brammer, L. M. und Shostrom, E. L., Therapeutic psychology: Fundamentals of counseling and psychotherapy, Englewood Cliffs, N. J. (Prentice-Hall) 1960.

* Buhler, C. B., Human life goals in the humanistic perspective, Journal of Humanistic Psychology (1967), 7, 36—52.

Combs, A. W., Counseling as a learning process, Journal of Counseling Psychology (1954), 1, 31—36.

Fiedler, F. E., A comparison of therapeutic relationships in psychoanalytic, non-directive and Adlerian therapy, Journal of Consulting Psychology (1950), 14, 436—445 (a).

Frank, J. D., Persuasion and healing, Baltimore (Johns Hopkins Press) 1961.

* Rogers, C. R., The interpersonal relationship in the facilitation of learning. In: R. R. Leeper (Hrsg.), Humanizing education: The person in the process, Washington, D. C.: Association for Supervision and Curriculum Development (National Education Association), 1—18, 1967.

Rogers, C. R., Freedom to learn, Columbus, Ohio (Merrill Publishing Co.) 1969.

Strunk, O., Religion, A psychological interpretation, New York (Abingdon Press) 1962.

10

Wie man Verständnis und Kenntnisse entwickelt

Jeder, der in einem helfenden Beruf arbeitet, beginnt seine Aufgabe mit der Beobachtung seiner Schüler, Klienten oder Patienten. Diese Beobachtungen können von zwei Bezugssystemen ausgehen, entweder gleichzeitig oder jeweils von einem allein: Von außen her können wir Kenntnisse *über* Menschen entwickeln, man kann sehen, wie sie sind, wenn sie ein außenstehender Beobachter betrachtet; von innen her können wir das Individuum mit dessen Augen sehen, von seinem Standpunkt aus. Jede dieser Beobachtungsweisen hat für den professionellen Helfer ihren einzigartigen Wert, und er muß lernen, sie angemessen anzuwenden.

Die sorgfältige Beobachtung von Menschen unter mehr oder weniger gesteuerten Bedingungen genügt oft, um es zu ermöglichen, mit ihnen in Gruppen umzugehen, oder um wertvolle Leitlinien für die Lenkung ihres Verhaltens zu gewinnen. Häufiger ist es aber notwendig, daß der Helfer die Bedeutung von Dingen in der privaten Welt seiner Schutzbefohlenen begreift. Er muß gewissermaßen ins Innere des Klienten eindringen, durch seine Augen sehen und seine Gefühle, Einstellungen, Wünsche, Ziele und Sehnsüchte richtig einschätzen. Dazu bedarf es mehr als objektiver Richtigkeit. Es erfordert subjektive Sensibilität oder Empathie — die Fähigkeit, sich in die Lage eines anderen zu versetzen und wahrzunehmen, wie er wahrnimmt.

Für die helfenden Berufe, die darauf angewiesen sind, Beziehungen zwischen dem Helfer und dessen Schutzbefohlenen zu knüpfen, ist die Fähigkeit zur Einfühlung beim Helfer unerläßlich. Leute, die Berater, Sozialarbeiter, Lehrer, Krankenschwestern und Geistliche ausbilden, sind sich darüber einig, wie wichtig Sensibilität bei Kandidaten für diese Berufe ist. Daß Empathie als Faktor in der erfolgreichen Praxis der helfenden Berufe entscheidend ist, ist auch wiederholt durch die Forschung gezeigt worden. Jeder hat natürlich ein gewisses Maß an Sensibilität gegenüber seinen Mitmenschen. Ohne sie könnte niemand in der modernen interdependenten Gesellschaft existieren. Manche Menschen haben als normalen Bestandteil ihrer Entwicklung ein hohes Maß an Sensibilität entwickelt. Die sind glücklich daran. Andere müssen ihre Fähigkeiten schärfen — das geschieht entweder durch Zufall oder absichtlich im Lauf der Ausbildung für einen helfenden Beruf oder während der praktischen Arbeit. Weil diese Frage für Praktiker der helfenden Berufe so wichtig ist, haben wir dieses Kapitel einer Untersuchung der Sensibilität und der Art, wie man sie erwerben kann, gewidmet.

Die Bedeutung der Sensibilität

Die erste Voraussetzung bei der Entwicklung von Sensibilität ist die, *daß man diese Eigenschaft entwickeln will.* Das scheint so offensichtlich, daß man es kaum erwähnen müßte. Aber die selbstverständlichen Dinge sind oft am schwierigsten zu erkennen. Es fehlt uns nicht an Daten über Menschen und ihr Verhalten. Wir leben in jeder Stunde unserer Existenz eingetaucht in solche Daten. Wir brauchen nur unsere Augen aufzumachen, um zu sehen, unsere Ohren zu öffnen, um zu hören, und schon sind andere Menschen bereit und willig, uns ihre persönlichen Ansichten über die Menschen und die Welt eindringlich vor Augen zu führen. Wir sind umgeben von Menschen, die danach schreien, gehört zu werden, die oft verzweifelt versuchen, sich verständlich zu machen. Aber das, was wir sehen und hören, ist weitgehend davon abhängig, was wir für wichtig halten. Man kann inmitten von Ereignissen leben und gar nicht ahnen, daß es sie gibt, bis sie durch eine Bedürfnisänderung Gestalt gewinnen. Man kann hundertmal an einem Haus vorbeifahren und es niemals wirklich sehen, bis es notwendig wird, jemand aufzusuchen, der dort wohnt. Der Lehrerin, der es vor allem darum geht, »den Stoff zu vermitteln«, mag völlig entgehen, was ihre Schüler wirklich begreifen. Wahrnehmung ist ein selektiver Vorgang. Was wahrgenommen wird, ist abhängig vom Bedürfnis des Beobachters. Wenn es nicht wichtig erscheint, jemanden zu verstehen, ist es praktisch sicher, daß er nicht verstanden wird.

Glücklicherweise erfordert das Entwickeln von Sensibilität nicht, daß man eine neue Fertigkeit erlernt. Die meisten von uns sind schon sensibel gegenüber den Menschen, die ihnen wichtig erscheinen. Selbst kleine Kinder sind sich der Gefühle und Einstellungen der Erwachsenen, die sie umgeben, deutlich bewußt, und man kann sie einander warnen hören: »Paß auf! Pappi ist wütend!« Für kleine Kinder und Erwachsene ist das Entwickeln von Sensibilität dieser Art eine Frage, die über ihr Weiterleben entscheidet. Auf dem Weg von der Kindheit zur Reife entdekken jedoch die meisten von uns, daß es nicht nötig ist, jedem Menschen gegenüber sensibel zu sein, sondern nur gegenüber jenen, die im Hinblick auf uns eine wichtige Rolle spielen. Wir sind also weiterhin sensibel gegenüber dem Liebespartner, dem Chef, dem Aufseher oder denjenigen, die in der Lage sind, uns zu helfen oder uns zu schaden. Umgekehrt verlieren wir vielleicht die Sensibilität für die Gefühle derjenigen, die uns unwichtig oder uns untergeben sind. Zu lernen, sensibler zu sein, ist nicht eine Frage dessen, etwas neues zu lernen, es kommt darauf an, ausdrücklich und häufig etwas zu tun, was wir unwillkürlich implizit und nur gelegentlich tun. Es scheint so, als sollte das einfach genug sein. Es ist nur nötig, zu entscheiden, was wirklich wichtig ist, und dann braucht man es nur noch zu tun. Leider ist es wegen der drei folgenden Hauptschwierigkeiten nicht ganz so einfach.

1. Richtigkeit der eigenen Anschauung

Die Art, wie Dinge dem Individuum erscheinen, wird als so wirklich empfunden, daß sie selten in Frage gestellt wird. Die Dinge scheinen so zu sein, und dies wird als einfache Tatsache akzeptiert. Selten stellt man seine eigene Erfahrung in Frage. Weil unsere eigene Erfahrung so richtig erscheint und so »so«, ist es schwierig, die Welt eines anderen ohne besondere Anstrengung zu verstehen. Es ist sogar noch schwieriger, wenn diese Wirklichkeit unserer eigenen entgegengesetzt zu sein scheint. Dann sehen wir uns der unangenehmen Möglichkeit gegenüber, wir könnten unrecht haben. Das Entwickeln von Sensibilität erfordert, daß wir diese Eigenart unserer eigenen Wahrnehmungen kennen und bereit sind, die Realität der Wahrnehmungen eines anderen als real *für ihn* zu akzeptieren. Ein Beispiel: Während einer Visite in einem Nervenkrankenhaus riß eines Tages ein Patient sein Hemd auf und stürzte auf einen der Autoren zu. Offensichtlich von Schmerzen befallen, rief er aus: »Doktor, auf meiner Brust sind vierzehn Teufel! Sie stechen mit Speeren auf mich ein! Können Sie sie sehen?« Natürlich konnte der Autor sie nicht *sehen*, aber es war klar, daß der Patient sie *fühlte*. Der Arzt antwortete also: »Nein, Joe, ich sehe sie nicht, aber ich kann sehen, daß du sie fühlst. Das tut mir leid.« Wenn der Autor sich über die Teufel lustig gemacht hätte, die der Patient sah und fühlte, hätte er einfach nur gezeigt, wie wenig er verstand. Aber da er bereit war, die Realität des Patienten als für ihn real zu akzeptieren, wurden die Türen der Kommunikation offengehalten, und es war möglich, während langer Stunden weiterer Gespräche den notwendigen Rapport aufrechtzuerhalten. Glücklicherweise ist es nicht notwendig, die eigene Realität aufzugeben, um die eines anderen zu verstehen. Alles, was nötig ist, ist die Bereitschaft, anzuerkennen, daß die Arten der Wahrnehmung eines anderen für diesen ebenso real sind.

2. Kultureller Druck, um Objektivität zu erreichen

Ein zweites Hindernis gegen die Entstehung von Sensibilität erwächst aus der stark materialistischen Kultur, in der die meisten Amerikaner aufwachsen. Die Objektivität liegt uns im Blut. Wir sind eine Nation von Erfindern und Experten im Lenken der physikalischen Welt. Die Geschichte unseres Landes fing mit der Eroberung der Wildnis an. Wir sind alle unendlich stolz auf unsere großen Konzerne, Symbole unserer Geschicklichkeit und Tüchtigkeit im Herstellen von »Dingen«. Diese Betonung von Dingen und ihrer Steuerung wird noch weiter verstärkt durch die protestantische Ethik unserer religiösen Tradition mit ihrem Nachdruck darauf, daß wir uns selbst gut machen müssen. (Siehe auch die Lehre von der Erbsünde, wie wir sie im 4. Kapitel besprochen haben.) Sie drückt sich weiterhin aus in unserem Kult der Naturwissenschaft. Wir sind alle von den Wundern der Wissenschaft beeindruckt, verehren ihre Objektivität und erwarten vertrauensvoll, daß ihre Methoden uns Antworten für jedes Problem liefern. Dieser kulturelle Druck führt dazu, daß uns die Betrachtungsweise von außen her ganz selbstverständlich vorkommt. Die Logik des »Ermittelns der Tatsachen« erscheint unwiderleglich.

So tief ist uns dies alles eingeprägt, daß es den meisten von uns schwerfällt, die Vorstellung aufzugeben, eine Tatsache sei real. Es ist schwierig, sich vorzustellen, daß eine Tatsache nur eine Idee sei, die im Geist des Menschen existiert. Wir haben einen kulturell bedingten Verdacht gegen das Subjektive. Das Entwickeln von Sensibilität erfordert jedoch die Bereitschaft, auf Objektivität zu verzichten, wo sie nicht angebracht ist, und die subjektive Erfahrung von Menschen als gültige Gegebenheit für menschliches Verhalten zu akzeptieren. Das ist für die meisten Menschen eine schwierige Sache.

3. Die Wirkung der Konzentration der Aufmerksamkeit

Nur ein Ding kann auf einmal im Vordergrund der Aufmerksamkeit stehen. Es ist unmöglich, das Blatt und den Baum gleichzeitig zu untersuchen. Die Beschäftigung mit einer Gruppe von Ereignissen schließt die Konzentration der Aufmerksamkeit auf andere aus. Beim Besuch einer Schule gegen Ende des Tages wanderte einer der Autoren in die Klasse einer Lehrerin, der es offensichtlich nicht gut ergangen war. Da er sie nicht noch weiter aus der Fassung bringen wollte, indem er gleich wieder aus dem Klassenzimmer hinausging, setzte er sich, um die wenigen Minuten bis zum Klingeln abzuwarten. Als die Kinder die Klasse verließen, ging er zum Pult der Lehrerin hin, in der Absicht, ihr etwas Freundliches zu sagen und um sich zu entschuldigen, weil er zu einer so unpassenden Zeit in ihre Klasse gekommen war. Gerade als er bei der Lehrerin ankam, betrat ein kleiner Junge die Klasse, gab der Lehrerin einen Zettel und ging wieder hinaus. Die Lehrerin warf einen Blick auf den Zettel, warf ihn auf den Tisch und explodierte vor Wut. »Wie kann jemand nur so unmöglich kleinlich sein!« rief sie aus. »Wirklich, wofür hält er uns eigentlich? Haben wir nicht so schon genug zu tun?« Der Autor wußte überhaupt nicht, worum es ging, aber es war klar, daß die Lehrerin sich darüber aussprechen mußte. Als sie es tat, konnte er nicht umhin, den Zettel zu lesen, der auf ihrem Tisch lag. Da hieß es: »Am Ende des Schultages sind alle Rollos halb herunterzulassen«, unterschrieben vom Direktor. Wie war dieser Zusammenbruch in der menschlichen Kommunikation zustande gekommen? Das war so: Es handelte sich um eine nagelneue Schule, und der Direktor war stolz auf sie. Mittags war er in den Rotary Club zum Essen gegangen. Als er auf dem Rückweg auf die Vorderseite seines Schulhauses zufuhr, bemerkte er, daß die Rollos an den Fenstern alle auf verschiedene Höhen heruntergezogen waren. Er sagte zu sich: »Würde es nicht hübsch aussehen, wenn am Ende des Schultages alle Rollos auf gleicher Höhe wären?« Er ging also in sein Büro und schrieb den Zettel an seine Lehrer. Das Ziel, das er vor Augen hatte, erschien ihm so wichtig, daß er keinen Gedanken darauf verwendete, wie es für seine Mitarbeiter aussehen würde!

Die meisten Zusammenbrüche der mitmenschlichen Kommunikation kommen gerade auf diese Weise zustande. Weil die Mitteilenden ganz von dem in Anspruch genommen sind, was ihnen wichtig erscheint, stellen sie keine Kommunikation mit anderen her. Die Lehrerin, die vor allem damit beschäftigt ist, ihr Thema erschöpfend zu behandeln, wird die Schüler nicht verstehen, denen sie etwas beizubringen versucht. Der Berater, der sich vor allem darum sorgt, was sein Klient tun »müßte«, mag ihm seine falschen Lösungen aufzwingen, weil er gar nicht wirklich gehört hat, was sein Klient gesagt hat. Zu lernen, sensibler zu sein, erfordert, daß man sich der Bedeutung des Sensiblerwerdens hingibt. Freud hat uns schon vor langer Zeit gesagt, daß wir niemals etwas tun, es sei denn, wir wollten es wirklich. Was wir denken, was wir hören, wem wir zuhören und sogar, was wir sehen, wird durch das bestimmt, was wir als wichtig empfinden.

Wenn wir Sensibilität und Verständnis nicht schätzen, treten sie wahrscheinlich auch nicht auf. Aber diese Eigenschaften machen den Unterschied zwischen guten und schlechten Helfern aus. Bei Untersuchungen an der Universität von Florida über gute und schlechte Krankenschwestern, Lehrer, Berater und sogar Geistliche der Episkopalkirche war eine der hervorragendsten Eigenschaften, die man bei guten Praktikern fand, die Sensibilität gegenüber den Bedeutungen, die für jene galten, mit denen sie arbeiteten. Effektive Praktiker kümmerten sich um das Problem, wie die Dinge vom Standpunkt dessen aus aussahen, mit dem sie arbeiteten. Wenn Helfer den Wert der Sensibilität nicht hoch genug einschätzen, kommt sie höchstwahrscheinlich nicht zum Zuge, und die Effektivität des Helfers wird vermindert.

Das Rückwärtslesen des Verhaltens

Im Grunde ist das Problem der Entwicklung von Sensibilität eine Frage dessen, daß man lernt, Verhalten »rückwärts zu lesen«. Nach Ansicht der Wahrnehmungspsychologen entsteht das Verhalten des Menschen in Abhängigkeit von seinen Wahrnehmungen. Wenn das zutrifft, müßte es uns möglich sein zu begreifen, wie Menschen wahrnehmen, indem wir aus ihrem Verhalten Rückschlüsse ziehen. Wenn wir ein Kind trinken sehen, können wir schließen, daß es Durst verspürt hat. Wenn wir sehen, daß ein Spieler einem auf ihn geworfenen Ball ausweicht, indem er sich duckt, können wir schließen, daß er gefürchtet hat, der Ball werde ihn treffen. Wenn das Verhalten eines Menschen von seinen Wahrnehmungen abhängig ist, folgt daraus, daß es möglich sein müßte, wenn wir sein Verhalten sorgfältig beobachten, die Gefühle, Einstellungen und Ziele im Wahrnehmungsfeld des Sich-Verhaltenden zu rekonstruieren.

Das ist ein Verfahren, das jedermann im Umgang mit anderen Menschen ganz automatisch benützt. Die Lehrerin beobachtet z. B. ein Kind, das nicht sehr gut liest. Während sie sein Verhalten beobachtet, fragt sie sich: »Also, was ist mit ihm los? Wie sieht es das, was es tut?« Während sie ihre Beobachtungen macht, zieht sie Schlüsse. Sie fragt sich: »Versteht es den Klang?«, und erprobt dann diese Hypothese durch weitere Beobachtung am Verhalten des Kindes, während es verschiedene Lesestücke liest, die sie speziell ausgewählt hat, um die Hypothese zu prüfen. Das Ergebnis kann sein, daß sie zu dem Schluß kommt, es höre den Klang, und eine neue Hypothese aufstellt: »Vielleicht kann es nicht zwischen A und O, zwischen T und TH unterscheiden.« Dann prüft sie diese Hypothese, vielleicht mit Hilfe diagnostischer Tests. Schließlich kommt sie vielleicht durch einen Prozeß der Beobachtung, Schlußfolgerung und Erprobung zu einer Erkenntnis dessen, was mit dem Kind los ist, und ist dadurch in der Lage, ihm zu helfen, in Zukunft angemessener wahrzunehmen.

Das gleiche Verfahren verwendet der Verwaltungsmann, wenn er versucht zu verstehen, was seine Mitarbeiter plagt. Er versucht zu erfassen, wie ihnen die Dinge erscheinen, und prüft seine Schlußfolgerungen immer wieder durch weitere Beobachtungen. Für die meisten von uns ist es nichts Neues, auf diese Weise Menschen »abzutasten«. Jeder hat Erfahrungen im Schließen auf die Wahrnehmungswelt anderer. Das Problem liegt für den professionellen Helfer nicht darin, zu lernen, etwas Neues zu tun, sondern darin, das tüchtiger und wirksamer zu tun, was er jetzt zufällig, unüberlegt und nur gelegentlich tut.

Verhalten »rückwärts lesen« ist es auch, was der Psychologe tut, wenn er Verhalten untersucht; aber er tut es gewöhnlich mit mehr Sorgfalt und Genauigkeit als der Mann auf der Straße. Es ist auch die Methode, wie professionelle Helfer Sensibilität entwickeln und die Eigenschaften der Empathie erwerben. Die Technik besteht darin, Schlüsse zu ziehen und sie am Maßstab des von außen beobachteten Verhaltens zu überprüfen. Der Helfer beobachtet das Verhalten seines Klienten, und indem er es »rückwärts liest«, folgert er, welche Arten der Wahrnehmung das beobachtete Verhalten hervorgebracht haben können. Diese Folgerungen werden dann an späteren Verhaltensweisen überprüft; so bestimmt man ihre Zuverlässigkeit und ihren Voraussagewert. Durch einen solchen, über längere Zeit durchgeführten Prozeß fortwährender Beobachtung-Folgerung-Überprüfung-Beobachtung-Folgerung-Überprüfung kann der Helfer dem wahrscheinlichen Zustand des Wahrnehmungsfeldes eines Menschen immer näher kommen.

Kann eine Folgerung wissenschaftlich sein?

Einige Anhänger der objektiven Psychologie erheben Einwände gegen die Anwendung von Schlußfolgerungen als Technik zum Verstehen von Verhaltensweisen. Sie meinen, es sei zu subjektiv, zu sehr den Möglichkeiten von Irrtümern und Verzerrung ausgesetzt, die der Beobachter einbringen könnte. Ihre Bedenken sind gewiß nicht ohne Belang. Der Einsatz des Selbst als Instrument der Beobachtung führt tatsächlich eine mögliche Ursache der Verzerrung ein, die bei mechanischeren Arten der Beobachtung und Aufzeichnung von Verhaltensweisen nicht vorhanden ist. Das rechtfertigt jedoch noch keine Ablehnung der Methode, wenn die Fehlerquellen beherrscht werden können.

Alle Wissenschaften sind abhängig von der Aufstellung und Nachprüfung von Hypothesen. Um die Richtigkeit dieses Prozesses zu lenken, haben Wissenschaftler Gültigkeitsprüfungen erfunden, die wie folgt zum Überprüfen von Hypothesen verwendet werden sollen:

1. Gefühle subjektiver Gewißheit. Erscheint die Hypothese dem, der sie aufgestellt hat, vernünftig und richtig?

2. Entspricht die Hypothese allen bekannten Fakten? Paßt sie? Liefert sie eine angemessene Erklärung aller Daten?
3. Übersteht sie die Probe geistigen »Jonglierens«? Klingt sie noch richtig, wenn sie verstandesmäßig in Frage gestellt wird und anderen Auffassungen, Erklärungen oder Annahmen gegenübergestellt wird?
4. Erlaubt sie Vorhersagen? Falls man die Hypothese für Vorhersagen benützt, treffen diese auch wirklich ein?
5. Können andere Forscher, besonders anerkannte Fachleute, die Hypothese akzeptieren? Sind andere Personen, vorzugsweise selbständig, zu den gleichen Schlüssen gekommen?
6. Ist die Hypothese in sich stimmig? Ist die Hypothese haltbar, wenn man verschiedene Interpretationen macht, die einander in Frage stellen?

Die Ergebnisse aller Wissenschaften (einschließlich der physikalischen Wissenschaften, die wir als Beispiele für Richtigkeit und Genauigkeit anzusehen gewöhnt sind) sind letzten Endes, um zu etablieren, was eine »Tatsache« ist, von einer oder mehreren dieser Nachprüfungen abhängig. Die Wahrnehmungspsychologie ist den gleichen Forderungen unterworfen. Die oben angeführten Prüfungen werden auf die gleiche grundlegende Weise benützt, um die Brauchbarkeit von Folgerungen über menschliches Verhalten zu bestimmen, wie der Astronom seine Folgerungen in bezug auf ein neues Sternensystem prüft oder der Physiker seine Folgerungen in bezug auf die Quantentheorie. Das Folgern ist an sich nicht unwissenschaftlich. Hingegen kann die Art, wie gefolgert und überprüft wird, unwissenschaftlich sein. Jede Wissenschaft, einschließlich der Wissenschaft vom Verhalten, ist auf Folgerungen angewiesen, um ihren Horizont über das Unmittelbare und das Greifbare hinaus zu erweitern.

Zuhören lernen

Da das Verhalten ein Produkt menschlicher Wahrnehmungen ist, sagen uns die Menschen durch ihre Verhaltensweisen immer, wie es mit ihnen steht. Kinder tun dies in ihrem Spiel so sehr, daß die Psychologen gelernt haben, das Spiel sowohl als ein diagnostisches Medium zu benützen, um zu erforschen, wie Kinder denken und fühlen, als auch für die Behandlung, in der sie ihnen helfen, ihre Wahrnehmung ihrer selbst und ihrer Umwelt zu verändern. Man braucht z. B. kein Gedankenleser zu sein, um zu erfahren, wie ein Kind empfindet, wenn man es beobachtet, wie es die Puppe schlägt, die den kleinen Bruder darstellt, oder wie es eine Zeichnung von der Lehrerin in der Toilette hinunterspült! Das Verhalten Erwachsener ist ebenso aufschlußreich. Die meisten von uns erfahren rasch, was sie von ihren Freunden, Nachbarn, Chefs oder Feinden zu halten

haben, wenn sie Gelegenheit bekommen, sie in Aktion zu sehen. Auch Kinder können das Verhalten Erwachsener entschlüsseln, und zwar auch dann, wenn die Erwachsenen ihr Bestes tun, um ihre Gefühle zu verbergen. In der psychologischen Beratungsstelle z. B. hört man die ihre Kinder ablehnenden Mütter oft ausrufen: »Warum fragt er mich ständig, ›Mama, liebst du mich?‹ Ich sag' ihm immer wieder, daß ich ihn liebe, aber er fragt immer weiter, bis es mich fast verrückt macht!«
Philip Jackson berichtet in einer Interview-Untersuchung an Lehrern, wie diese flüchtige Verhaltenshinweise benützen, um zu erschließen, wie gut sie ihre Arbeit machen. Hier sind ein paar Auszüge aus den Interviews.

Interviewer: Wie können Sie beurteilen, ob Sie gute Arbeiten leisten?
Lehrer: Oh, ich sehe ihre Gesichter an.
I: Können Sie mir mehr darüber sagen?
L: Na klar — sie sehen wach aus; sie schauen interessiert; sie sehen fragend aus — als wenn sie drauf und dran sind, etwas in Frage zu stellen. Sie sehen aus, als wollten sie gern mehr darüber erfahren ... Ein andermal weiß man, daß man keine gute Arbeit geleistet hat, wenn sie stumpf aussehen oder uninteressiert oder eine »mir-ist-alles-wurscht-Haltung« zeigen; na ja, dann hab' ich ein blödes Gefühl, wissen Sie, daß ich meine Sache schlecht gemacht habe.

Ein anderer Lehrer sagt:

Ich glaub', die Reaktion der Kinder, und was sie davon gehabt zu haben scheinen. Ihr Interesse; ihr Ausdruck; die Art, wie sie aussehen.

Wieder ein anderer sagt:

Ich kann es daraus entnehmen, wie sie sich anhören. Da gibt es einen Klang, den man heraushören kann, und man kann hören, wenn sie wirklich arbeiten.
I: Sie meinen, wie es sich allgemein im Raum anhört?
L: Ja, wie der Raum allgemein klingt. Nun muß es nicht immer ein ruhiges Geräusch sein — es kann ein lärmendes, brausendes Geräusch sein, und man leistet trotzdem gute Arbeit, und alle arbeiten.
I: Aber können Sie das unterscheiden?
L: Ich kann es unterscheiden. Man kann es fühlen.

Und wieder ein anderer sagt:

Es ist das Leichteste von der Welt. Man weiß beim ersten Gähnen, daß man es falsch macht. Wenn Lehren und Lernen nicht erfreulich sind und Spaß machen, dann ist beides sehr schwer. Wenn die Kinder keine Freude daran haben, wenn sie nicht aufpassen und gespannt dasitzen, dann ist es da — ein Sinn fürs Theater ist etwas, was man nicht lernen kann, aber ein guter Schauspieler kann seine Zuschauer spüren. Er weiß, ob eine Vorstellung gut läuft oder nicht gut läuft — einfach durch die Atmosphäre. Und in der Klasse ist es genauso. Man kann fühlen, wenn die Kinder Widerstand leisten[1].

Das Achten auf Bedeutungen

Das Entwickeln von Sensibilität ist eine Frage des Heraushörens von *Bedeutungen*, nicht der Verhaltensbeobachtung. Psychologen haben dies manchmal das »Lauschen mit dem dritten Ohr« genannt. Es kommt darauf an, hinter das zu blicken, was Menschen sagen oder tun, hin zu den Bedeutungen oder Wahrnehmungen, die ihr Verhalten hervorbringen. Jedes Verhalten ist in gewissem Grad ein Ausdruck von Wahrnehmungen, aber Verhaltensweisen, die auf sehr starke Gefühle zurückgehen, sind fast nicht zu verhehlen. Gerade die Versuche, die andere machen, um ihre Gefühle zu verbergen, dienen nur dazu, sie deutlicher offenbar werden zu lassen. Durch übertriebenes Verhalten wird unser Verdacht erst richtig geweckt. Eine Beratungsklientin eines der Autoren drückte es einmal so aus: »Manchmal, wenn ich mit Ihnen rede, versuche ich, Sie davon abzuhalten, wirklich etwas zu erkennen. Ich verhalte mich wie eine Vogelmutter, die ihr Nest verteidigt, indem sie so tut, als habe sie einen gebrochenen Flügel, um Sie von etwas fortzulocken, von dem ich nicht will, daß Sie es sehen. Aber Sie wissen es; Sie wissen es immer.«
Eine wichtige Technik der Beratung, von Carl Rogers das Erkennen und Annehmen des Gefühls genannt, ist in Wirklichkeit die Reaktion des Beraters auf die Wahrnehmungen des Klienten. Der Berater, der diese Technik verwendet, hört seinem Klienten aufmerksam zu, dringt vor bis zu der Bedeutung (dem Gefühl), die der Klient ausdrückt, und versucht, dieses für ihn klar und deutlich auszudrücken. Beachten Sie, wie der Berater dies in dem folgenden Auszug aus einem Gespräch mit einer Frau in der Eheberatung tut:

Klienten: Er macht die ganze Zeit so was. Ich weiß nie, was er sagen wird. Wenn wir mit unseren Freunden ausgehen, hält er es für sehr lustig, ihnen von etwas zu erzählen, was ich getan habe, und was er für dumm hält. Manchmal möchte ich im Boden versinken.
Berater: Sie fühlen sich ziemlich gedemütigt und beschämt. Ich kann es mir gut vorstellen.

Eine solche Konzentration der Aufmerksamkeit auf die Bedeutung, die etwas für einen Menschen hat, ist charakteristisch für tüchtige Helfer. Man kann hören, wie die Lehrerin sie einsetzt, die sagt: »Jimmy, ich

1 Aus: P. W. Jackson, Life in classrooms, New York (Holt, Rinehart & Winston) 1968. Abdruck mit Erlaubnis des Autors.

kann sehen, daß du sehr wütend auf Paul bist. Ich kann es verstehen, aber du darfst ihn nicht mit der Schaufel schlagen;« oder bei der Krankenschwester, die zu ihrer Patientin sagt: »Es ist mir klar, daß Sie sich nicht sicher sind, ob Sie das tun können, Frau Smith. Ich weiß, es wird nicht leicht für Sie sein.«

Die Art des intensiven Zuhörens, das in den helfenden Berufen notwendig ist, ist kein passiver Vorgang, sondern ein aktiver. Sie erfordert scharf konzentrierte Aufmerksamkeit und lebhaftes Interesse an den Worten und Verhaltensweisen anderer Menschen. Dies ist ganz anders als die meisten Gespräche, die unser tägliches Leben kennzeichnen. Tatsächlich ist für die meisten Menschen wirkliches Zuhören eine selten geübte Kunst. Der Zweck vieler Gespräche ist es nicht, zu hören, was der andere zu sagen hat, sondern, die Gelegenheit zu genießen, das eigene Selbst zum Ausdruck zu bringen. Wenn man in ein Gespräch beim Tee, bei einer Cocktailparty oder in ein beiläufiges Gespräch auf der Straße hineinhört, wird rasch deutlich, daß keiner wirklich zuhört. Die Sprechenden amüsieren sich, während die Zuhörer geduldig oder nicht so geduldig darauf warten, an die Reihe zu kommen, um von ihrer Operation oder ihrer Reise nach San Francisco zu erzählen. Es ist oft schwierig, einen guten Zuhörer zu finden — so schwierig, daß gute Zuhörer von anderen oft als wunderbare Unterhalter bezeichnet werden!

Zuhören ist therapeutisch wirksam

Die Bedeutung des Zuhörens geht weit über seinen Wert als Hilfsmittel zum Verstehen anderer Menschen hinaus. Das Erlebnis, daß einem jemand zuhört, ist oft an sich schon therapeutisch wirksam. Die Weiterentwicklung anderer kann oft durch einen mitfühlenden Zuhörer gefördert werden, selbst wenn er sonst nur wenig tut. In diesem Sinn ist jeder Mensch, der sich jemals geduldig die Probleme eines anderen angehört hat, in diesem Augenblick ebensosehr ein Helfer gewesen, wie jene, die aufgrund ihrer Stellung oder ihres akademischen Grades eindrucksvolle Titel führen. Einer der Autoren hat einmal einen Mann gekannt, dessen Lebenserfahrung die wichtige Rolle des einfühlsamen Zuhörers deutlich bewies. Die meisten Leute, die mit diesem Mann interagierten, gingen aus diesem Erlebnis so hervor, daß sie sich viel besser fühlten und viel strahlender aussahen, als sie es je zuvor getan hatten. Und fast ausnahmslos pflegten diese gleichen Leute etwa folgendes zu sagen: »Oh, was ist das für ein feiner Kerl! Er ist einer der interessantesten Menschen, mit denen ich jemals gesprochen habe. Ich könnte den ganzen Tag mit ihm reden!« Nach diesen Bemerkungen könnte man glauben, er müsse eine

sehr dynamische Persönlichkeit gewesen sein. Aber in Wirklichkeit fielen auf ihn niemals mehr als 5 oder 10 Prozent der Gespräche, an denen er beteiligt war. Er war in Wirklichkeit sehr schüchtern und zurückhaltend, wenn auch höchst sensibel und einfühlsam.
Ein gut Teil der Ausbildung für helfende Berufe ist in der einen oder anderen Form der Entwicklung von Sensibilität gewidmet. Lehrerstudenten z. B. müssen lange Zeit damit verbringen, Kinder und ihre Lehrer zu beobachten, wobei sie ihre Fähigkeit verbessern sollen, zu sehen und zu hören, was wirklich im Klassenzimmer vor sich geht. Berater, Sozialarbeiter und klinische Psychologen müssen Übungssitzungen mit echten Klienten oder mit Personen, die Klienten spielen, abhalten, wobei ihnen Lehrpersonen zu helfen versuchen, immer deutlicher zu erkennen, was ihre Patienten oder Klienten wirklich zum Ausdruck bringen. Eine Technik, die von Beratern erfunden worden ist, um Anfänger das Zuhören zu lehren, ist das Zuhör-Spiel, das vielleicht einige Leser ausprobieren möchten. In einer Gruppensitzung kommen alle Teilnehmer überein, niemand dürfe etwas sagen, ehe er das, was der, der vor ihm gesprochen hat, im wesentlichen so wiedergegeben hat, daß der Vorredner damit zufrieden ist. Es ist faszinierend, wie die Anwendung dieser Regel das Gespräch verlangsamt! Die meisten Menschen, die dieses Spiel spielen, entdecken bald, daß das Zuhören wirklich eine schwere Kunst ist, und sie entdecken enttäuscht, wie wenig sie normalerweise von dem hören, was die Menschen um sie her zum Ausdruck bringen.

Der Einsatz des eigenen Selbst als Werkzeug

Im 1. Kapitel haben wir gesehen, daß wirksame Arbeit in den helfenden Berufen davon abhängig ist, daß man sein Selbst geschickt als Werkzeug einsetzt, um die Aufgabe des Helfens zu erfüllen. Auch das Verstehen anderer ist davon abhängig, daß der Helfer sein Selbst einsetzt, um Schlüsse zu ziehen. Diese Verwendung des Selbst als Instrument ist jedoch ein zweischneidiges Schwert. Wenn man seine eigene Erfahrung richtig einsetzt, kann sie zum Verstehen anderer sehr nützlich sein. Sie kann einen aber auch erheblich in die Irre führen! Wissenschaftler aller Bereiche müssen ihre Instrumente eichen, um möglichst genaue Messungen sicherzustellen. Sie stellen ihre Voltmeter auf 0, bevor sie die Stromstärke ablesen, und bringen ihre Waagen sorgfältig ins Gleichgewicht, bevor sie sie benützen, um etwas zu wiegen. Ähnlich kann man auch das Instrument »Mensch« eichen, so daß es immer genauere Schlüsse über das liefert, was in anderen Menschen vor sich geht. Es kommt darauf an, von Anfang an ein zuverlässiges Instrument auszuwählen und es dann gemäß den Grundregeln, die die Wissenschaft für die Beobachtung und für die Zuverlässigkeitsprüfung aufgestellt hat, mit Sorgfalt und Disziplin zu benützen. Der Naturwissenschaftler tut dies mit seinen Instrumenten, aber Menschen müssen diese Regeln auf sich selbst anwenden. Dies erfordert Disziplin und Beherrschung.

Die Verwendung der Erfahrung als Grundlage

Die natürlichste und sinnvollste Informationsquelle für Schlußfolgerungen ist unsere eigene Erfahrung. Jeder von uns hat am Wachstum und an der Entwicklung mindestens eines Menschen starken Anteil genommen. Das sind wichtige Gegebenheiten, und ihre richtige Verwendung kann unermeßlich zu unserem Verständnis anderer beitragen. Selbst die Leiden, die wir ertragen haben, können uns helfen, andere, die leiden, zu verstehen und mit ihnen zu fühlen. Aber das ist nicht notwendigerweise so! Die Wirkung ist nicht automatisch. Man braucht sich nur umzuschauen, um am Leben von Freunden und Bekannten zu beobachten, wie Not, Absonderung oder tragische Umstände manche Menschen wütend, feindselig und ihren Mitmenschen gegenüber verschlossen gemacht haben, während andere als Folge dessen, was sie durchgemacht haben, immer warmherziger, gütiger und verständnisvoller geworden zu sein scheinen. Der Unterschied scheint durch die Fähigkeit des Individuums bedingt zu sein, seine Erfahrungen anzunehmen oder ihnen offen entgegenzutreten. Eine Abwehrhaltung hindert die Erfahrung am Durchdringen und an einer Steigerung der Sensibilität. Menschen, die zu tief verletzt worden sind, bauen zum Selbstschutz Mauern um sich auf. Solche Mauern dienen dazu, das Individuum vor Interaktion mit anderen zu schützen, aber sie hindern es leider auch daran, zu ihnen durchzudringen.

Intime Erfahrungen, bei denen man Gelegenheit hat, mit anderen eine tiefe und bedeutungsvolle Kommunikation zu erleben, steigern die Fähigkeit des Individuums sehr, anderen gegenüber mitfühlend zu handeln. Sie liefern das Rohmaterial, aus dem sich Verständnis aufbaut. Forschungsergebnisse zeigen, daß Menschen, die nicht geliebt worden sind, unfähig sind, zu lieben. In ähnlicher Weise ist das Akzeptieren anderer mit dem Akzeptieren des eigenen Selbst verknüpft. Anscheinend muß man ein menschliches Gefühl erlebt haben, um fähig zu sein, wirklich zu erfassen, was es für einen anderen bedeutet. Das heißt nicht, daß man, um einen anderen zu verstehen, notwendigerweise das gleiche erlebt haben muß wie er. Das ist natürlich immer unmöglich. Was man gemeinsam erleben *kann*, sind die Bedeutungen von Ereignissen, Gefühlen, Einstellungen, Überzeugungen, Übereinkünften oder Begriffen. Die Autoren dieses Buches können also, da sie männlichen Geschlechts sind, die Geburt eines Kindes nicht selbst erleben. Sie können jedoch zusammen mit ihren Ehefrauen die Freuden, Ängste, Befürchtungen und Erfüllungen der Geburt eines Kindes erleben und haben es auch getan, gar nicht zu reden von ihren gemeinsamen Erfahrungen der Probleme der Elternschaft.

Wahrscheinlich trägt jedes Höhepunkterlebnis, das ein Individuum bis zur Neige auskostet, etwas Wesentliches zu seiner Fähigkeit bei, mit dem Leben und mit anderen zu interagieren. Wenn man die Herrlichkeit eines Sonnenuntergangs empfunden hat, kann man viel besser verstehen, was sie für jemand anders bedeutet. Wenn man gewonnen, verloren, geliebt, gehaßt, Enttäuschungen erlitten oder Not überwunden hat, können diese Lebensqualitäten einen lebendiger machen. Intime Erlebnisse, in denen man von Herz zu Herz mit einem anderen Menschen kommunizieren kann, mag es auch nur kurze Zeit sein, erweitern und steigern die eigene Fähigkeit des Verstehens.

Gelebt und Erfahrungen gemacht zu haben, ist jedoch keineswegs eine Garantie dafür, daß man andere Menschen besser versteht. Delinquenten und Verbrecher haben oft gelitten, aber deswegen sind sie nicht unbedingt besser fähig, mit Menschen umzugehen. Ganz im Gegenteil, sie sehen die meisten Menschen als ihre Feinde an! Die geschiedene Frau sagt vielleicht: »Ich weiß alles über die Männer. Ich war viermal verheiratet.« Aber sie läßt trotz ihrer umfangreichen Erfahrungen als Expertin in Eheangelegenheiten viel zu wünschen übrig! Die Erfahrung liefert uns ein Reservoir an Daten über menschliches Verhalten, aber leider ist es nicht immer so deutlich beschriftet, daß wir klar unterscheiden können, was zuverlässig ist und was nicht.

Um uns die Erfahrung am besten zunutze zu machen, müssen wir sie benützen — nicht als Tatsache, sondern als Grundlage. Wir müssen sie mit Vorbehalt verwenden und zugleich den Fehler vermeiden, sie für unfehlbar zu halten, nur weil sie unsere eigene ist. Das heißt, wir müssen sie erforschen, prüfen und mit den Erfahrungen anderer vergleichen, ebenso mit den harten Realitäten des Lebens. Auf diese Weise können wir Erfahrung definieren, ihre Irrtümer ausschalten und, auf die Dauer gesehen, wirksamer zur Befriedigung unserer eigenen Bedürfnisse und derjenigen der Menschen um uns her beitragen.

Der Aufschub persönlicher Bedürfnisse

Das Entwickeln von Sensibilität erfordert die Bereitschaft, unmittelbare Bedürfnisbefriedigung im Interesse eines anderen aufzuschieben. Dies ist oft schwierig, weil unsere eigene Art des Wahrnehmens und Denkens sich so »gut« oder »richtig« anfühlt. So stark ist die Tendenz, den Ereignissen unsere eigene Struktur aufzuzwingen, daß eine bewußte Anstrengung erforderlich ist, sie auch nur eine kurze Zeit beiseite zu lassen. Eine hervorragende Kunsterzieherin in unserer Bekanntschaft hat dies eines Tages sehr hübsch veranschaulicht. Am Abend vor ihrem Unterricht verbrachte sie viele Stunden damit, an einem neuen Projekt zu arbeiten. Am nächsten Tag wartete sie auf einen geeigneten Augenblick, um der Klasse von dem aufregenden Projekt zu erzählen, das sie für sie ausgearbeitet hatte. Alle Schüler in der Klasse waren beschäftigt und interessiert an dem, was sie gerade taten, und lange hatte sie keine Gelegenheit, zu unterbrechen. Schließlich fing sie an, von dem neuen Projekt zu erzählen, aber niemand achtete darauf! Nach mehreren Versuchen, ihre Aufmerksamkeit zu gewinnen, sagte sie etwas verärgert: »Ich hab' den Eindruck, Ihr wollt einfach nicht hören, was ich für Euch arrangiert hab'!« Darauf erfolgte keinerlei Reaktion. Alle machten ihre Arbeit an den Projekten weiter, mit denen sie schon beschäftigt waren, außer einem Jungen, bei dem man immer mit irgendeiner Bemerkung rechnen konnte. Er antwortete: »Nicht heute, Frau Smith!« Sie erzählte uns einige Zeit später: »Wissen Sie, ich war wirklich irgendwie verletzt. Ich glaubte, es sei eine wunderbare Idee, und ich hatte mir soviel Arbeit gemacht, um es fertigzubekommen! Irgendwie behielt aber doch meine Vernunft die Oberhand, und ich legte meine Idee beiseite, um sie bei einer späteren Gelegenheit wieder aufzugreifen.« Oft erfordert es einen richtigen Ruck, sich von den eigenen Vorlieben loszureißen, um dem Denken und den Bedürfnissen anderer Folge zu leisten.

Selbst Psychiater und klinische Psychologen, von denen man annehmen sollte, daß sie im Stellen sorgfältiger Diagnosen geübt sind, hat man schon dabei ertappt, daß sie bei ihren Klienten ihre eigenen Persönlichkeitsprobleme vorzufinden meinten. Auch Freud bemerkte, daß wir selten bei anderen ein Problem erkennen, mit dem wir uns nicht selbst schon herumgeschlagen haben. Die Fähigkeit, persönliche Bedürfnisse hintanzusetzen, hängt wahrscheinlich in hohem Maß vom Grad der Selbsterfüllung ab, die der Helfer in seinem eigenen Leben erlebt. Sensibilität gegenüber anderen ist eine schwere Kunst, wenn positive persönliche Befriedigungen fehlen. Die Fähigkeit zur Selbstverleugnung ist eine Eigenschaft von Menschen, denen ein gewisses Maß an Selbstverwirkli-

chung gelingt. Unzulängliche und sich bedroht fühlende Menschen müssen fortwährend so sehr auf der Hut vor der Welt sein, daß ihnen wenig Zeit und Neigung bleibt, sich viel Sorgen um andere zu machen. Nur ein freies Selbst kann sich hingeben. Eine wichtige Voraussetzung für das Entwickeln von Sensibilität ist deshalb die Möglichkeit für erfüllende Erfahrungen im eigenen Leben des Helfers.
Die persönliche Disziplin, die für die Entwicklung von Sensibilität erforderlich ist, wird sehr erleichtert durch eine tiefe Überzeugung: »Auch ich könnte unrecht haben!« Nichts steht der Einfühlung mehr im Weg als der unbeirrbare Glaube an die eigene Unfehlbarkeit. Es ist absolut unerläßlich, daß Berater, Sozialarbeiter und Geistliche, welche mit Menschen arbeiten, die in großen Schwierigkeiten sind, begreifen, daß es buchstäblich nichts gibt, was ein Mensch nicht tun würde (man selbst eingeschlossen), wenn er der richtigen Kombination von unglücklichen Umständen ausgesetzt ist. So unbequem es sein mag, der Glaube an die eigene Persönlichkeit macht die Entwicklung von Einfühlungsvermögen und ehrlichem Mitgefühl mit anderen viel leichter. Wenn man weiß, daß eine Tatsache nur eine Überzeugung ist, die man mit jenen teilt, die man für wichtig hält, und nur vielleicht »wirklich« wahr ist, ist die Anerkennung der eigenen Fehlbarkeit auch viel leichter zu akzeptieren.

Der Wert eines Lese-Programms

Eine weitere wertvolle Quelle des Verstehens ist das eigene Lese-Programm. Was immer uns Einsicht in die Natur des Menschen und in ihre Probleme, Hoffnungen und Wünsche verschafft, kann sehr stark zur Entwicklung von Sensibilität beitragen, entweder als allgemeiner Hintergrund für die Interpretation oder unmittelbar als Teilnahme an menschlichem Erleben. In diesem Zusammenhang denkt man ganz von selbst an die in den verschiedenen Sozialwissenschaften verfügbare berufsbezogene und wissenschaftliche Literatur; natürlich sind diese Materialien für Praktiker der helfenden Berufe von unschätzbarem Wert. Aus einer derartigen Lektüre kann der Lernende den Rahmen oder den Hintergrund erwerben, vor dem das Bild eines bestimmten Individuums mit größerer Klarheit und Vielfalt gesehen werden kann. Die Lektüre von Werken der Sozialwissenschaften genügt aber keineswegs, um in Angehörigen der helfenden Berufe eine angemessene Sensibilität zu entwickeln. Wissenschaftliche Veröffentlichungen sind gewöhnlich objektiv und beschreibend. Sie zeigen die Menschen, wie ein außenstehender Beobachter sie wahrnimmt. Ein Großteil ist auch in statistische oder normative Formulierungen gefaßt, die eher Populationen betreffen als Individuen. Angehörige der helfenden Berufe müssen daher gewöhnlich ihr subjektives Verständnis aus anderen Quellen oder aus der eigenen Erfahrung schöpfen.

Eine fruchtbare Quelle des subjektiven Verständnisses für andere Menschen ist in der für uns verfügbaren nicht-wissenschaftlichen Literatur zu finden. Man hat schon oft gesagt, Dichter und Romanschriftsteller seien unsere besten Psychologen. In einem sehr realen Sinn ist es wahr. Zwar sind die Wissenschaftler vorzüglich dazu ausgebildet, uns Kenntnisse von Menschen in normativen, statistischen und abstrakten Formulierungen zu verschaffen, aber Dichter und Romanautoren sind ihnen weit überlegen, wenn es darum geht, uns das wesentlich Menschliche am Menschen erfassen zu helfen. Durch Schauspiel, Dichtung, Autobiographien und Romane können wir unsere Erfahrung ergänzend erweitern. Wir können in die Welt des Sehens und Fühlens, Glaubens, Hoffens, Vertrauens, Anteilnehmens, Liebens und Hassens mehr oder weniger so eindringen, wie sie von anderen Menschen erlebt wird. Während wir uns dem Zauber hingeben, wie er von Autoren dieser Art heraufbeschworen wird, können wir eine Zeitlang sein, was wir nicht sind, nie gewesen sind oder vielleicht nie sein könnten. Mit James Agee können wir etwas von dem erleben, was es bedeutet, einen Todesfall in der Familie zu haben *(A Death in the Family)*, selbst wenn wir das nie erlebt haben. Mit Malcolm X. können wir etwas von dem empfinden, wie es ist, schwarzer Hautfarbe zu sein und in den Elendsvierteln einer Großstadt aufzuwachsen. Durch die Literatur können wir die Frustrationen und die Macht miterleben, die mit dem Präsidentenamt verbunden sind, bei Helen Keller das Heranwachsen der Intelligenz, oder das bemitleidenswerte Suchen einer Marilyn Monroe. Die Welt der Literatur bietet eine ungeheure Schatztruhe der Erfahrung, die für Angehörige der helfenden Berufe von immensem Wert ist. Das Verständnis, die Einfühlungsgabe und die Fähigkeit zur tiefen, mitfühlenden Identifizierung mit anderen, die der Dichter, der Dramatiker und der Autor aufs Papier bannen, sind genau die Eigenschaften, die man in den helfenden Berufen in Erfüllung ihrer Funktionen aktiv praktizieren muß.

„Im Strom sein"

Die Tendenz, die Welt zu strukturieren, verläßt uns nie. Wir verbringen einen Großteil unserer Zeit damit, dem Leben Bedeutung zu verleihen und es in irgendeine Form, Kategorie oder Klassifizierung zu pressen. Anders könnten wir nicht existieren. Aber oft zerstört dieser Vorgang das, was die Erfahrung uns sonst vielleicht zu geben hätte. Vor dem abstrakten Gemälde fragt der Neuling: »Was ist es?« Der Künstler schaut und »läßt es auf sich zu kommen«. Stereotype Ansichten darüber, »wie Neger sind«, verzerren oder zerstören die Möglichkeit, einen Menschen kennenzulernen, der zufällig eine dunkle Haut hat. Es ist traurig, wenn man in seinen Vorurteilen so gefangen ist. Glücklicherweise läßt sich die Fähigkeit zum Offensein, die wir als Kinder hatten, wiedergewinnen, wenn man bereit ist, »im Strom zu sein«, und ihn die Botschaft an sich herantragen läßt, die er besitzt.

Das erfordert eine Offenheit gegenüber dem Leben, eine Bereitschaft, mit anderen in ihre Wahrnehmungswelt hineinzugehen. Es erfordert ein zeitweiliges Aufgeben unserer Anschauung von den Dingen und eine aktive Bemühung, in die Welt einzutreten, wie sie sich in den Augen anderer ausnimmt. So kann es möglich sein, neue Dinge zu erleben, die schon die ganze Zeit dagewesen sind. Dies hat einer der Autoren vor Jahren erlebt, als er um die Weihnachtszeit in New York arbeitete. Viele Jahre lang war er mehrmals am Tag durch die große Haupthalle der Grand Central Station gegangen. Eines Abends nun, als er in einer Schlange am Fahrkartenschalter stand, bemerkte er einen Engländer, der vor ihm stehend — offenbar neu in den USA angekommen — hingerissen zur Decke hinaufschaute, wobei er murmelte: »Unglaublich, einfach unglaublich! Großartig!« Daraufhin schaute auch der Autor hinauf und entdeckte zu seinem Erstaunen, daß sich wirklich ein prächtiger Anblick bot. Er hatte die schöne Decke zum erstenmal gesehen!

Man kann Angehörige der helfenden Berufe oft dabei beobachten, wie sie sich bemühen, sich in etwas »hineinzuversetzen«. Die Kindergärtnerin begibt sich möglicherweise »auf das Niveau des Kindes«, indem sie sich zu ihm hinunterbeugt oder sich auf einen Kinderstuhl setzt. Man versucht, sich mit den Ereignissen zur Deckung zu bringen, um sie »ihre Geschichte erzählen zu lassen«. Berater tun dies, während sie mit Verständnis einem Klienten zuhören, der eine Verhaltensweise beschreibt, die der Berater vielleicht persönlich abstoßend findet. Eine derartige Offenheit ist fast kindlich. Sie ist eine Art Naivität, ein großäugiges Staunen, das der Welt erlaubt, hereinzukommen und so zu sein, wie sie nun einmal ist.

In menschliches Erleben einzutauchen ist ein Mittel, um die Sensibilität des Instruments zu entwickeln, mit dem wir arbeiten müssen. Wie überall anderswo gibt es jedoch auch hier Grenzen. Nicht alle Erfahrungen sind gleich nützlich. Einen Kult daraus zu machen, »ins Leben einzutauchen« oder es zur Lebensweise zu machen, daß man »wagt, anders zu sein«, kann dazu führen, daß die Erfahrung drastisch eingeengt wird, anstatt daß sie erweitert und bereichert wird. In jeder Generation hat es

Gruppen gegeben, die auszogen, um sich von anderen zu unterscheiden, nur um sich bald in irgendeiner banalen Konformität gefangen zu finden.

Das Entwickeln von Sensibilität kann nicht zur lebenslangen Aufgabe werden. Sensibilität gegenüber denen, die wir lieben oder mit denen wir tief identifiziert sind, mag möglich sein ohne großen Energieaufwand oder Disziplin und Selbstbeherrschung. Die Ausdehnung der Sensibilität auf jene, mit denen wir nicht so eng verbunden sind, ist viel schwieriger, und die meisten professionellen Helfer müssen daran arbeiten. Gute Helfer stellen fest, daß ihre Arbeit sie oft stark in Anspruch nimmt und erschöpft. Infolgedessen brauchen sie wie jeder andere Möglichkeiten, ihre Batterien wieder aufzuladen, Befriedigung und Erneuerung zu finden, wodurch es ihnen möglich wird, erfrischt zu ihrer Aufgabe zurückzukehren, und wodurch sie fähig werden, ihr die erforderliche Kraft und Aufmerksamkeit zu widmen. Man kann sein Selbst zu einem wirksamen und zuverlässigen Werkzeug machen, das das Verstehen anderer und die Hilfe für andere ermöglicht. Wie jedes andere Instrument braucht auch der Mensch ständige Kontrolle und Eichung. Die meisten physikalischen Instrumente werden durch Zeit und Gebrauch weniger genau, während das Instrument Mensch tatsächlich besser werden kann. Menschliche Organismen werden meistens durch den Gebrauch immer schärfer, stärker und wirksamer. So kann auch das Selbst durch Übung und Disziplin zu einem immer leistungsfähigeren und empfindlicheren Instrument gemacht werden.

Besondere Methoden zur Entwicklung von Sensibilität

Wir haben schon darauf hingewiesen, daß die Leute einem immer mitteilen, wie ihnen die Dinge erscheinen, wenn man die Sensibilität entwickeln kann, zu hören, was sie zum Ausdruck bringen. Da alles Verhalten der äußere Ausdruck der inneren Gedanken und Gefühle des Individuums ist, kann uns jede Verhaltensweise etwas darüber sagen, wie es mit einem anderen Menschen steht. Aber nicht alle Verhaltensweisen sind gleich ergiebig als Hilfe zum Verstehen der inneren Welt eines anderen. Manche Verhaltensweisen können uns viel über einen Menschen mitteilen; andere mögen uns sehr wenig sagen. Manche, wie das Verhalten von jungen Liebenden, sind vielleicht absichtlich darauf angelegt, Beobachter irrezuführen. Einige Verhaltensweisen sind der beiläufigen Beobachtung leicht zugänglich, wie z. B. das Verhalten eines Mannes in der Schlange vor der Kasse eines Supermarkts. Andere kann man gelegentlich beobachten, nur unter besonderen Umständen oder mit Hilfe irgendeiner

Vorrichtung, die es erlaubt, gegen den Willen eines Menschen in seine Privatsphäre einzudringen.

Beobachtung

Man kann ziemlich viel Sensibilität dadurch erwerben, daß man einfach rezeptiv hinschaut. Wir haben schon gesehen, daß dies ein aktiver Prozeß ist, in dem man »Verhalten rückwärts liest«. Was für eine Wahl ein Mensch trifft, ist nicht zufällig. Die Art von Auto, die einer fährt, was für ein Haus er sich baut, die Sorgfalt, die er seinem Garten widmet, die Kleider, die jemand trägt oder die Bilder, die er malt — sie alle haben etwas über den Betreffenden auszusagen.

Was man bemerkt, wenn man andere beobachtet, hängt auch von der Absicht der Beobachtenden ab. Was gesehen wird, ist wahrscheinlich das, was man sehen »will« oder zu sehen »erwartet«. Wenn man müßig zuschaut, wird man möglicherweise fast nichts sehen. »Mädchen-Anschauen« kann einfach nur ein Akt der »Anerkennung« sein. Das Ansehen eines Films oder einer Fernsehschau kann Flucht oder Vergnügen sein. Das Beobachten eines Gegners kann rein defensiv sein. Wenn das Hinsehen zur Steigerung der Sensibilität dienen soll, muß es über die Oberflächenmanifestationen hinaus auf die Natur der persönlichen Bedeutungen gerichtet sein, die das von uns beobachtete Verhalten hat.

Jede Wissenschaft muß ihre Arbeit mit disziplinierter Beobachtung beginnen, und die meisten Ausbildungspläne für die verschiedenen helfenden Berufe sehen umfangreiche Übungen im Beobachten vor. Die Methode des Beobachtens, die in diesen Plänen befürwortet wird, ist abhängig von dem allgemeinen Bezugssystem, das in der Ausbildung vertreten wird. Wenn man von einer objektiven Richtung ausgeht, liegt die Betonung auf einem sorgfältigen Bericht über das, was die beobachtete Person getan hat. Wenn der Beobachter Menschen auf diese Weise betrachtet, registriert er sorgfältig die von einem Augenblick zum nächsten wechselnden Betätigungen der beobachteten Personen. Hier ist z. B. ein Teil eines Berichts eines jungen Sozialarbeiters:

Zeit: 15 Uhr 30, 4. Januar 1968.
Ort: Spielplatz an der Third Avenue.
Als ich ankam, wies mich Herr Albert auf Jimmy Christianson hin. Er ist zehn Jahre alt, erscheint aber klein für sein Alter. Er trug Blue Jeans, Segeltuchschuhe und eine alte braune Jacke mit Reißverschluß mit einem großen Riß unter dem linken Arm. Er saß auf der Bank am Rand des Baseballfeldes, zusammen mit vier anderen Jungen, und wartete, bis er als Schläger an die Reihe käme. Jimmy baumelte ständig mit den Beinen; zugleich klammerte er sich mit beiden Händen an die Bank. Er schien ziemlich aufgeregt über das Spiel und brüllte immerzu:

»Gib's ihnen, Eddie! So ist's gut!« zu dem Jungen, der beim Abschlagen war. Von Zeit zu Zeit drehte er sich um und sagte etwas zu seinen Bankgenossen, aber ich konnte nicht hören, was er sagte. Einmal, als Eddie ausholte und den Ball verfehlte, stöhnte Jimmy und verbarg sein Gesicht am Rücken seines Nebenmannes. Dann nahm er seinen Baseballhandschuh auf, schlug mit der Faust darauf und brüllte: »So ist's O.K., Eddie! Gib's ihnen!«

Der Zweck so detaillierter Berichterstattung liegt darin, daß sie den Anfänger lehrt, sorgfältig zu beobachten und mit möglichst geringer Verzerrung genau zu sehen, was vor sich geht. So sorgfältige Beobachtungen mit solchen Einzelheiten sind gewöhnlich wertvoller wegen der Disziplin, die sie vom Lernenden fordern, als für den täglichen Gebrauch in einem helfenden Beruf.

Meistens muß der Helfer seine Beobachtungen in einem subjektiven Bezugssystem machen und ganzheitlich an seine Aufgabe herangehen. Wenn er so vorgeht, kümmert er sich weniger darum, genaue Einzelheiten zu registrieren, und widmet seine Aufmerksamkeit mehr jenen Aspekten, die von seinem Standpunkt aus besondere Bedeutung für das Verstehen des Verhaltens seines Klienten haben. Dazu gehört, daß er selbst in diese Erfahrung eintaucht und Hypothesen aufstellt und abändert, wie es dem beobachteten Verhalten entspricht. Auf diese Weise versucht er, ein Bild von der Welt entstehen zu lassen, wie sie seinem Klienten erscheint — wie der Klient sich selbst und die ihm eigenen Arten des Suchens und Strebens sieht, die ihn motivieren. Hier ist ein Ausschnitt aus dem Bericht einer Junglehrerin:

Als ich am Mittwoch in Fräulein Anthonys Klasse ankam, waren die Kinder mitten in den Vorbereitungen für das Projekt, ein Ladengeschäft zu betreiben. Leslie war in einer Dreiergruppe, die ein großes Schild für die Vorderseite des Ladens machen sollte. Sie hatten einen großen Papierbogen auf dem Fußboden und malten mit Buntstiften darauf. Wie auf dem Spielplatz am Vortag benahm sich Leslie sehr wichtigtuerisch; ständig sagte er den beiden anderen Kindern, was sie tun sollten, wie sie es tun sollten; dabei kritisierte er sie fortwährend. Er scheint es nötig zu haben, ständig im Mittelpunkt der Aufmerksamkeit zu stehen. Es ist, als sei es für ihn viel wichtiger, den anderen Kindern seinen Willen aufzuzwingen, als sich um das zu kümmern, woran sie arbeiten. Als die Lehrerin einmal in die Nähe kam, lief er zu ihr hin und zog sie an der Hand, damit sie kommen und sich ihr Schild ansehen sollte. Aber selbst dabei gelang es ihm, sich genau vor die beiden anderen Kinder zu stellen, so daß sie ziemlich wirksam von der Lehrerin abgetrennt waren. An seinem Gesichtsausdruck konnte man sehen, daß er jedes Wort des Lobes von der Lehrerin aufsog, als sei es »himmlisches Manna«. Er scheint ein schreckliches Bedürfnis nach Aufmerksamkeit zu allen Zeiten zu haben. Selbst seine Körperhaltung scheint zu sagen: »Bitte, bitte, bitte, sieh mich an! Gib mir! Achte auf mich!«

Künstlerische Produktion

Zu den aufschlußreichsten Quellen von Daten über das Innenleben von Menschen gehört ihre künstlerische Produktion. Wenn die Menschen malen, zeichnen oder schauspielern, bringen sie ihre eigenen Erfahrungen ins Spiel und offenbaren sie so auch anderen, die Augen haben, sie zu sehen. Keine zwei Schauspieler spielen jemals eine Rolle in genau der gleichen Weise. Jeder gibt der Rolle seine eigene besondere Tönung, die ebensoviel über den Schauspieler aussagen kann wie die Rolle, die er spielt. Ähnlich können die Dinge, die die Leute malen und zeichnen, wichtige Hinweise auf ihre inneren Gefühls- und Seinszustände liefern. Die Malereien von Patienten in Krankenhäusern werden von Psychologen oft dazu verwendet, zum Verstehen der Geisteskranken beizutragen. Die künstlerischen Schöpfungen von Kindern werden von den Lehrern wegen der Informationen studiert, die sie über das Denken und Fühlen der Kinder liefern.

So nützlich künstlerisches Material sein mag, um Hinweise auf die Gefühle und Einstellungen anderer zu geben, man kann doch Deutungen derartigen Materials keineswegs immer ungeprüft akzeptieren. Der Wert der Phantasie liegt für die meisten von uns darin, daß sie Gelegenheiten bietet, uns gehen zu lassen, uns ungehemmt auszudrücken. Infolgedessen kann das, was in der Phantasie dargestellt wird, auch nur eine Karikatur oder eine Übertreibung persönlicher Gefühle sein, die mit viel größerem Nachdruck dargestellt sind, als er ihrer wahren Bedeutung im inneren Haushalt eines Menschen zukommt. Es ist sogar möglich, daß das, was in einem Bild zum Ausdruck zu kommen scheint, überhaupt nichts mit den Gefühlen des Individuums zu tun hat. Es gibt z. B. die Geschichte von dem kleinen Jungen, um den sich alle Welt Sorgen machte, weil all seine Zeichnungen pechschwarz gehalten waren. Was seinen Lehrern als ein Zeichen von Depression und Verzweiflung erschien, stellte sich als etwas ganz anderes heraus, als man das Kind fragte: »Warum sind all deine Bilder so schwarz?« antwortete er: »Weil ich in der letzten Bank sitze; wenn die Buntstifte bis zu mir kommen, sind nur noch die schwarzen übrig!«

Persönliche Dokumente

Schriftliche Produkte gehören zu dem fruchtbarsten Material für das Verstehen anderer. Anders als Verhaltensbeobachtungen oder Rückschlüsse von dem, was die Menschen zu sagen haben, was man beides »im Flug erhaschen« muß, kann man schriftliches Material oft vergleichsweise lange behalten und studieren. Deshalb können uns persönliche Dokumente oft helfen, in einer Weise das Wesen eines Menschen zu erfassen, die keine andere Methode ermöglicht. Lehrer benützen z. B. oft schriftliche Aufgaben als ein Mittel, durch das ihr Verständnis für die Kinder gesteigert werden kann, während sie zugleich die Fortschritte der Schüler im Englischen und in der Rechtschreibung prüfen. Hier sind als Beispiele zwei Gedichte, die von Schülern des neunten Schuljahrs geschrieben worden sind. Das erste gewährt uns einen eindrucksvollen Einblick in die Bedeutung, die ein Auto für einen heranwachsenden Jungen hat. Das zweite gibt ein bezauberndes und scharfes Bild von der Traurigkeit einer zerbrochenen Liebesbeziehung für ein junges Mädchen[2].

Beim Autofahren

Wenn ich mich ans Steuer setze,
fühl' ich mich anders.
Wenn ich den Schlüssel dreh
und das Brummen des Motors höre,
möcht' ich die Kupplung loslassen
und losstürmen.
Wenn ich aufs Gas trete,
hab' ich ein Gefühl wie in einer Rakete
die kein Ziel hat.
Ich bastle gern an einem Achtzylinger
und schau, was ihn schnurren läßt.
Wenn ich Auto fahre,
hab' ich das Gefühl,
auf einer Wolke zu schweben.

Der Ring an der kleinen Goldkette

Seltsam, als ich ihm wiedergab sein Ringlein,
Fiel mir alles wieder ein;
Wir waren beide so sorglos und froh,
liebten uns und mochten uns so.
Ich denk wieder dran, wie er sagte, ich sei sein,
Und wie mein Herz hämmernd stimmte ein.
Ich denk an seinen Ring, an der Kette trug ich ihn,
Und wie mein Herz klang, nannte man ihn.
Lächelnd fällt mir ein so mancher Streit,

[2] Die Autoren bedauern, daß die Namen der jungen Dichter unbekannt sind. Die Gedichte wurden uns von einer Lehrerin überlassen, die im Lauf der Jahre eine ganze Sammlung zusammengetragen hatte.

am nächsten Tag ein Kuß, zur Versöhnung bereit.
Ich denk an die Tage, als wir miteinander gingen,
Und wie die Leute auf der Straße zu reden anfingen:
»Was für ein süßes Paar!«
Aber nun ist alles aus; vorbei ist vorbei.
Ich soll zu weinen aufhörn; man wünscht mir allerlei;
Aber ich weiß, es bleibt ein kleiner Schmerz,
Wenn ich an den Ring denk, und was er war für mein Herz.

Persönliche Dokumente wie Briefe, Tagebücher und Autobiographien sind, falls sie zur Verfügung stehen, ebenso wertvoll als Hilfsmittel zum Verständnis der inneren Welt anderer. Bei den Informationsquellen, die man benützt, um Rückschlüsse auf die private Welt anderer Menschen zu ziehen, muß man sich jedoch besonders davor hüten, derartige persönliche Dokumente als unmittelbaren Ausdruck dessen anzunehmen, was das Individuum wirklich denkt und fühlt. Natürlich können sie es sein. Aber wenn ein Mensch so etwas schreibt, ist er nur selten nicht einer realen oder potentiellen Leserschaft gewahr, und er schreibt daher leicht so — absichtlich oder unabsichtlich —, daß er beim Leser einen gewünschten Effekt erzielt. Dies gilt besonders bei Autobiographien, die für die Nachwelt geschrieben werden, bei Briefen, die einen bestimmten Zweck verfolgen — aber auch zuweilen bei Tagebüchern.

Projektive Tests

Psychologen haben zur Erforschung verschiedener Aspekte des Innenlebens des Menschen Hunderte von Tests erfunden, die auf der »projektiven Hypothese« beruhen, daß jede Reaktion eines Menschen auf eine Situation, welcher Art sie auch sei, unweigerlich ein Produkt der besonderen Bedeutungen sein müsse, die in diesem Augenblick für den Betreffenden vorhanden sind. Projektive Tests konfrontieren daher den Probanden mit irgendeinem Problem oder einer Lage, mit dem er fertigwerden muß. Seine Lösungen dieser Probleme können dann sorgfältig auf Hinweise für seine Beweggründe, Gefühle, Einstellungen, Hoffnungen, Wünsche und persönliche Arten der Selbst- und Welt-Einschätzung untersucht werden. Die heute verfügbaren projektiven Tests erfassen weite Bereiche. Einige sind formalisierte Hilfsmittel mit sorgfältig ausgearbeiteten Methoden der Bewertung und Anwendung. Andere sind wenig mehr als eine Reihe von Bildern, auf die man reagieren soll, oder eine Reihe von Anweisungen, die zu befolgen sind. Manche Tests werden mit Papier und Bleistift durchgeführt, bei anderen ist irgendeine Form des Ausagierens erforderlich. Die Vielfalt ist fast unbegrenzt, und fortwährend entstehen neue Tests. Viele werden nicht nur für die praktische Diagnose, sondern auch als Forschungsinstrumente zur Untersuchung bestimmter Aspekte der Persönlichkeitstheorie, der menschlichen Motivation und des Lernens verwendet.

Ein häufig benütztes projektives Instrument zur Erforschung der Wahrnehmungen von Kindern in bezug auf die Schule sind z. B. verschiedene Arten von »Bildergeschichten-Tests«. Dabei zeigt man vielleicht einem Kind ein Bild irgendeiner Schulsituation wie z. B. einen kleinen Jungen, der allein in einem Klassenzimmer sitzt, den Kopf in die Hände gestützt. Man fordert nun das Kind auf, eine Geschichte über dieses Bild zu erfinden, in der gesagt wird, was gerade geschieht, was wohl zu dieser Situation geführt hat, und was wahrscheinlich später geschehen ist. Aus den Reaktionen kann der Psychologe dann etwas über die wahrscheinlichen Einstellungen des Kindes gegenüber sich selbst, der Schule, den Lehrern, den Klassenkameraden und dergleichen entnehmen.

Ein weiteres vielgebrauchtes projektives Verfahren ist der Satz-Ergänzungs-Test. Hierbei gibt man dem Probanden einen unvollständigen Satz, zugleich mit der Anweisung, ihn zu Ende zu führen. Hier sind einige Beispiele:

Väter ... gewöhnlich ...
Meine Lehrerin ...
Kinder sollten niemals ...

Bei anderen projektiven Tests werden die Probanden z. B. aufgefordert, zu sagen, was sie in Tintenklecksen sehen, Bilder bestimmter Art zu zeichnen, ein passendes Ende für eine unvollendete Geschichte zu erfinden, ein dramatisches Ereignis darzustellen, in einer Diskussion eine Rolle zu spielen oder zu einer Reihe von Reizwörtern frei zu assoziieren. Die Liste ist fast endlos, aber hier ist nicht der Ort für einen erschöpfenden Überblick. Interessierte Leser werden dieses wichtige Gebiet psychologischen Wissens vielleicht anderswo untersuchen wollen.

Die meisten projektiven Tests erfordern ein hohes Maß an beruflicher Ausbildung und speziellem Geschick für die Interpretation, dazu ein starkes Gefühl der fachlichen Verantwortung, besonders da viele der projektiven Verfahren absichtlich so angelegt sind, daß der Proband irregeführt wird. Oft werden sie als Prüfung der Phantasie, des Geschicks im Geschichtenerzählen oder dergleichen dargestellt. Dadurch kann der Proband möglicherweise veranlaßt werden, unabsichtlich Aspekte seines persönlichen Lebens zu offenbaren, die er nicht freiwillig aufdecken würde, wenn er wüßte, was er tut. Diese Art des Eindringens in die Privatsphäre ist nicht auf die leichte Schulter zu nehmen und stellt die Verwender projektiver Verfahren vor schwerwiegende ethische Probleme.

Sensitivity-Training

Eine relativ neue Entwicklung in der Ausbildung von zukünftigen Angehörigen der helfenden Berufe ist der Einsatz von Gruppen für Sensitivity-Training, um den beginnenden Praktikern zu helfen, ihre Sensibilität und die Fähigkeit zum Eingehen empathischer Beziehungen zu Schülern, Klienten und Patienten zu steigern. In solchen Gruppen sind gewöhnlich fünf bis zehn Personen unter der Leitung eines Trainers oder Gruppenleiters zusammengefaßt, der in Gruppentechniken erfahren ist. Manchmal nennt sich die Technik Sensitivity-Training; manchmal heißen die Gruppen Basic Encounter-Gruppen, T-Gruppen oder einfach Diskussionsgruppen. Allen ist das Ziel gemeinsam, den Gruppenmitgliedern auf die eine oder andere Weise zu helfen, sich selbst und ihre Art, andere Menschen wahrzunehmen, zu untersuchen. Wenn die Gruppen gut geführt werden, können sie sich in der Ausbildung von Helfern als sehr wertvoll erweisen. Leider ist das Ergebnis einer Teilnahme an einer Sensitivity-Trainingsgruppe nicht immer leicht vorherzusagen. Wenn eine neue Technik für die Arbeit mit Menschen auftaucht, wird sie oft eine Zeitlang zur Mode, weil alle Arten von Leuten zu allen möglichen Zwecken mit ihr Versuche anstellen. Das ist auch mit Gruppenprozessen geschehen. Viele Leute mit sehr unterschiedlichem Niveau in bezug auf Kompetenz und Verantwortungsbewußtsein haben sich in der Durchführung von Gruppen für Sensitivity-Training versucht — mit ebenso verschiedenem Ergebnis. Manche Teilnehmer an dieser Art von Gruppen haben auch diese Erfahrung so aufheiternd und befriedigend gefunden, daß sie zu »Begegnungs-Fans« geworden sind und bei jeder Gelegenheit solche Erlebnisse suchen. Andere sind von ihren Erfahrungen tief erschüttert worden und haben sich in die Isolierung zurückgezogen, um ihre Wunden zu pflegen. Infolgedessen herrscht in dieser Sache zur Zeit große Verwirrung.

Zweifellos können Gruppenerfahrungen für die Entwicklung größerer Sensibilität unerhört wertvoll sein. Im Lauf der Zeit werden all diese Experimente ohne Zweifel zu einer besseren Erkenntnis der Dynamik von Begegnungsgruppen (Encounter Groups) führen, so daß man sie geschickter und mit größerer Gewähr für ein positives Ergebnis einsetzen kann. In der Zwischenzeit müssen die Helfer sich klarmachen, daß die Bezeichnungen »Encounter«, »Sensitivity«- oder »T-Gruppe« Sammelbegriffe sind, die auf vielerlei Arten von Gruppen angewandt werden. Sie müssen auch erkennen, daß Gruppenerfahrung zwar ein außerordentlich nützliches Mittel zur Entwicklung von Sensibilität und Einfühlungsvermögen sein kann, daß man sie aber sorgfältig und kritisch auswählen muß. Welche Hilfe eine Gruppe leisten kann, ist abhängig von den Anschauungen des Gruppenleiters, den Zielen, die er sich steckt, und von dem Geschick und der Erfahrung, die er in früheren Sitzungen bewiesen hat.

Positive Randerscheinungen des Einfühlungsvermögens

Die gesteigerte Menschlichkeit und Sensibilität gegenüber anderen Menschen, die infolge intimer Interaktion mit anderen zustande kommt, ist auch eine der positiven Randerscheinungen, die sich bei Praktikern der helfenden Berufe bemerkbar machen. Der Umstand, daß man anderen hilft, hat auch seine Rückwirkungen auf den Helfer. Man kann sich nicht tief und sinnvoll in das Leben eines anderen Menschen hineinversetzen, ohne daß diese Erfahrung auch das eigene Selbst beeinflußt. Schalkhaft hat einmal jemand die Psychotherapie so beschrieben: »... wenn zwei Leute zusammenkommen, um einander zu helfen!« Was wie ein Witz klingt, trifft wahrscheinlich zu.

In einer helfenden Beziehung sucht man Bedingungen zu schaffen, in denen der Hilfsbedürftige seine normale Abwehr fallenlassen und an der Erforschung seiner selbst und der Welt, in der er lebt, in einer Weise offen und frei teilnehmen kann, die ihm in seiner gewöhnlichen Lebenssituation nicht möglich ist. Wenn der Versuch glückt, machen *beide*, der Helfer und der Hilfsbedürftige, diese Erfahrung. Wenn man seinem Klienten, Schüler oder Patienten solche Bedingungen verschaffen will, muß man als Helfer selbst Sensibilität, Offenheit und Empathie aufbringen. Diese Art von Beziehungen, in die der Helfer eintritt, weil sie Teil seiner beruflichen Rolle sind, verschafft ihm die gleiche Wärme und Intimität im Zusammensein mit einem anderen wie demjenigen, dem er zu helfen versucht. Die praktische Sensibilität trägt also dazu bei, daß der Helfer in Zukunft immer sensibler wird. Auf diese Weise verschafft die wirksame Arbeit im helfenden Beruf dem Helfer das seltene Vorrecht, eine Arbeit zu tun, die eine fortwährende persönliche Weiterentwicklung zur Folge hat.

Ausgewähltes Schrifttum

Sterne bedeuten teilweisen oder vollständigen Abdruck in: Donald L. Avila, Arthur W. Combs, und William W. Purkey, The Helping Relationship Sourcebook, Boston (Allyn & Bacon) 1971.

* Aspy, D. N., How did he get there?, Peabody Journal of Education (1968), 47, 152—153.

Axline, V., Dibs: In search of self, Boston (Houghton Mifflin) 1964.

Ball, G., Speaking without words, American Journal of Nursing (1960), 60, 692—693.

Combs, A. W., The personal approach to good teaching, Educational Leadership (1964), 21, 369—378.

Courson, C., The use of inference as a research tool, Educational and Psychological Measurement (1965), 25, 1029—1038.

Gillham, H. L., Helping children accept themselves and others, New York (Bureau of Publications, Teachers College, Columbia University) 1959.

Ginott, H., Between parent and child: New solutions to old problems, New York (Macmillan) 1965.

Gordon, I. J., Studying the child in School, New York (Wiley) 1966.

Rogers, C. R. Entwicklung der Persönlichkeit, Stuttgart (Ernst Klett) 1973.

* Rogers, C. R., The interpersonal relationship in the facilitation of learning. In R. R. Leeper (Hrsg.), Humanizing education: The person in the process, Washington, D. C., Association for Supervision and Curriculum Development (National Education Association), 1—18, 1967.

Williams, T. R., The personal-cultural equation in social work and anthropology, Social Casework (1959), 40, 74—80.

11
Die Herstellung helfender Beziehungen

Das Ziel von Prozessen des Helfens ist die Schaffung wirksamerer und befriedigenderer Beziehungen zwischen dem Hilfsbedürftigen und seiner Lebensumwelt. Dies kommt zustande durch einen Prozeß der Erforschung und Entdekkung von neuen Bedeutungen, einen Prozeß, den man auch »Lernen« nennt. Die helfenden Berufe haben ihn nicht erfunden. Was die Helfer anzubieten haben, sind sie selbst und ihre Kenntnisse von der Dynamik des Lernens, die dazu dienen können, den Prozeß für jene sicherer, schneller und befriedigender ablaufen zu lassen, denen sie helfen möchten.

Allgemeine Wege zum Helfen

Der Prozeß des Helfens muß sich mit drei Aspekten auseinandersetzen, die das Lernen beherrschen. Zunächst müssen die Bedingungen für die Konfrontation geschaffen werden. Es muß eine Atmosphäre hergestellt werden, die die Exploration ermöglicht. Dann müssen die Klienten mit irgendeiner neuen Erfahrung in einen Dialog gebracht werden. Dieser kann die Form der Interaktion mit dem Helfer haben, die Form einer Begegnung mit irgendeinem Aspekt der Außenwelt oder des Erwerbs von neuen Informationen durch Lektüre, Gespräch oder eine andere Form der Kommunikation. Dies ist die Informationsphase des Lernprozesses. Darauf muß der, dem geholfen werden soll, die persönliche Bedeutung, die die Information oder Erfahrung für ihn selbst hat, entdekken. Dies ist die entscheidende Stufe und der Aspekt, hinsichtlich dessen die Helfer das größte Geschick aufbringen müssen. Fast jeder kann neue Informationen oder Erfahrungen liefern. Der besondere Beitrag des professionellen Helfers liegt jedoch in seiner einzigartigen Fähigkeit, mit dem ersten und dem dritten Lernstadium umzugehen. Beim Anpacken dieser Aufgabe stehen ihm drei allgemeine Möglichkeiten offen: das autoritäre, das »Laissez-faire« und das demokratische Vorgehen.
Eine *autoritäre* Beziehung besteht dann, wenn ein Individuum eindeutig führt. Der Leiter hat fast allein die Verantwortung für das, was vor sich geht — das Aufstellen von Regeln, das Austeilen von Lohn und Strafe und das Bestimmen dessen, was geschieht. Bei der Extremform ist der Gruppenleiter der Chef, und man erwartet von ihm, daß er weiß, was für jeden am besten ist. Die Gefolgschaft hat nur auszuführen.

Eine Struktur des »Laissez-faire« besteht dann, wenn niemand die Verantwortung für die Führung übernimmt. Jeder »macht seine eigene Sache«. Wenn es einen vorbestimmten Gruppenleiter gibt, nimmt er eine »Hände-weg«-Haltung ein und leistet keinen anderen Beitrag als den seiner Gegenwart.

Eine *demokratische* Beziehung ist gekennzeichnet von gegenseitiger, auf Entwicklung bezogener Verantwortlichkeit. Jeder Einzelne wird ermutigt, gemäß seinen Talenten teilzunehmen. Der Gruppenleiter bietet Lenkung und Verständnis an und geht mit Hilfe und gemäß den Wünschen jedes Teilnehmers vor. Die Situation ist gekennzeichnet durch wechselseitige Zuversicht und wechselseitiges Vertrauen, wobei alle Teilnehmer bereit sind, andere ihre eigenen Entscheidungen treffen zu lassen und manchmal sogar, anderen so weit zu vertrauen, daß man sich von ihnen vertreten läßt und Autorität delegiert.

Man hat viele interessante Untersuchungen durchgeführt, um die unterschiedlichen Wirkungen dieser Organisationsformen auf das Verhalten von Gruppenmitgliedern herauszubekommen. R. Lippitt und R. K. White haben z. B. festgestellt, daß Gruppen unter autoritärer Leitung recht tüchtig in der Durchführung ihrer Aufgaben waren. Wenn die Gruppenleiter die Gruppe aber allein ließen, wurden die Mitglieder verwirrt und wußten nicht, was sie als nächstes tun sollten. Sie hatten gelernt, sich im Hinblick auf die Lösung ihrer Probleme auf den Gruppenleiter zu verlassen. Die permissiven »Laissez-faire«-Gruppen kamen von den drei untersuchten Typen am schlechtesten weg. Die Gruppenmitglieder zeigten Frustration, Unzufriedenheit und Langeweile. Sie hatten kein Vorbild zum Nachahmen und keine Instanz, von der sie Hilfe erwarten konnten. Infolgedessen lösten sich derartige Gruppen bald auf, nachdem nichts oder nur wenig geleistet worden war. Die demokratische Organisationsform erschien bei diesen Versuchen als die produktivste. Die Teilnehmer eingagierten sich mehr und wurden aktiver; im allgemeinen waren sie interessierter und leichter bereit, mehr aktive Verantwortung zu übernehmen.

Der Organisationstypus des »Laissez-faire« hat den helfenden Berufen wenig zu bieten. Man erwartet vom Helfer schließlich nicht, er solle inaktiv sein wie die Kerbe im Kerbholz. Sein besonderes Geschick hängt doch vermutlich damit zusammen, daß er aktiv seine Schüler, Klienten und Patienten unterstützt. Die meisten Helfer handeln entweder gemäß der autoritären Methode, wie sie Lippitt und White untersucht haben, oder nach der demokratischen. Natürlich kommen diese Methoden in der Praxis selten rein vor. Helfer sind kaum jemals ganz autoritär oder ganz demokratisch; vielmehr stellen diese Kategorien jeweils das Ende eines

Kontinuums dar, in dessen Verlauf man Praktiken beobachten kann, die mehr oder weniger nach der einen oder anderen Seite tendieren.

Die objektiv-intellektuelle Richtung

Die autoritäre Methode könnte man auch als objektiv-intellektuelle Richtung bezeichnen, denn sie entsteht daraus, daß man das Problem des Helfens logisch anpackt. Sie geht mit dem Problem, anderen zu helfen, genauso um, wie man eine Frage in der Mathematik behandeln könnte. Man untersucht das Problem sachlich, bestimmt das Wesen der Komponenten, entscheidet sich hinsichtlich erwünschter Ziele, prüft, wie man dorthin gelangt und macht sich dann an die Lösung der Aufgabe. Dies ist ein logisches, geradliniges, objektives Vorgehen, das man auch als die »wissenschaftliche Methode« bezeichnet. Es ist der Weg, der am häufigsten benützt wird, um mit fast allem fertig zu werden, dem wir in unserer Welt begegnen.

Wenn man die objektiv-intellektuelle Methode in helfenden Beziehungen anwendet, führt sie zu verschiedenen Wegen der Verhaltenssteuerung und -lenkung. Der mit dieser Anschauung in eine helfende Beziehung eintretende Helfer ist für die Rolle des Experten bestimmt, die Rolle dessen, der Bescheid weiß. Seine Aufgabe ist es, das Problem zu diagnostizieren, die Ereignisse so zu manipulieren, daß eine Lösung entdeckt wird, und den Schüler oder Klienten zu einem angemessenen Aktionsplan zu führen. Fast notwendigerweise werden Berater, die von diesem Bezugssystem ausgehen, zu »Detektiven«, die manchmal offen, manchmal subtiler, in den Klienten einzudringen versuchen — auf der Suche nach den Gründen für sein Verhalten. Lehrer, die diesen Weg des Helfens gehen, sind meistens vor allem mit Fragen beschäftigt, die das Stellen von Aufgaben, Prüfen und Benoten betreffen, und sie bemühen sich, sicherzustellen, daß ihre Schüler zu den »richtigen« Antworten gelangen.

Die sachliche Anschauung macht Helfer auch zu Erklärern, zu Experten im Nachzeichnen des Weges, der zur gegenwärtigen Lage geführt hat. Sie werden zu erfahrenen Diagnostikern in bezug auf Personen, Ereignisse oder das soziale Geschehen. Dies ist oft eine faszinierende intellektuelle Übung für den Praktiker und eine Suche voll der Überraschungen und Rätsel, die gelöst werden müssen. Leute, die dies gut können, werden oft sehr bewundert. Es kann sogar zu einem so angenehmen Zeitvertreib werden, daß Sozialarbeiter, Berater und besonders Psychologen in diesem Vorgang versinken und, wenn sie gute Erklärungen gegeben haben, schon annehmen, das Problem des Helfens sei auch gelöst. Es ist z. B. manchmal vorgekommen, daß Schulpsychologen, die man gebeten

hatte, ein schwieriges Kind zu untersuchen, ihre Resultate dem Lehrer in einer phantastischen technischen Prosa mitteilten, die, wenn man sie in eine einfachere Sprache übersetzte, nur die Ansicht des Lehrers bestätigte, daß das Kind ein schwieriger Problemfall sei.
Die objektive Philosophie macht auch den Helfer wahrscheinlich zu einer Autoritätsfigur. Seine Einstellung zum Problem des Helfens erfordert, daß die Lösungen, zu denen er infolge seiner Untersuchungen und seiner Diagnose gelangt ist, durchgesetzt werden, und nicht die Lösung, zu der der Schüler oder Klient gelangt ist. Diese Manipulation kann so aussehen, daß der Helfer versucht, die Umwelt des Klienten zu steuern oder sein Verhalten, seine Überzeugungen oder Ziele mehr oder weniger direkt zu verändern.
Zweifellos erbringt ein objektiv-intellektuelles Vorgehen oft Ergebnisse. Es beeinflußt auch den Helfer, indem es ihn zum Experten macht, zu dem, der die Antworten weiß. Das kann eine schreckliche Verantwortung sein, denn ein Mensch, der glaubt, die Antworten liefern zu können, darf sich nicht täuschen. Fehler können nicht geduldet werden; deshalb nimmt der Helfer, der sich dieser Philosophie verschreibt, eine furchtbare Bürde auf sich. Es besteht auch die Wahrscheinlichkeit, daß sie ihm ein sehr zu Kopf steigendes Gefühl von Macht und Wichtigkeit verleiht, eine Vorstellung, die von vielen professionellen Helfern dadurch gefördert wird, daß sie einen Anschein der Distanziertheit kultivieren und ihre praktische Arbeit mit einer Aura des Magischen umgeben.

Die entwicklungsorientierte Einstellung

Auf einem anderen Weg zur Lösung menschlicher Probleme kümmert man sich mehr um Menschen als um Ziele. Der Helfer setzt seine Kräfte nicht in erster Linie für eine Diagnose von Problemen und für die Formulierung von Lösungsmöglichkeiten ein, sondern er beteiligt sich selbst aktiv an den Prozessen des Suchens. Er versteht seine Rolle als Erleichterer, Helfer, Unterstützender in einem kooperativen Prozeß der Erforschung und Entdeckung. Er geht an Probleme nicht von außen heran, sondern »versetzt sich hinein«. Er stellt sich einer Begegnung mit seinem Klienten oder Schüler, die dazu da ist, ihm beim Erforschen und Entdecken wirksamerer Beziehungen zwischen sich und seiner Welt zu helfen. Dem Helfer geht es weniger um endgültige Antworten als um die Herstellung von Bedingungen, unter denen die Antworten möglichst einfach zu finden sind. Seine Fachkundigkeit liegt nicht so sehr darin, daß er die Antworten weiß, als vielmehr darin, daß er die Prozesse kennt, durch die sie ermittelt werden können.

Der Helfer, der von diesem Bezugssystem ausgeht, übernimmt weder die Verantwortung für die Lösungen, zu denen sein Klient gelangt, noch dafür, zu wissen, wie die Lösungen beschaffen sein »sollen«. Er übernimmt aber die Verantwortung für die Herstellung von Bedingungen, die dem Klienten bei seiner eigenen Suche nach Selbsterfüllung wirklich nützliche Hilfe leisten können. Dazu tritt er in einen Dialog mit ihm ein, um brauchbare Lösungen für Probleme und eine angemessenere Wahrnehmung von Selbst und Welt zu finden.

Durch eine solche Beziehung gerät der Helfer in eine ganz andere Rolle als auf der Grundlage des intellektuellen Vorgehens. Sie erfordert, daß er in einer kooperativen Suche als Helfer, Unterstützender und Verbündeter fungiert. Seine Rolle entspricht dem Zustand und den Zielen dessen, dem geholfen werden soll, anstatt außerhalb zu stehen. Infolgedessen kann er mehr wie ein Freund handeln, und die angebahnte Beziehung kann auf einer Grundlage der wirksamen Interaktion von Mensch zu Mensch bestehen. Eine solche Definition seiner Rolle hat auch zur Folge, daß der Helfer von seinen Klienten anders wahrgenommen wird. Sie sehen ihn wahrscheinlich als weniger furchterregend, als netteren Menschen und näher bei sich selbst. Da seine Rolle außerdem nicht von ihm fordert, die richtigen Antworten zu wissen, kann der Helfer viel entspannter und mehr er selber sein. Er braucht keine Rolle zu spielen. Er kann der sein, der er ist.

Was immer in der helfenden Beziehung geschieht oder nicht geschieht, ist ein Produkt der vom Helfer hergestellten Interaktion. Die Art der Interaktion wird bestimmt durch die grundlegende Philosophie, mit der er an seine Aufgabe herangeht. Die eigenen Grundanschauungen haben die Eigenart, sich zu manifestieren. Der Helfer kann es nicht vermeiden, irgendeine der oben besprochenen allgemeinen Methoden in seiner Arbeit anzuwenden. Unwillkürlich wählt er aus, und aus seinem Verhalten geht ganz deutlich hervor, welcher Richtung er sich verschrieben hat. Der Helfer kann beide Möglichkeiten bis zu dem Zeitpunkt immer weiter und bis auf den Grund erforschen, an dem er sich persönlich für eine bestimmte Position irgendwo auf dem Kontinuum zwischen den beiden Extremen entschieden hat, von der aus er angenehm, wirksam und aufrichtig handeln kann. Wie die Schüler und Klienten, mit denen sie arbeiten, verhalten sich auch Helfer zielsicherer, wenn sie entdeckt haben, welche persönliche Bedeutung bestimmte Auffassungen für sie haben.

Helfende Beziehungen sind etwas Besonderes. Sie sind anders als die Arten von Beziehungen, die den Menschen zumeist in ihrem Alltagsleben begegnen. Die meisten üblichen Erlebnisse sind Dialoge, in denen beide Partner persönliche Steigerung suchen. In der helfenden Beziehung beschließt der eine Partner, vorübergehend seine eigenen Bedürfnisse hintanzustellen, um einem anderen zu helfen. Das allein unterscheidet die helfende Beziehung schon von den üblichen, und es macht sie möglicherweise zu einer ganz neuen Erfahrung für manchen, der Hilfe sucht. Da helfende Begegnungen besondere Ziele haben, sind sie auch durch besondere Arten von Prozessen gekennzeichnet, die im täglichen Erleben von Hilfesuchenden vielleicht nicht vorkommen. Aus diesen Gründen muß man Menschen, die in eine helfende Beziehung eintreten, zum Verständnis ihres Wesens und ihrer Funktionsweise verhelfen. Der Prozeß, in dem man Klienten und Schülern entdecken hilft, wie die helfende Begegnung beschaffen ist und wie man sich ihrer am wirksamsten bedient, wird manchmal als »Strukturierung der Beziehung« bezeichnet. Der Helfer bewirkt sie durch die Art seines Verhaltens.

Der Helfer ist in der helfenden Beziehung kein passives Objekt. Was geschieht, wird weitgehend durch das bestimmt, was er ermöglicht. Zu einem Nichts kann keine Beziehung bestehen. Der Helfer muß jemand *sein*, und was er tut oder unterläßt, gibt dem Prozeß des Helfens seine Richtung. Die Wahl der Art seiner Reaktionen auf den Schüler oder Klienten teilt etwas über die Art der Beziehung mit. Die Lehrerin, die das Verhalten eines Kindes nicht beachtet, ist nicht untätig. Sie lehrt das Kind etwas über es selbst und seine Stellung in der Klasse. Es kann daraus, daß es nicht beachtet wird, lernen, geduldig zu sein, es kann lernen, wie es sich »richtig« verhalten soll, es kann erfahren, daß die Lehrerin es nicht mag — oder hundert andere Dinge. Was durch das Verhalten der Lehrerin mitgeteilt wird, ist für das Kind real, und es trägt dazu bei, das Wesen des Dialogs zu bestimmen, ob die Lehrerin es will oder nicht.

Als Partner in der helfenden Begegnung bestimmt der Helfer deren Richtung. Dies geschieht auf dreierlei Weisen: indem der Helfer als Beispiel für seinen Klienten dient, indem er den Weg zu den fruchtbarsten Arten der Untersuchung zeigt, und indem er weniger gewinnbringende Möglichkeiten unterdrückt oder ausschließt. Wie er dies macht, ist wiederum abhängig von der Auffassung, die der Helfer selbst von seiner Rolle und seinen Funktionen hat.

Der Helfer als Vorbild

Angehörige der helfenden Berufe erwarten, daß sie ihren Einfluß als wichtige Menschen im Leben derer ausüben, mit denen sie arbeiten. Je wichtiger sie werden, desto stärker werden sie von ihren Schülern und Klienten als Vorbilder betrachtet. Das geschieht auf alle Fälle, ob es dem Helfer gefällt, diese Rolle zu spielen oder nicht. Wir gebrauchen das Wort »Vorbild« hier nicht in dem Sinn, daß genaue Muster aufgestellt werden, die die Klienten nachahmen sollen, obwohl auch das bei manchen Helfern vorkommen kann. Wir benützen das Wort vielmehr, um auf ein Vorbild im Person-Sein, von Authentizität des Verhaltens hinzuweisen, das beim Helfer selbst mit der Stellung übereinstimmt, die er seinem Schüler oder Klienten gegenüber einnimmt, so daß nicht sein eigenes Verhalten das leugnet, was ihm für andere recht und billig erscheint.

Der Helfer kann der Vorbildfunktion nicht entkommen. Was er tut, zeigt so viel deutlicher, wer er ist, daß das, was er sagt, oft nicht gehört wird. Der Helfer, der das befürwortet, was er selbst nicht zu tun bereit ist, wird wahrscheinlich nicht sehr überzeugend wirken. Das soll nicht heißen, daß Helfer Muster an Tugendhaftigkeit sein müssen — wir meinen nur, daß eine der besten Arten, um andere Menschen davon zu überzeugen, ein bestimmtes Verhalten sei der Mühe wert, dann vorliegt, wenn es im Verhalten des Helfers zu erkennen ist.

Es nützt z. B. nichts, einem jungen Menschen zu sagen, er solle nicht rauchen oder trinken, wenn der Helfer selbst eine Zigarette im Mund oder ein Glas Schnaps in der Hand hat. Vielleicht raucht oder trinkt der junge Mensch niemals, aber sicher nicht auf Grund des Einflusses, den dieser Helfer gehabt hat. Eltern handeln oft in bezug auf aggressives Verhalten diesem Grundsatz zuwider. Jeder möchte Kinder erziehen, die sich selbst verteidigen können. Andererseits wollen nur wenige Eltern, daß sie offen feindselig oder unnötig physisch aggressiv sind. Wenn Eltern also beobachten, daß ihr Kind mit einem anderen streitet, besonders, wenn es ein Kind angreift, das kleiner ist als es selber, versuchen sie, es davon abzubringen. Wie machen sie das? Oft werden sie wütend, stürzen sich in das Handgemenge, geben dem Kind einen Klaps und drohen mit schweren Strafen, wenn es sich noch einmal bei einer Prügelei erwischen läßt. Und daraus soll das Kind lernen, nicht aggressiv zu sein!

Der Helfer als „Verstärker"

Die Art der vom Helfer hergestellten Beziehungen wird in hohem Maß von dem bestimmt, was er verstärkt. Einer der ältesten psychologischen Grundsätze über das Lernen besagt, daß der Mensch dazu neigt, das zu lernen, was irgendeine Belohnung zur Folge hat. Jeder hat Selbstbestätigung nötig, und was als Selbstbestätigung erlebt wird, wird meistens auch bei anderen Gelegenheiten wieder gesucht. Der professionelle Helfer, sei er nun Lehrer, Berater, Sozialarbeiter, Inspektor oder was auch immer, hat schon durch seine Stellung eine Bedeutung. Was er belohnt, hat infolgedessen eine besondere Bedeutung für diejenigen, mit denen er arbeitet. Daher hat das, was der Helfer im helfenden Dialog verstärkt, die Tendenz, die Beziehung zu strukturieren. Aus dem Feedback, den er vom Helfer bekommt, lernt der, dem geholfen wird, wie er die helfende Beziehung ausnützen kann.

Der Helfer wird vielleicht die Verstärkung ganz offen einsetzen, so daß sowohl er als auch sein Klient sich dessen bewußt sind, was geschieht — z. B. könnte ein Lehrer sagen: »Das ist richtig, Jimmy!« oder »So ist's recht! Du machst es sehr gut.« Andererseits kann die Verstärkung so subtil sein, daß der, dem geholfen wird, nicht bewußt merkt, was geschieht. Dies kann geschehen, wenn der Helfer von allen Reaktionen des Schülers oder Klienten ständig nur eine bestimmte Art belohnt und so den Betreffenden ermutigt, in dieser Richtung fortzufahren. Es ist ganz natürlich, Richtungen zu verfolgen, die belohnt werden, und so kann man Menschen oft ganz unbewußt auf neue Reaktionsweisen »konditionieren«. Wenn man positiver auf die Höflichkeit und den Respekt von »bitte« und »danke« reagiert, lernt ein Kind rasch, diese Methode zu benützen, um eine Reaktion hervorzurufen, selbst wenn es überhaupt nicht mitteilen könnte, daß es diese Entdeckung gemacht hat. Damit der Helfer die Beziehungen strukturieren kann, die er seinen Klienten bietet, muß er einen klaren Begriff vom Wesen des Helfensvorgangs haben und genau wissen, was verstärkt werden muß. Das ist nicht immer einfach. Manchmal kann das, was ein Helfer verstärkt, so subtil sein, daß der Helfer selbst es nicht merkt. Manch ein Berater hat die bedauerliche Erfahrung gemacht, daß er einen Klienten beruhigte, in der Absicht, sein Selbstvertrauen zu stärken, nur um festzustellen, daß er eine Übertragung hervorgerufen und seinen Klienten von sich abhängig gemacht hatte. Um Fehler dieser Art zu vermeiden, muß der Helfer gegenüber der Bedeutung seines eigenen Verhaltens in den Augen der Klienten höchste Sensibilität entwickeln. Sonst muß er vielleicht feststellen, daß er die Begegnung in einer Weise strukturiert, die er nicht erwartet hatte.

Der Helfer als „Löscher“

Helfende Beziehungen können auch durch auslöschendes Verhalten strukturiert werden. Dies kann durch unmittelbare Unterdrückung der Handlungen eines Klienten bewirkt werden — z. B. kann ein Lehrer sagen: »Das ist falsch, Joe. Versuch's noch einmal.« Oder ein Sozialarbeiter könnte seinem Klienten zu verstehen geben: »Ich glaube, das funktioniert nicht.« Die Struktur der Beziehung kann auch dadurch definiert werden, daß man die Vorstöße des Klienten in unerwünschte Richtungen einfach nicht beachtet. Ein Verhalten, das nicht irgendwelche Reaktionen hervorruft, wird bald abgelegt — wie viele Eltern und Lehrer schon lange entdeckt haben. Erfahrene Lehrer z. B. werden mit vielen Verhaltensproblemen einfach dadurch fertig, daß sie sie nicht beachten. Sie wissen, daß das Verhalten ohne irgendeine Form der Verstärkung wahrscheinlich rasch aufhört. Auf ähnliche Weise könnten viele Schwierigkeiten zwischen Eltern und Kindern leicht vermieden werden, wenn das schlechte Benehmen des Kindes einfach ruhig übersehen würde.

Es macht etwas aus, worauf der Helfer reagiert. Da er ein signifikanter Anderer ist, vermittelt alles, was der Helfer tut oder unterläßt, dem Schüler oder Klienten, mit dem er arbeitet, irgendeine »Botschaft«. Welche Art von Reaktion er seinem Klienten oder Schüler gegenüber wählt, ist wichtig. Die Bedeutungen, die er vermittelt, werden aufgenommen, ob er es will oder nicht. Sie sind das Feedback, die Reaktionen, durch die der Klient etwas über sich erfährt, und sie drücken auf mehr oder weniger subtile Weise aus, welchen gebilligten oder mißbilligten Gebrauch man von der Beziehung machen kann. Wenn der Helfer von diesen Interaktionen nichts weiß, läuft er Gefahr, sich unverantwortlich zu verhalten und die helfenden Berufe dem Zufall zu überantworten. Um die Pflichten zu erfüllen, die sie als Helfer übernommen haben, und um ihre Technik über das Niveau des bloßen Zufalls hinaus zu heben, müssen sich die Helfer ganz klar der Wirkung bewußt sein, die sie auf ihre Klienten haben; sie müssen sich klar darüber sein, welche Art von Beziehungen sie herstellen wollen, und sie müssen fähig sein, dieses Bewußtsein in ihrem professionellen Gehaben auszudrücken.

Grenzen in der helfenden Beziehung

Jede Lebenssituation hat ihre Grenzen. Das gilt auch für helfende Beziehungen. Der Mensch braucht Grenzen. Wenige von uns könnten ohne Grenzen leben. Es gibt einem ein Gefühl der Sicherheit, wenn man die Grenzen einer Situation kennt; es schafft Freiheit. Die Verkehrsampel an der Straßenecke begrenzt in gewissem Sinn die Freiheit, aber ihr Vorhandensein macht es den Menschen möglich, in Sicherheit zu gehen, wohin sie wollen. Wieviel Freiheit wir haben, wird oft durch unsere Bereitschaft bestimmt, in einem Bereich eine gewisse Selbständigkeit um des höheren Gutes größerer Freiheit in einem anderen Bereich willen aufzugeben. Wir leben umgeben von mancherlei Grenzen und gewöhnen uns so sehr an sie, daß die meisten Menschen beim Eintritt in eine neue Situation zunächst einmal die Grenzen ausprobieren. Schüler tun dies am ersten Schultag, wenn sie den Lehrer fragen: »Wieviel Bücher soll ich lesen?« »Müssen wir die Arbeiten bis Dienstag abliefern?« »Bis wann muß ich mit meinem Vortrag fertig sein?« Sie fragen sich auch untereinander: »Meinst du, das ist sein Ernst?« »Was für ein Typ ist er?« Der Mensch geht in jede neue Lage, indem er die Grenzen ausfindig macht. Er kann nicht konstruktiv mit Ereignissen umgehen, bevor er weiß, welcher Art sie sind.

Das Setzen klarer Grenzen ist besonders wichtig für Kinder, die Grenzen erkennen müssen, weil ein großer Teil ihres Wachstums dadurch geschieht, daß sie gegen Grenzen andrängen. Auf diese Weise stellen sie fest, was sie tun können und was nicht. Vertretungslehrer wissen, wie eifrig Kinder der Frage nachgehen, wie diese neue Person beschaffen ist, was sie zuläßt und was nicht, ob sie meint, was sie sagt, weiß, wovon sie spricht und dergleichen.

Laien haben oft irrtümlich geglaubt, »Fachleute« für menschliches Verhalten seien dafür, einige Beziehungen ganz von Grenzen freizuhalten. Viele Eltern und Erzieher haben sich mit diesem Mißverständnis geplagt, wahrscheinlich auf Grund von Verwirrung über den Begriff »permissiv« (gewährenlassend) und den nachdrücklichen Rat von Spezialisten für Kinderbehandlung, den Kindern mehr Möglichkeiten zu selbstgelenkter Betätigung zu geben. Aber kein Fachmann, der seiner Sinne mächtig war, hat jemals befürwortet, das Aufziehen von Kindern oder irgendwelche anderen menschlichen Beziehungen sollten ohne Grenzen sein, denn kein Mensch könnte sehr lange ohne Grenzen existieren. Die wichtige Frage heißt nicht, *ob* Grenzen zu setzen sind, sondern *welche* Grenzen, und die Antwort hat sich nach den Wirkungen der Grenzen auf die Menschen zu richten, denen sie gesetzt werden.

Wirksame helfende Beziehungen brauchen Grenzen. Sie werden von der Person gesetzt, die die Verantwortung hat, sei es ein Berater, Lehrer, Geistlicher, eine Krankenschwester oder was immer. Die Grenzen sollten auch so deutlich und so rasch klargestellt werden, wie es sich praktisch machen läßt. Je eher sie bekannt sind, desto eher können Helfer und Hilfsbedürftige zu kreativeren und fruchtbareren Unternehmungen übergehen. Manchmal kann dies dadurch geschehen, daß man gleich am Anfang der Beziehung die Grenzen nennt. Die meisten Helfer haben aber aus traurigen Erfahrungen gelernt, daß dies selten gut funktioniert. In den ersten Begegnungen einer helfenden Beziehung wird die Festsetzung von Grenzen oft nicht einmal gehört. Wenn Menschen sich in eine neue Situation hineinfinden müssen, sind sie verwirrt und ein wenig mißtrauisch und überhören daher oft, was gesagt wird. Außerdem sind sie wahrscheinlich mit dem Versuch beschäftigt, zu erkennen, ob das, was der Helfer sagt, mit seinen Handlungen übereinstimmt, und so entgeht ihnen vieles von dem, was gesagt wird.

Allgemein ausgedrückt: Das Setzen von Grenzen kommt am besten durch die oben erwähnten Faktoren zustande — das Verhalten des Helfers und den Umstand, auf was er reagiert oder was er unbeachtet läßt. Grenzen werden am besten nicht durch das gezogen, was Menschen sagen, sondern durch das, was sie tun oder unterlassen. Die meisten Menschen lernen sehr früh, daß Handeln dem Reden überlegen ist; infolgedessen entdecken sie die Grenzen jeder Situation, in der es um Helfen geht, vor allem dadurch, wie sie sie erleben. Dennoch müssen sie die Grenzen vielleicht von Zeit zu Zeit erneut ausprobieren, wenn auch aus keinem anderen Grund als dem, daß sie sich vergewissern wollen, ob sie sich nicht geändert haben. Wo es sich um kleine Kinder handelt, mag es sogar notwendig sein, während der ganzen Dauer einer Beziehung immer wieder daran zu erinnern, wo die Grenzen liegen.

Die Stabilität von Grenzen

Es ist wichtig, daß die Grenzen helfender Beziehungen stabil sind. Wenn sie sich ständig verschieben, wissen die Menschen nicht, wie sie reagieren sollen. Sie geraten aus der Fassung und lösen ihre Aufgaben nur schlecht. Sie fangen auch an, dem Helfer zu mißtrauen, und dann verschwindet alle Hoffnung, dem Hilfsbedürftigen von Nutzen sein zu können. Wenn die Grenzen beständig sind, können sich die Menschen an fast alles anpassen. Einer der Autoren erinnert sich, wie er einmal drei kleinen Jungen zuhörte, die sich am Ende des Schuljahrs über die Lehrerin unterhielten, die sie im nächsten Jahr haben würden. Einer fragte einen anderen: »Wen kriegst du nächstes Jahr?« »Ich krieg Fräulein Johnson«, antwortete er. »Oh, du tust mir leid. Sie ist schrecklich!« Dann verbreitete er sich ausführlich darüber, wie schrecklich Fräulein Johnson sei. Das dritte Kind beendete schließlich das Gespräch, indem es sagte: »Ja, sie ist schlimm. Also gut! Du wirst dich an sie gewöhnen!« Das ist wahr. Der Mensch kann sich an fast alles gewöhnen, wenn es stillsteht. Es sind die Zweideutigkeit und die Widersprüche, die die Leute verrückt machen und sie veranlassen, die Grenzen immer wieder zu kontrollieren. Ein hervorstechendes Merkmal der meisten guten Lehrer ist ihre Fähigkeit, rasch, ruhig und fest Grenzen zu setzen. Ihre Schüler vertiefen sich bald in die Arbeit. Schlechte Lehrer andererseits sind unsicher oder wechselhaft. Die Schüler verbringen Stunden damit, ihre Grenzen auf die Probe zu stellen.

Zwar müssen Grenzen stabil sein, aber es ist nicht nötig, daß alle Helfer die gleichen Grenzen einhalten oder daß alle, denen geholfen wird, gleich behandelt werden. Stabilität ist nicht Starrheit. Das wichtige ist, daß die Grenzen dem Helfer entsprechen und gegenüber denen, denen er helfen möchte, fair und sinnvoll sind. Die Menschen sind verschieden, und jeder Versuch, alle gleich zu behandeln, muß notwendigerweise gegenüber den meisten unfair sein.

Wie man eine Atmosphäre schafft, in der Veränderung möglich ist

Um Verhaltensänderungen zu bewirken, muß man persönliche Bedeutungen verändern. Das ist aber keine einfache Aufgabe, denn die Wahrnehmungen liegen *im* Menschen und sind infolgedessen direkter Manipulation nicht zugänglich. Um ein Verhalten zu ändern muß man auf irgendeine Weise den Sich-Verhaltenden in den Prozeß hineinziehen. Auf die eine oder andere Weise muß er dazu gebracht werden, neue Bedeutungen in bezug auf sich selbst und seine Welt zu erforschen und zu entdecken. Das Selbst eines Menschen ist jedoch kostbar. Man kann es nicht achtlos aufs Spiel setzen. Die Schildkröte kann nirgends hingehen, es sei denn, sie streckt den Kopf heraus. Das tut sie nicht, wenn nicht draußen etwas ist, was sie braucht und wenn sie nicht das Gefühl hat, daß draußen keine Gefahr lauert. Ähnlich kann das Selbst nur eingesetzt werden, wenn eine Wahrscheinlichkeit zu bestehen scheint, daß der Einsatz ein gewisses Maß an Erfüllung zur Folge haben wird, und daß das Selbst dabei nicht beschädigt wird. Das gilt für jedermann, besonders aber für jene kranken und unzulänglichen Menschen, deren Selbst so bedroht ist, daß sie sich ständig vor weiterer Zerstörung bewahren und schützen müssen.

Um Veränderungen der Bedeutungen herbeizuführen, müssen die Angehörigen helfender Berufe geschickt darin sein, eine Atmosphäre von der Art zu schaffen, die einen Einsatz des Selbst wahrscheinlich macht. Allgemein ausgedrückt, erfordert dies eine Atmosphäre, in der ein Mensch das Gefühl hat: a) daß es gefahrlos ist, etwas zu versuchen, b) sicher zu sein, daß er es kann, c) ermutigt zu werden, den Versuch zu machen, und

d) zufrieden sein zu können, es zu tun. Wie gut dies gelingt, ist abhängig davon, ob der Helfer die Dynamik des Lernprozesses kennt, und welche Ziele und Werte ihm bei der Herstellung helfender Beziehungen wichtig erscheinen. Sie müssen so sein, daß seine Klienten die Prozesse, die er in Gang setzt, als etwas ansehen, das einerseits Erfüllung verspricht und andererseits gefahrlos genug ist, so daß sie eine Konfrontation wagen können.

Wie man Barrieren beseitigt, die ein Engagement verhindern

Viele der Bemühungen des Helfers, welchem Zweig der helfenden Berufe er auch angehören mag, sind der Beseitigung der Barrieren gewidmet, die es verhindern, daß der Betroffene sich auf den Prozeß des Helfens einläßt. Bei der Schaffung einer befreienden Atmosphäre geht es zum Teil darum, daß der Klient sich Befriedigung verspricht. Es geht auch darum, soweit wie möglich die Hindernisse zu beseitigen, die dem angeborenen Bedürfnis des Klienten im Weg stehen, sich in Richtung auf Gesundheit zu bewegen. Dies wird bewerkstelligt durch ein feines Empfinden für das Wesen solcher Hindernisse und einen systematischen Versuch, Möglichkeiten zu finden, um sie zu beseitigen. Die folgende Anekdote veranschaulicht, wie einer der Autoren dieses Buches dies zum erstenmal lernte.

Während der Wirtschaftskrise der dreißiger Jahre war einer der Autoren als Schulpsychologe einer High School in einer Stadt im Norden beschäftigt. Er war außerdem Lehrkörper-Berater für einen Freizeitklub der Schüler. An der Schule gab es eine Vorschrift, daß alles Geld, das ein Freizeitklub während des Jahres von Schülern erhalten hatte, in irgendeiner Form vor dem Ende des Jahres an die Schüler zurückfließen mußte. In einem Jahr gelangte der Klub mit 35 Dollar in der Kasse ans Jahresende. Was sollte damit geschehen? Der Klub hielt eine Versammlung ab, auf der darüber befunden werden sollte.

Jemand schlug vor, man solle eine Party für die Schule geben. Ein anderer sagte: »Naja, es sollte für alle sein.« Der Berater sagte: »Wir wollen mal sehen, ob wir uns eine Möglichkeit ausdenken können, alle daran zu beteiligen.« Jemand anders schlug vor: »Na, wir könnten einen Tanzabend veranstalten. Aber wenn wir das tun, werden die nicht kommen, die nicht tanzen können.« Dann sagte ein anderer: »Vielleicht könnten wir einen Tanzabend machen, zu dem jeder käme.« Das war ein neuartiger Gedanke, und es erhob sich sofort die Frage, was für eine Art von Tanzabend das sein könnte. Irgend jemand brachte die Idee auf: »Laßt uns einen Square-Tanz-Abend machen.« Da man sich an einer großen

Stadtschule befand, und, soviel man wußte, niemand etwas von Square-Tanz verstand, entsprach dies dem Kriterium.

Dann sagte jemand: »Selbst wenn wir einen Square-Tanz-Abend veranstalten, werden einige nicht kommen, weil sie nicht das Richtige zum Anziehen haben.« Die Antwort war: »Na, dies ist ein Volkstanzabend; wir werden eben niemand reinlassen, der zu elegant aussieht!« Das wurde als Richtlinie angenommen. Jemand anders gab den Hinweis: »Sie werden nicht kommen, wenn sie kein Mädchen finden können, das mitgeht«, und jemand anders erwiderte: »Wir könnten es so machen, daß keine Paare zugelassen sind. Wir könnten die Jungen bei der einen Tür der Turnhalle hereinlassen und die Mädchen auf der anderen Seite, gegenüber, und niemand würde wissen, wer eine Verabredung hätte.«

Dann wandte jemand ein: »Manche werden nicht kommen, weil sie nicht genug Geld haben; wenn der Tanz vorbei ist, wollen sie gern für das Mädchen, mit dem sie zusammen sind, etwas zu essen kaufen.« Also beschloß man: »Wir wollen ihnen an dem Tanzabend was zu essen geben.« Es wurde ein Ausschuß gebildet, der die Hilfe von Müttern im Kuchenbacken sicherstellen, und noch einer, der mit einer Limonadenfirma einen günstigen Preis aushandeln sollte. Nach all diesem sagte jemand: »Wir haben immer noch ein Problem: Manche werden nicht kommen, weil sie es sich nicht leisten können.« Nach vielem Rechnen über die Gage der Kapelle und einer Schätzung, wie viele Leute kommen würden, wurde der Eintrittspreis schließlich auf acht Cents festgesetzt.

Viele zweifelten, ob ein solches Programm Erfolg haben würde, und sagten, »das wird niemals funktionieren!« Als der Tanzabend schließlich herankam, drängte sich im Turnsaal die größte Menschenmenge, die man in der Schule seit ihrer Fertigstellung jemals gesehen hatte. Es kamen tatsächlich so viele Menschen, daß keiner tanzen konnte.

Eine ähnliche Technik läßt sich in jeder helfenden Beziehung anwenden. Sie besteht darin, systematisch nach den Hindernissen gegen das Engagement zu suchen und sie vom Schauplatz zu entfernen. Manchmal liegen sie in der Einstellung, im Körperlichen, manchmal wohnen sie der Struktur der Beziehung inne oder Regeln und Vorschriften oder der Verwaltungsmaschinerie. Sie mögen sogar im Helfer selbst zu finden sein! Die Autoren haben die Methode auf Probleme der Beratung, der Psychotherapie, der Lehrerbildung, der Gruppenprozesse und vielfältiger Beratungsbeziehungen angewandt. Natürlich sind nicht alle Hindernisse leicht zu beseitigen, und mit manchen muß man vielleicht leben. Die Methode ist jedoch brauchbar, um den Finger auf entscheidende Barrieren gegen den Prozeß des Helfens zu legen und um zur Schaffung einer wirksameren Atmosphäre beizutragen.

Die Schaffung einer fürs Lernen geeigneten Atmosphäre ist in hohem Maß ein Problem der Bewältigung von Herausforderung und Bedrohung. Wir haben in früheren Abschnitten schon festgestellt, daß die Menschen sich gefordert fühlen, wenn sie sich Problemen gegenübergestellt sehen, die sie interessieren und deren Lösung im Bereich ihrer Fähigkeiten zu liegen scheint. Die Menschen fühlen sich andererseits bedroht, wenn sie Problemen gegenüberstehen, denen sie sich nicht gewachsen fühlen. Wenn man eine Atmosphäre von der Art schaffen will, wie sie gewöhnlich für den Prozeß des Helfens nötig ist, muß man Herausforderung schaffen und Bedrohung vermeiden.

Das soll nicht heißen, man könne durch Bedrohung keine Verhaltensänderung herbeiführen. Das ist natürlich möglich. Menschen *lernen* aus solchen Erfahrungen. Wie wir gesehen haben, engt jedoch die Bedrohung die Wahrnehmung auf das drohende Objekt ein. Was gelernt wird, ist deshalb wahrscheinlich höchst spezifisch. Wahrscheinlich ist es auch negativer Art — es wird gelernt, was man *nicht* tun sollte. So kann man einem Kind beibringen, nicht über die Straße zu gehen, indem man ihm einen Klaps gibt; man kann einem Erwachsenen durch eine Geldstrafe beibringen, eine Geschwindigkeitsbegrenzung nicht zu überschreiten, zumindest, wenn gerade ein Polizist zu sehen ist. Wenn das Ziel einfach und klar umrissen ist, kann Drohung wirklich Lernen zur Folge haben. Dies ist eine Technik, die seit Tausenden von Jahren von Machthabern angewendet wird. Daß eine Technik manchmal funktioniert, ist jedoch kein guter Grund dafür, sie als allgemeines Prinzip für fortwährendes Handeln anzunehmen. Die Werkzeuge eines Helfers müssen mit Präzision verwendet werden, und sie müssen auf die Probleme angewandt werden, für die nur sie geeignet sind. Das gilt besonders für die Anwendung von Drohungen, denn ihre Wirkungen auf das Lernen gehen weit über die unmittelbar beobachtbaren Ergebnisse hinaus. Wenn man sich dessen nicht bewußt ist, zerstört man vielleicht mit der einen Hand, was man mit der anderen sorgfältig aufgebaut hat. Die meisten Klienten werden nicht durch das Erlangen negativer Ziele gesund, sondern durch das Erlangen positiver, nicht durch Dinge, die zu vermeiden sind, sondern durch solche, die man erstreben oder erringen sollte.

Die Spezifität von Zielen, die die Anwendung von Drohung als Mittel der Lernförderung rechtfertigen, ist für die helfenden Berufe selten angemessen. Das Lernen von Lehrstoff, die Lösung persönlicher Probleme oder das Erlangen höchstmöglicher Selbstverwirklichung lassen sich selten genau definieren. Das Gegenteil ist angebracht. Ziele wie diese erfordern Offenheit für Erfahrungen und die Freiheit, sich von Einzelheiten zu lösen. Der Zweck der helfenden Berufe liegt im Erweitern, Öffnen, im Fördern von Erforschung und Entdeckung. Diese Ziele lassen sich durch Erfahrungen der Bedrohung kaum erreichen. Die meisten helfenden Beziehungen erfordern ein sorgfältiges Vermeiden von Bedrohung. Wenn man eine Maus aus dem Mauseloch herausholen will, stochert man nicht mit einem Besenstiel nach ihr. Man muß sie herauslokken, man muß das Draußen verlockender für sie machen als das Drinnen. Das gleiche gilt für Klienten. Die Begegnung mit einer weiteren Welt erfordert im allgemeinen Beziehungen zu Helfern, die wohlgesinnte Vertreter der Außenwelt sind.

Selbst wo man die spezifischen und negativen Aspekte der Bedrohung überwinden kann, würde ihre Anwendung in den helfenden Berufen noch aus einem anderen Grund begrenzt sein: wegen ihrer zerstörenden Wirkung auf die helfende Beziehung selbst. Die meisten von uns gewöhnen sich nicht leicht an Leute, die sie bedrohen. Bedrohliche Leute werden mit Mißtrauen betrachtet, und was sie zu sagen haben, wird meist mit Vorbehalt aufgenommen, wenn es überhaupt gehört wird. Die meisten Menschen reagieren auf Bedrohung mit Widerstand, Zurückhaltung, Negativismus oder Rationalisierungs-Reaktionen, die die Beziehungen zwischen dem Helfer und dem Hilfesuchenden kaum verbessern. Die meisten helfenden Beziehungen sind abhängig von der Herstellung eines Rapports zwischen dem Helfer und dem Klienten. Was immer diese Möglichkeit des Dialogs zerstört, behindert den Prozeß des Helfens.

Strafe und die helfende Beziehung

Die Wirkungen des Erlebens von Bedrohung sind besonders bei der Frage zu berücksichtigen, ob man Strafe als Mittel zur Verbesserung menschlichen Verhaltens benützen soll. Verhaltensforscher vieler Richtungen (Skinner, Combs, Mouly, Gladstone), selbst diejenigen, die sich über viele andere Dinge nicht einig sind, haben ernste Zweifel geäußert, ob es angebracht sei, Bestrafung als Technik zur Verhaltensänderung anzuwenden. B. F. Skinner z. B. hielt es für notwendig, seiner Erörterung den Untertitel »Eine fragwürdige Technik« zu geben. Hinsichtlich der Anwendung von Strafen erheben sich hauptsächlich zwei Fragen: Erstens bestehen begründete Zweifel, daß Bestrafung etwas nützt, außer vorübergehend und oberflächlich; zweitens ruft die Bestrafung oft Nebenwirkungen hervor, deren negative Folgen alle positiven Ergebnisse weit übertreffen.

Wenn man die Frage der Bestrafung erörtert, muß man unterscheiden zwischen Strafe in einem physischen und Strafe in einem sozialen Zusammenhang, wie z. B. wenn ein Kind durch eine heiße Herdplatte »bestraft« wird oder durch einen wütenden Elternteil. In dem physischen Zusammenhang, wo ein Kind die heiße Herdplatte berührt, sind die Folgen meist nicht komplizierter als ein paar leicht verbrannte Fingerchen. Dies ist eine objektive, un-emotionale Begegnung mit dem Leben, mit Ursachen und Wirkungen, die selbst einem kleinen Kind klar sind. Ein Mensch kann nicht lange auf einen Herd böse sein, es sei denn, er ist sehr krank, und er kann sich gewiß an dem »Strafenden« nicht mit großer Befriedigung rächen.

Strafe, die ein Mensch am anderen vollzieht, ist etwas anderes. Hier sind viel Subjektivität und Emotion beteiligt. Außerdem werden die Gründe für die Bestrafung selten deutlich verstanden, die Rechtfertigung wird gewöhnlich in Frage gestellt und Vergeltung ist oft möglich. Bestrafung im sozialen Zusammenhang ist wirklich eine fragwürdige Technik!

Erreicht die Strafe wirklich das, was wir wollen — d. h. lehrt sie die Menschen, sich zu bessern? Die Antwort lautet doch wohl, daß sie, wenn sie überhaupt etwas lehrt, nur lehrt, was man *nicht* tun soll. Was das beste oder das richtige ist, das man tun sollte, bleibt eine offene Frage. Da die Bestrafung unmittelbar auf Verhalten folgt, behandelt sie nur Symptome. Einer der Autoren kennt ein kleines Mädchen in seiner Nachbarschaft, das gerade zwei Wörter sagen kann. Das erste ist »Jojo«, der Name seines Hundes, das zweite ist »Nein« — was keiner Erklärung bedarf. Dieses Kind ist vielen ähnlich, die mit »Nein« und »Tu das nicht« übersättigt, aber hungrig nach »Tu's« und »Ja« sind. Wenn bestraft wird, ist nur ein Teil der Aufgabe gelöst. Es bleibt der wichtigere Teil übrig, einen Menschen zu lehren, was das Gute ist, das er tun soll.

Bestrafung wirkt meistens nur vorübergehend. In den meisten Fällen hat sie in bezug auf das Abstellen schlechten Benehmens nur kurzzeitige Wirkungen. Im Augenblick der Bestrafung mag der Betroffene mit dem aufhören, was er gerade tut, besonders, wenn er ein kleines Kind ist, das von einem Erwachsenen in Schranken gehalten wird. Aber sowohl nach den Ergebnissen wissenschaftlicher Forschung als auch nach denen alltäglicher Beobachtung hat man allen Grund zu der Überzeugung, daß das Verhalten wieder auftreten wird. Das läßt sich durch einen Vorfall veranschaulichen, der sich in der Nachbarschaft eines der Autoren zugetragen hat.

Einer der Autoren lebt in einer typischen Wohnsiedlung, wo Reihen von Häusern mit den Rückseiten aneinander gebaut sind; dazwischen liegen kleine Gärten, und jedes Haus hat eine doppelte Glasschiebetür, die der doppelten Glasschiebetür des Nachbarn gegenüberliegt. Die Kinder, die

unmittelbar hinter dem Haus des Autors wohnen, hatten eine Angewohnheit, die ihre Mutter furchtbar wütend machte. Wenn sie mit dem Kind des Autors spielen wollten, kamen sie an die doppelte Glastür, schrien, schlugen an die Tür und glotzten ins Haus. Die gereizte Mutter schimpfte die Kinder oft deswegen aus und sagte, das tue man nicht, man schaue nicht in anderer Leute Häuser oder mache Lärm vor ihren Türen oder Fenstern. Das Schimpfen hatte aber wenig Wirkung, und die Kinder kündigten weiterhin dem Kind des Autors auf diese zartfühlende Weise ihre Gegenwart an.
Eines Tages wartete die wütende Mutter, bis ihre Kinder auf die bekannte Weise die Aufmerksamkeit des Nachbarkindes auf sich zu ziehen versuchten. Dann kam sie durch den Garten gestürzt, mit dem Stock in der Hand, und machte sich daran, ihre Brut richtig durchzuprügeln! Was für eine Szene — schreiende Kinder, ein krachender Stock und eine Mutter, die kreischt!
Die Mutter machte klar, das sei nur ein Beispiel für das, was passieren würde, sollte sie ihre Kinder jemals wieder dabei erwischen, daß sie ihre Nachbarn in dieser Weise belästigten. Außerdem hätten sie in Zukunft zu warten, bis das andere Kind zum Spielen herauskäme und sollten es nicht mehr holen. Damit basta! Die Kinder waren bestraft worden, und diese Handlung, genau dieses besondere Verhalten war ausgeschaltet worden. Die Kinder sind nie wieder an die Hintertür gekommen, haben dort nie wieder ins Haus geschaut oder nach dem Kind gerufen. Jetzt kommen sie statt dessen an die *vordere* Glasschiebetür, schlagen dagegen, blicken ins Haus und rufen nach dem Kind! Wenigstens ist nun die Mutter der Kinder zufrieden, denn »Was ich nicht weiß, macht mir nicht heiß!«
Die wichtigsten Einwände gegen die Anwendung von Strafen beziehen sich nach Ansicht der Autoren nicht darauf, ob Strafe nützt, sondern auf die Nebenwirkungen, die sie zeitigen kann. Es gibt viele derartige Nebenwirkungen, von denen wir im folgenden einige Beispiele bringen.

1. *Bestrafung jeder Art erzeugt viele negative Reaktionen.* Menschen, die bestraft werden, werden furchtsam, ängstlich und feindselig, und wegen dieser Gefühle nehmen sie oft ihre Zuflucht zur »Verlagerung« — d. h., sie halten sich an anderen schadlos für den Schmerz und die Verlegenheit, die man ihnen bereitet hat. Solches Verhalten ist gewiß nicht sozial förderlich, und es ist zweifelhaft, ob unter solchen Bedingungen irgend etwas Nützliches gelernt werden kann. Auch für den Bestrafenden sind die Ergebnisse selten besser. Bestrafung ist eine rachsüchtige Reaktionsart des Menschen, die in der Hitze der Wut und frustrierter Gefühle er-

folgt. Ein Helfer kann unter diesen Bedingungen nur wenig erreichen, und sie haben oft eine Schneeball-Wirkung. Je mehr ein Mensch bestraft wird, desto frustrierter und feindseliger wird er. Das veranlaßt ihn, mit noch mehr Wut zurückzuschlagen; dadurch wird der Strafende frustrierter und wütender, bestraft härter und mit größerer Wut — das kann man kaum ein angenehmes oder fruchtbares menschliches Erlebnis nennen.

2. *Es ist oft schwer, besonders für kleine Kinder, die Bestrafung im Zusammenhang mit dem* unerwünschten Verhalten *zu sehen, anstatt mit dem eigenen Selbst.* Ein Kind sieht leicht irrtümlich die Schlechtigkeit in seinem Selbst und nicht in der Handlung, für die es bestraft wird. Es ist einfach, zu glauben, *ich* sei schlecht, nicht mein Verhalten. Das geschieht besonders dann, wenn die Strafe für eine einzelne Tat über einen Zeitabschnitt ausgedehnt wird, wie wenn man jemand lange »mit Schweigen straft«, nachdem er etwas Unerwünschtes getan hat, oder wenn man einem Kind sagt: »Warte nur, bis dein Vater heimkommt! Dann wird er's dir geben!«

3. *Bestraftes Verhalten kann zu einem anderen Zeitpunkt erwünschtes Verhalten sein.* Ohne sich die Folgen klarzumachen, bestrafen Erzieher oft ein Verhalten, das in einem bestimmten Alter unangemessen ist (oder zu einer bestimmten Zeit), während es in einem anderen Alter oder zu anderer Zeit sehr erwünscht ist. Die Folge ist, daß man aus Versehen Menschen unfähig macht, höchst erwünschte und in manchen Fällen absolut notwendige menschliche Handlungsweisen zu vollziehen. Dies ist eine Folge von Bestrafung, die sich in gewissem Grad im Leben jedes Menschen nachweisen läßt. Das folgende Beispiel kennt einer der Autoren persönlich. An Weihnachten fand ein Elternpaar, eine Großausgabe von illustrierten biblischen Geschichten sei ein hübsches Geschenk für die drei Kinder. Die Ausgabe war schön, gut ausgestattet und teuer; sie umfaßte 24 Bände. Ein hölzernes Bücherregal gehörte dazu. Die Kinder bekamen das Geschenk am ersten Weihnachtstag. Was die Eltern sich bei der Gabe gedacht hatten, war lobenswert, und das Geschenk war wirklich großartig — nur nicht für diese Kinder und nicht zu diesem Zeitpunkt. Alle drei Kinder waren noch viel zu klein, als daß sie ein so großartiges Geschenk hätten richtig einschätzen können, und sie konnten es noch nicht richtig handhaben und benützen. Trotzdem zeigte man ihnen die Bücher am Weihnachtstag, sagte ihnen, sie gehörten ihnen, und ebenso rasch sagte man ihnen, sie dürften sie nicht allein herausnehmen. Wenn sie die Bilder ansehen wollten, müßten sie einen der Eltern rufen, die mit diesen Büchern umgehen könnten.

Man kann sich vorstellen, was geschah. Es hieß einfach zuviel erwarten, daß ein Kind begreifen sollte, wie ein Gegenstand sein Eigentum sein könnte, ohne daß es ihn berühren durfte. Also versuchte immer wieder das eine oder andere Kind, ein Buch aus dem Regal zu nehmen, und jedesmal, wenn das geschah, bestrafte Vater oder Mutter das Kind. Natürlich nahm jedesmal auch die Schwere der Bestrafung zu.
So war während eines Zeitraums von ein bis drei Jahren (je nachdem, um welches Kind es sich handelte), die Hauptbegegnung des Kindes mit Büchern und religiösem Stoff belastet von dem Streß und der emotionalen Aufregung einer Situation, in der sie angeschrien, geschlagen und von einem wütenden, tadelnden Elternteil dirigiert wurden.
Man kann sich leicht im voraus vorstellen, welche Art von Fragen sich diese Eltern in ein paar Jahren stellen werden. »Warum mag mein Sohn gar nicht lesen? Wir haben immer eine Menge Bücher im Haus gehabt.« »Warum ist es so schwer, diese Kinder zum Kirchgang zu bewegen? Sie sind doch von religiösen Vorstellungen umgeben seit der frühesten Kindheit!«
Diese Art von Assoziation kann als direkte Folge dessen eintreten, daß man ein Verhalten bestraft, das zu einer bestimmten Zeit schlecht, zu einer anderen Zeit aber gut ist. Die Sexualerziehung z. B. ist ein Bereich, in dem dies häufig vorkommt. Warum nicht? Wie könnte es anders sein? Jahrelang bestrafen, verurteilen oder quittieren wir jede Reaktion eines Kindes mit Verlegenheit, die den geringsten sexuellen Beiklang hat. Dann, wenn es irgendein magisches Alter erreicht hat oder in den Ehestand tritt, wird von ihm erwartet, es solle spontan ein vollkommener Liebender sein!
Die Anwendung von Strafe zur Einschränkung schlechten Benehmens ist manchmal unvermeidlich. Mitunter wären die Folgen einer Handlung, die ein Mensch zu begehen im Begriff ist, so fürchterlich, daß man keine Zeit für eine andere Alternative hat. Manchmal muß ein bestimmtes Verhalten so schnell wie möglich unterbunden werden. Als Werkzeug für die helfenden Berufe läßt die Bestrafung aber im allgemeinen viel zu wünschen übrig. Es mag zwar gelegentlich nötig sein, Strafe anzuwenden, aber der Helfer muß sich vollständig über die Dynamik im klaren sein, die ihr innewohnt, besonders über die Bedeutungen, die sie in der Erfahrung des Bestraften schafft, damit der Helfer nicht mit der linken Hand zerstört, was die rechte aufzubauen versucht.
Der Zweck helfender Beziehungen ist die Anregung und Förderung von Wachstum. Dieses ist eine innere Angelegenheit, die von innen her geschieht. Es erfordert Ermutigung und Anregung und nicht Drohung und Zwang. Wenn wir eine gesunde Pflanze haben wollen, besorgen wir uns

den besten Samen, den wir finden können, und pflanzen ihn in den besten Boden, der uns zur Verfügung steht. Wir verschaffen der Pflanze die besten Bedingungen in bezug auf Licht, Feuchtigkeit, Temperatur und die Nährstoffe, die sie zum Wachsen braucht. Danach halten wir uns zurück und lassen sie wachsen. Ähnlich gehen die helfenden Berufe an das Problem des Wachstums heran, indem sie für ihre Klienten, Pfarrkinder, Schüler oder Patienten Bedingungen maximaler Freiheit schaffen. Der erste Schritt dazu ist die Herstellung einer Atmosphäre, die die Erforschung persönlicher Bedeutungen ermöglicht.

Helfen beginnt mit Annehmen

Eine Hauptbedingung für die Entstehung einer der Veränderung förderlichen Atmosphäre ist das Annehmen. Wir haben dies bereits als eine Bereitschaft zur Konfrontation, zum Eingehen auf eine Interaktion mit allem definiert, was notwendig ist, um den Wachstumsprozeß zu unterstützen. Wachstum, Weiterentwicklung kann nicht von einer Stelle ausgehen, an der der Mensch nicht ist; sie kann nur dort geschehen, wo der Mensch steht. Demgemäß muß die Atmosphäre des Helfens von einer Grundlage ausgehen, die den Menschen als den akzeptiert, der er ist, und wo er ist. In dem Sinn, wie wir den Ausdruck hier gebrauchen, hat Annehmen nichts mit Billigung oder Mißbilligung zu tun. Es hat nur mit der Bereitschaft zu tun, sich Tatsachen zu stellen, dort anzufangen, wo die Menschen jeweils stehen. Der Schüler, Klient oder Patient wird als der angenommen, der er ist, was er ist und wie er empfindet, ohne Beurteilung oder Wertung.

Die Erfahrung des Angenommenwerdens ist wichtig und wertvoll, weil sie das Gefühl der Bedrohung herabsetzt und so ein offeneres Vorgehen in der Prüfung des Selbst und der Welt ermöglicht. Der Berater z. B. »akzeptiert« vorurteilslos die Äußerung des Hasses, den der Klient seinem Bruder gegenüber hegt, und ermöglicht es dem Klienten so, seine eigenen Gefühle zu betrachten. Ein Lehrer wird möglicherweise den Fehler des Schülers ohne Verurteilung einfach als Tatsache akzeptieren. Dies ermöglicht es dem Schüler und dem Lehrer, danach eine bessere Lösung zu finden. Auch der Pastor akzeptiert die »Sünde« seines Pfarrkindes als verständlich und macht es so möglich, effektivere Verhaltensweisen zu erörtern und zu finden. Im folgenden Bericht beschreibt eine Krankenschwester den Wert des Angenommenwerdens für eine ihrer Patientinnen.

Als ich einmal in meinem Stockwerk die Runde machte, sah ich, wie eine Patientin zu weinen anfing. Ihr Gesicht verzog sich einfach, trotz anscheinend gro-

ßer Bemühung, die Fassung zu bewahren. Ich ging in ihr Zimmer und stellte mich neben das Bett; sie hielt die Augen geschlossen, während ihr die Tränen unter den Lidern hervorquollen. Sie schien meine Anwesenheit zu spüren, denn sie ergriff meine Hand und hielt sie ganz fest. Ich wartete, denn ich wollte nicht neugierig wirken, aber ich hatte das Gefühl, hier geschehe nichts Beiläufiges. Ich stand ein paar Minuten da, während sie still vor sich hinweinte. Nach einer Weile sagte sie mir, warum sie weinte. Sie war vor drei Tagen operiert worden; ihr Arzt hatte ihr gerade gesagt, daß sie an inoperablem Krebs leide. Man hatte ihr Hoffnung gemacht, ein relativ neues Anabolicum könne ihr vielleicht Linderung, ein längeres Leben und, wie sie hoffte, Heilung verschaffen. Sie war vor die Wahl gestellt, die in der Behandlung liegenden Gefahren auf sich zu nehmen oder diese abzulehnen. Sie versuchte auch, sich darüber klarzuwerden, was sie ihrem Mann und ihrem Sohn sagen sollte. Ich hatte ihr nichts zu bieten als mich selbst als Zuhörerin; ihre Entscheidung mußte sie selber fällen. Ich stand da und hörte zu, während sie weinte und sprach.
Was ich über den Verlauf ihrer Krankheit wußte, über die neue Behandlungsmethode, die Unterstützung ihrer Familie, ihres Arztes und anderer, die sie brauchen würde — dies alles brauchte sie nicht. In diesem Augenblick brauchte sie einen Mitmenschen, der ihr zuhörte. Ich hatte das Gefühl, so ein Mensch zu sein, einer, der zuhören konnte. Ihre Welt hatte ihr Inneres nach außen und das Oberste nach unten gekehrt. Sie war die sehr attraktive Frau eines erfolgreichen Geschäftsmannes, Mutter eines gutaussehenden Sohnes, eine interessante, vitale, hochgebildete Frau, die vor dem Problem stand, die Tatsache zu akzeptieren, daß ihr Invalidität, lange Krankheit und der Tod bevorstanden. Sie sagte, sie sei keine Frau, die leicht weine, aber sie schien eine Krankenschwester als eine Person zu akzeptieren, bei der sie weinen konnte; durch eine sehr große Anstrengung fand sie ihre Fassung wieder, bevor ihr Sohn und ihr Mann kamen, um sie zu besuchen.

Für viele Menschen, die Hilfe brauchen, ist schon das Erlebnis an sich, akzeptiert zu werden, eine höchst wichtige Linderung der negativen Wirkungen von Bedrohung.
Ohne Annehmen und ohne den Willen zur Konfrontation kann in der helfenden Beziehung nur sehr wenig geschehen. Menschen können nicht vorwärtskommen, wenn sie nicht offen sind für Erfahrungen. Die Behandlung eines Alkoholikers z. B. muß damit beginnen, daß er die Tatsache, »Ich bin ein Alkoholiker« akzeptiert. Der Schüler muß mit der Erkenntnis anfangen, daß er nicht weiß, und daß eine Frage zu beantworten ist. Die Mutter, die glaubt, daß das, was ein Nachbar über die Missetaten ihres Kindes berichtet, »nicht wahr sein kann«, wird wahrscheinlich keine sehr guten Aussichten haben, in ihrem Kind eine Veränderung herbeizuführen. Veränderung beginnt mit der Erkenntnis, daß ein Problem besteht.
Da die Art, wie uns etwas erscheint, sich für jeden so real anfühlt, ist es

leicht, die Realität anderer abzulehnen und in Beziehungen einen Mangel an Annahme zu zeigen. Es hat z. B., wie man weiß, Helfer gegeben, die schon beim ersten Kontakt den mürrischen, unmanierlichen Delinquenten abgelehnt haben. Er ist in einer Welt aufgewachsen, die ihn weitgehend ablehnt, und er kommt schon in herausfordernder Haltung herein. In seiner Welt sind Brutalität und Trotz Mittel, um zu Prestige und Status zu kommen, also flegelt er sich in seinen Stuhl und antwortet auf Fragen knurrend. Derartiges Verhalten kann auf den Helfer, der seine Sache nicht versteht, aufreizend wirken, und es erscheint »nur natürlich«, wütend aufzufahren und zu fordern, der Klient solle sich »benehmen«, höflich sein, »sich gerade hinsetzen und aufpassen«. Vom Standpunkt des Delinquenten aus sind solche Verhaltensweisen nicht nur unerwünscht, sondern in der Welt, in der er lebt, könnte Höflichsein ihn ruinieren! Selbst aus der Sicht des Helfers sind solche Forderungen nicht sehr sinnvoll. Dies sind Verhaltensweisen, auf die man *hoffen* kann, wenn der Klient *gesund* wird. Jetzt schon von ihm solches Verhalten zu fordern, ist ähnlich, als wenn ein Arzt zu seinem Patienten sagen würde: »Gehen Sie fort und werden Sie gesund. Dann kommen Sie wieder, und ich werde Ihnen helfen!«

Wenn man den Prozeß des Helfens damit beginnt, daß man die aktuelle Lage der Dinge leugnet, wird man kaum eine Atmosphäre schaffen können, in der Veränderung und Wachstum erleichtert werden. Trotzdem können viele Helfer in der besten Absicht nichts erreichen, weil sie schon am Anfang einer Unterredung einer Betrachtung der Ereignisse den Weg versperren. Einem Kind, das eine schockierende oder ungezogene Haltung zeigt, wird dann vielleicht gesagt: »Aber Jimmy, du darfst nicht so ein Gefühl haben!« Auf diese Weise werden seine Gefühle, gerade das, was er erforschen muß, um seine Schwierigkeiten zu überwinden, von der Untersuchung ausgeschlossen. Bevor man seine Gefühle untersuchen kann, muß einem erst einmal erlaubt werden, sie zu haben!

Eine befreiende Atmosphäre bildet die Bühne, auf der die Erforschung des Selbst und der Welt stattfindet. Um wirksam praktizieren zu können, muß der Helfer einen Großteil seiner Aufmerksamkeit und seiner Bemühungen der Schaffung einer Atmosphäre widmen, die das Forschen möglich macht und Schüler und Klienten zu einer maximalen Nutzung der Beziehung ermutigt. Wenn dies gut gemacht wird, kann man sich darauf verlassen, daß das Bedürfnis des Individuums nach Zulänglichkeit den Antrieb für eine Vorwärtsbewegung liefert. In diesem Kapitel haben wir auf einige Faktoren hingewiesen, die der Helfer bei der Schaffung geeigneter Bedingungen für Wachstum beachten muß. Für die eigene Entwicklung des professionellen Helfers muß die Aufmerksamkeit auf die Atmosphäre, die er schafft, ein ständiges Anliegen sein, solange er in einem helfenden Beruf bleibt.

Ausgewähltes Schrifttum

Stern bedeutet Abdruck in: Donald L. Avila, Arthur W. Combs, und William W. Purkey, The Helping Relationship Sourcebook, Boston (Allyn & Bacon) 1971.

Amos, W. E. und Orem, R. C., Managing student behavior, St. Louis (Green Publishing Co.) 1967.

Aspy, D. N., The effect of teacher-offered conditions of empathy, positive regard and congruence upon student achievement, Florida Journal of Educational Research (1969), 11, 39—49.

Ausubel, D. P., A new look at classroom discipline, Phi Delta Kappan (1961), 43, 25—30.

Ginott, H. G., Between parent and teenager, New York (Macmillan) 1968.

Premack, D., Toward empirical behavior laws: I, Positive reinforcement, Psychological Review (1959), 66, 219.

Risley, T. R., Learning and lollipops, Psychology Today (1968), 1, 28—31.

* Rogers, C. R., The characteristics of a helping relationship, Personnel and Guidance Journal (1958), 37, 6—16.

Sarason, I. G., Verbal learning, modeling, and juvenile delinquency, American Psychologist (1968), 23, 254—266.

Skinner, B. F., Science and human behavior, New York (Free Press) 1953.

Truax, C. B. et al., Empathy, warmth, genuineness, Rehabilitation Record (1966), 10—11.

Webster, S. W., Discipline in the classroom, San Francisco (Chandler) 1968.

12

Hilfe bei der Suche nach neuen Bedeutungen

Um bei der Suche nach neuen Bedeutungen zu helfen, muß der Helfer mehr tun als nur das zu beseitigen, was dem Engagement des Klienten entgegensteht; er muß ihm in dem aktiven Prozeß beistehen, Bedeutungen zu entdekken, die mit größerer Wahrscheinlichkeit zur Selbsterfüllung führen als die früheren. Dazu muß man jenen Erfahrungen besondere Aufmerksamkeit schenken, die zu einer gesteigerten Fähigkeit führen, mit der Welt fertigzuwerden und sich selbst zu verwirklichen. Die wichtigsten Fragen lauten dabei: Wie kann ich meinem Klienten helfen, sein Feld von Bedeutungen zu erweitern und zu bereichern? Wie kann ich ihm dazu verhelfen, ein umfassenderes, tieferes Gefühl der Identifizierung zu empfinden? Wie kann ich ihn ermutigen, sich selbst positiver zu sehen? Wie kann ich zur Fähigkeit meines Klienten beitragen, für Erfahrungen offen zu sein? Die Antworten, die der Helfer auf diese Fragen findet, liefern fruchtbare Hinweise für den Aufbau wirksamer helfender Beziehungen.

Ein positives Selbst und die Suche nach Bedeutungen

Das Selbst ist das primäre Lern-Subjekt. Was seine Würde und Integrität bedroht, wird wahrscheinlich den Prozeß des Helfens behindern, weil es eine Atmosphäre schafft, in der das Selbst verteidigt werden muß, und in der man sich aus der Begegnung zurückzieht. Andererseits ist die Suche nach einem angemessenen Selbst unersättlich, und helfende Beziehungen, die zu diesem Ziel beizutragen scheinen, sind mit größerer Wahrscheinlichkeit dauerhaft und bedeutsam. Das Lernen ist eine persönliche Angelegenheit, und alles, was Menschen entmenschlicht, steht meistens wirksamem Lernen und effektiver Selbstverwirklichung im Weg. Die Atmosphäre für die Untersuchung muß dem Betroffenen die Gewißheit geben, daß er sein Selbst schätzen und achten und ihm erlauben kann, in den Prozeß einzutreten. Um dies zuwege zu bringen, muß der Helfer das Selbst dessen schätzen, mit dem er arbeitet.

Man kann das Selbst nicht zum Lernen zwingen; man muß es dazu ermutigen. Eine positive Sicht des eigenen Selbst ist eine unschätzbare Quelle des Lernens. Weil das so ist, wird es zum Hauptziel des Helfers, sie herbeizuführen. Da das Selbst durch Erfahrung gelernt wird, muß das, was im helfenden Dialog geschieht, den Menschen, denen geholfen werden soll, positive Selbsterfahrungen liefern. Es muß ihnen zu dem Gefühl verhelfen, daß man sie gern hat, daß sie erwünscht und akzeptabel sind und daß sie mit sich selbst, ihren Mitmenschen und der Welt, in der sie leben, fertig werden können.

Es ist nicht immer leicht, Menschen positive Selbsterfahrungen zu vermitteln. Vieles von der Welt, die wir geschaffen haben, hat sehr entmenschlichende Wirkungen. Die Vermittlung positiver Selbsterfahrung läuft einigen der am höchsten geschätzten Vorgehensweisen der Gesellschaft zuwider. Die helfende Beziehung muß daher ganz besonderer Art sein, ein Mikrokosmos, der ganz anders ist als die normalen Erlebnisse des Menschen im Alltagsleben.

Leider haben die Dinge, die wir tun, um anderen zu helfen, selbst wenn wir in bester Absicht handeln, oft nicht den gewünschten Erfolg, weil sie von denen, denen wir helfen wollen, als Selbstverneinung oder als Herabsetzung angesehen werden. Dies zwingt sie, sich durch Widerstand zu schützen — oder indem sie die Beziehungen ganz und gar fallenlassen. Schulen erzeugen nicht absichtlich Frühabgänger. Sie können sie trotzdem hervorbringen, weil sie das so sehr wollen, was für die Kinder gut ist. Zuviel zu wollen, kann dazu führen, daß Lehrer sich so nötigend verhalten, daß sie bei ihren Schülern tiefe Gefühle der Unzulänglichkeit und Verzweiflung hervorrufen. Wer von uns ist noch nie einem wohlmeinenden Freund begegnet, der ihm sagte, was er tun soll? Meistens entpuppt sich solcher Rat als ganz nutzlos, und er trägt oft nur zu weiteren Mißverständnissen bei.

Nur ein starkes Selbst kann sich für längere Zeit auf ein gefährliches Engagement einlassen. Deshalb stört alles, was dazu führt, daß ein Mensch das Gefühl bekommt, sein Selbst sei weniger gut, weniger wertvoll oder weniger akzeptabel, mit großer Wahrscheinlichkeit das effektive Lernen. Der Helfer muß sich so verhalten, daß jene, denen er helfen will, eine stärkende, positive Anschauung von ihrem Selbst bekommen. Solche Auffassungen vom eigenen Selbst erleichtern den Prozeß des Untersuchens und Entdeckens. Tatsächlich tun sie noch mehr. Angemessene Ansichten über das eigene Selbst sind das Ziel der helfenden Berufe. Es ist wenig sinnvoll, so zu handeln, daß das Endziel schwieriger zu erreichen ist. Der Prozeß des Helfens selbst muß damit anfangen, daß er den Klienten, Schülern und Patienten die angemessensten Erfahrungen verschafft.

Das Lernen ist im Grunde ein sozialer Prozeß. Die meisten wichtigen Lernerfahrungen haben wir infolge irgendeiner Art der Interaktion mit anderen gemacht. Den Ermahnungen von Generationen von Lehrern zum Trotz, Kinder sollten »allein arbeiten«, zeigen Schüler eine große Erfindungsgabe, um Möglichkeiten der Zusammenarbeit zu finden, weil sie wissen, daß das besser ist. Es ist eine falsche Vorstellung, daß Lernen eine einsame Sache sei, die sich am besten in Isolierung von anderen vollbringen läßt. Der wichtigste Aspekt unserer Welt sind die Menschen, und mit und durch Menschen werden unsere wichtigsten Lernprozesse vollzogen. Dies gilt sogar für das Lernen hochabstrakter intellektueller Konzepte. Weit mehr noch gilt es in bezug auf das Erlernen von Sachverhalten, die wir wissen müssen, um miteinander auskommen und maximale Erfüllung erreichen zu können.

Die Identifizierung mit anderen ist für den Lernprozeß nicht nur deshalb wichtig, weil sie Interaktion und Anregung bietet, sondern auch, weil sie es den Menschen ermöglicht, umfassender zu untersuchen, Kühneres zu wagen und kreativer und weniger zögernd in ihrem Vorgehen gegenüber dem Leben selbst zu sein. Benachteiligte Menschen werden keine guten Forscher. Menschen ohne ein Gefühl des Einsseins mit anderen Menschen sind meistens so sehr damit beschäftigt, ihre Abwehr aufzubauen und aufrechtzuerhalten, daß sie nur wenig Zeit für die Art von Untersuchungen und Entdeckungen haben, die den Kern der Entdeckung von Bedeutungen ausmachen.

Die befreienden Wirkungen von Anteilnahme

Die dem Lernen am meisten förderliche Atmosphäre erfordert Gefühle der Identifizierung zwischen dem Helfer und dem Hilfsbedürftigen. Wenn der Helfer als der »signifikante andere« im Leben jener dienen will, denen er helfen möchte, muß er sich dem Prozeß hingeben. Er muß Anteil nehmen. Carl Rogers hat postuliert, ein wesentliches Merkmal der helfenden Beziehung sei »bedingungslose positive Zuwendung« auf seiten des Helfers. Die Bedeutung dieses Faktors hat er in seiner Forschungsarbeit immer wieder nachgewiesen; sie ist gleichfalls bestätigt worden in den Untersuchungen von Carkhuff, Aspy, Truax und anderen. Die Menschen identifizieren sich nicht sehr lange mit Personen, die sie ablehnen oder die sie so behandeln, als seien sie unwichtig. Es ist unendlich befreiend, geliebt zu werden, und die liebende und anteilnehmende Haltung der Helfer liefert schon an sich ein wichtiges Ingredienz der förderlichen Atmosphäre.

Das Bedürfnis nach Liebe in wechselseitigen Beziehungen unter Menschen ist von Autoren immer und überall beschrieben worden. Es ist bei Künstlern, Dichtern, Romanschriftstellern, Philosophen, Psychologen, Anthropologen und Geistlichen als Hauptfaktor im Erfolg menschlicher Interaktion bekannt. Alle, die erlebt haben, welche Macht der Erfüllung der Liebe innewohnt, brauchen keine Schriftsteller zur Betonung ihrer Werte. Aber die Notwendigkeit der Liebe in den helfenden Berufen wird oft übersehen, weil man »objektiv« sein möchte. Man geht, wenn überhaupt, an die Liebe mit Entschuldigungen, Angst oder Scham heran. Selbst wenn man von »Gernhaben« spricht, wird es manchmal so angesehen, als sei es nicht wirklich relevant für den Prozeß des Helfens. Das kam sehr schön zum Ausdruck in einem Brief, den ein Junge im fünften Schuljahr schrieb, nachdem die Lehrerin der Klasse erlaubt hatte, eine freie Diskussion abzuhalten, in der man auf die Frage der Liebe zu sprechen kam. Am nächsten Tag schrieb der kleine Junge:

Liebe Miß Jones:

Ich war ganz überrascht, als wir gestern in der Klasse über die Liebe sprachen. Ich habe eine Menge gelernt. Ich habe erfahren, was für Gefühle Menschen füreinander haben. Es hat mich sehr überrascht, als wir über die Liebe sprachen. Ich hatte nie gewußt, daß man in der Schule über Dinge reden kann, für die man keine Noten bekommt!

Wie schade, daß ein so wichtiger Faktor im menschlichen Leben oft nicht als Teil des Lehrplans betrachtet wird!

Die Liebe in ihrer sexuellen Bedeutung oder in sentimentalem Sinn hat natürlich in einer professionellen helfenden Beziehung keinen Platz. Aber Liebe im Sinn menschlicher Anteilnahme, im Sinn von Sorge füreinander, ist ein Grundelement des Helfens. Sie trägt unmittelbar zu den Kommunikationsprozessen bei und ist ein Hauptmerkmal der Selbsterfüllung, die der Prozeß des Helfens herbeiführen möchte.

Wenn der Helfer nicht Anteil nimmt, läuft er Gefahr, sich als Praktiker selbst eine Niederlage zu bereiten oder, noch schlimmer, das Wachstum jener zu behindern, denen er helfen will. Das bedeutet nicht, daß der Helfer jeden lieben muß. Manche Menschen sind nicht sehr liebenswert, und niemand kann nach Belieben Gefühle an- oder abstellen. Erforderlich ist, daß der Helfer die allerbeste professionelle Beziehung herstellt, deren er fähig ist. Das ist an sich schon eine Art der Anteilnahme. Wenn der Helfer die ihm Anbefohlenen auch noch lieben kann, ist es wie der Zuckerguß auf dem Kuchen, und eine weitere Gewähr für die Wahrscheinlichkeit des Erfolgs.

Stärkere, differenziertere Persönlichkeiten sind das Ergebnis tiefer Gefühle des Einsseins mit der übrigen Menschheit, und das Hervorrufen solcher

Gefühle der Identifizierung ist ein Hauptziel von Beratung und Psychotherapie. Es ist ebenso wichtig in Institutionen wie in unseren öffentlichen Schulen. Ein Kind, das sich bedroht fühlt, lernt nicht gut. Ein Kind, das seinen Lehrer nicht mag, fängt mit einer schweren Behinderung an. Ein benachteiligtes Selbst ist so sehr damit beschäftigt, seine Brunnen der Unzulänglichkeit aufzufüllen, daß es keine Zeit für weitergespannte, reichere Wege der Erforschung und Entdeckung erübrigen kann. Die Menschen lernen viel leichter von anderen, die sie gernhaben, respektieren und mit denen sie sich »eins fühlen«, als von Leuten, die ihnen gefährlich und weit weg erscheinen.

Selbstlenkung und Unabhängigkeit

Das Ziel der helfenden Berufe ist die Hervorbringung freier und intelligenter Menschen, die sich effektiv erhalten können und dabei persönliche Befriedigung empfinden. Es genügt nicht, wenn sie sich nur so verhalten, falls sie müssen. Wir müssen uns darauf verlassen können, daß sie sich aus eigener Kraft als freie und selbständig Handelnde so verhalten. Was immer die Abhängigkeit vermehrt und unabhängige Selbststeuerung behindert, steht der helfenden Begegnung im Weg.

Anstatt das Selbst zu stärken, erfordert Abhängigkeit Unterwerfung. Die Auslieferung des eigenen Körpers ist manchmal im Interesse der körperlichen Gesundheit notwendig. Wenn man z. B. ins Krankenhaus geht, um sich operieren zu lassen, erwartet man, daß man seinen Körper den fachkundigen Händen anderer ausliefern wird. Dies kann nützlich sein, wenn andere das tun können, was getan werden muß. Bei der Entwicklung des Selbst jedoch ist die Unterwerfung selten nützlich, weil das Selbst von Außenstehenden kaum unmittelbar verändert werden kann. Die Persönlichkeitsverwirklichung kann nur vom Menschen selbst zustande gebracht werden. Er muß früher oder später die Verantwortung für seine Rettung übernehmen. Eine zu große Abhängigkeit vom Helfer behindert die freie Atmosphäre, die für wirksame Hilfe wünschenswert ist.

In frühen Formen der Psychotherapie wurden die Klienten oft ermutigt, fast vollständig vom Berater oder Therapeuten abhängig zu werden. Dieser Vorgang, bekannt als »Übertragung«, wurde als notwendiges und wertvolles Stadium im Prozeß des Helfens angesehen. In neuerer Zeit wird in Theorien über Therapie im allgemeinen die Entwicklung einer tiefen Übertragung abgelehnt, weil sie mehr hinderlich als nützlich sei. Die meisten Berater ziehen es vor, die Entwicklung von Abhängigkeit

zugunsten von Praktiken zu vermeiden, die Würde und Integrität des Individuums respektieren und zur Übernahme der Verantwortung für die Steuerung und Lenkung des eigenen Schicksals ermutigen.
Gleichgültig, wie intim die Beziehung sein mag, die man zu einem anderen Menschen herstellt, niemand kann jemals das Wesen der Probleme, vor denen ein Selbst steht, besser verstehen als der Mensch, um dessen Selbst es sich handelt. Nur er ist im Besitz aller Daten. Der Mensch ist immer der beste Fachmann der Welt in bezug auf seine eigenen Erfahrungen. Ein Außenstehender, so geschickt er auch sein mag, kann nie mehr als ein Amateur sein, wenn es um die Kenntnis vom Selbst eines anderen geht. Darum sind die Antworten, die ein Mensch für sich selbst findet, so häufig denen überlegen, die wohlmeinende Außenstehende vorschlagen. Die dem Helfen förderliche Atmosphäre darf daher Abhängigkeit nicht unterstützen und muß zur Entwicklung von Selbststeuerung ermutigen.
Leider ist es oft nicht einfach, eine Atmosphäre zu entwickeln, die zur Selbststeuerung ermutigt. Es ist so einfach und natürlich, in anderen Abhängigkeit zu erzeugen. Der Mensch, dem man helfen möchte, mag sogar selber dazu ermutigen. Das gilt besonders für verzweifelte und unglückliche Menschen, die oft sehr bereit sind, oft sogar wünschen, ihre Probleme von jemand anders lösen zu lassen. Helfer mit den besten Absichten sind leicht dazu zu verführen, Abhängigkeitsbeziehungen sich entwickeln zu lassen. Unsere eigene Wahrnehmung der Dinge gibt uns ein Gefühl der Selbstverständlichkeit, sogar eine Art Einfachheit, die einen zu der Ansicht bringen kann, sie müßte für andere ähnlich angemessen sein. Es kann so viel rascher erscheinen, einem anderen die offensichtlichen Antworten zu sagen. Es mag sogar grausam und herzlos scheinen, ihn auf der Suche nach seinen eigenen Lösungen herumirren zu lassen. So mag der Helfer, ganz ohne böse Absicht, sondern großzügig und gutwillig, vorwärtsstürzen und jenen, denen er helfen möchte, die Antworten auf ihre Probleme sagen und damit Abhängigkeit schaffen und die Selbststeuerung gerade bei jenen Menschen zerstören, denen er helfen will. Menschen, die in den helfenden Berufen bewandert sind, haben im allgemeinen gelernt, das »Bescheidsagen« und das »Ratgeben« zu vermeiden, nicht nur, weil ihr Rat falsch sein könnte, sondern weil die Mitteilung selbst Abhängigkeit schaffen und die Prozesse des »Selbstantriebs« stören könnte.

Wenn ein Mensch sich zu sehr auf Autoritäten verläßt, wird meistens sein Selbstvertrauen untergraben. Es gibt ihm das Gefühl, daß die Autoritätsfiguren alle guten Antworten »gepachtet« haben; deshalb wartet er möglicherweise darauf, daß sie Antworten liefern, oder er bringt seine Zeit damit zu, Personen in Autoritätspositionen durch Schmeichelei, List oder Drohungen dazu zu verleiten, ihm ihr Wissen mitzuteilen. Das Sichverlassen auf Autoritäten zerstört die eigene Initiative und steht der Art von aktiver Suche nach Lösungen im Weg, die für eine wirksame helfende Beziehung nötig ist. Aber das Sichverlassen auf Autoritäten ist leicht zu lernen, während das Übernehmen der Verantwortung für sich selbst oft ein langsamerer, mühseligerer Prozeß ist. In den berühmten Untersuchungen von Lippitt und White über Demokratie und Autokratie paßten sich die Kinder der Verschiebung von einer demokratischen zu einer autokratischen Atmosphäre rasch an und ließen dann den Führer die Entscheidungen treffen. Veränderungen in der anderen Richtung waren viel schwieriger. Kinder, die an autokratische Gruppen gewöhnt waren, lernten erst in einem längeren Zeitraum, die Verantwortung für die demokratische Führung von Gruppen zu übernehmen. Selbständigkeit und Selbststeuerung wachsen von innen heraus. Autorität kann von außen auferlegt werden. Da es das Ziel der helfenden Berufe ist, unabhängige, sich selbst steuernde Menschen hervorzubringen, ist die Rolle der Autorität in den helfenden Berufen gewöhnlich den Vorgängen entgegengesetzt, die diese Berufe in Gang setzen möchten.

Weil es schön ist, gebraucht zu werden, lassen sich Helfer leicht zu Abhängigkeitsbeziehungen verführen. Menschen, die Hilfe brauchen, neigen dazu, ihre Helfer als ganz besondere Leute anzusehen. Das ist auch für Helfer ein angenehmes Gefühl; tatsächlich ist es so angenehm, daß es verlockend ist, das Gefühl beizubehalten und so ganz unbewußt zur weiteren Abhängigkeit der Hilfsbedürftigen beizutragen. Menschen in helfenden Berufen haben, wie alle anderen, ein Grundbedürfnis nach Selbsterhöhung; aber diese Befriedigung sollte nicht dadurch erreicht werden, daß man jene schwächt, denen man helfen will. Die helfende Atmosphäre muß so sein, daß sie dem Klienten die Erfahrung verschafft, die ihm die Gewißheit bringt, er könne mit dem Leben fertig werden. Sie muß ihm das Gefühl geben, daß gute und brauchbare Antworten auf seine Probleme in ihm selbst zu finden sind. Um dieses Ziel zu erreichen, muß die Autorität des Helfers im allgemeinen auf ein Minimum beschränkt bleiben.

Zuviel Sorge um die Vergangenheit

Eine weitere Störung der freien Atmosphäre, die zum Helfen erforderlich ist, durch die Autorität, ist oft darin zu finden, daß der Helfer sich zuviel um die Vergangenheit kümmert. Wenn man Lernen als den Erwerb der richtigen Antworten auffaßt, folgt daraus, daß man Hilfsbedürftigen diese Antworten so rasch wie möglich verschafft. Außerdem, wo sonst sollte man die richtigen Antworten finden, als in den Erfahrungen von Menschen früherer Zeiten? Wenn der Helfer so denkt, wird er unweigerlich dazu veranlaßt, sich zu sehr um die Informationsaspekte des Lernens zu kümmern und sich stark auf die Geschichte oder auf die Lösungen zu stützen, die andere für ihre Probleme gefunden haben. Dieses Verfahren mißlingt gewöhnlich aus mindestens drei Gründen: Erstens erscheinen einem die eigenen Probleme immer als einzigartig, zweitens passen die Antworten, die andere gefunden haben, selten für unsere eigenen Probleme, weil die Umstände, in denen wir uns befinden, anders sind, oder weil sich die Zeiten geändert haben; drittens werden die Antworten, die andere gefunden haben, selbst wenn sie richtig sind, wahrscheinlich erst so erscheinen, nachdem man seine eigenen Forschungen vollendet hat. Die Eignung von Antworten wird während des Prozesses der Erforschung von Problemen entdeckt. Zuviel Beachtung von Informationen oder von Erfahrungen anderer kann letzten Endes zur Folge haben, daß der Prozeß des Helfens mit einem Kurzschluß endet oder abgebrochen wird.

Die Förderung aktiven Suchens

Die Suche nach Bedeutungen ist ein aktiver Prozeß; man kann sie nicht vollbringen, solange man stillsteht. Die helfende Begegnung muß den Prozeß des Suchens aktiv fördern. Diese Bedingung wird zum Teil durch eine Haltung des furchtlosen Hinsehens erfüllt, die zu verstehen gibt: »Es ist gut, hinzusehen, und es macht Spaß, auszuprobieren.« Man kann sie in Form von Erfolgserlebnissen vermitteln oder durch die Entdekkung herausfordernder Probleme. Sie kann »durch Osmose« aus der Haltung und dem Verhalten des Helfers übernommen werden. Was immer zu dem Gefühl beiträgt, man könne »alles anschauen«, ist wahrscheinlich hilfreich. Was immer eine solche Haltung verhindert, ist dagegen dem effektiven Lernen im Weg.

Die Sensibilität des Helfers ist ein wichtiger Faktor, der zur Haltung des Suchens beitragen kann. Die Erfahrung, von einem anderen verstanden zu werden, ist ein Hinweis darauf, daß das Selbst verstehbar und annehmbar ist. Wenn ein verständnisvoller Lehrer zum Schüler sagt: »Ich kann sehen, daß dir das wirklich zu schaffen macht, Jack«, leistet er möglicherweise mehr als einen einfachen Akt des Annehmens. Er hilft möglicherweise dem Schüler, sein Gefühl der Beschämung und Demütigung zu verlieren, die ihn daran hindern, sich Mühe zu geben. Dies wird sehr gut veranschaulicht durch die Bemerkung eines »Problemkindes«, nachdem es drei Monate in der Klasse einer besonders annahmefreudigen Lehrerin zugebracht hatte. Das Kind sagte von seiner Lehrerin: »Ach, sie macht, daß man sich innen sooo glatt fühlt, und daß man keine Angst hat zu antworten oder Fragen zu stellen oder etwas zu versuchen, selbst wenn es schwer ist.« Die Interaktion mit einem empathischen Menschen kann mehr als befreiend sein; sie kann auch eine bedeutsame, positive Stoßkraft haben.

Berater betonen, wie wichtig es ist, sich nicht schockieren zu lassen, wenn man dieses Gefühl hervorrufen will. Auf diese Weise können sie ein Beispiel geben, das dem Klienten sagt: »Ich habe keine Angst, hinzuschauen. Was du fürchtest, ist nicht so schrecklich, daß man ihm nicht gegenübertreten könnte.« Diese Einstellung ist besonders bei Beratern wichtig, denn die Menschen, mit denen sie arbeiten, sind oft genau deshalb in Schwierigkeiten, weil sie sich unfähig fühlen, dem gegenüberzutreten, was ihnen als schreckliche Wahrheit über sie selbst erscheint. In der psychotherapeutischen Praxis hört man Klienten häufig sagen: »Wenn die Leute wirklich wüßten ...!« Bei Menschen, die sich so vor dem Hinschauen fürchten, ist es besonders wichtig, eine Atmosphäre zu schaffen, die ihnen versichert, daß sie verstehbar sind, und daß man mit den Dingen, vor denen sie Angst haben, fertig werden kann.

Derartige Ermutigung ist auch in anderen helfenden Berufen vonnöten. Wir haben es fertiggebracht, fast überall eine Unzahl von Hindernissen für das Engagement aufzurichten — Einstellungen oder Handlungsweisen, die besagen: »Paß auf!« »Schau da nicht hin!« »Das ist verboten« (oder unpassend oder unmöglich). Lehrer in der Schule tun dies, wenn sie zu dem Kind sagen: »Es interessiert mich nicht, was du dazu meinst. Was steht im Buch?« Wir tun es bei den Kindern in unserer Familie, wenn wir sie lehren, die »richtigen«, »artigen«, »passenden« Dinge zu tun, zu denken und zu fühlen. Wir tun es untereinander, wenn wir das Thema wechseln, weil wir »lieber nicht daran denken« wollen. Selbst als Gesellschaft werden wir höchst geschickt darin, einfach nicht zu sehen, was vor unseren Augen steht: z. B. die Kranken, die Elendsviertel, die Neger, die Gefangenen oder den Umstand, daß man in anderen Ländern oder anderen Kulturen die Dinge nicht so sieht wie wir. Eine Hauptaufgabe des Helfers, gleichgültig in welchem Berufszweig er arbeitet, muß darin liegen, die negativen Wirkungen derartiger eingebauter Widerstände gegen das Hinschauen zu überwinden.

Einschränkende Wirkungen von Bewertungsprozessen

Viele Barrieren gegen das Forschen verkleiden sich als Lernhilfen. Vorkehrungen, die angeblich getroffen werden, um Menschen zu motivieren, stellen sich statt dessen als etwas heraus, das dem Lernen im Weg steht. Vielleicht die schlimmsten Beispiele dafür sind in der Überbetonung von Bewertungen zu finden. Erzieher gehen z. B. von der Annahme aus, daß die Menschen wissen müssen, wo sie stehen. Sicher könnte man dagegen nicht viel einwenden! Sie glauben auch, daß man die Menschen motivieren muß, ihr Bestes zu geben. Demgemäß wird ein Benotungs- oder Einstufungssystem eingeführt, das vor allem zweierlei leisten soll: die Menschen wissen lassen, wo sie stehen, und ein System von Belohnungen und Bestrafungen herstellen, um sie anzustacheln. Die Theorie klingt unangreifbar, aber allzuoft versagt sie in der Praxis. Erstens werden auf diese Weise häufig Menschen bewertet, die es weder wollen noch brauchen — zumindest nicht in der Art, wie es geschieht. Für manche werden Zensuren zum Ziel des Lernens; Schüler geben manchmal ihre eigenen Ziele zugunsten der bedeutungslosen Symbole von Noten auf. Anderen erscheinen Zensuren irrelevant, als Zeitverschwendung, als etwas, das man mit möglichst geringer Anteilnahme abtun sollte. So endet das Benotungssystem, das sich so wacker aufgemacht hatte, um ein Engagement gegenüber dem Erforschten herbeizuführen, oft damit, daß gerade die Vorgänge abgewendet, eingeschränkt, eingeengt oder sogar ganz abgestellt werden, die das System fördern sollte.

Beurteilung kann wichtig und hilfreich sein. Sie ist nicht etwas an sich Gutes. Sie muß richtig und genau angewendet werden — mit Bezug auf die Bedürfnisse, Ziele und Wahrnehmungen jener, bei denen man sie trifft. Wie der Arzt ein Heilmittel wählt, so muß der Helfer in menschlichen Angelegenheiten sich über die Nebenwirkungen der Maßnahmen klar sein, derer er sich bedient, um seinen Klienten, Schülern oder Patienten zu helfen. Ohne dieses klare Bewußtsein kann er sich selbst zum schlimmsten Feind werden. Es ist kein Zufall, daß Psychotherapeuten sich im allgemeinen scheuen, in der Beratungspraxis Bewertungen und Beurteilungen vorzunehmen. Sie haben in langer Erfahrung gelernt, daß Beurteilungen meistens den Rapport zerstören, Widerstand schaffen, und ganz allgemein die freie Atmosphäre stören, die für eine Förderung der Entdeckung von persönlichen Bedeutungen wesentlich ist.

Am sichersten wird die Atmosphäre für Erforschung und Entdeckung durch die schreckliche Furcht zerstört, Fehler zu machen. Diese Furcht besteht oft sowohl bei den Helfern als auch bei den Hilfsbedürftigen. Viele Helfer, von der »Milch der frommen Denkungsart« erfüllt, versuchen, ihre Schüler, Klienten oder Patienten vom Fehlermachen abzuhalten. In bester Absicht weisen sie auf die schrecklichen Fallgruben am Wege hin oder versuchen, den Klienten vor ihnen zu bewahren. Manchmal bestrafen sie die ihnen Anvertrauten vielleicht sogar, um sicherzustellen, daß sie keine Fehler begehen. Leider kann eine Ablehnung des Fehlermachens oft gerade das zerstören, was sowohl der Helfer als auch sein Klient suchen. Die Atmosphäre des Helfens muß zum Hinschauen ermutigen. Eine Furcht vor Fehlern hat genau die entgegengesetzte Wirkung; sie hemmt das Suchen und Erforschen, unabhängig von den Absichten des Helfers. Menschen, die Angst haben, Fehler zu machen, fürchten sich vor dem Ausprobieren. Und wenn ein Mensch sich vor dem Ausprobieren fürchtet, trocknen die Quellen der Kreativität und der Neuerung aus.

Man muß natürlich kleine Kinder davor bewahren, bestimmte Arten von Fehlern zu machen — man kann sie nicht über eine verkehrsreiche Straße rennen lassen —, aber übermäßiges Beschützen kann dem Prozeß des Helfens im Weg stehen. Wenn man Menschen zu sehr vor Fehlern bewahrt, läuft man Gefahr, sie von der Herausforderung zu isolieren. Eine wichtige Quelle des Lernens liegt in der Notwendigkeit, die Folgen von Fehlern auf sich zu nehmen. Ein Berater kam in eine Schule, kurz nachdem ein neuer Vorsitzender der Schülervertretung gewählt worden war. Er fand die Verwaltungsbeamten und die Lehrer in heller Empörung, weil die Schüler gerade einen Jungen gewählt hatten, der sehr aktiv mit einem Programm für sich geworben hatte, das er offensichtlich nicht erfüllen konnte. Er hatte seinen Wählern Dinge versprochen wie die Abschaffung von Arresträumen, jeden Freitagnachmittag schulfrei; kostenlose Tanzabende jede Woche und ein Dutzend andere ebenso unwahrscheinliche Vergünstigungen. Der Lehrkörper war so wütend über die Wahl des jungen Mannes, daß er ernsthaft erwog, die Wahl für ungültig zu erklären. Man fragte den Berater, ob er nicht auch meine, man solle so vorgehen. Er verneinte und wies die Lehrer darauf hin, sie seien — in bester Absicht — im Begriff, die Schüler einer nützlichen Lektion in praktischer Demokratie zu berauben. Wie kann man sonst den Wert einer Abstimmung lernen? Was für eine bessere Möglichkeit gibt es, die Bedeutung der sorgfältigen Wahl eines Führers zu lernen, als eine Weile mit einem schlechten leben zu müssen, den man selbst gewählt hat? Berater und Sozialarbeiter nennen dies eine »Konfrontation mit der Realität«. Sie erkennen ihren Wert an. Anstatt ihre Klienten übermäßig vor dem Fehlermachen zu schützen, versuchen sie ihnen zu helfen, die Bedeutungen zu untersuchen und zu entdecken, die aus solchen Erfahrungen hervorgehen können.

Menschen das Recht zuzugestehen, Fehler zu machen, ist nicht einfach eine Frage des Entschlusses. Ob ein Helfer den Menschen, mit denen er arbeitet, solche Freiheit erlauben kann, hat mit seinen eigenen Gefühlen und Überzeugungen hinsichtlich der menschlichen Natur zu tun. Aus einer Reihe von Untersuchungen über gute und schlechte Helfer wissen wir, daß eins der Merkmale der guten Helfer die Überzeugung ist, daß die Menschen, mit denen sie arbeiten, zu etwas fähig sind. Wenn man das glaubt, kann man sie lassen. Wenn man es nicht glaubt, muß man die Menschen, mit denen man arbeitet, vor ihrer Unvernunft schützen. Tatsächlich würde man ganz unmoralisch handeln, wenn man es nicht täte! Den Entschluß, Menschen Fehler machen zu lassen, kann man nur fassen, wenn man aufrichtig an ihre Fähigkeit glaubt, diesen Prozeß zu überleben und zu ihren eigenen besten Lösungen zu kommen.

Wie man Schülern, Klienten und Patienten den Weg zeigt

Auf welche besondere Weise ein Helfer mit den Schülern, Klienten oder Patienten arbeitet, denen er helfen will, ist weitgehend abhängig von seiner persönlichen Anschauung vom Prozeß des Helfens. Wenn der Helfer in erster Linie einem objektiv-intellektuellen Bezugssystem anhängt, besteht der Vorgang, in dem er den Hilfsbedürftigen beisteht, effektivere Verhaltensweisen zu entdecken, aus drei Hauptschritten: Stellen einer Diagnose, Beschließen eines Aktionsplans und dessen Umsetzung in die Praxis. Ein Großteil der Bemühungen des Helfers ist darauf gerichtet, die auf den Schüler oder Klienten einwirkenden Kräfte zu manipulieren und zu lenken. Als wenn er den Strom in einem komplizierten elektrischen System zu steuern hätte, bedient er die Schalter und öffnet und schließt die Stromkreise, um die Ziele zu verwirklichen, die er für angemessen hält. Bei diesem Vorgehen geht es ihm um Tatsachen, Kräfte und Ereignisse, und durch sein Verhalten lenkt er die Aufmerksamkeit des Klienten auf diese Angelegenheiten. Er fragt: »Was ist geschehen?« »was hast du (oder er oder sie) getan?« Auch wenn er es nicht beabsichtigt, schiebt die Anschauung, der er sich verpflichtet fühlt, objektive Fragen ins Blickfeld. Der, dem er hilft, nimmt dieses Interesse wahr, nimmt an, dies sei der richtige Bereich für das Untersuchen und versucht die

»Tatsachen« zu erforschen, denen er sich gegenübersieht. Manchmal funktioniert es. Manchmal muß der Schüler gar nicht wirklich begreifen, sondern nur die Prüfung bestehen; oder der Klient braucht gar keine wesentliche Veränderung seines Wertsystems, sondern nur ausreichende Kenntnisse, um ein augenblicklich vordringliches Ziel zu erreichen. Nicht jeder Lebensaspekt erfordert eine tiefe Veränderung der persönlichen Bedeutungen, deshalb kann manchmal diese Einstellung zum Helfen genügen.

Wenn der Helfer hofft, tiefere Bedeutungen zu verändern, läßt sich das nicht so unmittelbar bewerkstelligen. Die Manipulationen des Helfers müssen kanalisiert und nicht darauf gerichtet werden, das Verhalten zu steuern, sondern darauf, die Umstände der Begegnung zu lenken. Der Helfer kümmert sich weniger um Tatsachen als um Bedeutungen, weniger um die Manipulation von Kräften und mehr um das Wesen der Beziehung. Die Aufmerksamkeit richtet sich darauf, Bedingungen für eine wirksame Untersuchung von Bedeutungen zu schaffen und den Schüler oder Klienten zu lehren, wo er am wirksamsten nach neuen Bedeutungen schauen kann.

Bedeutungen sind die Bausteine des Helfens, das Material für den Aufbau eines tauglicheren Selbst. Zu diesem Zweck müssen die Bemühungen tüchtiger Helfer darauf gerichtet sein, die Aufmerksamkeit auf persönliche Bedeutungen zu lenken. Dabei weist der Helfer seinen Probanden auf die Bereiche des Untersuchens hin, die ihm am wahrscheinlichsten nützlich sein werden, um das Problem zu lösen, vor das er sich gestellt sieht.

Die spezifischen Techniken, die die Helfer verwenden, um die Untersuchung von Bedeutungen anzuregen, sind in den verschiedenen helfenden Berufen verschieden. Das ist eine höchst individuelle Frage, die zum Teil davon abhängig ist, was für Anschauungen der Helfer vom Menschen hat, welche Ziele er für den Prozeß des Helfens als angemessen ansieht, mit was für Menschen er arbeitet, in welchem Rahmen er arbeitet, welche Art von Techniken er gelernt hat und wie er sich selbst sieht. Da alle diese Variablen seine Wahl beeinflussen, sind die verwendeten Methoden höchst individuell. Wir können sie im Rahmen dieses Buches nicht ausführlich erörtern. Wir können hier nur auf einige Beispiele hinweisen, die zeigen, wie manche Helfer in mehreren helfenden Berufen die Aufmerksamkeit auf persönliche Bedeutungen lenken.

Bedeutungen sind abhängig von Überzeugungen, Wertvorstellungen, Auffassungen und Beurteilungen. Demgemäß besteht eine der Methoden des Beraters, seinem Klienten zu helfen, darin, daß er ihm den Weg zur Betrachtung und Berücksichtigung dieser wichtigen Faktoren zeigt. Das geschieht, indem sie im Beratungsgespräch untersucht werden. Man beachte, wie im folgenden Auszug aus einem Bericht über einen Beratungsfall der Therapeut den faktischen Inhalt dessen, was die Klientin sagt, beiseite läßt und auf die persönliche Bedeutung reagiert, die sie zum Ausdruck bringt. Die junge Frau, von der die Rede ist, suchte Hilfe wegen ihrer tiefen Verzweiflung über eine von Geburt an mißgestaltete Hand.

Junge Frau: Ich glaubte — also, was ich sagen will, ist, daß ich immer versuchte, es wegzuschieben, und merkte, daß ich es nicht konnte.
Berater: Sie merkten, daß das unmöglich war.
J. F.: Ich dachte, sie hätten nur Mitleid und versuchten auszugleichen, indem sie mir was schenkten.
B.: Sie hatten Mitleid . . .
J. F.: (unterbricht): Das half nichts. Damit wurde keinem geholfen.
B.: Sie wollen nicht, daß man mit Ihnen Mitleid hat.
J. F.: Niemals! Ich will das nie!
B.: Ich verstehe. Obwohl Sie kein Mitleid von anderen wollten, hatten Sie das Gefühl, doch bemitleidet zu werden.
J. F.: Ja, die Leute sagten nichts, aber ich konnte es fühlen. Ich hab' mich immer gefragt, was in einer Gruppe passieren würde, wenn mal wirklich jemand was darüber sagen würde. Ich hatte solche Angst davor. Ich glaube, ich wüßte nicht, was ich tun soll. Ich fürchte mich vor dem, was sie vielleicht tun könnten. Mir wäre es lieber, wenn meine Eltern nicht wüßten, was manchmal passiert. Es ist besser, wenn nur ich es weiß und nicht wir drei.
B.: Es ist Ihnen lieber, daß sie nichts davon wissen.
J. F.: Sie müssen es gewußt haben, als ich klein war. Damals hat es mir nichts ausgemacht. Ich erinnere mich an einen Fall, als ich von der Schule nach Hause ging — das einzige Mal, daß ich ihnen gesagt hab', wie mir wirklich zumute war. Das war, als ich hier in der Schule meine Sachen packte und mit dem Zug nach Haus fuhr. Ich konnte es einfach nicht mehr aushalten und rief sie an und sagte ihnen, ich käme heim. Ich hätte es nicht tun sollen. Einige von den Mädchen sagten was, und es wurde immer schlimmer, bis ich es nicht mehr aushalten konnte. Also fuhr ich, und es tat mir leid, daß ich es getan hatte.
B.: Sie haben das Gefühl, es sei ein Fehler gewesen.
J. F.: Ich weiß nicht, was passiert ist. Als ich im Zug war — ich erinnere mich, daß ich sie anrief und ihnen sagte, ich käme heim, und dann im Zug beschloß ich, daß ich ihnen nichts sagen würde. Ich würde irgendeine andere Geschichte

über was anderes erfinden. Wir fuhren mit dem Auto vom Bahnhof nach Hause, als Mutter sagte: »War es wegen deiner Hand?« Und dann hab' ich's ihr erzählt. Ich bin einfach zusammengebrochen und hab's ihr erzählt. Das war das einzige Mal.
B.: Hmhm.
J. F.: Nachher sagte ich Ihnen, ich wollte, daß was getan würde. Irgendwas mußte einfach getan werden! Ich ließ mir eine Prothese machen, aber sie funktionierte nicht. Ich gab sie nach einer Weile auf und sprach nie wieder darüber. Sie auch nicht. Von den anderen Malen haben sie nichts erfahren. Ich glaub' nicht, daß etwas dadurch gewonnen wäre, daß ich es ihnen heute sagen würde.
B.: Dies war also eine Art von Geheimnis, das jeder wußte, über das aber niemand sprach[1].

In der Beratungspraxis wird diese Technik manchmal als »Anerkennung und Annahme von Gefühlen« bezeichnet. Man könnte ebensogut Anerkennung und Annahme von persönlichen Bedeutungen sagen, denn das sind Gefühle. Wenn der Berater diese Technik anwendet, wird die Aufmerksamkeit des Klienten nicht auf das faktische Material gelenkt, das er bringt, sondern auf die persönlichen Bedeutungen, die er zum Ausdruck bringt.

Das Wegweisen in Beziehungen zwischen Erwachsenen und Kindern

Chaim Ginott hat in einem entzückenden Buch für Eltern eine ähnliche Technik zur Verbesserung der Kommunikation zwischen Eltern und Kindern empfohlen. Hier folgen als Beispiele einige Mustergespräche zwischen Kindern und Eltern, von denen er berichtet:

Wenn ein Kind mit einer Menge Klagen über einen Freund oder einen Lehrer oder über sein Leben nach Hause kommt, ist es am besten, auf seine Gefühlstönung zu reagieren, anstatt zu versuchen, Fakten herauszubekommen, um Vorfälle zu verifizieren.
Der zehnjährige Harold kam reizbar und voller Klagen nach Hause.
Harold: Was für ein Hundeleben! Die Lehrerin hat gesagt, ich lüge, nur weil ich gesagt hab', daß ich die Schularbeiten vergessen hätte. Und sie hat mich angeschrien. Meine Güte, hat die geschrien! Sie sagte, sie will dir einen Brief schreiben.
Mutter: Du hast einen sehr schlimmen Tag gehabt.
H.: Das kann man wohl sagen.

---

[1] Aus: »The Case of Edith Moore« von Arthur W. Combs. Abdruck mit Erlaubnis des Herausgebers aus: Snyder, William U., Casebook of Nondirective Counseling, Boston (Houghton Mifflin Co.) 1947.

M.: Es muß schrecklich peinlich gewesen sein, vor der ganzen Klasse ein Lügner genannt zu werden.
H.: Das war es auch.
M.: Ich kann mir vorstellen, daß du ihr innerlich einiges gewünscht hast.
H.: Allerdings! Aber woher weißt du das?
M.: Das macht gewöhnlich jeder, wenn jemand ihm etwas angetan hat.
H.: Das ist ja beruhigend.
Vom Allgemeinen zum Spezifischen. — Wenn ein Kind etwas über sich aussagt, sollte man oft nicht mit Zustimmung oder Widerspruch antworten, sondern mit Einzelheiten, die dem Kind ein über Erwarten großes Verständnis mitteilen.
Wenn ein Kind sagt: »Ich bin nicht gut im Rechnen«, ist es nicht sehr hilfreich ihm zu sagen: »Ja, du kannst ziemlich schlecht mit Zahlen umgehen.« Es nützt auch nichts, seine Meinung in Frage zu stellen oder ihm billige Ratschläge zu erteilen: »Wenn du mehr arbeiten würdest, wärst du besser.« Eine solche voreilige Hilfe verletzt nur seine Selbstachtung, und die Sofortlektion vermindert nur sein Selbstvertrauen.
Seine Aussage: »Ich bin nicht gut im Rechnen«, kann man mit Ernst und Verständnis entgegennehmen. Alle folgenden Bemerkungen reichen aus:
»Rechnen ist kein leichtes Fach.«
»Einige der Aufgaben sind sehr schwer zu lösen.«
»Der Lehrer macht es mit seiner Kritik nicht leichter.«
»Du fühlst dich dann blöd.«
»Ich denk' mir, du kannst kaum das Ende der Stunde erwarten.«
»Wenn es vorbei ist, fühlst du dich wieder sicherer.«
»Wenn Schulaufgaben geschrieben werden, muß es besonders schlimm sein.«
»Du machst dir sicher große Sorgen, du wirst es nicht schaffen.«
». . . Sorgen, was wir wohl denken.«
»Du fürchtest sicher, wir werden enttäuscht sein von dir.«
»Wir bauen darauf, daß du dein Bestes tun wirst.«
Ein zwölfjähriger Junge berichtete, er sei fast »tot umgefallen«, als der Vater so verständnisvoll mit ihm sprach, nachdem er ein schlechtes Zeugnis mitgebracht hatte. Seine innere Reaktion war: »Ich muß das Vertrauen meines Vaters rechtfertigen.«[2]

Das Wegweisen in der Schule

Auch Lehrer erreichen eine ähnliche Art von Konzentration mit Bemerkungen wie den folgenden:
»Ich kann sehen, daß du sehr wütend bist auf Billy, Jimmy. Ich kann verstehen, wie es vielleicht dazu gekommen ist, aber du darfst ihn nicht schlagen.«

---

[2] Aus Ginott, H. G., Between parent and child, New York, (Macmillan) 1965. Abdruck mit Genehmigung des Verlages.

»Wie gefällt dir das Gedicht, Helen?«
»Glaubst du, das Gericht hat ein gerechtes Urteil gefällt?«
»Was glaubst du, welchen Zweck das Verfahren hat?«
Der Erfolg eines Helfers, wenn er auf diese Weise seinen Schülern oder Klienten den Weg zu den signifikanten Fragen weist, ist natürlich abhängig von seiner Sensibilität für die innere Welt der Menschen, mit denen er arbeitet. Um so reagieren zu können, wie wir es oben verdeutlicht haben, muß man sich in den Hilfsbedürftigen einfühlen, gleichsam »mit einem dritten Ohr zuhören« können. Indem der Helfer die Aufmerksamkeit seines Klienten auf persönliche Bedeutungen lenkt, sagt er ihm in Wirklichkeit, wo er suchen muß, um die Lösung für seine Probleme zu finden. Wenn der Schüler oder Klient beständig so behandelt wird, lernt er bald, ohne Hilfe eines Außenstehenden an diesen Orten zu suchen. Wenn Leiter von Gruppendiskussionen diese Technik anwenden, kann man nach einigen Sitzungen beobachten, daß die Gruppenmitglieder auch untereinander auf diese Art reagieren, ganz ohne besondere Instruktion in dieser Richtung. Eine Konzentration auf die persönliche Bedeutung von Ereignissen erlaubt es, in einem großen Teil menschlicher Betätigungen in den Kern der Ereignisse einzudringen. Diese Konzentration schüttelt endlose Beschreibungen oder überwiegende Beschäftigung mit unwichtigen Einzelheiten ab und ermöglicht es so, daß die helfenden Beziehungen sich so rasch wie möglich vorwärtsbewegen.

Ausgewähltes Schrifttum

Sterne bedeuten teilweisen oder vollständigen Abdruck in: Donald L. Avila, Arthur W. Combs, und William W. Purkey, The Helping Relationship Sourcebook, Boston (Allyn & Bacon) 1971.

* Carkhuff, R. R. und Truax, C. B., Toward explaining success and failure in interpersonal learning experiences, Personnel and Guidance Journal (1966), 723—728.
* Combs, A. W., Fostering self direction, Educational Leadership (1966), 23, 373—387.
Frank, J. D., Persuasion and healing, Baltimore (Johns Hopkins Press), 1961.
Frankl, V. E., Man's search for meaning: An introduction to logotherapy, Boston (Beacon) 1963.
Fromm, E., Die Kunst des Liebens, Frankfurt (Ullstein TB 258) 1972.
Jackson, P. W., Life in classrooms, New York (Holt, Rinehart & Winston) 1968.
Jourard, S. M. und Lasakow, P., Some factors in self disclosure, Journal of Abnormal and Social Psychology (1958), 56, 91—98.

* Kelley, E. C., Another look at individualism, Detroit, Mich. (Wayne State University, College of Education) 1962.
Moustakas, E. E., The authentic teacher: Sensitivity and awareness in the classroom, Cambridge, Mass. (Howard A. Doyle Publishing Co.) 1966.
Roberts, W., Believing is seeing, Saturday Review, Oct. 19, 1968, 62.
Truax, C. B. und Wargo, D. G., Psychotherapeutic encounters that change behavior: For better or for worse, American Journal of Psychotherapy (1966), 22, 499—520.

13
Kommunikation

Das Lernen hat immer zwei Aspekte: Konfrontation mit einer neuen Erfahrung und die Entdeckung ihrer Bedeutung. Die neue Erfahrung, die erforderlich ist, damit etwas gelernt wird, kann dadurch zustande kommen, daß ein Mensch mit irgendeinem Aspekt seiner physikalischen Welt interagiert. Aber viel wichtiger sind für die meisten von uns jene Interaktionen, die wir mit Menschen und mit dem haben, was sie uns mitteilen. Wir verbringen einen großen Teil unseres Lebens mit dem Versuch, auf die eine oder andere Weise mit unseren Mitmenschen zu kommunizieren. Jeder unternimmt diese Versuche mit größerem oder geringerem Erfolg, aber für die helfenden Berufe sind diese Versuche besonders wichtig. Sie sind das Hauptwerkzeug dieses Handwerks. Was in den Interaktionen zwischen Lehrer und Schüler, Berater und Klient, Geistlichem und Pfarrkind, Ausbilder und Praktikant geschieht, ist sehr weitgehend von den Kommunikationsfähigkeiten des Helfers abhängig.

Wie gut es den Helfern gelingt, effektive Beziehungen zu ihren Klienten herzustellen, hängt ab von ihren Anschauungen in bezug auf Wesen und Prozesse der Kommunikation und davon, wie wirksam sie sich selbst in den Dialog einbringen können. Die meisten Zusammenbrüche der Kommunikation kommen dadurch zustande, daß die Mitteilenden von falschen Annahmen ausgehen. Es ist deshalb unerläßlich, daß jeder Helfer seine Anschauungen von diesem wesentlichen Aspekt der Aufgabe des Helfens sorgfältig prüft.

Kommunikation: eine Funktion geteilter Bedeutungsinhalte

Wenn wir an Kommunikation denken, kommt den meisten von uns fast sofort das Gespräch, das Wort, in den Sinn. Kommunikation ist jedoch mehr als eine Frage von Worten. Die Entwicklung der Sprache ist eine der großen Errungenschaften des Menschen, und sie ermöglicht eine wirksamere Mitteilung von Bedeutungen. Aber so sehr wir diese Errungenschaft bewundern mögen — wir müssen uns doch merken, daß Wörter nichts weiter sind als Symbole, die die Übermittlung von Bedeutungen ermöglichen. Ihnen selbst fehlt der Einfluß, die Veränderung der Bedeutungen zu bewirken, die für eine Verhaltensänderung notwendig sind. Uns ist allen wohlbekannt, daß das Verhalten vieler unserer Freun-

de und Bekannten sich sehr stark von dem unterscheidet, was sie sagen. Manch ein Lehrer war schon bestürzt über die Geläufigkeit, mit der seine Schüler die »richtigen« Dinge sagen können, während sie sich zugleich so benehmen, als hätten sie noch nie von ihnen gehört. Worte sind wirklich außerordentlich nützliche Vehikel zur Übermittlung von Informationen, aber an und für sich sind sie noch keine echte Kommunikation.
Kommunikation ist eine Funktion gemeinsamer Bedeutungsinhalte, die Überschneidung der Wahrnehmungsfehler von Kommunikator und Empfänger. Bei der Kommunikation geht es darum, gemeinsame »Landkarten« zu erwerben, so daß der für den einen Menschen gültige Bedeutungsinhalt auch für andere gilt. Kommunikation ist also ein Problem geteilter Erfahrungen. Ob sie gelingt, ist nur zum Teil abhängig von dem, was außerhalb des Individuums gesagt wird oder geschieht. Wichtiger noch: die Effektivität der Kommunikation wird bestimmt durch das, was in den Personen vor sich geht, die an der besonderen Welt der Bedeutungen teilhaben, welche ihr Wahrnehmungsfeld ausmacht.
Wenn die Bedeutungen sich überschneiden, haben wir das Gefühl, zu verstehen oder verstanden zu werden. Wenn die Bedeutungen sich nicht überschneiden, bricht die Kommunikation zusammen, und man mißversteht sich. Ein Lehrerkollege schaffte die Bezeichnung »Probationer« (etwa: Probelehrer) für die Studenten ab, die praktische Erfahrungen in der Schule sammeln sollten, als sich herausstellte, daß manche Leute in den Gemeinden, wo sie arbeiteten, die Bezeichnung so verstanden, als seien die Studenten gerade aus dem Gefängnis entlassen worden (»on probation« = auf Bewährung). Zusammenbrüche der Kommunikation werden auch amüsant verdeutlicht durch die Fehler, die Kinder in Probearbeiten in der Schule machen, oder wenn sie Erwachsenen über ihre Erfahrungen in der Welt berichten. Wir finden es lustig, wenn das Kind uns sagt: »Gott heißt Gelobet«, weil es im Kindergottesdienst gebetet hat: »Gelobet sei dein Name.« Oder wenn ein Weihnachtslied plötzlich die Zeile enthält: »Hoch oben schwebt Jubel den Englein was vor!« Das Versagen gemeinsamer Bedeutungsinhalte, das dazu führt, daß wir eine halbe Stunde frierend an einer Straßenecke stehen, weil der Freund, den wir treffen sollten, 14^{45} statt 14^{15} verstanden hat, ist weit weniger amüsant. Es kann sogar eine Katastrophe für die Welt bedeuten, wenn Nationen einander so sehr mißverstehen, daß sie einen Krieg anfangen.

Was wird mitgeteilt?

Mitgeteilt wird nicht das, was beabsichtigt war, sondern was verstanden wird. Hier folgt, was ein Kind als den Inhalt des »Treuegelöbnisses«

(Pledge of Allegiance)* verstanden hatte. Als man das Kind aufforderte, das Gelöbnis Wort für Wort zu erklären, kam etwa folgendes heraus:
»Ich gebe den alten Soldaten eine Menge Geld für die Flagge der Vereinigten Staaten und den Flaggenhalter, auf dem sie steht, ein Land unter Gott, das man nicht auseinandernehmen kann, wo man tut, was einem gefällt — nur du und ich und für alle anderen!« Die Helfer müssen sich nicht nur um das kümmern, was sie sagen oder tun, sondern vor allem um das, was ihre Klienten in der Beziehung wahrnehmen.

Der Umstand, daß nicht alle Menschen ein Wort auf die gleiche Weise verstehen, ist häufig zu bemerken. Er ist in menschlichen Belangen so wichtig, daß er zur Begründung der Wissenschaft von der Semantik geführt hat. Sie wurde entwickelt, um uns einen besseren Begriff von der Wichtigkeit und vom Gebrauch der Wörter zu verschaffen. Ein bekannter Semantiker, S. I. Hayakawa, weist darauf hin, daß Wörter sich nicht nur hinsichtlich ihres *Bedeutungsinhalts* unterscheiden, sondern auch sehr stark in bezug auf die *emotionale Wirkung*, die sie begleitet. Wörter wie »hübsch« oder »häßlich« bezeichnen keine objektive Qualität der Erscheinung; sie tragen auch Nebenbedeutungen von »gut« und »schlecht«, von Anziehung und Abgestoßensein, von positiv und negativ. Beschreibende Wörter wie »Demokrat« oder »Republikaner« sind immer mit Gefühlstönungen verknüpft, die meist weit wichtiger sind als die faktischen Umstände, die sie bezeichnen. Selbst die einfachsten Wörter, die wir im Alltag benützen, sind an Gefühle gebunden. Dies gilt besonders, wenn die Wörter Fragen der Überzeugung, der Wertvorstellungen, der Einstellung, der Gefühle, der Emotionen oder irgendwelcher Abstraktionen betreffen. Die mit Wörtern verbundenen Bedeutungen bleiben nicht statisch. Sie verschieben sich mit den sich ändernden Zeiten und Orten. Die Bedeutungen von Wörtern wie »Sex«, »Pille«, »Mond«, »schwarz« und »Pot« sind bekannte Beispiele dafür, wie sich Wortbedeutungen in jüngster Zeit verändert haben. Jedes dieser Wörter hat heute eine Bedeutung, die noch vor einer Generation nicht mit ihm verknüpft war.

Wenn man Bedeutungsveränderungen nicht mitbekommen hat, können

* Anm. d. Ü.: »Pledge of Allegiance« = I pledge allegiance to the flag of the United States of America and to the Republic for which it stands — one Nation under God with liberty and justice for all. Jedes Kind in den öffentlichen Schulen der USA spricht jeden Morgen vor Beginn des Unterrichts etwa so: »Ich gelobe Treue zur Flagge der USA und zu der Republik, die sie vertritt — eine Nation unter Gott mit Freiheit und Gerechtigkeit für alle.«

gravierende Mißverständnisse entstehen. Einer der Autoren wurde vor kurzem Zeuge eines sehr hitzigen Streits zwischen zwei jungen Liebenden, weil der eine nicht erkannte, daß ein alltägliches Wort eine neue Bedeutung angenommen hatte. Das Wort war »commitment« (Verpflichtung). Herkömmlicherweise bedeutete dieses Wort oft etwas, das man gegen seinen Willen tun mußte. Die Definition im Wörterbuch bringt tatsächlich immer noch diese Bedeutung. In letzter Zeit hat das Wort eine ganz andere Bedeutung bekommen. Es besagt heute, daß man sich einer Sache hingegeben hat, sich mit Leib und Seele einer Idee oder einem Menschen verschrieben hat. Der Streit begann, weil der junge Mann sich diese neue Bedeutung zu eigen gemacht hatte, während die junge Dame das Wort noch so deutete, als spreche es von einer Pflicht, einer Aufgabe, zu der man gezwungen werde. Infolgedessen reagierte sie empört, als der junge Mann sagte, er fühle sich seiner Liebe »verpflichtet« (committed to), und fragte: »Was meinst du damit, verpflichtet? Ich werde dich zu nichts zwingen!« Und sie fingen einen ernsten Streit an. Zwischen diesen beiden jungen Leuten hätte leicht ein unheilbarer Bruch entstehen können, wenn nicht jemand in der Nähe gewesen wäre, der das Problem klären konnte. Aus ähnlichen Anlässen, wo man sich nicht über gemeinsame Bedeutungsinhalte einig war, sind schon Kriege entstanden.

Die mit Wörtern verknüpften Nebenbedeutungen sind im traditionellen psychologischen Denken oft als etwas bezeichnet worden, das »nebenbei« gelernt wird (»incidental learnings«). Sie schaffen oft für den Forscher unangenehme Probleme, weil sie in Verhaltensexperimente Faktoren einführen, die durch den Versuchsleiter nicht leicht zu steuern sind. Oft stören sie bei im übrigen unkomplizierten, klar umrissenen objektiven Versuchen. Für den professionellen Helfer sind oft die »beiläufigen« Aspekte von Wörtern weit wichtiger als die Wörter selbst. Wenn der Helfer sich dieses Einflusses nicht bewußt ist, kann seine Hilfe unwirksam werden, so gut seine Absichten auch sein mögen.

In manchen Situationen des Helfens mögen die Worte, die zwischen dem Helfer und dem Klienten gebraucht werden, sogar völlig unwichtig sein. Die Tatsache der Kommunikation, des Eingehens auf die Interaktion mit einem anderen Menschen, kann an sich schon der wichtige Aspekt der helfenden Beziehung sein. Der Mensch ist ein stark soziales Wesen, und oft, selbst wenn er von Tausenden von Leuten umgeben ist, sehr allein. Demgemäß kann allein schon die Tatsache, daß er fähig ist, zu einem anderen Menschen vorzudringen, ein sehr wichtiges Bedürfnis erfüllen. Das gilt besonders für Menschen, die an tiefen Gefühlen der Entfremdung leiden. Fast jeder hat schon einmal erlebt, wie es ist, in einem

Zug oder Flugzeug neben einem Fremden zu sitzen und von der Tiefe und dem Umfang der Gefühle überrascht zu werden, die ihm sein Reisegefährte mitteilt. In solchen Fällen ist es dem Fremden völlig gleichgültig, was für einen Rat Sie ihm geben könnten. Er hat gerade deshalb zu reden angefangen, weil er nicht auf Ratschläge hören muß. Was er sucht, ist das Erlebnis der Befreiung, das darin liegt, seine Geschichte jemandem zu erzählen — irgend jemandem! Er braucht nichts als einen willigen Zuhörer.

Nonverbale Kommunikation

Weil die Sprache im täglichen Leben so wichtig ist, sind die meisten von uns sich klar des verbalen Austauschs bewußt, an dem wir uns beteiligen. Aber Kommunikation findet auch ohne Worte statt. Selbst auf große Entfernung können wir unsere Freunde an der Art erkennen, wie sie gehen, oder an den Gesten, die sie machen. Wir werden ständig mit Informationseinheiten bombardiert, die die Leute und die Welt um uns her betreffen, ganz ohne daß Wörter verwendet werden. Wer hat noch nicht durch einen Blick mit einem Freund gesprochen? Resigniert die Schultern gezuckt? Einem Feind ein Gesicht geschnitten? Oder durch eine Berührung der Hand Anteilnahme zum Ausdruck gebracht? Diese nonverbalen Kommunikationen können sogar ein viel tragfähigeres Mittel der Übermittlung von Bedeutungen sein als ein Buch voller Worte.

Als einer der Autoren einmal mit einem Freund nach Washington fuhr, erlebte er ein interessantes Beispiel von nonverbaler, zutiefst bedeutungsvoller Kommunikation mit einem völlig fremden Menschen, die in einem Sekundenbruchteil stattfand. Als sie nach der Landung des Flugzeugs den Mittelgang hinuntergingen, sah der Autor eine junge Frau an, die am Fenster saß und ihr Baby im Arm hielt. Sie strich langsam mit der Nase durch das Haar des Babys. Als der Autor vorbeikam, blickte sie auf und sah ihn an, und in einem »Augenblick« wurde ein tief bedeutungsvolles Erlebnis geteilt. Als der Autor und sein Freund die Treppe hinuntergingen, fragte dieser: »Kennst du die junge Frau?«

Der Autor antwortete: »Ich hab' sie noch niemals gesehen!« — »Na, die hat aber gewiß mit dir geredet!« rief der Freund.

»Ja, und ich hab' auch mit ihr gesprochen«, sagte der Autor.

Die junge Frau war dabei betroffen worden, daß sie an dem Köpfchen ihres Babys roch, was für die meisten aussteigenden Passagiere eine bedeutungslose Geste war. Aber sie kostete dieses Erlebnis gründlich aus, denn der Duft eines Babyköpfchens ist etwas ganz Besonderes. Es ist eine sinnliche, liebende Erfahrung, die der Autor mit eigenen Babys auch erlebt hatte. So teilten in einem Augenblick zwei Fremde ein zutiefst bedeutsames Erlebnis, ohne daß ein einziges Wort gesprochen wurde.

Ein Großteil dessen, was zwischen Lehrer und Schüler oder Berater und Klient vor sich geht, ist von den nonverbalen Aspekten der Beziehungen abhängig, die sie miteinander eingehen. Die Überzeugungen des Helfers teilen sich den Klienten trotz der verwendeten Worte mit. Diese Tatsache ist in Untersuchungen über die helfenden Berufe wiederholt demonstriert worden. Sie hat auch die für die Ausbildung von Praktikern der helfenden Berufe Verantwortlichen veranlaßt, den Überzeugungen ihrer Studenten immer größere Aufmerksamkeit zu schenken, ebenso der Sensibilität, die sie entwickeln, und den Beziehungen, die sie zu den Menschen herstellen, denen sie helfen möchten. Diese Faktoren bestimmen in hohem Grad Art und Wirkung dessen, was im helfenden Dialog mitgeteilt wird.

Verantwortlichkeit für die Kommunikation

Wenn in der menschlichen Interaktion keine Verständigung zustandekommt, schiebt man gewöhnlich dem anderen die Schuld zu. Wenn er nichts versteht, kann man leicht darauf hinweisen: »Wir haben ihm gesagt, was er tun soll!« Das schiebt die Verantwortung für die Kommunikation ganz klar dem Empfänger zu. Damit wird auch der Helfer von Schuld freigesprochen. Er kann sich die Hände in Unschuld waschen und sich weiterhin erfolgreich fühlen, gleichgültig, wie groß die Katastrophe ist, in die er seinen Klienten gestürzt hat. Ein solches Vorgehen ist gewiß bequem für den Kommunikator, aber nicht sehr hilfreich — besonders nicht für Angehörige der helfenden Berufe. Kommunikation ist immer eine Interaktion, und die Verantwortung für ihren Zusammenbruch muß bei dem Teilnehmer liegen, der die Helferrolle übernimmt. Da er sich als einer angeboten hat, der zum Helfen fähig ist, liegt es bei ihm, sein Versprechen zu erfüllen. Die Verantwortung für die Kommunikation liegt immer beim Kommunikator, nicht beim Empfänger.

Wenn andere uns nicht verstehen, sind wir selbst daran schuld, und nicht sie. Wenn die Leser dieses Buches nicht verstehen, was die Autoren sagen, dann haben wir es für sie nicht gut genug gesagt. Wenn der Mensch in der Rolle des Empfängers eine gewisse Verantwortung für sorgfältiges Zuhören übernimmt oder für den Versuch, zu begreifen, was mitgeteilt wird, ist das natürlich eine ungeheure Erleichterung. Der Helfer kann es jedoch nicht *fordern*, nicht einmal erwarten. Ein Hauptziel des

Helfens ist es, Menschen frei zu machen, so daß sie fähig werden, in einem effektiven Dialog einzutreten. Es ist Teil der Aufgabe des Helfers, Wege zu finden, wie er den ihm Anvertrauten helfen kann, sich trotz ihrer Befürchtungen und Ängste oder ihres direkten Widerstands der Welt zu stellen. Die Herbeiführung von Offenheit ist an sich schon ein Ziel des Helfens. Es ist unfair, als Bedingung des Helfens zu fordern, der andere solle schon die Ziele erreicht haben, die zu erreichen der Prozeß des Helfens doch erst helfen soll!

Kommunikation muß einen Bezug zu Bedürfnissen haben

Wie gut Helfer verstanden werden, ist gewöhnlich abhängig von drei Hauptfragen:

1. Der Beziehung der Informationen zu Bedürfnissen.
2. Der Beziehung zu bereits im Wahrnehmungsfeld vorhandenen Informationen.
3. Der Offenheit des Feldes im Augenblick der Kommunikation.

Im 4. Kapitel haben wir schon beobachtet, welche Wirkung Bedürfnisse auf die Wahrnehmung haben. Das Prinzip ist einfach genug. Unter im übrigen gleichen Bedingungen nehmen wir jene Vorgänge wahr, deren Wahrnehmung uns nötig ist. Beispiele für dieses Prinzip lassen sich in unserer eigenen Erfahrung finden. Wir mögen zwar unzählige Male an einer Straße vorbeikommen, aber wir bemerken nicht, wo sie liegt, bis es notwendig wird, die Wohnung eines neuen Freundes dort zu finden. Anzeigen für neue Autos werden übersehen, bis wir das Gefühl bekommen, daß der alte Wagen ein wenig schäbig wird. Obwohl uns das Prinzip aus der täglichen Praxis vertraut ist, übersieht man leicht seine Rolle in der Kommunikation.

Bedürfnisse wirken selektiv auf das ein, was wahrgenommen wird. Der Mensch nimmt die Informationen auf, die er absorbieren muß. Alles übrige läßt ihn meist ungerührt, wenn er es überhaupt wahrnimmt. Dieser Umstand schafft ein großes Problem für die Erzieher, die den Schülern Informationen und Erfahrungen verschaffen müssen, die diese erst nach Jahren brauchen werden. Es ist vergleichsweise einfach, jemandem etwas beizubringen, das er im Augenblick wissen soll, aber es ist viel schwieriger, ihm das verständlich zu machen, was er »vielleicht eines Tages brauchen wird«. Dies ist einer der Gründe, warum viele Lehrer Freude daran haben, die »begabten« Schüler zu lehren, die sich schon eifrig für akademische Informationen interessieren. Es ist viel schwieriger, diesen Stoff Kindern beizubringen, die aus einem benachteiligten Milieu kommen, oder Lehrer zu finden, die bereit sind, mit solchen Kindern zu arbeiten. Um mit Menschen zu arbeiten, die klar umrissene Bedürfnisse haben, ist nicht viel Lehren nötig.

Man muß wirklich besondere geistige Fähigkeiten haben, wo das Bedürfnis nicht so offenkundig deutlich ist. Ein großer Teil der Bemühungen und der Zeit guter Lehrer muß der Aufgabe gewidmet sein, schon vor der Informationsübermittlung Bedürfnisse zu wecken. Das tut die Lehrerin im ersten Schuljahr, wenn sie in ihrer Klasse einen Kaufladen einrichtet. Während sie den Laden betreiben, entwickeln die Kinder viele Wissensbedüfnisse: Das Bedürfnis, sich mit Geld auszukennen, weil sie herausgeben müssen. Rechtschreibung ist wichtig, weil sie ein Schild malen müssen. Sie müssen lesen können, um das Etikett auf der Flasche zu verstehen. Es ist notwendig, daß sie wissen, wie man mit anderen auskommt, denn wenn man einen Laden betreiben und Waren verkaufen will, muß man zusammenarbeiten. Manche Leute, die es nicht besser verstehen, betrachten solche Formen des Lehrens mit Mißtrauen. Die Kinder haben zuviel Spaß daran! Es mag zwar für den Außenstehenden wie Spiel aussehen, aber in Wirklichkeit werden auf geschickte Weise Probleme für die Kinder geschaffen — der entscheidende erste Schritt beim Lernen. In höheren Klassen können dadurch Bedürfnisse geweckt werden, daß man die Schüler an der Planung ihrer eigenen Lernerfahrungen beteiligt, wenn man sie ihre eigene Schülerverwaltung betreiben läßt oder Verfahren entwirft, die den Schüler auf seine eigenen Möglichkeiten verweisen, und ihm dabei zunehmend Gelegenheit zur Selbststeuerung gibt.

Die Bedeutung des Relevanzprinzips für die Kommunikation ist auch in anderen helfenden Berufen zu beobachten. Wenn der beginnende Berater seine Klienten z. B. psychologischen Tests unterzieht, nach denen sie nicht verlangt haben, wird ihm das häufig zu einem frustrierenden Erlebnis. Sehr wahrscheinlich wird er feststellen, daß der Klient sich für die wertvolle Information, die der Berater ihm geben möchte, nur wenig oder gar nicht interessiert. Sozialarbeiter wissen, daß eine Information, für die der Klient keine Notwendigkeit sieht, meist weder akzeptiert noch befolgt wird. Noch schlimmer, der Sozialarbeiter, der darauf besteht, unnötige Informationen zu liefern, wird meistens von seinen Klienten als dumm oder als lästiger Wichtigtuer angesehen. Diätassistentinnen sind oft frustriert, weil diejenigen, denen sie helfen wollen, trotz der großen Mengen von Information, die sie über das »richtige« Essen bekommen, häufig diese Informationen unbeachtet lassen und einfach weiterhin das essen, was ihnen schmeckt, und so kochen, wie ihre Mütter schon gekocht haben. Es ist eine verbreitete Klage unter allen

Pastoren, daß die Leute, die eine Predigt am meisten bräuchten, nie in die Kirche kommen.
Donald Snygg hat einmal gesagt: »Es gibt auf der Welt nichts Nutzloseres als Antworten, für die wir keine Fragen haben!« Der Versuch, solche Antworten zu geben, führt häufig bei allen Aspekten der helfenden Berufe zum Scheitern der Kommunikation. Helfer, die wirklich mit ihren Klienten kommunizieren wollen, müssen aufmerksam und sensibel auf die Bedürfnisse ihrer Klienten achten und mit Geschick das, was sie mitzuteilen haben, zu jenen Bedürfnissen in Beziehung setzen.

Information und Zensur

Das Relevanzprinzip ist ebenfalls wirksam in bezug auf Informationen oder Erfahrungen, die Klienten brauchen, aber nicht erwerben können. Der Mensch braucht Informationen, um mit dem Leben fertig zu werden. Wenn er sie im Augenblick des Bedarfs nicht bekommen kann, gerät er vielleicht noch tiefer in die Schwierigkeiten, mit denen er sich schon herumschlägt. Ohne Zugang zu zuverlässigen Informationen muß man sich auf Grund von verzerrten oder unrichtigen Grundlagen an das Leben anpassen. In wirksamen Prozessen des Helfens kann es keine Zensur geben. Vielmehr erfordert es der Prozeß, den Klienten zu helfen, alle Informationen zu erlangen, die benötigt werden, und zwar so rasch wie möglich.
Manchmal halten wohlmeinende Leute Informationen zurück, weil sie fürchten, die Menschen, mit denen sie arbeiten, zu verletzen, oder aus Angst, ihre Klienten könnten nicht mit den Problemen fertig werden, die die Informationen ihnen aufgeben. Krankenschwestern und Ärzte lügen z. B. Krebspatienten im Endstadium, auf die Frage, ob sie wieder gesund werden, zuweilen etwas vor. Derartige wohlmeinende Versuche, den Patienten abzuschirmen, berauben ihn oft der Möglichkeit, etwas zu tun, was er gern möchte, bevor es zu spät ist. Richtige Planung ist nur bei zuverlässiger Information möglich.
Vor dieser Frage sehen sich auch Lehrer und Berater, die entscheiden müssen, welche Informationen sie einem Schüler oder Klienten geben sollen. Soll man z. B. einem Kind das Ergebnis seines Intelligenztests sagen? In Anwendung des Grundsatzes, daß es keine Information über einen Menschen gibt, die er nicht selbst haben sollte, müßte die Antwort eindeutig »ja« lauten. Das Problem der Kommunikation schließt jedoch mehr in sich als nur einfach die Übermittlung von Information. Es ist eine Frage der Bedeutungen. Wenn man jemandem eine Reihe von Ergebnissen mitteilt, die er nicht versteht, kann sich das so auswirken, daß

er in Wirklichkeit falsche Informationen bekommt. Der Helfer, der Informationen gibt, hat daher eine zusätzliche Verantwortung dafür, daß die Informationen auch sicher verstanden werden. Das mag eine so schwierige, zeitraubende Aufgabe sein, daß ein Helfer es möglicherweise vorzieht, die Information gar nicht erst zu geben. Der Grundsatz, ein Mensch müsse seinen Stand im Verhältnis zu anderen kennen, vorausgesetzt, er legt Wert auf dieses Wissen, ist trotzdem gut. Aber die Zeit, die notwendig ist, um ein angemessenes Verständnis sicherzustellen (wobei vorausgesetzt wird, daß der Helfer dazu in der Lage ist), kann ein so wichtiger Faktor sein, daß die Vorenthaltung von Informationen gerechtfertigt erscheinen mag — nicht auf die Frage hin, ob es für den Schüler gut ist, sondern ob der Helfer die Zeit und die Kraft zur Verfügung hat, die die notwendige Klärung erfordert, oder den Wunsch, sich auf eine Erörterung einzulassen.

Die Methoden der Helfer, Informationen zu Bedürfnissen in Beziehung zu setzen, sind außerordentlich vielfältig. Viele Berater haben z. B. gelernt zu warten, bis ihre Klienten ein Bedürfnis zeigen, etwas zu erfahren. Sie tun dies, weil sie gelernt haben, daß dies bessere Ergebnisse zeitigt. Sie wissen, daß Informationen, die übermittelt werden, bevor ein Bedürfnis aufgetaucht ist, oft fruchtlos bleiben und sogar destruktiv auf die helfende Beziehung wirken können. Infolgedessen haben sie gelernt, sich auf den eigenen Drang des Klienten zum Gesundwerden zu verlassen, in der Erkenntnis, daß der Klient, wenn sie ihm erfolgreich auf seiner Suche nach Bedeutungen helfen, früher oder später erkennen muß, daß ihm wichtige Informationen fehlen. Zu diesem Zeitpunkt kann der Berater dem Klienten helfen, sie auf die augenblicklich angemessenste Weise zu bekommen. Man kann z. B. der Mutter, die endlich zu dem Schluß gekommen ist, ihr Kind brauche fachkundige Helfer, helfen, die geeignete Organisation für diesen Zweck zu finden. Wenn man ihr bei ihrem ersten Besuch diese Information gegeben hätte, hätte sie vielleicht den Eindruck bekommen, der Helfer sei nicht an dem Fall interessiert, und versuche, das Problem an einen anderen Helfer weiterzugeben. Oder sie hätte sich sehr schuldig und frustriert gefühlt, weil sie nicht selbst für ihr Kind sorgen konnte. Es ist nicht leicht zuzugeben, daß man bei seinem eigenen Kind versagt hat. Der Information, wo und wie man ein Kind irgendeiner Organisation oder Institution anvertrauen soll, muß die Vorfrage vorausgehen, ob man es überhaupt wegschicken soll. Selbst sie kann man erst beantworten, wenn man sich mit seinen eigenen Unzulänglichkeiten auseinandergesetzt hat. Schließlich ist es der Klient, den die Berater zu ändern hoffen. Wenn man darauf wartet, daß seine Bedürfnisse das Tempo bestimmen, bedeutet das keinen Verlust an Effizienz. Es hat wenig Sinn für den Berater, den Sozialarbeiter oder Pastor, seinem Klienten etwas zu sagen, was er nicht benützen kann. Das wird beim Klienten nur den Eindruck hervorrufen, er werde gerade von den Leuten sehr wenig verstanden, die ihm zu helfen versuchen.

Auch Lehrer haben durch Erfahrung gelernt, daß Selbststeuerung eine wirksame Möglichkeit ist, Schülern zu helfen, Informationen mit Bedürfnissen zu verknüpfen. Was Schüler wissen müssen, weil sie es brauchen, suchen sie sich erfindungsreich und mit Nachdruck heraus. Außerdem bleiben Kenntnisse, die durch derartiges Erforschen erworben worden sind, mit viel größerer Wahrscheinlichkeit im Gedächtnis und bedeutsam für zukünftige Bedürfnisse. Demgemäß verwenden moderne Erzieher viel Zeit und Aufmerksamkeit darauf, Schüler für den Lernprozeß zu engagieren und Bedürfnisse zu wecken, von deren Existenz die Schüler nichts wußten. Sie tun dies, weil das Lernen dadurch wirksamer wird, und die Darbietung von Informationen mit größerer Wahrscheinlichkeit zum Lernen führt — das ist es, worum es beim Lehren geht.

Sozialarbeiter haben in der Praxis den Wert der »Konfrontation mit der Realität« schätzen gelernt — d. h. wie wichtig es ist, dem Klienten zu erlauben, sich seinen Problemen zu stellen und die Folgen seines richtigen oder falschen Verhaltens auf sich zu nehmen. Eine potente Informationsquelle für jedermann ist das Feedback, das auf sein eigenes Verhalten folgt. Aus solchem Feedback lassen sich wichtige Daten sehr persönlicher Art ablesen. Wenn man einen Menschen vor solchen Informationen schützt, kann dies eine Art Zensur darstellen, durch die das Individuum einer Erfahrung beraubt wird, die bei seiner Rückkehr zur Gesundheit eine wesentliche Rolle spielen könnte. Ein übermäßiger Schutz vor den Folgen eigenen Handelns kann auch die Gelegenheit zunichte machen, die Dinge zu lernen, die erforderlich sind, um sich besser anzupassen. Der Delinquent, dessen Missetaten fortwährend entschuldigt werden, mag durch diese Erfahrung veranlaßt werden, zu *erwarten*, daß er der Verantwortung für sein Handeln entgehen kann, so daß er gar keine Notwendigkeit für bessere Formen der Anpassung mehr sieht.

Der Versuch, Informationen mit Bedürfnissen zu verknüpfen, ist auch für den Redner oder Publizisten ein wichtiges Ziel. Er verfolgt es mit Hilfe verschiedener Kunstgriffe, die darauf abzielen, seiner Zuhörerschaft die Identifizierung mit den gelieferten Informationen zu erleichtern. Die Autoren dieses Buches z. B. haben versucht, Informationen zu den persönlichen Erfahrungen des Lesers und zu seinem Bedürfnis, zu verstehen, in Beziehung zu setzen. Manchmal wurde zu diesem Zweck dem Leser eine Geschichte erzählt, mit der er sich identifizieren konnte. Man hat auch versucht, ihn durch schlichte Beispiele zu engagieren oder indem Ansichten einander gegenübergestellt wurden oder indem man auf Ähnlichkeiten mit seinen eigenen Erfahrungen hinwies. Die Autoren haben es gelegentlich auch dadurch versucht, daß sie für den Leser Probleme geschaffen haben.

Die Information muß zu einem unmittelbaren Bedürfnis in Beziehung stehen

Es genügt nicht, daß die Information dem Empfänger wichtig erscheint; sie muß, wenn sie wirklich nützlich sein soll, auch zu seinen aktuellen Problemen oder Interessen in Beziehung stehen. Der Mensch nimmt wahr, was ihm wahrzunehmen nötig ist, aber unmittelbare Bedürfnisse sind immer viel drängender und relevanter als solche, die in weiterer Ferne liegen. Man beachte, daß psychische Distanz nicht das gleiche ist wie physische Distanz. Die erste hat damit zu tun, in welcher Entfernung vom Selbst ein Vorgang *gesehen* wird, nicht mit der realen Entfernung in Zeit und Raum. Die Schlange hinter ihrem Glas im Zoo ist zwar nur wenige Zentimeter von uns entfernt, aber sie ist psychisch viel weiter weg als die Schlange im Gras, der wir persönlich auf ein paar Schritte Entfernung begegnen. Einer Frau, die sich gerade von ihrem Liebsten getrennt hat, zu sagen: »Mach dir nichts draus, es werden noch viele andere kommen!«, wird wahrscheinlich selten etwas nützen, wenn es überhaupt begriffen wird. Es nützt selten etwas, Menschen Informationen zu geben, die sie erst nach Jahren brauchen werden. Daß man dies so schwer versteht, ruft einen Großteil der Enttäuschung bei Teenagern hervor, wenn Erwachsene in der besten Absicht jungen Leuten gute Ratschläge geben.

Das unmittelbare Problem verlangt nach Lösung. Ein kleiner Junge fragte seine Mutter, woher die kleinen Kinder kommen. »Ach du meine Güte!« dachte die Mutter. »Jetzt ist die Zeit gekommen.« Also setzte sie sich mit ihm hin und erklärte die Angelegenheit ausführlich. Als sie fertig war, jammerte der kleine Junge: »Aber ich wollte das alles ja gar nicht wissen!« Sehr viele Verständigungsschwierigkeiten zwischen Erwachsenen und Kindern sind vergeudete Mühen, weil die gelieferten Informationen wenig Bezug zu unmittelbaren Bedürfnissen haben.

Auch bei der fehlenden Beziehung zwischen dem erklärten Ich-Ideal eines Menschen und seinem Verhalten, die man gewöhnlich feststellt, läßt sich dieser Grundsatz anwenden. Viele Leute haben geglaubt, die erklärten Ziele eines Menschen, das, »was er gern sein möchte«, seien wichtige Beweggründe für Verhalten. Logischerweise könnte man erwarten, daß man jemandem dadurch helfen könnte, sich zu ändern, daß man ihn untersuchen ließe, wie er sein wolle und wie er zur Zeit sei, so daß er sich dann auf die neue Weise verhalten könnte. Leider nützt das meistens nicht viel. Für die meisten von uns ist das Selbstideal (wenn wir uns überhaupt Gedanken darüber gemacht haben) etwas, das wir hervorkramen, wenn wir gefragt werden, was wir gern werden möchten. Selbst wenn das Bestreben einigermaßen echt ist, berührt es unser Verhalten nur selten, weil es von unseren aktuellen Angelegenheiten zu entfernt ist, als daß wir uns viel darum kümmern würden. Es ist eine akademische Übung mit wenig oder gar keiner dynamischen Auswirkung auf das aktuelle Verhalten. Was das Verhalten beeinflußt, sind die unmittelbaren Ziele.

Langzeit-Ziele setzen Verhalten in Gang und lenken es, aber sie erhalten es nicht aufrecht. Wenn das Verhalten eines Menschen auf dem Weg bis zum Erreichen eines Zieles beibehalten werden soll, muß der Prozeß des Werdens selbsterhöhend und verstärkend sein, sonst setzt der Mensch seine Bemühungen nicht fort. Ein Mensch geht aufs College, um einen akademischen Grad zu erwerben, aber dieses Ziel hält ihn nicht dort. Die Art der Alltagserlebnisse entscheidet darüber, ob er weiterhin nach einem akademischen Grad strebt oder nicht. Wenn sich der Prozeß des Erwerbs von »Bildung« als befriedigend erweist, wird das Individuum auf dem College bleiben, bis es seinen Grad hat und vielleicht noch weiterarbeiten und einem höheren zustreben. Wenn der Prozeß nicht befriedigend ist, verläßt der Mensch das College vorzeitig und wendet sich etwas anderem zu. Langzeit-Ziele sind nur dann signifikant, wenn sie sich in unmittelbare Handlungsschritte umsetzen lassen. Fast jeder kann bei den Menschen seiner Umgebung beobachten, wie weit entfernte Ziele, gleichgültig, wie ausdrücklich sie formuliert werden, häufig durch Kurzzeit-Handlungen Lügen gestraft werden. Der Student, der laut beteuert, Arzt zu werden sei ihm wichtiger als alles in der Welt, und trotzdem in seinen für die Zulassung zur Medical School erforderlichen Eintrittskursen versagt, ist ein weit verbreitetes Beispiel. Tatsächlich ist es ein Hauptproblem der helfenden Berufe, Menschen zu helfen, ihre Kurzzeit-Bestrebungen mit Langzeit-Zielen in engeren Kontakt zu bringen.

Information muß mit bereits vorhandenen Bedeutungen verknüpft werden

Wichtig ist, daß sie dazupaßt

Ob eine Information wirklich vermittelt werden kann, hängt von der Bereitschaft des Empfängers ab, sie aufzunehmen. Wir haben schon gesehen, daß die Bedeutung von Vorgängen abhängig ist von der Beziehung einer Erfahrung zu der bereits vorhandenen Organisation des Wahrnehmungsfeldes. Erst wenn der Mensch die Beziehung neuer Erfahrungen zum bereits Bestehenden entdeckt, können sie begriffen werden — was eine andere Ausdrucksweise dafür ist, daß sie eine Bedeutung bekommen. Wir haben auch festgestellt, daß Bedeutungen oft in einer Art Hierarchie angeordnet sind, wobei die komplexeren davon abhängig sind, daß vorher einfachere Begriffe existieren. Darum sind Alter und Erfahrung beim Lernen wichtige Variable — nicht an und für sich, sondern weil sie Möglichkeiten für die Entwicklung früherer Bedeutungen geboten haben, auf denen spätere aufgebaut werden können.

Viele Frustrationen in der Kommunikation kommen zustande, weil es den Mitteilenden nicht gelungen ist, den Empfängern erkennen zu helfen, wo die neuen Informationen im bestehenden Bewußtseinsfeld ihren Platz haben. Festinger hat dieses Versagen beim Verknüpfen neuer Ergebnisse mit alten als »kognitive Dissonanz« bezeichnet. Er weist darauf hin, wie schwer es ist, neue Ideen aufzunehmen, wenn man sie nicht mit den schon vorhandenen in Übereinstimmung bringen kann. Auch Piaget hat diesen Umstand in seiner Beschreibung der Entwicklung des vernünftigen Denkens bei Kindern stark betont. Er nannte es das Problem der Entsprechung. Prescott Lecky hat von dem Bedürfnis des Individuums nach Übereinstimmung mit sich selbst gesprochen und darauf hingewiesen, daß der Erwerb von Bedeutungen das Ergebnis von Versuchen des Menschen sei, seine Erfahrungen zu ordnen.

Vielleicht die deutlichsten Beispiele für die Wirkungen der Bedeutung des Dazupassens sind dann zu beobachten, wenn man mit jemandem zu kommunizieren versucht, der eine andere Sprache spricht. Eine gemeinsame Sprache ist eine sehr große Hilfe bei der Entwicklung gemeinsam anerkannter Bedeutungen. Selbst ohne die Sprachschranke können wir aber sehen, wie dieser wichtige Grundsatz sich auswirkt, wenn wir uns in einer sozialen Situation befinden, wo unsere üblichen Erwartungen nicht erfüllt werden, so z. B. wenn wir mit einem Freund in eine uns fremde Kirche gehen und nicht wissen, wie wir uns in dieser neuen Umgebung benehmen sollen. Information kann nur begriffen werden, wenn sie irgendwie dem angepaßt werden kann, was schon da ist. Was nicht dazupaßt, wird meistens abgelehnt, wenn es überhaupt erfaßt wird.

Eile und geregeltes Tempo

Kommunikation braucht Zeit. Zwar lassen sich Informationen mit großer Geschwindigkeit von einer Person zur anderen weiterleiten, aber ob sie verstanden werden, ist eine andere Frage. Die Bedeutung der Information hat damit zu tun, ob das Individuum die Beziehung neuer Informationen zu dem entdeckt, was schon in seinem Wahrnehmungsfeld vorhanden ist. Dies erfordert ein Überprüfen des Feldes, Vergleiche und schließlich eine Einfügung der neuen Erkenntnisse in die Gesamtgestalt. Das alles braucht Zeit. Am häufigsten wird die Kommunikation durch die Ungeduld des Kommunikators zunichte gemacht. Erfahrene Dozenten wissen, daß selten eine Hörerschaft mehr als einen oder zwei neue Gedanken mit nach Hause nimmt. Das Tempo der Kommunikation muß durch die Geschwindigkeit des Begreifens bestimmt werden, nicht durch die Fähigkeit des Kommunikators, seine Botschaft rasch von sich zu geben.

Die Zeit, die man damit zubringt, sicherzustellen, daß Bedeutungen übermittelt werden, ist keine vergeudete Zeit. Es hat keinen Sinn zu sprechen, wenn die Adressaten nicht hören können. Angehörige der helfenden Berufe machen oft ihre eigenen Wirkungen zunichte, wenn sie nicht erkennen, wieviel Zeit für die Kommunikation erforderlich ist. Sie sind so sehr davon in Anspruch genommen, »das Thema erschöpfend zu behandeln«, »mit der Diskussion weiterzukommen«, »die Fakten darzustellen« oder »zu einer Entscheidung zu kommen«, daß ihre Klienten oder Schüler bei dem Rennen auf der Strecke bleiben. Die Leute lassen sich das nicht allzulange gefallen. Sie haben zuviele wichtigere Dinge zu tun, deshalb »drehen sie den Lautsprecher ab«, »geben sie auf«, schlafen ein oder vergnügen sich, so gut sie können. Man braucht sich nur an sein eigenes Verhalten beim Anhören eines Redners zu erinnern, der seine Botschaft verkündet, ohne sich anscheinend darum zu kümmern, ob seine Hörer sie aufnehmen oder nicht, um ähnliche Beispiele für sich selbst zu finden. Viele Redner haben Glück, daß die Leute überwiegend gute Manieren haben. Andererseits würde möglicherweise die Qualität der Vorträge verbessert, wenn die Hörer weniger wohlerzogen wären, und wenn die Redner die Folgen ihres Verhaltens ganz zu tragen hätten.

Wirksame Kommunikation macht es notwendig, das Material dem Verständnis der Hörer gemäß in geregeltem Tempo vorzutragen. Der Grundsatz der Geschwindigkeitsregelung ist den Erziehern wohlbekannt, und viele Bemühungen der Curriculumsplanung gelten der Suche nach Methoden, den Stoff der Bereitschaft der Kinder anzupassen, sich mit ihm zu befassen. Dabei geht es sowohl um das Tempo der Darstellung als auch um die Beziehung des Neuen zum bereits Begriffenen. Gute Lehrer richten sich danach, während sie versuchen, die individuellen Bedürfnisse von Kindern in ihren Klassen zu erfüllen. Leider wird dem Grundsatz oft zuwidergehandelt, weil die manchen Schulen eingebaute Unbeweglichkeit die Art von Anpassung an die Bereitschaft nicht wirk-

lich erlaubt, die für wirksame Kommunikation notwendig ist. Eins der schlimmsten Hindernisse ist das Schuljahrs-Niveau-Konzept, das von allen Kindern verlangt, zu einer bestimmten Zeit mit einem bestimmten Stoff fertig zu werden, ob sie dazu bereit sind oder nicht. Die Bedeutung der Temporegelung ist in anderen helfenden Berufen ebenso deutlich, und ebenso offenkundige Beispiele von Verletzungen des Prinzips sind in der Praxis der Beratung, der Sozialarbeit, der Seelsorge, der Krankenpflege oder in anderen Bereichen zu beobachten, welcher Art immer die Beziehung zwischen dem Helfer und dem Hilfsbedürftigen sein mag.
Die Kommunikation mißlingt zwar oft, weil der Empfänger noch nicht bereit ist, sie zu begreifen, aber sie kann auch dadurch unwirksam oder nutzlos werden, daß der Empfänger den Zeitpunkt der Bereitschaft längst hinter sich gelassen hat. Wer hat noch nie eine sehr langweilige Stunde zugebracht, während er einem Redner zuhörte, der ihm des langen und breiten erzählte, was er schon längst wußte? Manch ein Helfer hat sich zur Unproduktivität verdammt, weil er Informationen geboten hat, die sein Schüler oder Klient schon lange hatte oder über die er längst hinaus war. Eine interessante Entwicklung in der neueren Erziehungsforschung war die Entdeckung, daß viele Kinder in einem viel früheren Alter bereit sind, sehr schwierige Dinge zu lernen, als man früher angenommen hat. Wir wissen heute, daß man selbst komplexe ökonomische Zusammenhänge in den allerersten Schuljahren lehren kann, wenn es nötig oder wünschenswert ist. Die Frage ist nicht, ob die Kinder bereit sind, sondern ob die Lehrer es sind.

Der Wert der Einfachheit

Wenn die übrigen Umstände gleich sind, wird der Stoff, je einfacher er ist, um so leichter verstanden. Einfachheit bedeutet in Wirklichkeit, daß etwas zu den Erfahrungen des Empfängers paßt. Was einfach ist, ist eine höchst individuelle Angelegenheit. Was für einen, der sich mit Differential- und Integralrechnung beschäftigt, einfach ist, erscheint ganz anders, wenn es einem Menschen vorgelegt wird, der sich mit grundlegenden Kombinationen der Multiplikation herumschlägt. Die Bedeutung der Einfachheit erscheint sehr offenkundig, aber leider wird in der Praxis häufig gegen sie verstoßen. Es gibt sogar Angehörige helfender Berufe, die aufrichtig glauben, es sei gut für die Menschen, wenn sie mit schrecklich schwierigen und komplizierten Aufgaben konfrontiert werden. Sie gehen nach dem Grundsatz vor: »Je schwerer, desto besser.« Gewiß braucht der Mensch die Konfrontation mit Problemen, aber Informationen, die so komplex sind, daß sie die Aufnahmebereitschaft des Betroffenen übersteigen, können nur Entmutigung und Verzweiflung zur Folge haben.

Andere Kommunikatoren untergraben ihre Wirksamkeit dadurch, daß sie in Wirklichkeit mehr an dem Eindruck interessiert sind, den sie machen, als an der Kommunikation. So sind Studierende nach dem Abschlußexamen und Gelehrte oft fürchterliche Autoren. Es ist ihnen in Wirklichkeit nicht wichtig, was sie mitteilen, solange sie nur den Eindruck der Gelehrsamkeit hervorrufen. Sie schreiben, um ihre Kollegen oder ihre Vorgesetzten zu beeindrucken. Ob irgend jemand anders sie versteht, kümmert sie wenig. Was sie reizt, ist die »Gescheitheit« oder die Gelehrsamkeit ihres Stils. Tatsächlich kommt es vor, daß sie, wenn andere sie nicht verstehen, dies als weiteren Beweis für ihre eigene Überlegenheit nehmen. »Wenn er nicht versteht, was ich so schön gesagt habe, beweist das nur, wie schwierig es ist. Wie wunderbar bin ich und wie dumm ist er!«

Menschen, die wirklich Kommunikation wollen, sehen Einfachheit nicht als unwissenschaftlich an. Sie erkennen in der Einfachheit eine der Regeln, die die Kommunikation beeinflussen, und benützen sie, um die Kommunikation zu besserem Erfolg zu führen. Das Ziel der Wissenschaft selbst ist es, Dinge verständlich zu machen, indem man sie auf möglichst einfache Ausdrücke reduziert. Das nennt man das »Gesetz der Sparsamkeit«.

Grundsätze und Einzelheiten in der Kommunikation

Eine Variante des Bedürfnisses nach Einfachheit in der Kommunikation läßt sich am allgemeinen oder spezifischen Charakter von Informationen beobachten. Kommunikation ist ein Ergebnis der Überschneidung von Wahrnehmungsfeldern. Die »Bedeutungsfelder«, die für verschiedene Menschen bestehen, unterscheiden sich sehr viel mehr hinsichtlich der Einzelheiten als in bezug auf allgemeine Grundsätze. In einem bestimmten Informationsgefüge gibt es eine fast unendliche Zahl von Einzelheiten. Grundsätze hingegen sind weniger zahlreich und umfassender, so daß der Helfer, wenn er allgemeine Prinzipien betont, mit größerer Wahrscheinlichkeit einen Wandel in den Bedeutungen erleichtert, als wenn er sich auf Details konzentriert. Dieser Umstand hat Bruner und andere veranlaßt, die Wichtigkeit der »Struktur« des Wissens, nicht des faktischen Wissens, zu betonen. Sie weisen darauf hin, daß allgemeine Prinzipien mit größerer Wahrscheinlichkeit in das bestehende Informationsfeld übertragen werden als Details, und sie sprechen sich dafür aus, die Erziehungswissenschaft solle die Lehre nicht auf die Betonung von Einzelheiten, sondern auf die Betonung von Prinzipien ausrichten. Lei-

der wird in der Informationsvermittlung für andere Menschen häufig genau das Gegenteil betont. Die Aufmerksamkeit wird viel mehr auf Details konzentriert als auf die Struktur. Professoren z. B. füllen häufig ihre Vorlesungen mit Details an, prüfen ihre Studenten in objektiven Prüfungen über Details und konzentrieren sich so ausschließlich auf die Art, wie die Studenten mit Details umgehen, daß diese bald begreifen: Das wichtige sind die Details. Diese versuchen sie dann auswendig zu lernen. Leider lassen sich unverbundene Fakten ohne die einenden Prinzipien, die ihnen Bedeutung verleihen, nur schwer in bereits bestehende Information einfügen, so daß sie rasch verlorengehen. Eine Betonung der Struktur des Wissens findet wahrscheinlich eher eine Entsprechung in der Erfahrung des Lernenden.
Die Anwendung aller Grundsätze wirksamer Kommunikation ist abhängig von dem Gespür des Kommunikators für das, was im Zuhörer vor sich geht. Gute Kommunikatoren suchen ständig das Feedback, das sie von ihren Zuhörern bekommen, und richten ihr eigenes Verhalten entsprechend ein, um eine maximale Wirkung sicherzustellen. Viele der auf den letzten Seiten erörterten Prinzipien kann man im Verhalten guter Redner wirksam werden sehen. Gute Redner haben — ob zufällig oder planmäßig — gelernt, in ihren Darlegungen diese Grundsätze anzuwenden und sich von einem Augenblick zum nächsten dem aktuellen Zustand ihrer Zuhörerschaft anzupassen. Ein interessantes Beispiel dafür ist die berühmte Rede, die Russell Conwell vor Jahren hielt, als er den Chautauqua-Kreis bereiste; die Rede hatte den Titel: »Acres of Diamonds« (etwa: Felder voll Diamanten). Diese Rede war so unendlich erfolgreich, daß Mr. Conwell ein Vermögen ansammelte, das er später dazu verwendete, um die Temple-Universität zu gründen. Diese Rede ist sehr einfach aufgebaut. Während der Dauer der Rede wird ein Grundgedanke in den einfachsten möglichen Ausdrücken formuliert und dann auf eine Weise veranschaulicht, die es dem Zuhörer ermöglicht, das Prinzip seinem eigenen Bedüfnis und seiner täglichen Erfahrung einzufügen. Dieses Muster wird während der ganzen Rede ständig wiederholt.

Offenheit und Kommunikation

Ein Hauptfaktor in der Entscheidung über das Gelingen der Kommunikation ist der Zustand des Empfängers. Im 6. Kapitel haben wir gesehen, wie das Erlebnis der Bedrohung die Wahrnehmung des Individuums stört, indem es eine »Tunnel-Optik« hervorruft und die Abwehr des Selbst erzwingt. Jeder Mensch hat die unersättliche Aufgabe, sich ständig zu verbessern. Um dies zu erreichen, muß er sich auch gegen Demütigung und Erniedrigung verteidigen. Deshalb sind psychische Barrieren notwendig, um das Dasein zu bewahren. Kein Organismus kann mit allem gleichzeitig fertig werden. Eine Auswahl ist notwendig. Der Mensch nimmt auf, was er braucht und wehrt Zersprengendes und Zerstörendes ab. Menschen, die sich weitgehend selbst verwirklicht haben, sind, wie wir gesehen haben, der Welt gegenüber maximal offen. Zutiefst bedrohte Menschen sind von Mauern umgeben, die sie vom Umgang mit anderen abschließen. Sie haben so undurchdringliche Abwehrsysteme, daß es fast unmöglich ist, sie zu durchstoßen.

Schranken, die in Reaktion gegen Bedrohung aufgerichtet werden, sind sogar noch wichtiger für die Kommunikation wegen der zyklischen Wirkungen der Spirale aus Drohung und Gegendrohung, die das Potential hat, gerade den Dialog der Kommunikation zu zerstören und im Extremfall sogar die Kommunikatoren selbst. Wenn das Erlebnis der Bedrohung erst einmal begonnen hat, kann es von einem Kommunikator zum anderen hin- und herspringen, wobei es sich in einer Spirale aufwärts bewegt zu größerer Intensität und die Kommunikation immer mehr stört. Es wird zum Teil durch Versuche der Selbstverteidigung herbeigeführt, zum Teil durch Vergeltungsangriffe (auch eine Art der Abwehr) des einen gegen den anderen. Man stelle sich z. B. ein angenehmes Gespräch zwischen Robert und Clifford vor, dargestellt durch (A) in der Abb. 5. In diesem Gespräch sind Robert und Clifford ziemlich offen miteinander; ihr Gespräch geht ganz leicht hin und her, mit wenig Widerstand und einem Maximum an Verständnis. Im Verlauf dieses Gesprächs (B) sagt Clifford etwas zu Robert, das, ob mit oder ohne Absicht gesagt, Robert ziemlich unhöflich vorkommt. Robert fühlt sich durch diese Bemerkung verletzt und bedroht. Demgemäß erhebt sich seine Abwehr, um ihn vor Clifford zu beschützen, und das beginnt natürlich seine Fähigkeit zu beeinträchtigen, das, was Clifford sagt, zu begreifen. Als weitere Abwehrmaßnahme schießt er eine etwas schneidende Bemerkung auf Clifford ab. Nun aktiviert Clifford (C), der sich angegriffen fühlt, seine Abwehr und schlägt in gleicher Weise zurück. Das beweist genau, was Robert sich ja gleich gedacht hatte — daß Clifford versucht hatte, ihn zu beleidigen.

Darum verstärkt er seine Abwehr und feuert eine härtere Erwiderung ab, was Clifford nur dazu zwingt, das gleiche zu tun. Die Spirale ist also in vollem Gang. Je größer die Bedrohung, desto geringer ist die Fähigkeit, zu hören, und desto größer die Notwendigkeit, mit stärkerer Drohung zu antworten. Wenn nicht etwas geschieht, um diese Interaktion zu unterbrechen, wird der Druck schließlich so stark, daß nur irgendeine drastische Handlung eine Lösung herbeiführen kann (D).

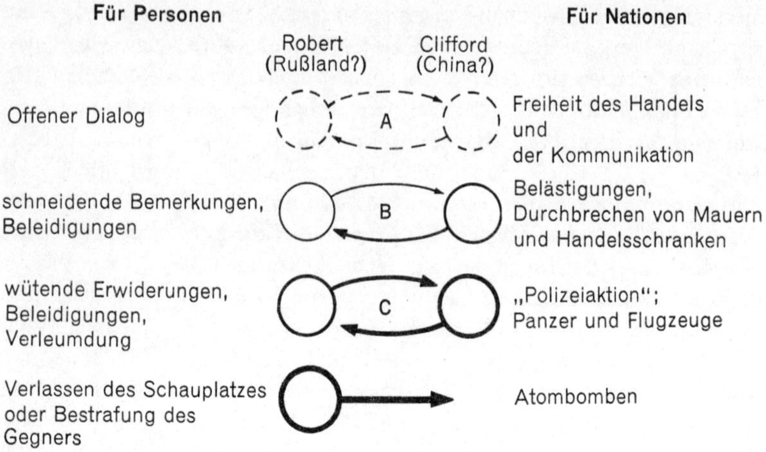

Abb. 5: Drohung und Gegendrohung der Kommunikation

Diese Spiralwirkung von Drohung und Gegendrohung ist natürlich nicht auf Individuen beschränkt. Sie kommt auch bei Nationen vor, wie wir auf der rechten Seite der Abb. 5 verdeutlicht haben. Zwischen Nationen kann die Spirale so hoch steigen, daß die Drohung schließlich unerträglich wird und Krieg ausbricht, um die Drohung zu beseitigen, die der »Feind« darstellt. Dies kann geschehen, indem man ihn physisch auslöscht oder indem man seine Fähigkeit zu drohen so weit vermindert, daß man erfolgreich mit ihr fertig werden kann. Wenn die Spirale aus Drohung und Gegendrohung erst einmal in Gang gesetzt ist, kann man sie nur schwer anhalten, und die Kommunikation wird meistens schlechter, falls das Erlebnis der Bedrohung nicht auf irgendeine Weise vermindert werden kann und die Kanäle der Kommunikation wieder geöffnet werden können.
Die Durchbrechung des tödlichen Zyklus aus Drohung und Gegendrohung erfordert eine Kombination folgender Faktoren:

1. Aufmerksamkeit gegenüber den am Prozeß des Dialogs beteiligten Gefühlen. Wenn die Beteiligten vor allem mit Handlungen beschäftigt sind (wer wem was angetan hat und was als Vergeltung unternommen werden kann), wird der Zyklus aus Drohung und Gegendrohung angefeuert; die Ursachen der Schwierigkeit werden verdeckt, und die Aufmerksamkeit der Dialogpartner wird von den Möglichkeiten der Lösung abgelenkt. Um eine Bedrohung zu beseitigen, muß eine Partei oder müssen beide Parteien sich um den Gefühlsaspekt kümmern. In den helfenden Berufen ist dies eine Hauptaufgabe der Helfer; es kommt in fast allem zum Ausdruck, was sie tun.

2. *Absorption oder Ableitung von Gefühlen der Bedrohung.* Wenn eine Partei oder beide eine Möglichkeit finden, mit weniger Drohung zu reagieren, als sie sie selbst entgegengebracht bekommen, kann der Teufelskreis unterbrochen werden und man kann der Temperatur Gelegenheit geben, wieder zu sinken. Der Helfer tut dies auf mancherlei Art: Er kann die Drohung absorbieren, wie es der Lehrer tut, wenn er einem Kind erlaubt, seine Wut auf irgendeine harmlose Weise abzureagieren, oder wie es der Berater tut, wenn er gegenüber dem, was sein Klient ihm zu sagen hat, kühl und unerschütterlich bleibt.

3. *Zum persönlichen Sicherheitsgefühl der Beteiligten beitragen.* Positive Gefühle gegenüber dem eigenen Selbst ermöglichen ein besseres Ertragen von Bedrohung und weniger Bedürfnis nach Selbstverteidigung. Helfer erreichen dieses Ziel, indem sie ihren Klienten helfen, entweder durch ihre eigenen Interaktionen mit den ihnen Anvertrauten oder durch die Manipulation äußerer Ereignisse ein stärkeres Gefühl der Selbstverwirklichung zu erlangen.

4. *Anpassung des Austauschs an die Toleranzgrenzen der Reagierenden.* Man richtet sich bewußt so ein, daß man sichergehen kann, die Kommunikationen werden so wenig Zündstoff wie möglich enthalten. Der Helfer kann dies nicht für seinen Klienten tun. Er kann aber seine eigenen Reaktionen steuern oder durch sein Verhalten ein Beispiel geben. Dies erfordert auf seiten des Helfers sehr viel Sensibilität und ein großes Maß an Selbstdisziplin.

5. *Anerkennung von Unterschieden.* Die Anerkennung der Tatsache, daß es Unterschiede gibt, und daß sie in menschlichen Angelegenheiten ihren Wert haben, dient allein schon dazu, daß die Temperatur der Interaktionen sich mäßigt. Sie trägt zu dem Gefühl bei, daß man ruhig so sein kann, wie man ist, und auch anderen dieses Recht zubilligt. Aus diesem Grund dreht sich ein Großteil der Arbeit von Helfern um die Anerkennung und Annahme von Unterschieden, die in den verschiedenen Bereichen der helfenden Berufe auf zahllose Weisen zum Ausdruck kommen.

Aufgrund der Erfahrungen, die wir während unseres ganzen Lebens gemacht haben, ist fast jeder in bezug auf irgend etwas empfindlich und hat eine Abwehr aufgebaut, um sich gegen Verletzung zu schützen. Diese Abwehr erscheint meistens den Menschen, die sie haben, als etwas Wesentliches, und sie sind nicht bereit, sie rasch aufzugeben. Man darf sie nicht unbeachtet lassen, wenn eine wirksame Kommunikation zustande kommen soll. Kommunikation ist keine Sache des Feilschens oder listiger Manöver, sondern vielmehr eine Frage dessen, ob man wechselseitig die Bedeutungen entdeckt, die dies oder jenes für den anderen hat. Eine Atmosphäre des Zwangs und der Gewalt kann diesen Prozeß nur zerbrechen oder, noch schlimmer, den Menschen in einen unheilvollen Zyklus von Drohung und Gegendrohung hineindrängen.

Eine weitere Schwierigkeit bereitet die Bedrohung in der Kommunikation dadurch, daß Symbole der Feindseligkeit und die Gründe für die Wut eines Menschen usw. gewöhnlich länger bestehen als die Bedingungen, die ihnen zugrunde liegen. Darum wirken die Folgen der Bedrohung noch lange nach der ursprünglichen Konfrontation weiter, und die Kommunikation mißlingt vielleicht noch immer, nachdem die Gründe für die Feindseligkeit schon längst verschwunden sind. Bemerkenswerte Beispiele dafür sind in den Fehden zu sehen, die manchmal im Appalachengebirge ausbrechen, oder in Familienstreitigkeiten zwischen Mann und Frau, die noch lange nicht miteinander sprechen, nachdem sie den ursprünglichen Grund ihrer Wut längst vergessen haben.

Genau wie Bedrohung die Kommunikation stört, so hat Herausforderung die Tendenz, sie zu verbessern. Die Menschen hören besser auf Dinge und reagieren wirksamer, wenn sie sich fähig fühlen, mit ihnen fertig zu werden. Viele Praktiker in helfenden Berufen haben gelernt, um sich die größtmöglichen Wirkungen der Herausforderung zunutze zu machen und zugleich die hemmenden Wirkungen der Bedrohung zu vermeiden, ihre Klienten, Schüler, Pfarrkinder oder Patienten das Tempo bestimmen zu lassen.

Jeder Mensch ist ein gut ausgewogenes System, ständig auf der Suche nach Erfüllung. Dieser Antrieb läßt ihm keine Ruhe. Er treibt ihn ständig vorwärts; aber jedes Individuum hat auch seine eigenen Hemmungen und Ausgleichsmechanismen in sich — seine Gashebel, Bremsen und Sicherheitsventile. Wie weit und wie schnell es sich vorwärts bewegt, ist davon abhängig, wie es sich selbst und die Situationen sieht, in denen es sich befindet. Da sein Antrieb unersättlich ist, muß es sich bewegen, wenn ihm der Weg offenzustehen scheint. Aber der Drang nach Erfüllung erlaubt ihm auch nicht, sich auf eine Weise zu verhalten, die mit Wahrscheinlichkeit seiner Selbstverwirklichung im Wege steht.

Wenn eine Lage für den Menschen physisch zu bedrohlich erscheint, kann er ohnmächtig werden. Wenn ihm in einem Beratungsgespräch ein Thema zu überwältigend erscheint, vermeidet er es. Wenn den Schülern in der Schule etwas zuviel wird, gehen sie dem aus dem Weg, indem sie einschlafen (höflicher ausgedrückt: Tagträumen nachhängen) oder vielleicht die Schule vorzeitig verlassen. Angehörige der helfenden Berufe müssen entweder warten lernen oder Wege finden, wie sie den ihnen Anvertrauten helfen können, Ereignisse auf eine neue Weise als Herausforderung zu sehen.
Tüchtige Helfer lernen es, *mit* diesen Hemmungen und Ausgleichsmechanismen zu arbeiten, anstatt *gegen* sie. Sie lernen es, ihre Schüler, Klienten und Pfarrkinder die Führung übernehmen zu lassen. Sie wissen, daß ihre Klienten sich dem Notwendigen stellen werden, wenn sie es können; daher widmen die Helfer ihre Aufmerksamkeit der Schaffung von Bedingungen, die dies ermöglichen.

Autorität und Kommunikation

Ein interessantes Beispiel für die Wirkungen von Herausforderung und Drohung auf die Kommunikation läßt sich an der Art beobachten, wie Menschen auf unverdiente Autorität reagieren. »Unverdiente Autorität« sind jenes Prestige und jener Status, die ein Helfer oder Führer hat, wenn er zum erstenmal den Menschen gegenübertritt, denen er helfen möchte. Der Gruppenleiter z. B. kommt mit vorgegebenem Status und vorgegebener Autorität zur Zusammenkunft, weil er der »Leiter« ist; vielleicht auch, weil er einen Doktorgrad hat, ein Buch geschrieben hat, einen Ruf in der Gemeinde hat oder was auch immer. Diese Autorität nennen wir »unverdient«, weil er sie nicht von den Leuten bekommen hat, mit denen er nun zu kommunizieren versucht. Er mag sie anderswo erworben haben, aber nicht bei diesen Leuten. Im Lauf der Zeit mag er sich bei ihnen Autorität erwerben, weil die Gruppenmitglieder, jedes für sich, entdecken, was der Gruppenleiter zu bieten hat. Jeder verleiht dem Leiter mehr oder weniger Autorität, entsprechend der Art, wie er ihn als Menschen, als Wissenden, als Redner, Demonstrator oder sensibles oder unsensibles Wesen erlebt. Am Anfang gibt es natürlich nur unverdiente Autorität, und erst mit der Erfahrung weicht sie positiver oder negativer »verdienter« Autorität. Unverdiente Autorität ist für die meisten Menschen leicht bedrohlich. Demgemäß ist es wahrscheinlich, daß alle in diesem Buch erörterten Wirkungen der Bedrohung die Interaktion begleiten und der wirksamen Kommunikation im Wege stehen. Man beobachtet immer wieder, daß Schüler und Klienten in den allerersten Sitzungen die Lehrer und Gruppenleiter einfach nicht hören. Gegebene Anweisungen, angebotener Rat, dargelegte Informationen — alle finden sehr wenig Gehör und müssen fast immer bei späteren Gelegenheiten mehr oder weniger ausführlich wiederholt werden. Wenn die Klienten, Schüler, Pfarrkinder oder Gruppenmitglieder mehr Erfahrungen sammeln, wird der Führer mit mehr oder weniger positiver oder negativer Autorität ausgestattet. Wenn die erworbene Autorität positiv ist, werden die Worte des Führers meist als auffordernd und bestärkend aufgenommen. Wenn die erworbene Autorität negativ ist, kann es ganz entgegengesetzt sein. Diese Wirkungen können alles durchdringen, so daß sie gewöhnliche Nachteile wie Mangel an Erfahrung und dergleichen aufheben können. Herman Wessels schrieb über einen jungen Lehrer im ersten Jahr der Praxis, den er kannte:

> Als er uns im Juni letzten Jahres verließ, gab es auf seiten seiner Schüler einen erstaunlichen Ausbruch von Zuneigung, und das überraschte ihn. Denn er war schüchtern zu uns gekommen, nicht allzu selbstsicher, und sein festes Ziel hatte er erst durch diese aufgeweckten, suchenden Kinder gefunden, die er unterrichtete. Er ging daraus als ein Mensch hervor, der nicht die Autorität des Alters und der Lebenserfahrung zu eigen hatte, sondern die Autorität der Hingabe und der echten Anteilnahme.

Die Kommunikation wird durch positive, verdiente Autorität unendlich gesteigert, so sehr, daß einige der üblichen Krücken zur Erleichterung der Kommunikation vielleicht gar nicht mehr notwendig sind. Wenn eine große unverdiente Autorität vorliegt, schreiben z. B. Collegestudenten mit. Wenn die verdiente Autorität zunimmt, werden wahrscheinlich weniger Notizen gemacht. Wenn die erworbene Autorität negativ ist, geschieht dies, weil der Student entdeckt hat, daß das, was der Lehrer zu sagen hat, nicht wichtig ist. Wo dagegen ein hoher Grad positiver, erworbener Autorität vorhanden ist, kann ebenso ein Nachlassen des Mitschreibens beobachtet werden, weil der Mensch weniger leicht vergißt, was wichtige Leute sagen!

Die Zuhörerseite der Kommunikation

Bisher haben wir von der Kommunikation als von einer Funktion des Helfers als Sender gesprochen. Aber Kommunikation ist eine Frage der Interaktion — eine Frage der Überschneidung von Wahrnehmungsfeldern. Die meisten Helfer sind zutiefst abhängig vom Geben und Nehmen der Sprache oder irgendeiner anderen menschlichen Form der Bedeutungsübermittlung. Die meisten müssen nicht nur wirksame Sender sein, sondern auch aufmerksame Empfänger. Sie müssen zuhören können.

Ein Großteil der Daten, die Helfer brauchen, um ihre Aufgabe zu erfüllen, wird in der Kommunikation mit ihren Klienten, Schülern oder Patienten gewonnen. Um diese Daten effektiv zu verwerten, muß der Helfer lernen, sehr sorgfältig auf das zu hören, was der Hilfsbedürftige auszudrücken versucht. Wir haben schon gesehen, daß die Kommunikation selbst dann zusammenbrechen kann, wenn Menschen in bester Absicht miteinander reden. Die Schwierigkeiten der Kommunikation sind viel größer, wenn die Leute unwissend sind, sich bedroht fühlen, unglücklich sind oder absichtlich zu täuschen versuchen. Um solche Schranken zu überwinden und die Menschen, mit denen er arbeitet, wirklich zu verstehen, muß der Helfer seine eigenen Bedürfnisse diszipliniert beherrschen und sich geschickt auf die Botschaften einstimmen, die sein Klient übermittelt.

Gutes Zuhören ist auch noch aus einem anderen Grund wichtig. Der Akt des Zuhörens übermittelt an sich schon dem Hilfesuchenden eine Botschaft. Im gewöhnlichen sozialen Gespräch macht der sorgfältige Zuhörer dem Sprechenden ein großes Kompliment. Er sagt gleichsam: »Sie sind für mich ein wirklich wichtiger Mensch, und was Sie sagen, ist bedeutungsvoll.« So lehrt auch der Lehrer den Schüler etwas Wichtiges über sich selbst, wenn er ihm zuhört. Er kann damit z. B. mitteilen: »Es liegt mir wirklich etwas an dir und an dem, was du denkst und glaubst.« Eine solche Botschaft ist keine Kleinigkeit. Sie ist eine aktive, lebendige Demonstration, die vielleicht viel lauter und deutlicher zu dem Schüler spricht als das, worüber der Lehrer redet. Die Bedeutung der durch sorgfältiges Zuhören übermittelten Botschaft ist bei unglücklichen oder mangelhaft angepaßten Menschen mit tiefen Mangel- und Entfremdungsgefühlen sogar noch wichtiger. Für solche Menschen ist der Umstand, daß man ihnen wirklich zuhört, viel mehr als bloße Kommunikation; er ist an sich schon ein therapeutisches Erlebnis! Für Berater, Psychiater, Sozialarbeiter und Seelsorger, die sich auf eine Kommunikation von Angesicht zu Angesicht mit gestörten und beunruhigten Menschen einlassen, ist das aufmerksame Zuhören für eine erfolgreiche Praxis unerläßlich.

Die Geschicklichkeit im guten Zuhören kommt nicht zufällig zustande. Die meisten tüchtigen Helfer arbeiten aktiv daran. Zumindest am Anfang erfordert der Erwerb dieser Fertigkeit bewußte Anstrengung. Auf die meisten Gespräche im täglichen Leben wird kaum geachtet. Wir erwarten nicht, daß sich der Zuhörer an vieles von dem erinnert, was wir im gewöhnlichen Geben und Nehmen des beiläufigen Gesprächs zu sagen haben. Viele Gespräche sind nicht einmal darauf angelegt, viel mitzuteilen. Man führt sie, um sich zu vergnügen und zu erbauen. So führen zwei Menschen, die scheinbar miteinander reden, nicht so sehr ein Gespräch; sie wechseln sich ab in Selbsterbauung! Jeder wartet mehr oder weniger geduldig, daß der andere aufhört, damit er mit seiner eigenen Geschichte fortfahren kann. Diese Art der Kommunikation wäre für ernsthafte Versuche, anderen zu helfen, wo viel tieferes und bedeutungsvolleres Verstehen notwendig ist, niemals zu gebrauchen. Helfer müssen am Zuhören arbeiten. Es ist eine grundlegende Kunst ihres Handwerks. Oft ist es außerdem schwierig und anstrengend, wie jeder gute Berater oder Sozialarbeiter schon längst weiß.

Die Art des Zuhörens, die für wirksames Helfen erforderlich ist, ist natürlich viel mehr als bloßes Achten auf Worte. Sie ist die aktive Suche nach Bedeutungen, die wir im 10. Kapitel schon besprochen haben. Das »Zuhören mit dem dritten Ohr« bedeutet, daß man auf alles achtet, was der Klient, Schüler oder Patient ausdrückt, nicht nur verbal, sondern auch nonverbal — in seinen Gesten, Bewegungen, in seinem Tonfall, sogar in dem, was er ausdrücklich nicht sagt. Carl Rogers hat das disziplinierte Zuhören des Helfers als »nichtwertendes Zuhören« bezeichnet. Damit meint er ein Begreifen des ganzen Menschen, einen Versuch, das Wesen dessen zu verstehen, was da ist, dessen, wer und was und wie der ihm Anvertraute ist, klar und genau, ohne Verzerrung durch das eigene Urteil des Helfers, ohne seine vorgefaßten Meinungen oder Wertvorstellungen. Damit die Menschen, die in einen helfenden Beruf eintreten, um mit gestörten oder benachteiligten Menschen zu arbeiten, diese Art von Selbstdisziplin erwerben können, wird oft dazu geraten, Psychotherapie oder therapeutische Beratung in die Ausbildung einzubeziehen.

Ausgewähltes Schrifttum

Sterne bedeuten teilweisen oder vollständigen Abdruck in: Donald L. Avila, Arthur W. Combs, und William W. Purkey, The Helping Relationship Sourcebook, Boston (Allyn & Bacon) 1971.

Brill, N. Communication with low income families, Journal of Home Economics (1966), 58, 631—635.

Gibb, J. R., Defensive communication, The Journal of Communication (1961), 11, 141—148.

Hayakawa, S. I., Language in thought and action, New York (Harcourt, Brace & World) 1964.

Kelley, E. C., Communication and the open self, ETC, A Review of General Semantics (1954), 10, 96.

MacDonald, J. B., Gamesmanship in the classroom, National Association of Secondary School Principals Bulletin (1966), 50, 51—68.

Mehrabian, A. et al. Immediacy: An indicator of attitudes in linguistic communication, Journal of Personality (1966), 34, 26—34.

Reik, Th., Listening with the third ear, New York (Grove Press) 1948.

* Roethlisberger, F. J., Barriers to communication between man. In: S. I. Hayakawa (Hrsg.), The use and misuse of language, Greenwich, Conn. (Fawcett) 1962, 41—46.

Shapiro, J., Forster, C. P. und Powell, T., Facial and bodily cues of genuineness, empathy, and warmth, Journal of Clinical Psychology (1968), 24, 233—236.

* White R. K., Misperception and the Vietnam War, Journal of Social Issues (1966), 22, 1—154.

Winick, C. und Holt, H., Seating position as nonverbal communication in group analysis, Psychiatry (1961), 24, 171—182.

14
Verschiedene Rollen des Helfers

An den helfenden Berufen ist nichts Magisches. Die Techniken des Helfens sind nicht den berufsmäßigen Helfern vorbehalten. Jeder unternimmt es irgendwann in seinem Leben, zu therapieren, zu verwalten, zu beraten oder irgendeine der anderen Praktiken anzuwenden, von denen die Prozesse des Helfens abhängig sind. Was ein Helfer tut, unterscheidet sich in nichts von dem, was Menschen vieler Schichten tun. Seine Funktion wird einzigartig durch die disziplinierte Art und Weise, in der er sich selbst und seine Techniken einsetzt. Helfende Beziehungen sind nicht identisch mit dem Leben; sie sind besondere Bedingungen, geschaffen, um die Fähigkeit des Hilfsbedürftigen zu stärken, mit dem Leben fertig zu werden. Das erfordert oft, daß man die Menschen beschützt und sie vorübergehend gegen den gewöhnlichen Druck ihrer Lebensumwelt abzuschirmen versucht, während sie neue und befriedigendere Möglichkeiten der Bewältigung entwickeln. Deshalb schaffen Berater eine warmherzige und freundliche Beziehung für bedrohte und feindselige Klienten, und Lehrer sprechen von der Schule als einer »Vorbereitung fürs Leben«. Helfende Beziehungen haben gerade deswegen ihren Wert, weil sie sich vom gewöhnlichen Leben unterscheiden.

Der professionelle Helfer ist nicht »nur ein Mitmensch«. Er muß ein wichtiger Anderer sein, informiert, diszipliniert, erfahren und geschickt in der Verwirklichung seiner speziellen Rolle. Sein manifestes Ziel ist vermehrte Zulänglichkeit seines Klienten, Schülers oder Patienten. Alles, was er beim Helfen tut, ist abhängig davon, wie geschickt er Ereignisse für dieses Ziel einspannen kann. Das ist kein Zufallsprozeß. Er muß vorhersagbar und lenkbar sein. Es genügt nicht, wenn der Helfer in gutem Glauben handelt oder etwas tut, das »helfen könnte«, wenn er nicht einigen Grund zu der Annahme hat, daß er ein eher positives als negatives Ergebnis erzielen wird. Das soll nicht heißen, daß Helfer immer und überall ausdrücklich fähig sein müssen, alle Folgen dessen vorherzusagen, was sie tun. Beim heutigen Stand unserer Kenntnisse kann man von keinem Menschen verlangen, diese Forderung zu erfüllen. Verantwortungsvolle berufliche Dienstleistung ist jedoch kein Glückszufall. Sie muß sich auf vernünftige Annahmen positiver Wirkungen gründen. Um »wichtig« zu sein, muß der »Andere« eine Richtung haben.

Die Verfahren müssen mit den Grundsätzen und Zielen übereinstimmen.

Techniken, die ohne solche Grundkenntnisse angewendet werden, bleiben Pfuscherei. Der Preis derartiger Zufallsmethoden im Umgang mit Problemen mag bei der Manipulation von Dingen manchmal gerechtfertigt sein; wenn es um Menschen geht, sind sie gewiß unannehmbar, besonders für Leute, die behaupten, professionelle Helfer zu sein. Lehrer, Berater und Sozialarbeiter müssen wirksame Techniken und Verfahrensweisen erwerben, mit Menschen zu arbeiten, aber diese müssen angewendet werden als Folge von Verständnis und Ausdruck von Dynamik, und nicht als wichtiger Selbstzweck.

Helfen erfordert eine Auswahl

Aus den Tausenden von Möglichkeiten, die dem Helfer zu Gebote stehen, muß er sich einige aussuchen. Die Arbeitsmethoden tüchtiger Helfer sind fast so verschiedenartig wie die Persönlichkeiten, die sie anwenden. Was ein bestimmter Berater, Lehrer, Pastor, Aufsichtführender oder eine bestimmte Krankenschwester als angemessene Art des Vorgehens auswählt, wird in erster Linie durch Vorgänge im Selbst des Betreffenden bestimmt — besonders durch seine persönlichen Bedürfnisse und die Art seiner Ansicht von sich selbst; von den Menschen, mit denen er arbeiten muß; von den Zielen der besonderen Aufgabe, mit der er betraut ist, und von den persönlichen Antworten, die er auf die Frage nach der Natur des Menschen, nach den Fähigkeiten des Menschen und nach der Dynamik der Veränderungen in der menschlichen Persönlichkeit gefunden hat. Was er auswählt, wird auch von besonderen Bedingungen außerhalb seiner selbst beeinflußt; unter anderem von den Bedürfnissen seiner Klienten, der verfügbaren Zeit, um das Erforderliche zu tun und helfen zu können, davon, wie weit er die Bedingungen des Helfens lenken kann, und von den speziellen Forderungen, die der Beruf an ihn stellt, dem er sich verschrieben hat. Der Helfer muß auch auswählen, auf welchen Aspekt er seine Aufmerksamkeit lenken soll — den Klienten, die Umwelt, das Selbst des Betroffenen und seine Beziehungen oder auf eine Kombination aus einigen davon.

Manchmal wird sich vielleicht ein Helfer dafür entscheiden, ausdrücklich das Verhalten derer, denen er helfen will, zu lenken und zu steuern. Zum Beispiel versucht der Verhaltenstherapeut dies dadurch zu erreichen, daß er das Verhalten seiner Klienten durch Verstärkungstechniken zu »formen« sucht. Helfer können auch versuchen, störende, lästige Gewohnheiten durch Hypnose zu beseitigen. Einem Kind kann man die Fertigkeiten beibringen, die es braucht, um sich an geselligen Unternehmungen seiner Altersgenossen zu beteiligen. Die Technik des Lehrens mit Hilfe von Belohnung und Bestrafung ist an unseren öffentlichen Schulen lange praktisch angewendet worden.

Manipulationen können auch auf die Umwelt gerichtet sein, z. B. wenn ein Sozialarbeiter versucht, in einem Elendsviertel die Wohnverhältnisse zu verbessern, oder wenn ein Schulrektor etwas unternimmt, um für die Kinder in seiner Schule bessere Lernbedingungen zu schaffen.

Manche Praktiker der helfenden Berufe lehnen die Methoden des Helfens durch Steuerung und Lenkung von Schülern, Klienten und Patienten ungeduldig ab, und das Wort »Manipulation« wird manchmal so angesehen, als sei es gleichbedeutend mit »schlecht«. Wir haben bereits gesehen, daß es so etwas wie eine gute oder richtige Methode des Helfens nicht gibt. Das gleiche gilt grundsätzlich für die Manipulation. An sich ist sie weder gut noch schlecht. Sie hat einen schlechten Ruf bekommen, weil sie manchen Helfern undemokratisch erscheint, als eine Art Verletzung der Würde und Integrität des Individuums, oder vielleicht, weil sie bei den Problemen, mit denen manche Helfer fertigwerden müssen, nicht angemessen oder nicht wirksam ist. Aber der Manipulation an sich wohnt nichts Negatives inne. Alle Helfer manipulieren irgend etwas — die Umwelt, den Klienten oder sich selbst —, um eine helfende Beziehung herzustellen. Wie jede andere Methode kann man sie angemessen oder unangemessen einsetzen, positiv oder negativ, je nach dem Geschick und dem Verständnis des Helfers.

Angehörige der helfenden Berufe neigen im allgemeinen dazu, sich auf eine von vier Arbeitsweisen zu spezialisieren:

1. Durch Veränderung der Umwelt
2. Durch Beziehungen von Angesicht zu Angesicht; Zweierbeziehungen
3. Durch Beziehungen in Gruppen
4. Durch Dritte.

Zwar sind alle diese Arbeitsweisen von den gleichen Grundsätzen menschlichen Verhaltens abhängig, aber jede erfordert eigene Spezialkenntnisse, Fertigkeiten und Beziehungen; für jede sind auch geeignete Ausbildungsprogramme entworfen worden. Jede Arbeitsweise hat ihre eigenen Vorteile und Nachteile, je nach der persönlichen Ansicht des Helfers. Welche Art des Vorgehens er für sich wählt, ist abhängig von Fragen wie: »Will ich viele oder wenige beeinflussen?« »Finde ich mehr Befriedigung bei der Arbeit auf tief persönlicher Ebene oder auf weiter entfernter unpersönlicher Ebene?« »Liegt mir mehr daran, Menschen, die Hilfe brauchen, zu rehabilitieren, oder möchte ich meinen Beitrag dadurch leisten, daß ich durch Vorbeugungsprogramme die *Notwendigkeit* der Rehabilitierung gar nicht erst entstehen lasse?« Oder: »Sollte ich mein Bestreben darauf richten, Leute zur Selbstverwirklichung zu ermutigen?«

Hier geht es nicht um die Frage nach richtig oder falsch, nach besser oder schlechter. Es ist eine Frage der Wahl, wie man sein Selbst einsetzen will — nicht nur im Dienst am anderen, sondern, was ebenso wichtig ist, damit der Helfer selbst zur persönlichen Erfüllung gelangen kann. Der Helfer, der durch das Helfen keine persönliche Befriedigung erfährt, betrügt nicht nur sich selbst, sondern wahrscheinlich auch seine Klienten.

1. Veränderung der Umwelt

Von allen Helfern wird irgendwann einmal gefordert, daß sie auf die Umwelt jener, denen sie helfen wollen, Einfluß nehmen. Manchmal ist dieser Einfluß ganz direkt, manchmal ist er vielleicht nur vereinzelt oder zufällig. Für manche Helfer ist er die Hauptmethode, mit deren Hilfe sie ihre Arbeit an anderen Menschen tun; für andere ist er eine Maßnahme, die sie nur gelegentlich anwenden. Im weitesten Sinn könnte man sagen, alle Formen des Helfens geschehen dadurch, daß man in der Umwelt des Klienten eine Veränderung herbeiführt. Wenn man durch Unterweisung die Einstellung von Eltern verändert, ändert sich die Umwelt des Kindes. Selbst die in der Psychotherapie durch einen ganz nondirektiv arbeitenden Praktiker bewirkten Veränderungen kommen durch die Beziehung zustande, die Gegenwart und Verhalten des Therapeuten schaffen: auch so wird die Umwelt des Klienten verändert.

Die physikalische Welt ist der Ort, wo wir leben; sie schafft uns die physischen Bedingungen für Wachstum und Weiterleben. Was immer getan werden kann, um sie produktiver, gesünder und schöner zu machen, muß ein Hauptanliegen jedes einzelnen sein, dem das Wohl des Menschen am Herzen liegt. Es ist auch ein wichtiges gesellschaftliches Problem unserer Zeit, und, gleichgültig, was ein Helfer in seinem Beruf tut, die Ausübung seines Einflusses als privater Bürger, um für die Menschheit eine bessere Umwelt zu schaffen, muß gewiß eine Hauptaufgabe für ihn bleiben. Die menschlichen Fragen, bei deren Beantwortung die Hilfe des professionellen Helfers gebraucht wird, werden jedoch wahrscheinlich selten dadurch gelöst, daß man die physischen Aspekte der Umwelt verändert, da der Mensch ein soziales Wesen ist und sein Wachstum und seine Entwicklung als Mensch im wesentlichen von anderen Menschen abhängig ist. Die Umwelt, in der der professionelle Helfer gewöhnlich arbeiten muß, schließt auch die Menschen ein, die seinen Klienten oder Schüler umgeben. Eine Veränderung in der menschlichen Umwelt ist jedoch nicht leicht zu bewirken. Wir haben schon im 2. Kapitel gesehen, daß die Welt, auf die ein Mensch reagiert, um so größer wird, je älter er wird, und es wird immer unwahrscheinlicher, daß der Helfer sie verändern kann. Wenn die Umwelt seines Klienten überhaupt verändert werden soll, muß dies meistens der Klient oder Schüler selbst tun, und der Helfer muß seinen Einfluß vor allem durch die Person ausüben, die Hilfe gesucht hat.

2. Die Zweierbeziehung

Das Ziel der helfenden Berufe, ganz gleich, wer sie ausübt, besteht darin, irgendeine Veränderung im Individuum hervorzurufen. Sogar Veränderungen in der Gesellschaft lassen sich letzten Endes nur durch Veränderungen in Individuen herbeiführen. Manche Helfer wie therapeutische Berater und Krankenschwestern arbeiten fast ausschließlich mit Individuen. Aber alle Helfer müssen eines Tages, ob oberflächlich oder tiefgehend, einen Teil ihrer Funktionen in einer Zweierbeziehung mit einem anderen Menschen erfüllen. Die meisten Menschen denken, wenn sie damit konfrontiert sind, jemandem auf diese Weise helfen zu müssen, zuerst daran, ihm einen Rat zu geben, indem sie ihm sagen, wie die Dinge liegen oder was er tun sollte. Im Lauf von Jahrtausenden haben die Menschen eine große Zahl von Techniken entwickelt, um dies zu tun. Zu den verbreitetsten gehört das Überzeugen von Menschen, das Anführen von Beweisen, das Ermahnen zum Gutsein, Befehlen oder Verbieten, Erklären, Überreden, Beraten, Bedrohen, Verführen, Vorschläge machen, Lenken, Belohnen, Bestrafen, das Hervorrufen von Schuldgefühlen oder das Benützen religiöser Einflüsse. Natürlich *kann* man Menschen auf diese Art helfen. Tatsächlich kann man, wenn die richtigen Bedingungen gegeben sind, den Menschen durch fast alles helfen. Alle paar Jahre werden wir mit irgendeiner überraschenden neuen Technik bekanntgemacht, mit der man Menschen helfen kann. Sie wird eine Zeitlang Mode und stirbt dann leise dahin. Selbst die lächerlichsten dieser Techniken können auf ihrem Höhepunkt in manchen Menschen bedeutsame Veränderungen hervorrufen. Wenn die Menschen *glauben*, etwas sei hilfreich, genügt dies oft, um es wirksam werden zu lassen.

Menschen in einer Zweierbeziehung zu helfen, könnte man sich als ein zweckvolles Kontinuum vorstellen — vom Interview (in dem man Informationen *vom* Klienten *bekommt*) über die Beratung (in der man Informationen oder Anleitung gibt) bis hin zur Anwendung psychologischer und psychotherapeutischer Methoden (wo man die Entdeckung persönlicher Bedeutungen auf immer tieferer Ebene fördert).

Viele Hilfsbedürfnisse der Menschen können durch das einfache Mittel der Informationsvermittlung befriedigt werden. Es ist wirklich eine Hilfe, wenn einem gesagt wird, wie spät es ist, wie man zu einem unbekannten Stadtteil gelangt, wie man seine Einkommensteuer-Erklärung abfaßt oder wie man ein intellektuelles Problem lösen soll. Die zur Vermittlung derartiger Informationen notwendigen helfenden Beziehungen sind vergleichsweise geradlinig und einfach. Die mehr menschlichen oder persönlichen Probleme, bei denen Menschen Beistand brauchen, sind jedoch selten die Folgen eines Mangels an Information. Wenn Menschen sich falsch verhalten, tun sie es selten, weil sie nicht wissen, was sie tun sollen. Die ernsthaften Probleme, bei denen Menschen Hilfe brauchen, sind meistens moralischer Art, Fragen der Entscheidung, der Wünsche, Hoffnung, Frustration oder der Benachteiligung. Infolgedessen brauchen sie, wenn sie um Hilfe bitten, nicht so sehr Informationen, wenn auch ihre Fragen zunächst in diese Richtung gehen mögen. Die meisten Leute, die zu einem beratenden Psychologen kommen und Hilfe suchen, haben schon den größten Teil der Informationen, die sie brauchen. Gewiß brauchen Menschen Informationen, um wirksam mit dem Leben fertig zu werden. Es wäre grausam und unmenschlich, Informationen zurückzuhalten, die einem Menschen helfen könnten, rascher gesund zu werden. Andererseits bedeutet es nur einen Umweg für den Prozeß des Helfens, wenn man Menschen Informationen gibt, die sie nicht brauchen oder nicht verwenden können. Allgemein gesagt: Menschen in Not wollen nicht so sehr, daß man ihnen etwas sagt, sondern vielmehr, daß man sie versteht. Moderne Methoden der Beratung und Psychotherapie legen daher weniger Wert darauf, Menschen Informationen zu vermitteln, sondern vielmehr darauf, herauszubekommen, wie man zu Menschen, die Hilfe brauchen, tragfähige Beziehungen herstellen kann.

Die Wichtigkeit der Beziehung

Am Anfang der Geschichte der psychologischen Beratung nahm man an, der von den Beratern gegebene Rat sei entscheidend. Später glaubte man, das Helfen sei abhängig von den *Methoden*, deren sich die Berater bedienten; die Praktiker führten langwierige Diskussionen darüber, ob direktive oder non-direktive Methoden erfolgversprechender seien. In jüngster Zeit betrachtet man die *Beziehung* in der Beratungspraxis als den signifikantesten Aspekt. Zunächst kam dies dadurch zustande, daß die Berater sich auf die erleichternde Wirkung konzentrierten, die die Beziehung für die Erforschung von Bedeutungen hat. Wir beginnen heute zu verstehen, daß diese Bezeichnung viel mehr als einfache Erleichterung bewirkt: Sie lehrt auch. Wenn man sich ansieht, welche Verhaltensweisen die meisten modernen Schulrichtungen für die Praxis guter psychologischer Beratung befürworten, kann man sich in jedem Fall fragen:

»Was würde der Klient wahrscheinlich über das Selbst lernen, wenn er dieses Verhalten erlebt?« Man wird feststellen, daß die Antworten zu den Merkmalen der Selbstverwirklichung führen, zu einer positiven Anschauung vom Selbst, zum Offensein für Erfahrungen und für Gefühle der Identifizierung mit anderen. Wenn man den Vorgang umkehrt und fragt: »Was für Verhaltensweisen wären notwendig, um einen Menschen ein positives Selbst zu lehren, Offenheit für Erfahrungen oder für tiefe Gefühle der Identifizierung?« führt dies unmittelbar zur Beschreibung von Beziehungen, die fast überall für die wirksame psychologische Beratung befürwortet werden. In der Zweierbegegnung liegt die Betonung auf der Beziehung, die die Erforschung des Selbst und der Welt fördert und in Form des positiven Feedback von einem bedeutsamen Angehörigen der Außenwelt neue Selbsterfahrungen ermöglicht.

Um eine wirksame Beziehung von Angesicht zu Angesicht herzustellen, muß der Helfer lernen, sich selbst optimal einzusetzen. Wenn er sich selbst zu wenig einsetzt, entsteht überhaupt keine Beziehung. Wenn der Helfer sich andererseits zu sehr einsetzt, kann er Gefahr laufen, die Beziehung so sehr zu beherrschen, daß er die Entwicklung und Selbsterfüllung des Klienten zunichte macht oder verzögert. Die intime Zweierbeziehung der psychologischen Beratung erfordert hochentwickelte Fähigkeiten des Zuhörens, der Einfühlung, der Selbstdisziplin und der Geduld. Ein großer Teil der Ausbildung dieser Helfer ist dem Einüben und der Verfeinerung dieser Eigenschaften zu immer größerer Vollkommenheit gewidmet.

Der Umstand, daß nichtgeschulte Berater so sehr mit dem beschäftigt sind, was sie sagen, steht oft dem sorgfältigen Zuhören, wie es die geschulten Berater praktizieren, im Wege. Gelegenheitsberater reden zuviel. Professionelle Berater wissen, daß die Aktivität des Klienten die Veränderung herbeiführt, und daß man ihn zum Reden und zur Selbsterforschung ermutigen muß. Deshalb verwenden sie im Verlauf ihrer Ausbildung viel Zeit und Mühe darauf, zu lernen, wie man sich einfühlt und wie man sich mit Disziplin dazu bringt, sehr sorgfältig zuzuhören, um zu verstehen, wie die Dinge in der privaten Welt des Klienten aussehen. Wirksame Beratung erfordert Geduld. Professionelle Berater haben aus langer Erfahrung gelernt, daß psychologische Beratung Zeit kostet. Unerfahrene Berater verhindern oft ihren eigenen Erfolg, weil sie den wichtigen Umstand nicht begreifen, daß der Wandlungsprozeß um so länger dauert, je tiefer, wichtiger und grundlegender die Veränderungen in der Persönlichkeit eines Menschen sind. Eine richtige Einschätzung dieses Umstands kann dem Anfänger viel Kummer ersparen und seinem Klienten viel Frustration. Sie hält ihn davon ab, dem Hilfsbedürftigen zu hart zuzusetzen und erspart ihm selbst Entmutigung und Enttäuschung, weil sie ihm eine richtige Anschauung von dem gibt, was er tun und was er nicht zustande bringen kann.

Berater und Psychotherapeuten haben von allen Angehörigen helfender Berufe am meisten die Verantwortung für die engste Zusammenarbeit mit Kranken, Ängstlichen, Benachteiligten und zutiefst Fehlangepaßten. Infolgedessen geht es in der Ausbildung dieser Leute wesentlich darum, Beziehungen zu entwickeln, die sorgfältig darauf angelegt sind, den größtmöglichen Rapport und maximale Freiheit der Kommunikation zu entwickeln. Man achtet sehr aufmerksam auf das, was dem Klienten durch die geschaffene Beziehung mitgeteilt wird. Berater versuchen, ihre Beziehungen für ihre Klienten nicht-bedrohlich, anteilnehmend, bergend und ermutigend zu machen. Laien andererseits übergehen oft diese wichtigen Überlegungen, weil sie so sehr mit dem beschäftigt sind, was sie dem Schüler oder dem Elternteil sagen wollen, mit dem sie im Gespräch sind. Währenddessen machen sie die Möglichkeiten brauchbarer Ergebnisse zunichte, denn im typischen Fall lernen Klienten viel mehr aus der hergestellten Beziehung als aus den spezifischen Einzelheiten, die gesagt werden.

Die akademische Ausbildung für die Arbeit in der Zweierbeziehung verlangt gewöhnlich, daß Berater und Therapeuten mehr Gewicht auf das Studium der klinischen Psychologie, der Individual- oder der humanistischen Psychologie legen als auf orthodoxere, objektivere Arten der Betrachtung des menschlichen Verhaltens. Die meisten Ausbildungsprogramme fordern auch irgendeine persönliche Erfahrung des Ausbildungskandidaten im Beratenwerden, wodurch der Neuling den Prozeß als »Konsument« erleben kann. So hat er Gelegenheit, sein Verständnis zu verbessern, indem er den Prozeß unter dem Blickwinkel des Klienten sieht. Zugleich bekommt er die Möglichkeit, sich selbst und seine Schwierigkeiten besser kennenzulernen; dieses Gewahrsein ist notwendig für die Art von Selbstdisziplin, die man in einer effektiven Beratungspraxis braucht.

3. Helfen durch Gruppen

Eine der wirksamsten Weisen, wie Menschen sich untereinander helfen, ist die Bildung von Gruppen. Die Zweierbeziehung der psychologischen Beratung ist selbst eine Art Gruppe; aber wenn man Menschen in einer Zweierbeziehung von Angesicht zu Angesicht helfen will, muß man damit rechnen, daß es recht langsam geht. Oft ist es viel wirksamer, wenn man mit einer größeren Zahl von Leuten arbeitet. Helfer wie Gruppentrainer, Gruppentherapeuten, Lehrer usw. üben ihre Helferfunktionen

in erster Linie durch die Arbeit mit Gruppen aus. Alle Helfer, gleichgültig, welcher besonderen Richtung sie angehören, müssen fähig sein, mit einem gewissen Maß an Kompetenz in dieser Weise zu arbeiten.
Während der ganzen Menschheitsgeschichte haben Führer von Zeit zu Zeit Menschen in Gruppen versammelt, um sie zu informieren oder um sie zu einer gemeinsamen Sache zusammenzuschließen. Für den ältesten helfenden Beruf, die Priester und die Lehrer, war die Gruppenmethode immer eine Haupttechnik des Helfens. In neuerer Zeit haben wir begonnen, den Wert der Gruppenerfahrung selbst als Vehikel der Erforschung und Entdeckung neuer Bedeutungen von Selbst und Welt zu verstehen. Infolgedessen experimentieren Angehörige der helfenden Berufe überall auf die verschiedensten Arten mit der Verwendung von Gruppen zur Förderung menschlicher Weiterentwicklung und Selbsterfüllung. Hauptfragen der Pädagogik sind z. B., wie man Kinder zu Gruppen zusammenfassen soll, damit sie am besten lernen, und wie man die Gruppendiskussion als Lehrmittel einsetzen soll. Sozialarbeiter machen ausgedehnte Versuche mit Gruppen für Familientherapie und Gemeinde-Aktions-Programme. Beratende Psychologen und Psychotherapeuten beschäftigen sich intensiv mit Begegnungsgruppen (basic encounter groups), Gruppen-Spieltherapie und der Verwendung von Gruppen zur Förderung der geistig-seelischen Gesundheit. Beschäftigungs- und Freizeit-Therapie sind sehr wichtige Zweige der Heilkunst geworden, und Fachleute für zwischenmenschliche Beziehungen kümmern sich um das Problem der Gruppenkonflikte und seine Lösung.
Durch die Verwendung von Gruppen wird die Zahl der Menschen, denen die helfenden Berufe beistehen können, enorm gesteigert. Eine Gruppe ist jedoch kein eigenes Wesen. Um eine Gruppe zu verändern, ist es immer noch notwendig, Herz und Sinn der einzelnen Menschen zu ändern, aus denen sich die Gruppe zusammensetzt. Darum muß alles, was getan wird, um Menschen in Gruppen zu helfen, immer noch auf die Einzelmitglieder der Gruppe gerichtet sein und muß in ihrer persönlichen Wahrnehmungsweise eine Veränderung hervorrufen. Die Arten von Gruppenerfahrung, die der Helfer zu diesem Zweck konstruiert, können in den Gruppen sehr verschieden sein: von Gruppen, die wenig mehr sind als ein angenehmer Zeitvertreib bis hin zu intensiv therapeutischen Gruppen, von völlig spontanen bis zu starr gelenkten Gruppen, von rein objektiven Diskussionen bis hin zur tief persönlichen Erforschung von Bedeutungen. Man kann die Gruppen allgemein in vier Kategorien einteilen: Gesprächs-, Unterweisungs-, Entscheidungs- und Entdeckungsgruppen.

Gesprächsgruppen

Hier finden sich die am wenigsten gesteuerten Gruppentechniken, sie unterscheiden sich nur wenig von dem sozialen Dialog, den jeder von uns führt, wenn er auf einer mehr oder weniger beiläufigen Grundlage mit anderen interagiert. Der Prototyp ist zu finden in der »Bull Session« der Collegestudenten, einem angenehmen Zeitvertreib, wo man andere durch Beschreibung oder Geschichten von Dingen zu erfreuen versucht, die man weiß, oder von Erlebnissen, die man gehabt hat. Eine »Bullensitzung« ist reine Unterhaltung, ein Mittel zur Selbsterhöhung. Gewöhnlich wird dabei ein erhebliches Tempo angeschlagen, während eine Person nach der anderen eine Geschichte, eine Anekdote erzählt oder eine Bemerkung dazu macht. In einem solchen beiläufigen Gespräch ist die verbale Beteiligung meistens hoch, und die Gruppe ist meist so klein, daß jeder eine Möglichkeit zum Reden hat. Wenn die Wartezeiten zu lang werden, spaltet sich die Gruppe meist in kleinere Abteilungen auf, wo mehr Leute Kommentare abgeben können. Die meisten Aussagen sind beschreibender Art: »Ich hab' gesehen ...«, »Hast du gelesen ...?« »Einmal hab' ich ...«, »Mein Onkel war mal ...« und so weiter. Das Gespräch bewegt sich wie ein Spiel des Übertrumpfens, wo einer eine Geschichte erzählt, und ein anderer eine weitere, die die erste übertreffen soll. Das Lernen ist in einer solchen Gruppe meistens auf ein Minimum beschränkt. Diese Art von Sitzung wird von den meisten professionellen Helfern, wenn überhaupt, nur gelegentlich als ein Mittel zur Herstellung von Rapport verwendet.

Unterweisungsgruppen

Diese Art von Gruppen wird fast ausschließlich zu dem Zweck zusammengestellt, um den Teilnehmern etwas zu zeigen oder zu sagen — gewöhnlich durch irgendeine Form der Demonstration oder des Vortrags. Die Zahl der Teilnehmer kann von sehr wenigen bis zu den Millionen gehen, die durch die Wundermaschinen unseres elektronischen Zeitalters erreicht werden können. Die meiste Aktivität in solchen Gruppen liegt beim Gruppenleiter. Die Lernenden sind überwiegend passiv. Ihre Aufgabe liegt im Zuhören, Beobachten und Aufnehmen. Im Zentrum der Aufmerksamkeit aller steht der Inhalt oder das Thema, die dargestellt werden. Alles ist abhängig vom Geschick des Helfers, das er auf seine Darstellung verwendet, und er kümmert sich gewöhnlich nicht sehr um die Probleme der Lernatmosphäre oder darum, im Lernenden Prozesse des Entdeckens zu unterstützen. Interaktion kommt meistens nur in Form der Interaktion zwischen Lehrer und Schüler vor. Die Interaktionen unter den Schülern sind begrenzt, wenn sie überhaupt auftreten. In früheren Kapiteln haben wir gesehen, daß das Lernen immer aus zwei Aspekten besteht: dem Erwerben neuer Informationen oder Erfahrungen und der Entdeckung ihrer Bedeutung. Unterweisungsgruppen können zum Erreichen des ersteren oft ein wirksames Mittel sein, aber beim Erreichen des letzteren lassen sie viel zu wünschen übrig.

Historisch gesehen waren Unterweisungsgruppen die Hauptmethode, durch die Lehrer versuchten, ihre helfende Rolle zu spielen. Ein großer Teil des Lehrens, besonders auf der College-Ebene, wird heute noch in dieser altehrwürdigen Tradition der Vorlesung und Demonstration durchgeführt. Moderne Auffassungen vom Lehren und Lernen akzeptieren jedoch eine so enge Anschauung von der Aufgabe nicht mehr. Das »Mitteilen« wird nicht länger als die Hauptfunktion des Lehrers angesehen. Tatsächlich haben wir heute wunderbare mechanische Vorrichtungen entwickelt, die Menschen wirksamer mit Informationen versorgen, als es Lehrer tun können — Radio, Fernsehen, Film, programmierter Unterricht, audiovisuelle Techniken und Computer. Demgemäß wird die Informationsphase des Lernens immer mehr solchen mechanischen Vorrichtungen übertragen, während die Lehrer sich dem wichtigeren Problem widmen, den Schülern zu helfen, die Bedeutung der gebotenen Information zu entdecken, einem Hauptziel, das er mit den anderen helfenden Berufen gemeinsam hat.

Entscheidungsgruppen

Manche Gruppen werden mit dem Hauptziel gebildet, in irgendeiner Sache zu einer Übereinkunft oder einer Entscheidung zu kommen. Fast jeder kennt solche Gruppen und hat schon einmal an ihnen teilgenommen. Eine Gruppe von Menschen kommt zusammen, um eine Frage zu untersuchen und zu einer Lösung oder zu einem Programm für praktisches Handeln zu gelangen, vielleicht, um eine Reihe von Funktionären zu bestimmen, um zu entscheiden, wo man ein Picknick abhalten will, um eine Reihe von Regeln für ein Schulsystem aufzustellen, einen Vertrag auszuhandeln oder einen Streit unter den Mitgliedern beizulegen. Die Gruppe tauscht zunächst einmal Informationen über das Problem aus und hört sich dann Vorschläge und Gegenvorschläge für eine Lösung an; früher oder später wird über die Entscheidung abgestimmt; dann geht man zu anderen Geschäften über. Solche Gruppen können sich oft als höchst nützlich erweisen, wenn es darum geht, Übereinstimmung in bezug auf einen Aktionsplan zu erreichen. In dieser Hinsicht sind sie auf den Prozeß des Helfens nur begrenzt anwendbar, weil dieser eine grundlegendere Veränderung der persönlichen Bedeutungsinhalte herbeizuführen sucht. Die meisten Helfer kümmern sich weit weniger um die Entscheidungen, die ihre Klienten fällen, als um die Erleichterung der Prozesse der Erforschung und Entdeckung, die der Wahl zugrundeliegen, nach der der Betroffene sein Handeln einrichtet. Für den professionellen Helfer können die Merkmale und die Richtung der Diskussion, die der Entscheidung vorangeht, viel wichtiger sein als die endgültige Entscheidung.

Wenn Menschen schon Erfahrungen in Entscheidungsgruppen gemacht haben, erheben sich Probleme für ihre Helfer, denn Entscheidungsgruppen haben die bedauerliche Wirkung, ihre Mitglieder zu zwingen, sobald die Gruppe zu einer Entscheidung gekommen ist, auch selbst die gebilligten Lösungen zu akzeptieren. Sogar das »demokratische« Verfahren der Abstimmung kann diese Wirkung haben, denn die Abstimmung ist oft nur eine Methode, um eine Diskussion abzubrechen. Wenn abgestimmt wird, hört die Diskussion auf, und die Minderheit wird zu der Entscheidung genötigt, die die Mehrheit getroffen hat. Erfahrungen dieser Art können die Freiheit des Individuums stark beeinträchtigen, in einer Richtung zu forschen und voranzugehen, die nur seinen eigenen Bedürfnissen entspricht. Es ist weithin bekannt, daß ein Mensch, den man gegen seinen Willen überzeugt, im Grunde bei seiner früheren Meinung bleibt. Deshalb wird das Verhalten eines der Minderheit angehörenden Mitglieds einer Entscheidungsgruppe oft durch seine Teilnahme gar nicht beeinflußt. Noch schlimmer: wenn es ihre nötigende Wirkung oft erlebt hat, wird es vielleicht lernen, bei späteren Gelegenheiten mit Mißtrauen und Angst in Gruppenbegegnungen hineinzugehen. Das schafft Probleme für Helfer, weil Menschen, die solche Gruppen erlebt haben, die Erwartung hegen, dies sei die Art, wie eine Gruppe funktionieren »müsse«. Infolgedessen verzögern oder vernichten sie oft so lange die Wirksamkeit von helfenden Gruppen, die zu anderen Zwecken gebildet worden sind, bis es dem Gruppenleiter gelingt, ihnen die Erkenntnis möglich zu machen, daß die neue Situation ganz anders ist als die, die sie früher erfahren haben.

Entdeckungsgruppen

In den letzten zwanzig bis dreißig Jahren haben verschiedene Zweige der helfenden Berufe besondere Arten von Gruppen entwickelt, um Schülern, Klienten und Patienten zu helfen, ein neues und angemessenes Verständnis ihrer selbst und ihrer Beziehungen zur Welt zu untersuchen und zu entdecken. Leiter derartiger Gruppen konzentrieren sich im allgemeinen viel mehr auf den Gruppenprozeß als auf spezifische Ergebnisse, die der Prozeß haben soll. Das Schwergewicht liegt auf dem Erlebnis der Teilnahme an der Gruppe und darauf, was das Individuum daraus machen kann. Weil die Teilnahme an einer helfenden Gruppe einen höchst persönlichen Charakter hat, ist für den Erfolg auch eine unterstützende Atmosphäre viel stärker notwendig. Viel hängt auch von dem Geschick des Gruppenleiters ab, eine Atmosphäre zu schaffen, die die Selbstoffenbarung ermöglicht. In vielen Bereichen der helfenden Berufe sind heute auch helfende Gruppen weithin in Gebrauch; gewöhnlich werden sie für drei Arten von Zwecken benützt:

1. *Sensitivity-Training.* Gruppenerfahrungen werden benützt, um den Teilnehmern zu helfen, gesteigerte Sensibilität sich selbst und anderen gegenüber zu entwickeln. Manche Formen dieser Gruppen nennt man auch Begegnungs- oder Konfrontationsgruppen. Sensitivity-Trainings-Gruppen sind besonders beliebt in der Ausbildung von Praktikern der helfenden Berufe, dem Training von leitenden Angestellten in der Industrie und in der Public-Relations- oder Öffentlichkeitsarbeit.

2. *Gruppentherapie.* In diesem Fall werden Gruppen um ihres therapeutischen Wertes willen benützt, besonders um Patienten oder Klienten mit Persönlichkeitsproblemen zu helfen. Solche Techniken hat man z. B. bei Gefängnisinsassen, potentiellen jugendlichen Delinquenten, Eheproblemen, in der Elternschulung und dergleichen verwendet.

3. *Lerngruppen.* Hier werden Gruppentechniken eingesetzt, um Schülern bei der Erforschung und Entdeckung von Ideen in vielen Themenbereichen zu helfen. Im Gegensatz zu der allgemeinen Ansicht, das Leben sei in erster Linie eine Sache des »Mitteilens«, stützen sich moderne pädagogische Methoden immer mehr auf verschiedene Arten der Gruppenerfahrung, um Schülern bei der Untersuchung und Entdeckung von neuen Bedeutungsinhalten zu helfen, die sie selbst und die Welt betreffen, in der sie leben.

Die Wahrung der richtigen Proportionen

Immer, wenn Menschen auf eine neue Technik oder eine neue Idee kommen, wie man mit menschlichen Problemen fertig werden könnte, folgt mit großer Wahrscheinlichkeit eine Zeit der Erprobung, in der die Idee auf unendlich vielfältige Weise ausprobiert wird. In diesem Prozeß kann die Idee bis an ihre Grenzen vorangetrieben werden und als »reine Idee« angewandt werden, oder sie wird auf die abstruseste Weise interpretiert.

Eine solche Periode in der Erforschung neuer Ideen ist auch meistens durch Personen gekennzeichnet, die ihren Neuerungen gegenüber große Loyalität und Begeisterung entwickeln. Da es keine »richtigen« Antworten für den Umgang mit Menschen gibt, können sogar die ungewöhnlichsten Techniken bei manchen Menschen anschlagen — besonders wenn sie selbst daran glauben. Dieser Erfolgsbeweis kann dazu dienen, die besonderen Vorurteile des Neuerers zu stützen, so daß eine Zeitlang eine Menge von Leuten mit großem Nachdruck die Verdienste einer bestimmten Methode standhaft vertritt. Dies scheint ein notwendiger Bestandteil der Entfaltung fast jeder neuen Idee zu sein, und es hat natürlich seinen Wert darin, daß es eine große Vielfalt von Erprobungssituationen bietet. Mit der Zeit, wenn der Staub, den all diese Aktivität aufgewirbelt hat, sich gelegt hat, beginnen die wahren Dimensionen des neuen Konzepts sich abzuzeichnen, und nun wird es mit einer klareren Vorstellung von seinen Grenzen und Möglichkeiten in das Gefüge unseres Wissens eingebaut. Bei all der Gärung und Erregung, die in unseren Tagen im Bereich der zwischenmenschlichen Beziehungen zu beobachten ist, tritt dieser Vorgang sehr häufig auf. Menschen, die in helfenden Berufen tätig sind, müssen sich über die Kräfte, die da am Werk sind, deutlich Rechenschaft ablegen und sie richtig bewerten, allein schon um der Schüler, Klienten oder Pfarrkinder willen, aber auch wegen ihrer eigenen Weiterentwicklung.
Einer der Bereiche, wo diese Art von Erprobung heute am ausgedehntesten stattfindet, ist das Feld der Gruppenaktivitäten, auch »basic encounter« (grundlegende Begegnung) genannt. Die von Vertretern dieser Gruppen ausprobierten Varianten zeigen einen großen Spielraum. Es gibt Gruppen, die Liebe und Anteilnahme betonen, und Gruppen, die auf einer brutalen Konfrontation ihrer Mitglieder bestehen. Manche Gruppen haben einen Leiter, manche mehrere, manche gar keinen. Es gibt große Gruppen, kleine Gruppen, Gruppen, die nur einmal zusammenkommen, und Gruppen, die sich lange Zeit immer wieder treffen. Manche »Marathon«-Gruppen bleiben achtundvierzig Stunden zusammen, und die Gruppenmitglieder dürfen den Raum nur verlassen, um auf die Toilette zu gehen. Manche Gruppen treffen sich sogar nackt. Aus all diesem wird mit der Zeit zweifellos genauer erkennbar werden, was Gruppen leisten können und was nicht, und wie man sie mit möglichst großer Wirksamkeit betreibt. Unterdessen ist es wichtig, sich bewußt zu machen, daß Ausdrücke wie psychologische Beratung (Counseling), Begegnung (Basic Encounter), Gruppentherapie und dergleichen nicht als »Wesenheiten« zu verstehen sind. Man kann nicht einfach für oder gegen sie sein, weil die Namen, mit denen sie belegt werden, uns nichts

über das sagen, was in ihnen vor sich geht. Man kann z. B. nicht wissen, was man über eine Begegnungsgruppe denken soll, wenn man nicht weiß, wer beteiligt ist, was das Ziel der Gruppenmitglieder ist und besonders welche Weltanschauung, was für Ziele und Überzeugungen der Gruppenleiter hat.

Da Menschen nur das tun, was sie gern wollen, kann eine helfende Gruppe sich nicht lange erhalten, falls ihre Mitglieder nicht das Gefühl haben, sie sei eine Erfahrung von Wert. Man kann die Anwesenheit von kleinen Kindern in einer Gruppe fordern. Man kann von Schülern fordern, zur Schule zu gehen, aber im allgemeinen bleiben Menschen, wenn sie erwachsen werden, nicht in Gruppen, die ihnen nicht irgendeine Befriedigung bieten. Also muß man, wenn man Menschen in Gruppen helfen will, schon am Anfang den Teilnehmern Erfahrungen ermöglichen, die sie ermutigen, ihre Abwehr fallen zu lassen, die Natur der Gruppe, an der sie teilnehmen, richtig wahrzunehmen, und eine Ahnung von dem zu bekommen, was ihre Teilnahme ihnen zu bieten haben wird.

Der Grad der persönlichen Hingabe, die in einer Gruppe erreicht wird, läßt sich oft am Niveau der Gespräche deutlich ablesen. Bei wenig oder gar keinem Engagement sprechen die Leute miteinander distanziert. Was sie sagen, ist meistens beschreibend und bezieht sich gewöhnlich auf Ereignisse außerhalb ihrer selbst: »Da war dieser Mann und ...«, »Hast du gelesen ...?«, »Mein Vetter hat einmal ...«. Wenn das Engagement beginnt, wird man wahrscheinlich Äußerungen hören, in denen auf das Selbst Bezug genommen wird: »Ich hab' gelesen, daß ...«, »Kannst du mir sagen, ob ...?« »Ich hab ... aufgesucht«. Solche Bemerkungen sind meist immer noch höchst beschreibend. Bei noch größerem Engagement zeigt sich die erste tastende Beteiligung des Selbst: »Darüber weiß ich nichts ...«, »Glaubst du, daß ...?« »Ich zweifle, ob ...«. Noch näher am Selbst hört man als nächstes Bemerkungen wie: »Ich wüßte gern ...«, »Ich bin mir dessen nicht sicher, aber ...«, »Mir scheint ...«. Viel näher am Selbst sind Bemerkungen wie: »Ach, ich dachte ...«, »Ich mag eigentlich nicht ...«, »Mich freut ...«. Auf den tiefsten Ebenen des Engagements kann man sogar das zu hören bekommen, was manche Psychologen als »Reden aus dem Unterleib« bezeichnen: »Ich hasse ...«, »Das macht mich so wütend!«, »Ich liebe«.

Wie man durch Dritte anderen hilft

In diesem Buch haben wir bisher die Probleme der helfenden Berufe vor allem als Dialog oder Begegnung zwischen einem Helfer und einem oder mehreren Klienten betrachtet. In jedem Zweig dieser Berufe müssen Helfer aber von Zeit zu Zeit auch in einem Rahmen arbeiten, wo es notwendig ist, um die Ziele des Helfens zu erreichen, etwas mit Dritten oder durch Dritte zu tun.

Lehrer versuchen also, Kindern zu helfen, indem sie mit den Eltern zusammenarbeiten; Schulpsychologen versuchen, das Wohlergehen eines Kindes zu beeinflussen, indem sie sich mit seinen Lehrern besprechen; Sozialarbeiter treffen sich vielleicht mit Richtern oder Stadträten, um Veränderungen herbeizuführen, die den Menschen nützen, für die sie in ihren Heimatgemeinden arbeiten. Es ist bekannt, daß Leute, die ihre Arbeit gut machen, in höhere Verwaltungs- oder Aufsichtspositionen versetzt werden. So kann sich ein tüchtiger Berater oder Lehrer plötzlich in einer Stellung befinden, wo er nicht mehr mit Klienten oder Kindern arbeitet, sondern seinen Einfluß durch sein Einwirken auf Berater oder Lehrer ausüben muß. Unter diesen Umständen müssen helfende Wirkungen zweiter oder dritter Hand hervorgerufen werden. Für manche Verwaltungsbeamte, Aufsichtführende und Berater in den helfenden Berufen kann sogar das Wirken aus der Distanz die beste Arbeitsmöglichkeit sein.

Die zum Arbeiten aus zweiter Hand erforderlichen Techniken sind oft anders als die in der unmittelbaren Arbeit mit Klienten. Die Grunddynamik des Verhaltens verändert sich jedoch nicht, ob man nun direkt oder indirekt arbeitet. Die Grundprinzipien, die den Aufsichtführenden oder Berater leiten, sind die gleichen, von denen sich der Lehrer, der Sozialarbeiter oder der beratende Psychologe leiten lassen — selbst wenn die praktischen Methoden weit von jenen abweichen mögen, die in der Begegnung von Angesicht zu Angesicht verwendet werden. Helfer, die mit anderen oder durch sie wirken, müssen trotzdem ihre eigenen besten Möglichkeiten finden, sich selbst, ihr Wissen und ihre Fertigkeiten einzusetzen, um der Sache des Helfens zu dienen.

Zu den besonderen Problemen des indirekten Helfens gehört die Frustration, die darin liegt, daß man sich auf andere verlassen muß, um etwas zu erreichen. Wünschenswerte Ziele erscheinen denen, die von ihnen überzeugt sind, so klar, und Dinge, die getan werden *müßten*, erscheinen so offensichtlich und notwendig. Das gilt besonders dann, wenn sie in einiger Entfernung vom Schauplatz der Handlung formuliert worden sind. Wenn man weit weg ist, geschützt vor den Plagen der unmittelbaren Ereignisse, sind die richtigen Wege des Vorgehens sehr klar zu erkennen. Für Helfer an der vordersten Front, die mit in den Problemen der Schüler und Klienten stecken, sehen die Dinge vielleicht ganz anders aus, da unmittelbarer Druck und direkte Verantwortung die vorliegenden Probleme unermeßlich komplizieren. Geduld und Verständnis, wie sie von den Menschen verlangt werden, die auf der Ebene der direkten Interaktion arbeiten, sind dort noch unentbehrlicher, wo man mit anderen und durch andere wirken muß, um vermehrte Frustration zu vermeiden. Dies gilt auch für die Fähigkeit des Annehmens. Auch die Helfer müssen dort angenommen werden, wo sie sind, und man muß sie bei den Prozessen des Vorangehens ermutigen und unterstützen. Je weiter entfernt vom Schauplatz des direkten Engagements der Helfer arbeiten muß, desto schwieriger ist es, die Kommunikationswege nach beiden Seiten offenzuhalten. Wirksame Hilfe von einer weiter entfernten Wirkungsebene aus ist abhängig von offener Kommunikation, und manch ein Programm, das im übrigen recht gut war, ist auseinandergefallen, weil man die Wichtigkeit dieser Frage nicht erkannt und sich nicht mit ihr auseinandergesetzt hat.

Wer ist der Klient?

Manch ein Helfer, der gezwungen ist, in einer sekundären Position zu arbeiten, macht seine Arbeit unwirksam, weil er nicht weiß, wer sein Klient ist. Der Klient ist der Mensch, der zum Helfer kommt, der Mensch, mit dem er am engsten in Berührung kommt. Nehmen wir das Beispiel eines Schulpsychologen. Eine Lehrerin bittet ihn um Hilfe bei der Arbeit mit einem schwierigen Kind. Wenn der Schulpsychologe seine Rolle ausschließlich als die eines Menschen auffaßt, der in einer direkten Beziehung mit dem Kind arbeitet, wird er wahrscheinlich auf die Klagen der Lehrerin erwidern: »Na, schön, Fräulein Atwood. Schicken sie ihn in mein Büro herunter, und ich will sehen, was ich mit ihm anfangen kann.« Mit dieser Erwiderung hat er eine wertvolle Gelegenheit versäumt, Hilfe zu leisten, und hat sich als Berater seiner Wirkung beraubt. Der richtige Klient für einen Berater ist *immer derjenige, der vor ihm steht.* Der Schulpsychologe, der sich in dieser erweiterten Rolle sieht, macht nicht den Fehler, seine primäre Klientin fortzuschicken. Statt dessen sagte er zu Fräulein Atwood: »Ich kann mir vorstellen, wie schwierig es für Sie sein muß, mit ihm zu arbeiten. Setzen Sie sich und lassen Sie uns darüber reden.« Er beginnt seine Arbeit, indem er versucht, der Lehrerin zu helfen. Er erkennt, daß er, wenn er dem Kind helfen will, seiner Lehrerin helfen muß, besser mit dem Kind fertig zu werden. Tatsächlich ist ein Erfolg, da die Lehrerin das ganze Schuljahr lang mit dem Kind leben muß, und vice versa, wahrscheinlich am ehesten zu erreichen, wenn der Psychologe mit der Lehrerin und durch sie arbeitet. Wenn er Fräulein Atwood hilft, mit ihren Frustrationen fertig zu werden und über ihre Frustrationen zu sprechen, leistet er einen unmittelbaren Beitrag zu der Stärke und Fähigkeit, mit der sie ihre Arbeit tut, und mit der sie mit dem Kind umgehen kann, das ihr aktuelle Schwierigkeiten macht. Wenn Schulpsychologen auf diese Weise arbeiten, brauchen sie oft gar nicht mit dem Kind zu arbeiten. Manchmal genügt die Therapie, die der Lehrerin durch eine Gelegenheit geboten wird, über ihr Problem zu sprechen, um ihr neuen Mut zu machen, es noch einmal zu versuchen, und um ihr die Einsicht zu verschaffen, daß sie es vielleicht mit neuen Methoden versuchen sollte. Selbst wenn dies nicht der Fall ist, kann der Psychologe am Ende seines Gesprächs mit Fräulein Atwood immer noch dafür sorgen, daß das Kind auch zu ihm kommt; mit der Lehrerin kann er bei einer anderen Gelegenheit weiterreden. Die helfende Beziehung stellt der Berater zu jedem her, den er berät.

Eine zusätzliche Komplikation erwächst dem Helfer in einer Rolle des beratenden Spezialisten, in der Verwaltung oder in der Position des Aufsichtführenden, durch die Autorität, die mit derartigen Positionen verbunden ist. Oft behindert dies die Kreativität, schafft Widerstand und macht die Kommunikation zwischen Helfern der ersten und der zweiten Ebene unmöglich. In früheren Kapiteln haben wir davon gesprochen, wie wichtig »Sichtbarkeit« für die Förderung helfender Beziehungen ist. Darüber muß sich besonders der Helfer im klaren sein, der auf einer distanzierten Ebene des Helfens arbeitet. Allgemein ausgedrückt: Je größer die Autorität des Verwaltungsmannes oder des Aufsichtführenden, desto mehr fürchtet man sich, ihm zu begegnen. Es ist wahrscheinlich kein Zufall, daß Verwaltungsleute so oft klagen, sie seien in ihrer Arbeit so allein! Die Gründe für diesen traurigen Zustand sind wahrscheinlich darin zu suchen, daß sie sich ihren Untergebenen zuwenig sichtbar machen und daß die Autorität ihrer Stellung zu sehr betont wird. Wenn sie ihre Arbeit wirksam tun wollen, müssen Helfer, die auf der Aufsichts- oder Spezialistenebene arbeiten, sich mit diesen Problemen auseinandersetzen. Wie sie dies machen und wie sie mit denen arbeiten wollen, die bei ihnen Hilfe suchen, muß natürlich ihrer eigenen Entscheidung vorbehalten bleiben.

Ausgewähltes Schrifttum

Berzon, B., Pious, C. und Farson, R., The therapeutic event in group psychotherapy: A study of subjective reports by group members, Journal of Individual Psychology (1963), 19, 204—212.

Bradford, L., Benne, K. und Gibb, J. R., T-group theory and laboratory method, New York (Wiley) 1964.

Bugental, J. F. T., The search for authenticity: An existential-analytic approach to psychotherapy, New York (Holt, Rinehart & Winston) 1965.

Caplan, G., Concepts of mental health and consultation: The application in public health social work, Children's Bureau, U.S. Department of Health, Education and Welfare, Washington, D.C. 1959.

Ginott, H. G., Group psychotherapy with children, New York (McGraw Hill) 1961.

Marrow, A. J., Bowers, D. G. und Seashore, S. E., Management by participation, New York (Harper & Row) 1967.

Miel, A., Creativity in teaching, Belmont, Calif. (Wadsworth) 1961.

O'Banion, T. und O'Connell, A., The shared journey: An introduction to encounter, Englewood Cliffs, N. J. (Prentice-Hall) 1970.

Rogers, C. R., A note on »the nature of man«, Journal of Counseling Psychology (1957), 4, 199—203 (b).

Stoller, F. H., The long weekend, Psychology Today (1967), 1, 28—33.

Truax, C. B. und Wargo, D. G., Psychotherapeutic encounters that change behavior: For better or for worse, American Journal of Psychotherapy. (1966), 22, 499—520.

15
Der Helfer als Mensch und als Staatsbürger

Ein Helfer ist viel mehr als ein Automat, der etwas weiß. Er ist ein warmblütiger, lebendiger Mensch mit eigenen Bedürfnissen, Fähigkeiten, Hoffnungen, Befürchtungen, Lieben und Bestrebungen. Außer diesen Merkmalen, die sie mit allen anderen Menschen teilen, haben die Helfer die Verantwortung dafür übernommen (oder aufgehalst bekommen), Beziehungen zu schaffen, die für andere Menschen hilfreich sind. Wie gut der Helfer diese Aufgabe erfüllt, ist davon abhängig, wie gut er es gelernt hat, seine besonderen Begabungen und seine Persönlichkeit für die Verwirklichung seiner eigenen Ziele und der Ziele der Gesellschaft einzusetzen. Dies haben wir im Vorhergehenden als das Konzept vom »Selbst als Werkzeug« bezeichnet. Der Erfolg eines Helfers hängt nicht nur von seinem Wissen ab, sondern noch mehr davon, was für eine Art Mensch er ist, und wie gut er es gelernt hat, sich in seiner wichtigen Aufgabe zweckmäßig zu verhalten. Der Umstand, daß er eine Person ist, ist die wichtigste Determinante seiner Beziehungen zu anderen Menschen. Das Selbst des Helfers ist sein Hauptwerkzeug, und wie die Werkzeuge jedes guten Handwerkers braucht es Sorgfalt und Aufmerksamkeit, damit es von größtem Nutzen sein kann. Zwar kann niemand seiner eigenen Persönlichkeit entkommen, aber ein Helfer kann lernen, sich auf eine Weise einzusetzen, die für ihn selbst und für die Welt, in der er lebt, möglichst viel Erfüllung bringt.

Der Helfer als Mensch

Rollen und Methoden des Helfens

Unter Angehörigen der helfenden Berufe wird viel über die angemessene Rolle des beratenden Psychologen, des Lehrers, des Verwaltungsmannes, des Sozialarbeiters oder der Krankenschwester diskutiert. Der Ausdruck »Rolle« bezieht sich gewöhnlich auf irgendeine Form des Theaterspielens, daher sprechen wir davon, »eine Rolle zu spielen«. Es kommt aber wahrscheinlich nicht viel dabei heraus, wenn wir die Funktionen des professionellen Helfers in diesem Licht untersuchen. Die Aufmerksamkeit würde dadurch auf die falsche Frage gelenkt. Natürlich können Lehrer, Berater oder Sozialarbeiter in der Beziehung zu ihren Klienten und Schülern eine »Rolle spielen«. Aber derartige Beziehungen lassen sich selten über längere Zeit aufrechterhalten, denn der Mensch verhält sich seinen Wahrnehmungen gemäß — und in dem Augenblick, in dem ein Helfer nicht auf der Hut ist, werden dem, mit dem er interagiert, seine fundamentalen Überzeugungen deutlich, ob es dem Helfer gefällt oder nicht.

Grundlegende Gefühle haben die Eigenart, auch durch Fassaden hindurch sichtbar zu werden. Von früher Kindheit an entwickelt der Mensch ein hohes Maß an Sensibilität für die Echtheit jener, mit denen er interagieren muß. Infolgedessen wird der professionelle Helfer, der versucht, eine Rolle zu »spielen«, der etwas beteuert, was er selber nicht glaubt, oder versucht, etwas zu sein, was er nicht ist, seine Schüler oder Klienten nur unsicher oder ängstlich machen und höchstwahrscheinlich das Gefühl hervorrufen, er sei ein Heuchler. Dies kann man z. B. an der Angst beobachten, sich nicht durchsetzen zu können, die manche Junglehrer zu ihrem Leidwesen befällt. Wenn sie sich vor eine ungewöhnlich lebhafte oder schwierige Klasse gestellt sehen, haben sie mit ihren ersten Versuchen, die Aufmerksamkeit der Kinder zu fesseln, meist wenig Erfolg. Um diesem Problem zu begegnen, sucht der Lehrer nach »Methoden, um mit ihnen fertig zu werden«. Wenn diese Methoden dem Lehrer selbst entsprechen, mag sich die Klasse beruhigen. Wenn die Methoden nicht zum Lehrer passen, spürt es die Klasse. Sie beginnt einen Prozeß des Forschens, der darauf abzielt, herauszufinden, wo die Grenzen liegen. Dadurch wird eine Spirale des Versuchens und Erprobens in Gang gesetzt, die immer mehr ansteigt, während der Lehrer verzweifelt »andere Methoden versucht«, zu denen er kein wirkliches Vertrauen hat. Die Schüler werden durch das Fehlen eines in sich festen Gefüges immer unsicherer und suchen immer wilder nach den Grenzen. Wenn dieser Wirbel lange andauert, kann das Resultat darin bestehen, daß die Schüler die Herrschaft übernehmen und daß der Lehrer in einen Zustand äußerster Hilflosigkeit verfällt. Manch ein Junglehrer hat diesen Alptraum durchlitten, der durch einen »unechten Ansatz« in Gang gekommen war, und manch einer ist dadurch so demoralisiert worden, daß er seinem Beruf auf immer den Rücken gekehrt hat. Andere, die auf dem harten Weg etwas gelernt haben, lernen den Methoden oder Techniken anderer Leute mißtrauen, die nicht zu ihnen passen, und können bei späteren Gelegenheiten besser mit ihren Klassen fertig werden.

Die Art der Kommunikation, die für die meisten helfenden Beziehungen erforderlich ist, verlangt vom Helfer Offenheit — die Bereitschaft, mit seinen Schülern oder Klienten offen und ehrlich umzugehen. Carl Rogers nennt unter den Grundbedingungen, die der Berater erfüllen muß, neben der Übereinstimmung mit sich selbst, Einfühlungsfähigkeit und bedingungsloser positiver Zuwendung — die Eigenschaft der »Echtheit«. Aspy, Carkhuff, Truax und andere haben diese Hypothesen an Beratern und Lehrern überprüft und festgestellt, daß dies tatsächlich Eigenschaften tüchtiger Helfer sind. Auch Sidney Jourard hat echte Beziehungen unter dem Gesichtspunkt der »Selbstoffenbarung« erörtert. Seine Forschungsergebnisse zeigen, welche Bedeutung die Selbstoffenbarung für helfende Beziehungen in mehreren Berufsgruppen hat. Eine weitere Bestätigung der Bedeutung von »Echtheit« findet sich in den Untersuchungen, die an der Universität von Florida über die helfenden Berufe durchgeführt worden sind (berichtet im 1. Kapitel).

Um in einer Beziehung sein eigenes Verhalten gefahrlos und befriedigend steuern zu können, muß man wissen, was man von anderen zu erwarten hat. Dazu ist ein Feedback von den anderen nötig, das verläßlich wirkt. Psychologen nennen dies manchmal »die Sichtbarmachung des Selbst«. Ohne diese Eigenschaft sind wirksame Beziehungen fast unmöglich, und Begegnungen werden verwirrend und frustrierend. Man nehme z. B. das Dilemma eines Kindes mit einer Lehrerin, die nicht bereit ist, die Person zu sein, die sie eigentlich ist. Die meisten Kinder haben, nachdem sie eine Lehrerin ein halbes Jahr lang erlebt haben, eine ziemlich genaue Vorstellung von ihrem wahren Wesen. Wenn die Lehrerin sich jedoch weigert, eine solche Beurteilung zu akzeptieren, und darauf besteht, sie sei jemand anders, ist das Kind, das mit ihr auskommen muß, in einer schwierigen Lage. Wenn es seine Lehrerin behandelt, wie sie nach seinem Wissen ist, lehnt sie es ab. Andererseits kann es sie nicht so behandeln, wie sie nach ihrer eigenen Aussage ist, es sei denn, indem es versucht, etwas zu spielen, woran es nicht wirklich glaubt. Das kann es nur so lange tun, wie es sich darauf konzentrieren kann. Sobald es diese Voraussetzung vergißt, verhält es sich gemäß seiner Überzeugung von ihrem wahren Wesen — und schon ist es wieder in der Klemme!

Wirksame Begegnungen sind davon abhängig, daß die Beteiligten wahrscheinlich Reaktionen richtig vorhersagen können. Sie müssen wissen, was sie voneinander zu erwarten haben. Das gilt besonders für Menschen in Autoritätsstellungen. Wenn sie sich nicht zu erkennen geben, so daß wir wissen, wer sie sind, was sie denken und wo sie stehen, wird es unmöglich, ihr Verhalten vorauszusagen. Die Beziehungen zu ihnen werden so immer gefährlicher. Ganz allgemein kann man mit einer Beziehung dieser Art nur eins tun: nämlich, sich so weit wie möglich von ihr fernhalten.

Echtheit ist eine hervorragende Eigenschaft tüchtiger Helfer. Mit Echtheit und Glaubwürdigkeit werden viele Dinge leicht; ohne sie schaffen Helfer unnötige Behinderungen für sich selbst und für jene, denen sie helfen wollen. Helfer, die bereit sind, offen und ehrlich zu sein, wer sie sind, haben einen ungeheuren Vorteil. Sie können sich selbst vergessen und sich so viel freier der Aufgabe hingeben, die vor ihnen liegt. Ihre Interaktionen sind meistens geradlinig, unkompliziert und daher mit größerer Wahrscheinlichkeit angemessen. Die Beziehung zwischen Konzept und Handeln ist direkt, wie bei Zahnrädern, die ineinandergreifen. Helfer, die es nötig haben, ihre Aufmerksamkeit darauf zu konzentrieren, »eine Rolle zu spielen« oder »die richtigen Methoden anzuwenden«, begeben sich auf dem Weg von der Vorstellung zum Verhalten auf Umwege. Die Methoden der Helfer müssen ihnen entsprechen, so daß sie reibungslos und natürlich zur Anwendung kommen. Wenn man zuviel an Techniken denkt, wirken sie mit Sicherheit ausgedacht. Beim Tanzenlernen schaut man auf seine Füße und gerät ins Stolpern. Wenn man dann lernt, sich zu entspannen und sich von der Musik führen zu lassen, wird das Tanzen besser, und sowohl der Tänzer als auch seine Partnerin haben viel mehr Vergnügen an der Sache. Ebenso ist es mit Methoden. Echtheit verschafft dem Helfer die Freiheit, den anstehenden Problemen seine ganze Aufmerksamkeit zu schenken. Sein Verhalten kann dann ganz mit seinem Wesen übereinstimmen, und er kann im Rapport mit Schülern, Klienten und der Welt handeln. Tüchtige Helfer scheinen durch eine Fähigkeit gekennzeichnet zu sein, ihrem eigenen Organismus zu vertrauen. Ihr Verhalten wirkt eher intuitiv als rational. In seinem ausgezeichneten Buch *Life in Classrooms* schreibt Philip W. Jackson über die von ihm untersuchten Lehrer:

> Wenn ich meine Gewährsleute aufforderte, z. B. ihre fachlichen Entscheidungen zu rechtfertigen, erklärten sie oft, ihr Verhalten in der Klasse beruhe mehr auf Eingebung und Gefühl als auf Überlegung und Nachdenken. Mit anderen Worten, sie neigten mehr dazu, ihre Handlungsweise damit zu begründen, sie hätten das *Gefühl* gehabt, so zu handeln sei richtig; es lag ihnen ferner zu behaupten, sie hätten *gewußt,* so sei es richtig. Wenn sich die Struktur einer Unterrichtsstunde oder eines Tages in der Schulklasse entfaltet, verhält sich der Lehrer oft wie ein Musiker ohne Partitur. Er improvisiert. (Jackson, P. W., Life in Classrooms, New York, Holt, Rinehart & Winston, 1968, S. 145.)

Zweifellos wird diese Art des sicheren Selbstvertrauens manchen Menschen außerordentlich gewagt erscheinen. Das ist es natürlich auch, wenn das Denk- und Überzeugungssystem des Helfers schlecht oder falsch ausgebildet ist. Die Tatsache, daß jeder sich seinen Überzeugungen gemäß verhält, wird wohl nicht so bald widerlegt werden. Ob es uns gefällt oder nicht, wir sind alle den Überzeugungen derer anheimgegeben, denen wir uns anvertrauen. Wirres Denken bringt meistens unschlüssiges Verhalten hervor. Aber der Helfer, der klar und konsequent denkt, dessen Motive positiv und human sind, und dessen Erfahrung ihm brauchbare Methoden der Arbeit mit anderen Menschen verschafft hat, hat es nicht nötig, irgend jemandem Angst einzujagen. Jede menschliche Interaktion baut sich auf Überzeugungen auf. Ein Gefüge von wohlbedachten Überzeugungen, das durch Erfahrung gründlich geprüft worden ist, *verdient* Vertrauen.

Ein Mensch mit einer eigenen Einstellung wird immer mehr Haltung an den Tag legen als einer, der keine hat. Selbst wenn der Helfer eine negative Überzeugung vertritt, wenn sie nur klar und eindeutig ist, kann der Schüler oder Klient meist leichter eine Beziehung zu ihr herstellen als zu einer schwankenden Haltung. Dies ist einer der Gründe, warum wir Eklektizismus als brauchbare Anschauung für einen Helfer ablehnen. Die Wahl von Methoden oder Techniken sehr verschiedenartiger Herkunft kann höchst wirksam sein, vorausgesetzt, daß sie durch eine in sich stimmige theoretische oder weltanschauliche Einstellung zusammengehalten werden. Ein eklektischer Ansatz, bei dem ein Helfer Methoden ausprobiert, »weil sie funktionieren könnten«, führt meistens zur Katastrophe. Klienten und Patienten verdienen in der helfenden Beziehung Besseres als ein solches »kaltes Buffet mit Selbstbedienung«. Menschen zu helfen ist eine viel zu wichtige Angelegenheit, als daß man es sich leisten könnte, Spielchen zu spielen, weil zuviel auf dem Spiel steht. Der Helfer mit einem festen System von Anschauungen kann sich offenbaren und sich dennoch das Vertrauen seines Klienten bewahren; der Helfer ohne ein solches System wagt nicht, sich zu offenbaren, denn sonst könnte ja sein Klient die Unordnung seines Denkens entdecken. Der glaubwürdige Helfer ist besser erkennbar, und er wird wahrscheinlich den Eindruck von Zuversicht, Selbstvertrauen und Kraft hervorrufen. Der Helfer andererseits, dem es an Authentizität fehlt, wird wahrscheinlich einen Eindruck von Zweifel, Zögern und Unaufrichtigkeit hervorrufen und in seinen Klienten den schleichenden Verdacht wecken, er sei in Wirklichkeit ein Schwindler.

Die Selbstverwirklichung des Helfers

Helfende Beziehungen erfordern, daß der Helfer entweder sein eigenes unmittelbares Bedürfnis nach Erfüllung hintanstellt oder darin seine Befriedigung findet, daß er seinen Klienten nützlich sein kann. Dazu muß der Helfer gut diszipliniert sein. Selbstdisziplin ist jedoch nicht leicht aufrechtzuerhalten, wenn der Helfer nicht in seinem Leben ein erhebliches Maß an Selbstverwirklichung erreicht. Zutiefst Mangel leidende Menschen finden es meistens schwierig oder unmöglich, sich allzusehr um die Erfüllung der Bedürfnisse anderer zu kümmern. Ihre eigenen Nöte sind viel zu drängend.

Was der Mensch wahrnimmt, ist abhängig von seinen Bedürfnissen, und selbst bei ziemlich gut angepaßten Menschen ruft dieser selektive Einfluß auf die Wahrnehmung meistens ein gewisses Maß an Verzerrung in bezug auf das hervor, was sie beachten. Freud hat einmal darauf hingewiesen, daß Fehlverhalten, das wir bei anderen erkennen, meistens von der gleichen Art ist wie das, mit dem wir selbst gekämpft haben. Sogar in der psychologischen Klinik kommt es nicht selten vor, daß beginnende Kliniker dazu neigen, bei den Fällen, die sie diagnostizieren, ihre eigenen Schwächen zu sehen.

Helfer müssen sich selbst gut in der Hand haben. Sonst entsteht vielleicht Verwirrung in bezug auf die Frage, wer eigentlich wem hilft. Es ist nicht selten, daß sich im Lehrberuf und in der psychologischen Beratung die Rollen des Helfers und dessen, dem geholfen wird, völlig umkehren. Dies kann leicht geschehen, wenn ein Schüler oder Klient gelernt hat, Außenstehende daran zu hindern, an seine innersten Gefühle heranzukommen, und Widerstand leistet, indem er den Helfer nach seinem Leben und seinen Erfahrungen fragt. Wenn dieser nicht aufpaßt, läßt er sich durch diesen Schachzug verführen. Er beantwortet die Fragen, die ihm gestellt werden, in der Annahme, der Klient wolle wirklich etwas wissen, und weil es das Gespräch zwangloser macht und zum Rapport beizutragen scheint. Wenn er nicht merkt, was vor sich geht, wird er möglicherweise bald entdecken, daß er allein redet und die Gelegenheit benützt, um sich selber Luft zu machen!

Selbstdisziplin kann manchmal die Wirkungen leichter Mangelgefühle verdecken, aber ein Mensch, der sich äußerst unzulänglich fühlt, kann auch mit strengster Selbstdisziplin wahrscheinlich dieses Handicap nicht so weit überwinden, daß er ein guter Helfer wird. Alle helfenden Beziehungen erfordern persönliche Disziplin. Aber selbst die angestrengteste Selbstdisziplin kann selten eine positive Einstellung zum eigenen Selbst ersetzen. Positive Gefühle gegenüber dem eigenen Selbst machen angestrengte Bemühungen um Selbstdisziplin entbehrlicher. Deshalb wird bei der Ausbildung von psychologischen Beratern oft empfohlen und sogar gefordert, daß der werdende Berater sich selbst einer Therapie unterzieht.

Die Fähigkeit, sich selbst anzunehmen, die für Menschen kennzeichnend ist, welche zur Selbstverwirklichung in der Lage sind, trägt auch sehr stark zur Herstellung einer wirksamen helfenden Beziehung bei. Diese Menschen sind viel mitfühlender. Das ist natürlich eine für die Beziehung sehr wichtige förderliche Eigenschaft. Die Ergebnisse der Forschung zeigen auch, daß das Annehmen des eigenen Selbst mit dem Annehmen anderer eng zusammenhängt — d. h. Menschen, die bereit und fähig sind, sich klar und ehrlich ihrem eigenen Wesen zu stellen, können sich auch mit größerer Wahrscheinlichkeit dem Wesen jener stellen, mit denen sie interagieren. Ein solches Annehmen ist eine für das Helfen sehr wichtige Eigenschaft.

Helfer brauchen nicht vollkommen zu sein. Wenn das notwendig wäre, gäbe es nur sehr wenige. *Notwendig* ist eine richtige, realistische Einschätzung der eigenen Person, der eigenen Vorzüge und Grenzen. Angehörige der helfenden Berufe müssen sich verantwortlich engagieren. Wenn der Helfer eine Bitte um Hilfe annimmt, übernimmt er die Verantwortung dafür, seine Kompetenz nicht zu überschreiten. Jemandem Hoffnungen zu machen, die man nicht erfüllen kann, ist grausam und unmenschlich. Noch schlimmer, da Klienten den Wert einer helfenden Beziehung erst danach beurteilen können, wie sie sie erleben, kann eine schlechte Erfahrung zusätzlich die Wirkung haben, daß der Klient niemals die Hilfe bekommt, die er braucht, weil er nun nicht mehr an den Prozeß glaubt. Gute Helfer überschreiten ihre Kompetenzen nicht. Je stärker die Selbstverwirklichung des Helfers ist, desto größer ist der Grad der Freiheit, mit dem er wirksam handeln kann. Welchen Grad die Selbstverwirklichung jedoch erreicht haben mag — Angehörige helfender Berufe müssen sich klar sein über sich, über ihre Begabungen und ihre Grenzen.

Das persönliche Selbst und das berufliche Selbst

Anfänger in helfenden Berufen bereiten oft sich selbst und anderen viel Unglück, weil sie ihre Rolle als Privatperson und ihre berufliche Rolle durcheinanderbringen. Das Selbst eines Menschen und seine Rolle sind nicht das gleiche. Das Selbst hat mit dem zu tun, wer ein Mensch ist. Es besteht aus seinen persönlichen Überzeugungen, aus seiner eigenen Art, sich zu sehen, und seiner Beziehung zur Welt. Die berufliche Rolle andererseits hat mit einer spezialisierten Beziehung zu anderen Menschen zu tun. Sie ist definiert durch eine Reihe ihr eigener Verantwortlichkeiten und angemessener Verhaltensweisen für die je besondere Begegnung. Natürlich hängen diese beiden Konzepte zusammen, aber sie sind keineswegs identisch. Tüchtige Helfer müssen authentische Menschen sein, und das Selbst, das sie in der helfenden Beziehung zeigen, muß wirklich echt sein. Zwar muß sich das Selbst in der beruflichen Rolle authentisch äußern, aber daraus folgt nicht, daß die berufliche Rolle das Privatleben des Helfers durchdringen sollte. Man kann die Philosophie des Helfens leben und sie auf sein eigenes Leben anwenden. Der Versuch, die *Praxis* der verschiedenen Formen der helfenden Berufe zu leben, kann jedoch effektive Beziehungen im eigenen Privatleben komplizieren.

Das Selbst ist, was man ist; es muß also in allen Lebenslagen das gleiche sein. Der Ausdruck des Selbst im Verhalten kann sehr verschiedenartig sein, je nach der Art der Interaktionen, die einem begegnen. Die Beziehungen, die man zu seiner Frau, zu seinen Freunden oder Mitarbeitern hat, erfordern nicht die berufliche Rolle, sondern die Rolle als Ehemann, Freund oder Kollege. Der Helfer, der versucht, für seine Frau, seine Freunde oder Kollegen der Lehrer oder der psychologische Berater zu sein, wird vielleicht feststellen, daß es ihm lediglich gelungen ist, sie zu frustrieren und sie sich zu Feinden zu machen. Was sie wahrscheinlich erleben werden, ist ein verstecktes Programm — ein Gefühl, geduldet, ausgenützt oder manipuliert zu werden. Beginnende psychologische Berater z. B. machen sich oft dadurch unbeliebt, daß sie sich darin ergehen, jeden zu »behandeln«, mit dem sie in Kontakt kommen. Einen Menschen zu behandeln, der nicht darum gebeten hat, oder jemanden etwas zu lehren, der eine solche Beziehung nicht will, kann eine krasse Form der Nicht-Annahme sein. Dem anderen wird eine Beziehung aufgezwungen; auf diese Weise wird ihm sein Recht genommen, selber zu wählen.

Auch der Helfer ist nicht gefeit gegen die Wirkungen, die die Selbsteinschätzung auf die Wahrnehmung ausübt; es kann sogar vorkommen, daß seine berufliche Rolle ihn blind macht. Es hat Philister gegeben, die in ihrer Sorge um die Gesundheit eines Kindes dessen Arme mit Brettern geschient haben, so daß das Kind den Daumen nicht mehr in den Mund stecken konnte, ohne zu bedenken, was diese Frustration für die geistig-seelische Gesundheit des Kindes bedeuten mußte. Krankenschwestern im öffentlichen Dienst und Sozialarbeiter beklagen sich oft über Leute, die in Baracken wohnen und trotzdem Fernsehapparate besitzen. Sie vergessen, daß sie selbst, wenn sie in so elenden Verhältnissen leben müßten, wohl auch gern das bißchen Freude und Schönheit hätten, das ein Fernseher ihnen bringen könnte. Es hat schon Psychologen gegeben, die in ihrer tiefen Besorgnis über das Verhalten eines Klienten deutliche Anzeichen von Hirnschädigung übersehen haben. Auch Geistliche können über das Problem der Sünden eines Pfarrkindes so in Sorge geraten, daß sie »den ersten Stein werfen«, anstatt zu helfen. Die Rolle muß der Beziehung angemessen sein, der sie dienen soll. Es ist wichtig, daß der Helfer sich den richtigen Blickwinkel bewahrt.

Die starke Konzentration der Bemühung, die in manchen helfenden Berufen gefordert wird, ist eine sehr erschöpfende Erfahrung. Außerdem erfordert die strenge Selbstdisziplin, die notwendig ist, um einige dieser Beziehungen wirksam zu gestalten, eine Art Hintanstellung des eigenen Selbst im Interesse anderer. Auch das gesündeste Selbst muß immer noch nach Erfüllung streben, und dies ist ein Drang, den man nicht lange verleugnen kann. Das soll nicht heißen, daß erfolgreiche Arbeit in den helfenden Berufen nicht an sich schon eine Form der Erfüllung sein kann. Sie ist wirklich für den tüchtigen Helfer eine Quelle großer Befriedigung. Aber das Selbst ist mehr als »beruflich«. Es ist auch persönlich, Mann oder Frau, Ehemann oder Ehefrau, Staatsbürger, Freund oder irgendeine andere der Tausenden von Möglichkeiten. Auch diese müssen beachtet und »gefüttert« werden. Es ist daher wichtig, daß Angehörige der helfenden Berufe sich Gelegenheiten zunutze machen, sich mit Dingen zu beschäftigen, die weniger anstrengend sind und persönliche Bedürfnisse unmittelbarer erfüllen. Die alte Redensart: »Saure Wochen, frohe Feste« ist auch für die helfenden Berufe relevant. Die tüchtigsten Lehrer, Berater, Krankenschwestern und Psychologen, die die Autoren dieses Buches kennen, sind nicht Menschen, die Tag und Nacht in ihrer beruflichen Rolle stecken.

Selbstannahme

Wenn das Selbst des Helfers in der helfenden Beziehung eine so wichtige Rolle spielt, können wir fragen: »Was kann ein potentieller Helfer tun, um sein Selbst effektiver zu machen?« In gewissem Sinn ist dieses ganze Buch ein Versuch zu definieren, wie ein Helfer sein soll, und Wege zu weisen, wie man sich als Praktiker auszeichnen kann. Wahrscheinlich kann jedoch kein Buch viel mehr tun als das. Die Entwicklung eines tüchtigen Helfers ist eine höchst persönliche Angelegenheit, die mit der Herausbildung eines besonderen Selbst zu tun hat, das für sich selbst entdecken muß, wie es sich zu verhalten hat.

Solche Ziele lassen sich nicht durch ein Buch erreichen. Sie müssen von einem Menschen erreicht werden, der aktiv mit anderen Menschen arbeitet und nach persönlichen Lösungen sucht. Ein Buch kann nichts weiter tun, als für diese Suche einige allgemeine Leitlinien zu liefern.

Ein tüchtiger Lehrer, Berater, Sozialarbeiter oder eine tüchtige Krankenschwester zu werden, ist genau das — ein Prozeß des Werdens. Es ist eine Frage des Wachsens, und es geschieht allmählich, über einen längeren Zeitraum verteilt. Dies ist eine Entdeckung, die für Anfänger in helfenden Berufen oft enttäuschend ist. Voller Begeisterung und voll guten Willens gehen sie in ihre Ausbildung hinein und erwarten, man brauche nur die notwendigen Kunstgriffe zu lernen, um ein sachverständiger Berater oder Lehrer zu werden. Gewöhnlich werden sie rasch enttäuscht, aber manche überwinden niemals ihre anfängliche Anschauung, es komme nur darauf an, die richtigen Dinge zur richtigen Zeit schlau zu manipulieren. Menschen *wachsen* zu tüchtigen Helfern heran, und Wachstum braucht Zeit.

Die Entwicklung tüchtiger Helfer geschieht nicht über Nacht. *Techniken* des Helfens sind wie Kostüme manchmal rasch zu wechseln. Die Entwicklung eines wirksamen »Selbst als Instrument« läßt sich jedoch nicht durch die geschickte Verwendung von Kniffen und Tricks erreichen. Sie ist das Produkt von immer stärker differenzierten Wahrnehmungen, von reifenden Überzeugungen, Wertvorstellungen und Kenntnissen. Diese sind, wie wir gesehen haben, eine Frage des persönlichen Wachstums. Es trifft zwar zu, daß manche Menschen mit einem hohen Sensibilitätsniveau und mit Anschauungen über sich selbst und andere in die helfenden Berufe eintreten, die denen anderer Anfänger weit überlegen sind. Manche treten sogar auf einem Niveau in die Berufsausbildung ein, das dem voraus ist, was manche ihrer Kollegen erst beim Abschluß erreichen. Jeder Helfer hat jedoch die Möglichkeit zur Weiterentwicklung, so lange er im Beruf bleibt und aufgeschlossen und mit der Absicht zu lernen, an seine Aufgaben herangeht. Bei manchen Tätigkeiten des Lebens lassen sich Erfahrungen durch mechanische Abkürzungswege oder geschickte Manipulationen ersetzen, aber in den helfenden Berufen gibt es nur wenig, was Erfahrung ersetzen kann. Geschicklichkeit im Helfen ist abhängig von der Person des Helfers, und eine Veränderung der Person kann nur durch sich wandelnde Erfahrungen zustande kommen. Diese Erkenntnis kann dem Anfänger im helfenden Beruf viel Kummer und Schmerz ersparen. Manch ein im übrigen hoffnungsvoller Kandidat hat seine eigenen Chancen durch seine Ungeduld zunichte gemacht. Plötzliche Veränderungen sind bei Schülern, Klienten oder Patienten selten. Auch bei Menschen, die sich auf einen helfenden Beruf vorbereiten, kommen sie kaum vor.

Professionelle Helfer in der Ausbildung machen mit größerer Wahrscheinlichkeit Fortschritte in Richtung auf ihr Ziel, wenn sie schon mit einem ehrlichen Annehmen ihres eigenen Selbst beginnen können, wo immer sie gerade stehen mögen. Wir haben schon gesehen, daß eine Haltung des Annehmens ein Hauptmerkmal adäquater Persönlichkeiten ist. Sie ist auch ein Grunderfordernis für die helfende Beziehung. Ein tüchtiger Helfer ist ein Mensch, der es gelernt hat, sich selbst wirksam und tüchtig einzusetzen, um seine eigenen Ziele und die Ziele der Gesellschaft zu erreichen. Wenn man ein wirksamer professioneller Helfer werden will, geht es also nicht darum, sein altes Selbst gegen ein neues zu vertauschen. Es geht vielmehr darum, zu lernen, wie man das Selbst einsetzen kann, das man hat, und wie man es in einem längeren Zeitraum langsam verbessern kann. Es ist also ein guter Anfang für einen professionellen Helfer, wenn er seine berufliche Entwicklung damit beginnt, daß er das Prinzip des Annehmens auf sich selbst anwendet, daß er eine Entwicklung mit der Erklärung anfängt: »Ich darf ich selber sein!«

Wahrnehmungen – die Schlüssel zur Veränderung

In einem früheren Kapitel (Kap. 6) haben wir ausführlich über die Schwierigkeiten gesprochen, die mit dem Versuch verbunden sind, das Verhalten eines Menschen dadurch zu verändern, daß man sich auf das Verhalten selbst konzentriert. Dieser Grundsatz gilt auch für die Bemühungen von Beratern, Lehrern und Sozialarbeitern, Veränderungen bei sich selbst herbeizuführen. Wenn es zuträfe, daß der Mensch sich einfach durch das Wissen von dem verändert, was getan werden müßte, wären Professoren der Pädagogik bei weitem die besten Lehrer; Psychologen und Psychiater wären am besten angepaßt; Krankenschwestern und Ärzte wären am gesündesten, und Geistliche wären am gelassensten. Aber jeder weiß, daß es nicht so ist! Der Versuch, sich selbst durch einen direkten Angriff auf das Verhalten zu verändern, ist mit besonders großer Wahrscheinlichkeit für Ausbildungskandidaten der helfenden Berufe enttäuschend — nicht nur, weil durch ihn die Hauptaufmerksamkeit auf das Falsche gelenkt wird, sondern auch, weil er gerade die Beziehungen stört, auf die sich der Helfende verlassen muß, um an sein Ziel zu kommen.

Der Umstand, daß die Aufmerksamkeit aufs Verhalten konzentriert wird, ist wahrscheinlich verantwortlich für das bestürzende Forschungsergebnis, nach dem Anfänger in der psychologischen Beratung in ihren Anschauungen von helfenden Beziehungen weniger Parallelen zu erfahrenen Beratern aufweisen als eine beliebige Gruppe von Menschen, die man auf der Straße zusammengelesen hat! Ähnlich sind auch beginnende Lehrer, die übermäßig besorgt sind, die »richtigen« Methoden anzuwenden, meist schlechtere Lehrer. Wenn sie sich intensiv damit beschäftigen, herauszubekommen, wie sie »sein müßten«, werden sie eine Zeitlang weniger authentisch als vor Beginn ihrer Berufsausbildung. Wie beim Autofahrenlernen mag der Anfänger ebensoviel über die technischen Vorgänge in einem Auto wissen wie der geübte Fahrer; aber wenn er fahren lernt, muß er seine Aufmerksamkeit genau auf das konzentrieren, was er tut; die Folge ist, daß er »zu sehr Auto fährt«. Dies erfordert natürlich Korrektur und nochmals Korrektur; dadurch werden die Vorzüge des Fahrens unkoordiniert, und der Fahrer muß seine Aufmerksamkeit auf Nahziele wie das Vermeiden des Bordsteins, Verlangsamen vor der Straßenecke, Beobachten, was von hinten kommt und tausend andere Einzelheiten richten. Das Aufmerksamkeitsfeld des erfahrenen Autolenkers erweitert sich auf umfassendere Fragen wie die, wohin er fährt, wie er dahin kommt und auf Ereignisse, die von seinem augenblicklichen Aufenthaltsort etwas weiter entfernt sind. Je eher der Anfänger seine Konzentration auf Einzelheiten aufgeben kann (natürlich dadurch, daß er sie beherrschen lernt), desto eher hat er die Freiheit, größeren Fragen und Zielen seine Aufmerksamkeit zu widmen.

Überwiegende Beschäftigung mit seinem eigenen Verhalten wird den Helfer wahrscheinlich auch noch aus einem anderen Grund weniger wirksam machen: Sie zieht seine Aufmerksamkeit von seinen Schülern oder Klienten ab. Die Essenz helfender Beziehungen ist Kommunikation. Kommunikation erfordert jedoch Zuhören, und man kann nicht anderen zuhören, während man überwiegend mit sich selbst beschäftigt ist.

Um eine maximale Entwicklung zu sichern, muß der Helfer nicht sein eigenes Verhalten erforschen, sondern seine Überzeugungen und seine Wahrnehmungen. Im 1. Kapitel haben wir festgestellt, daß tüchtige Helfer von schlechten leicht an der Art ihrer Ansichten über sich selbst, über die Menschen, mit denen sie arbeiten, über ihre Ziele und Wertvorstellungen und über das Wesen des Helfens zu unterscheiden sind. In diesen Bereichen ist die Selbsterforschung des Helfers also notwendig, wenn seine berufliche Entwicklung am wirksamsten gefördert werden soll. Der Prozeß, in dem man lernt, ein tüchtiger professioneller Helfer zu werden, besteht also aus einer fortwährenden Erforschung von Überzeugungen und Bedeutungen. Er beginnt mit der Einstellung, es sei gut, hinzuschauen, und es mache Spaß, etwas zu probieren. Er wird angeregt durch neue herausfordernde Erfahrungen, durch Studium und Neuerungen. Er wird unendlich erleichtert durch die Interaktion mit anderen Menschen. Die Inspiration durch Gespräch und Konfrontation mit anderen ist besonders wichtig, weil die Menschen der Gegenstand der Hilfsbemühungen sind; sie sind es, in denen sich die Ergebnisse zeitigen, und sie sind das primäre Versuchsfeld, auf dem Einsichten über den Prozeß des Helfens zustande kommen. Die Entwicklung von Angehörigen der helfenden Berufe beginnt damit, daß sie Menschen *studieren*, aber sie macht ihre größten Fortschritte in aktiven *Interaktionen* mit anderen Menschen.

Das Potential des Helfens für die Entwicklung

Was die Entwicklung des Helfers am mächtigsten anregt, ist natürlich seine eigene Teilnahme am praktischen Prozeß des Helfens. Psychologische Berater z. B. können nicht mit ihren Klienten Hand in Hand durch die intimen Phasen ihres Lebens gehen, ohne daß dieses Erlebnis ihr eigenes Verständnis bedeutsam erweitert. Gleichermaßen müssen positive Erfahrungen im Lehrberuf, in der Krankenpflege, in der Inspektion, in der Verwaltung und in der Sozialarbeit unweigerlich in dem professionellen Helfer ihre Spuren hinterlassen und sein Erfahrungsfeld bereichern, denn menschliche Begegnungen wirken wechselseitig.

Erfolgreiche Beteiligung an helfenden Beziehungen ist an sich schon ein Erlebnis der Erfüllung. In früheren Kapiteln haben wir festgestellt, daß alles, was erfahren wird, auf immer der Erfahrung angehört. Wir haben auch gesehen, wie sich das Selbst erweitern kann, so daß es andere Menschen mit einschließt. Infolgedessen erweitern die Begegnungen des Helfers mit Klienten, Schülern und Patienten, mit denen er sich identifiziert, seine eigene Erfahrung und den Einfluß seiner Person erheblich. Ein Freund hat einmal den Autoren drei Quellen der Unsterblichkeit genannt, die jedem Menschen zur Verfügung stehen. Eine Art, sagte er, ist die Unsterblichkeit, die wir durch die Generationenabfolge erwerben. Das ist jedoch nur ein schwacher Halt, denn unsere Erbkette kann leicht abgebrochen werden, wenn unsere Kinder oder ihre Nachkommen sich nicht fortpflanzen. Eine zweite Art von Unsterblichkeit ist nach seinen Worten diejenige, welche uns die Lehren der Religion versprechen. Das mag ein beruhigender Gedanke sein. Man kann sich aber auch vorstellen, daß es sie nicht gibt. Die einzige Art von Unsterblichkeit, deren wir alle sicher sein können, sei die, so behauptete er, die wir infolge des Einflusses auf die Menschen in unserer Lebensumwelt gewinnen. Der Helfer beeinflußt also seinen Klienten, und der Klient beeinflußt den Helfer, und jeder geht aus dieser Interaktion infolge des Erlebten mehr oder weniger verändert hervor. Er wird nie wieder der gleiche sein wie vorher. All seine zukünftigen Kontakte werden durch diese signifikante Erfahrung beeinflußt. »Dies«, sagte unser Freund, »ist eine Art von Unsterblichkeit, deren wir alle sicher sein können. Wenn wir mit der Zeit auch die anderen gewinnen, ist das wie der Zuckerguß auf dem Kuchen.«

Die berufliche Rolle des Helfers erfordert eine besondere Verantwortlichkeit, Menschen zu größerer Erfüllung zu verhelfen. Dies ist an sich schon ein wichtiger Beitrag zur sozialen Wirklichkeit. Aber die Verantwortung des Helfers hört hier noch nicht auf. Angehörige der helfenden Berufe leben und arbeiten in der Gesellschaft. Sie waren Staatsbürger, bevor sie Lehrer, Berater, Sozialarbeiter oder Krankenschwestern wurden, und niemand kann die Verantwortung der Staatsbürgerschaft leichthin beiseite schieben. Auch Angehörige der helfenden Berufe müssen wie jeder andere auf irgendeine Weise mit der Welt zurecht kommen, in der sie leben. Man kann nur hoffen, daß sie es auf konstruktive Weise tun. Die staatsbürgerliche Verantwortung des Helfers verlangt mehr als eine Rehabilitierung der durch das System Geschädigten, wie sie der Berater bewirken kann, oder das Vermeiden zukünftigen Scheiterns, wie es ein Lehrer bewirken kann. Seine staatsbürgerliche Verantwortung besteht darin, so gut wie möglich zur Gestaltung einer Gesellschaft beizutragen, die Erfüllung ermöglicht. Er muß dies um seiner selbst willen als Mensch tun, der in einer Gesellschaft lebt. Er muß es auch um der Menschen willen tun, die ihm lieb sind, und weil die Menschen, denen er helfen will, Geschöpfe der Gesellschaft sind, fordert seine Rolle als beruflicher Helfer von ihm, alles zu tun, was er kann, um die Welt zu einem besseren Ort zu machen, in dem man leben kann.

Angehörige der helfenden Berufe haben dabei mehrere Vorteile, denn gerade ihre Berufe wurden von der Gesellschaft in erster Linie geschaffen, um den menschlichen Bedürfnissen weiter entgegenzukommen. Weil Gesellschaften aus Individuen bestehen, führt die erfolgreiche Bewältigung der beruflichen Verantwortung der Helfer unmittelbar zur gesteigerten Selbstverwirklichung von Individuen und daher zur Verbesserung der Gesellschaft. Teilnahme an einem helfenden Beruf tut mehr. Kraft des Wesens dieser Berufe wirken die Praktiker am Kern der Probleme des Menschen. Ihre tägliche Arbeit bringt sie in mehr oder weniger enge Berührung mit Menschen. Carl Rogers hat einmal gesagt, das, was wir z. B. bei der Beratung über Menschen lernen, sei dem Beitrag ähnlich, den die Röntgenstrahlen zu unseren Erkenntnissen über die menschliche Physiologie geleistet hätten. Die Tätigkeit in einem helfenden Beruf bringt einen in enge Berührung mit dem Rohmaterial, aus dem sich die Persönlichkeit des Menschen zusammensetzt. Das Menschenverständnis und die Einsicht in menschliche Verhaltensweisen, die tüchtige Helfer gewinnen, kann für das Verstehen der Dynamik der Gesellschaft von unendlich großem Wert sein und sehr zu ihrer Verbesserung beitragen.

Man hat schon viel über die Einflüsse der Gesellschaft auf den Menschen geschrieben. Anthropologen, Soziologen, Historiker und Beobachter sozialen Geschehens im allgemeinen bringen uns täglich über all unsere Kommunikationsmedien Beweise für diese Einflüsse. Der Umfang dieser Produktionen ist manchmal überwältigend. Der größte Teil dieser Informationen ist beschreibender Art; man erzählt uns, wie das soziale Geschehen augenblicklich aussieht, oder man stellt Mutmaßungen darüber an, wie es so geworden ist. Leider gibt man uns gewöhnlich nur wenig Hinweise auf Möglichkeiten der Abhilfe. Wenn man weiß, daß die Probleme der Jugend von unserer »Wohlstandsgesellschaft« herrühren, oder daß der Zusammenbruch der amerikanischen Familie daher kommt, daß so viele Mütter berufstätig sind, bringt es wahrscheinlich nur sehr geringen Nutzen für die Behebung dieser Mißstände. Kein vernünftiger Mensch würde vorschlagen, wir sollten unseren Wohlstand aufgeben, und wer glaubt, er könne die heutige Generation der Mütter davon überzeugen, sie müsse ihre Berufstätigkeit aufgeben, ist wirklichkeitsfremd. Analysen des sozialen Geschehens sind zur Erklärung der Ereignisse außerordentlich wertvoll, ebenso als Quellen von Daten für Spezialplanungen. Letzten Endes kommen jedoch Veränderungen der Gesellschaft nur dadurch zustande, daß Einzelmenschen sich verändern.

Gewiß trifft es zu, daß Menschen durch die Gesellschaft, in der sie leben, verändert werden. Ebenso ist nicht zu leugnen, daß Gesellschaften aus Individuen bestehen. Tatsächlich schließen sich Menschen in erster Linie zu Gruppen zusammen, weil sie dadurch ihre Chancen zu verbessern hoffen, größere Erfüllung zu erlangen. Eine Gesellschaft ist das, was die Menschen aus ihr machen. Eine Gesellschaft, die keine Erfüllung bietet, wird bald aufgegeben oder so verändert, daß sie Erfüllung ermöglicht. Da Gesellschaften aus Menschen bestehen, hat eine Veränderung der Menschen unweigerlich auch ihre Wirkungen auf die Gesellschaft. Auf Grund ihrer besonderen Kenntnisse und Erfahrungen können gute Helfer wichtige Beiträge zu sozialen Veränderungen leisten, indem sie mitteilen, was sie wissen, und indem sie handeln, wo immer ihre besonderen Talente nutzbar gemacht werden können. Wie sie dies tun, muß natürlich eine sehr individuelle Angelegenheit sein, je nach dem Selbst des Helfers, nach seiner Situation und nach dem Grad des Engagements, den sich der einzelne wählt. Wie beim Erlernen des Helfens in der beruflichen Rolle muß auch die Hilfe für die Gesellschaft, die der Helfer leistet, ihren Angelpunkt darin haben, daß er lernt, sich selbst wirksam als Werkzeug für das Wohlergehen der Menschen einzusetzen. Wie er dies tut, ist eine individuelle Frage; ob er es tut, ist abhängig von der Stärke seiner Anteilnahme und seiner Bereitschaft, sich darauf einzulassen.

Von Menschen gemachte Einrichtungen sind meistens konservativ, und nach einer gewissen Zeit entstehen Verhärtungen in ihren Adern. Diese Trägheit ist oft enervierend und entmutigt manche Menschen in ihren Versuchen, ihre Umwelt zu verändern. Der Mensch *muß* sich jedoch nicht vergebens bemühen. Notwendig ist eine richtige Einschätzung dessen, was getan und wie es getan werden kann. Interaktion unter Menschen *kann* bedeutsam sein und Menschen *können* ihr Verhalten ändern. Die Menschen ändern sich jedoch selten so schnell, wie wir es gern hätten, und Gruppen von Menschen ändern sich meist sogar noch langsamer. Die Ansicht, menschliche Bemühungen seien umsonst, ist jedoch einfach unbegründet. Eine solche Einstellung legt das Scheitern schon von vornherein fest. Sie verdammt sich selbst zum Mißerfolg. Man braucht klare Vorstellungen von der Dynamik der Verhaltensänderungen und von den Interaktionen der Menschen mit der Gesellschaft, in der sie leben. Mit diesem Überblick kann der Helfer den immobilisierenden Wirkungen von Entmutigung und Enttäuschung entkommen und sich so befreien, daß er in engerem Kontakt mit der Realität — und daher auch mit größerer Aussicht auf Erfolg — handeln kann.

Verantwortung für Veränderungen

Die am häufigsten vorgebrachte Entschuldigung für persönliche Untätigkeit ist vielleicht die mit dem Anfang: »Sie lassen mich nicht . . .«. »Sie« können Vorgesetzte, Eltern, Lehrer, Chefs, Aufsichtspersonen, Politiker, fast jedermann sein. Impliziert wird, man könnte soviel tun, wenn es nur diese schändlichen Einflüsse nicht verhinderten. Die meisten Gründe z. B., die Lehrer für das Lernversagen von Kindern anführen, liegen bei fast allem, außer beim Lehrer selbst — die Kinder waren nicht motiviert, sind letztes Jahr schlecht vorbereitet worden, waren faul, lebten zu Hause in einer üblen Situation usw. Die Neigung, anderen die Schuld an Mißerfolgen zuzuschieben, beschränkt sich keineswegs auf die Lehrer. Diese Tendenz ist eine weitverbreitete Entschuldigung für Untätigkeit, die Helfer in allen Berufen verwenden, seien sie Berater, Aufsichtführende, Sozialarbeiter, Krankenschwestern, Psychiater oder Geistliche.

Manchmal beschränken Aufsichtführende, Verwaltungsleute oder andere die Freiheit der Helfer wirklich. Ebenso oft stellt sich heraus, daß die Hindernisse nur in der Vorstellung der Klageführenden bestehen. Wenn untersucht wird, ob die Erklärung »sie lassen mich nicht« richtig ist, sind »sie« oft verblüfft zu hören, welche Hindernisse »sie« angeblich dem Fortschritt in den Weg gelegt haben. Behinderungen der Veränderung brauchen jedoch nicht realer Art zu sein. Es genügt schon, wenn jemand glaubt, sie seien vorhanden. Rosenthal und andere haben dies als die »sich selbst erfüllende Prophezeiung« bezeichnet und nachgewiesen, daß Menschen, die glauben, ein bestimmter Sachverhalt sei so und so, sich mit großer Wahrscheinlichkeit so verhalten, daß er so wird. Berater, die glauben, ihre Klienten leisteten Widerstand, rufen mit großer Wahrscheinlichkeit Widerstand hervor, und Sozialarbeiter, die überzeugt sind, man könne nichts tun, werden wahrscheinlich keine großen Anstrengungen unternehmen, um Veränderungen herbeizuführen; damit vermehren sie die Wahrscheinlichkeit, daß nichts getan wird.

Selbst unter Bedingungen, wo die Einstellungen anderer Neuerungen wirklich behindern, kann man immer noch viel erreichen. Behinderungen menschlicher Bemühung können selten fortwährend in voller Kraft zur Wirkung kommen. Deshalb läßt sich in den Zwischenzeiten viel tun. Lehrer beklagen sich z. B. oft, sie könnten nicht das tun, was sie gern tun würden, weil ihr Rektor es nicht zulasse. Die meisten Schulrektoren sind jedoch sehr vielbeschäftigte Leute, und nur wenige haben Zeit zu beobachten, was in den Klassen der Lehrer vor sich geht. Wenn die Tür des Klassenzimmers geschlossen ist, weiß außer dem Lehrer und den Schülern niemand, was drinnen geschieht, und oft sind sich die Schüler dessen auch nicht ganz sicher!

Große Veränderungen erschrecken die Menschen oft, besonders, wenn sie im voraus weithin angekündigt werden. Dies schafft seinen eigenen Widerstand. Genau die gleichen Veränderungen lassen sich oft ohne Opposition herbeiführen, wenn sie ohne Pauken und Trompeten als »normale« Vorgänge eingeführt werden. In jeder Lebenssituation bleibt immer ein gewisser Raum zum Manövrieren, ein gewisses Maß von Bewegungsfreiheit. Der Helfer, der diesen Bewegungsspielraum systematisch ausnützt, soweit er kann, stellt bald fest, daß er noch mehr Spielraum hat. Die Menschen gewöhnen sich daran, daß er dort operiert. Sie nehmen an, das sei normal, lassen in ihrer Aufmerksamkeit nach und verschaffen dem Helfer so etwas mehr Raum zum Strampeln. Wenn man eine Zeitlang durch ein fortgesetztes Ausnutzen des Spielraums operiert, können erhebliche Veränderungen herbeigeführt werden. Später weiß dann niemand mehr genau, wie sie zustande gekommen sind, weil die Sache niemals hochgespielt worden ist. Inzwischen sind sie fest eingeführt, und wenn sie Erfolge bringen, spricht dies für eine Beibehaltung.

Um in der Welt, in der er lebt, als Träger der Veränderung wirken zu können, muß der Helfer mit dem Gefühl beginnen, daß es wirklich wichtig ist, sich anzustrengen. Nur wenige Menschen können sich lange für Unwichtiges interessieren. Leider übersieht man in der komplizierten Welt, in der wir leben, leicht viele ernsthafte Fragen. Die Menschen sind so sehr damit beschäftigt, mit den für sie persönlich wichtigen Dingen, denen sie jeden Tag begegnen, fertig zu werden, daß das, was für andere Menschen oder im Hinblick auf allgemeinere Fragen entscheidend ist, sehr viel weniger dringlich erscheint. Helfer lassen sich leicht von ihrer Aufgabe völlig in Anspruch nehmen. Der Erfolg psychologischer Beratung wird meistens an der Befriedigung der Klienten gemessen; den Erfolg des Lehrers mißt man meistens an den Leistungen der Schüler in dem vom Lehrer unterrichteten Fach. Dies sind für den Helfer dringliche Fragen. Hier findet er auch seine Belohnungen, und hier liegen die Kriterien für seinen beruflichen Aufstieg. Solche Dinge haben ihre ihnen eigene Bedeutung und können leicht die Zeit und die Kraft des Helfers völlig mit Beschlag belegen. Das ist aus zwei Gründen bedauerlich: Der Helfer geht damit der umfassenderen Verantwortung aus dem Weg, die er gegenüber der Gesellschaft trägt, in der er lebt; auf diese Weise entgeht der Gesellschaft die Hilfe von Personen, deren einzigartige Begabungen und Erfahrungen besonders relevant für den Umgang mit menschlicher Problematik sind.

Wie der Helfer sich meistens nur mit dem befaßt, was ihm wichtig erscheint, so tut es auch die Gesellschaft. Jede Veränderung, die ein Helfer in einer Gruppe herbeiführen möchte, muß daher irgendwie auch für die Wahrnehmung derjenigen wünschenswert werden, die er beeinflussen will. Es muß eine Art der Konfrontation mit dem Problem stattfinden, die es sowohl persönlich als auch dringlich erscheinen läßt. Bei manchen Fragen mag dies vergleichsweise einfach sein; bei anderen ist es möglicherweise schwierig. Viele soziale Probleme sehen fast alle Leute als lösungsbedürftig an. Andere mögen zwar wichtig erscheinen, aber nicht von persönlichem Belang oder dringlich; daher wird ihre Lösung unter Umständen lange aufgeschoben. Das ist bei Menschen geschehen, die von Problemen wie den Bürgerrechten, der Armut in unseren Städten, der Versorgung von Geisteskranken, der Rehabilitierung von Kriminellen, um nur einige zu nennen, nicht unmittelbar betroffen waren. Unter solchen Umständen muß man eventuell die Konfrontation der Menschen mit Problemen genügend dramatisch gestalten. Dies ist eine Hauptfunktion von Demonstrationen, Protestaktionen und Streiks.

Wenn ein Helfer hofft, Veränderungen zu bewirken, genügt es nicht, daß er gute Ideen hat. Ideen müssen irgendwie in Verhalten umgesetzt werden, wenn sie irgendeine Wirkung haben sollen. Die Menschen reagieren nicht auf Gedanken, die nicht zum Ausdruck kommen. Sie ziehen ihre Schlüsse aus dem Verhalten der Menschen, die ihnen wichtig sind. Der Helfer muß handeln, um zu wirken. Das heißt nicht, daß ein Mensch notwendigerweise alles äußern muß, was er denkt. Tatsächlich ist es manchmal im Interesse maximaler Wirkung besser, ein Verhalten weniger drastisch auszudrücken als eine Überzeugung. Auf den ersten Blick mag eine solche Aussage wie eine Verleugnung des Prinzips von der Echtheit klingen, von dem wir vor einiger Zeit gesprochen haben. Aber dem ist nicht so. Die Menschen können *glauben*, was sie wollen. Ihr Verhalten muß jedoch, weil es eine unmittelbare Wirkung auf andere ausübt, sachdienlich und verantwortungsbewußt sein. So mag z. B. ein Mann, der glaubt, er müsse ehrlich sein, sich nachdrücklich gegen den Rassismus aussprechen, im vollen Bewußtsein dessen, daß seine Zuhörer dies als bedrohlich empfinden, weil er *absichtlich* eine unangenehme Konfrontation herbeizwingen will. Der gleiche ehrliche Mann wird vielleicht ausweichend antworten, wenn seine Schwester fragt, wie ihm ihr neuer Hut gefällt, weil er auch gütig ist und seine Schwester liebt — Werte, die in diesem Augenblick wichtiger sind als tadellose Ehrlichkeit.
Da sich die Menschen gemäß ihren Wahrnehmungen verhalten, müssen sich Personen, die Verhaltensweisen ändern wollen, darum kümmern, welche *Bedeutung* das, was sie tun, im Erleben jener hat, die sie beeinflussen möchten. Sich nicht um die Folgen des eigenen Verhaltens zu kümmern, heißt, daß man sich selbst fast ganz nachgibt. Wenn das Verhalten des Helfers die Bewegungsfreiheit unnötig einschränkt oder der Sache, die er fördern möchte, großen Schaden zufügt, ist das ein Verlust für alle Beteiligten. Niemand braucht alles zu sagen, was er denkt. Echtheit hat mit persönlicher Integrität und ihrem Ausdruck im Gesamtverhalten zu tun. Um Echtheit zu beweisen, braucht der Helfer keineswegs die Forderungen von Beobachtern zu befriedigen, die ihr Urteil auf begrenzte Proben seines Verhaltens gründen. Um der zu sein, der er ist, muß sich ein Mensch oft in einer Art und Weise verhalten, die für außenstehende Beobachter weder annehmbar noch verstehbar ist. Das Hervorrufen von Veränderungen bedarf der Aufrechterhaltung eines angemessenen Gleichgewichts zwischen Herausforderung und Bedrohung, von dem wir in diesem Buch zu sprechen schon oft Gelegenheit hatten. Größtmögliche Veränderung wird meist dann eintreten, wenn es uns gelingt, Methoden zu finden, um Leute herauszufordern, ohne sie zu bedrohen. Ein Grund, warum viele Leute, die sich radikal für soziale Ver-

änderungen einsetzen, unwirksam bleiben, liegt darin, daß sie sich darauf versteifen, sich ganz gemäß ihren Überzeugungen zu verhalten, ohne Rücksicht darauf zu nehmen, wie dies auf andere wirkt. Der Radikale fordert vollen Ausdruck seiner selbst und von anderen vollständiges Angenommenwerden. Dies ist anstrengend für beide. Dabei macht er sich oft für diejenigen, denen er helfen möchte, so bedrohlich, daß er ihnen keine andere Möglichkeit läßt, als ihn und seine Botschaft ganz zu verwerfen. In der Folge schafft er vielleicht gerade Opposition und Widerstand gegen die Ziele, die er anstrebt. Die den wechselseitigen Beziehungen unter Menschen innewohnende Dynamik kann nicht dadurch unwirksam gemacht werden, daß man sie nicht beachtet. Wenn man es tut, wird man möglicherweise nur Frustration und Mißerfolg ernten.

Im Gegensatz dazu ist der Liberale oft ein sehr wichtiger Förderer sozialer Veränderungen, weil seine Position von dem aktuellen Stand der Menschen weit genug entfernt ist, so daß sie über die Sache nachdenken müssen. Er ist jedoch nicht so weit vom Status quo weg, daß er eine Bedrohung darstellt und so die Ablehnung einer neuen Idee oder die Verteidigung der alten Position herausfordert. Ohne seine Anschauungen preiszugeben oder Fernziele aufzugeben, paßt er seine Forderungen einer realistischen Einschätzung des gegenwärtig Möglichen an. Das soll nicht heißen, daß nicht zu manchen Zeiten und an manchen Orten radikale oder revolutionäre Konzepte angebracht sind. Radikale können verblüffende Wirkungen auf die Lebensverhältnisse des Menschen haben, und das ist im Lauf der Geschichte oft genug vorgekommen. Menschen, die diese Methode der Konfrontation wählen, laufen dabei Gefahr, selbst unterzugehen — aber gelegentlich kann sogar das als angemessen erachtet werden. Es gibt soziale Belange, die so wichtig sind, daß persönliche Rücksichten größeren Zielen geopfert werden müssen.

Als Mitglieder der Sozialordnung müssen Angehörige der helfenden Berufe das, was man ernsthaft von seiner Gesellschaft erwarten kann, im richtigen Maßstab sehen. Manchmal bekommen sie den Eindruck, sie würden von den Organisationen, in deren Rahmen sie arbeiten, oder von ihren Klienten nicht richtig gewürdigt. Die Gesellschaft erscheint oft undankbar gegenüber den Beiträgen der Helfer. So beklagen sich Sozialarbeiter darüber, daß sie oft von den Gemeinschaften mißverstanden werden, denen sie zu helfen versuchen, Lehrer beklagen sich, die Öffentlichkeit nehme bedauerlich wenig Anteil an den Problemen der Schulen, Berater sind bestürzt über die Undankbarkeit ihrer Klienten, und Schwestern sind verletzt, weil ihre Patienten sie so rasch vergessen. So geht es in Wirklichkeit allen Helfern in unserer Gesellschaft. Eine Demokratie *erwartet* von jedem, daß er seine Arbeit tut. Eine interdependente Gesellschaft kann nur so bestehen. Das gilt besonders für die helfenden Berufe, die ausdrücklich geschaffen worden sind, um anderen Dienste zu leisten. Die Gesellschaft nimmt es als selbstverständlich an, daß sie ihre Aufgaben erfüllen. Sie behält sich auch das Recht vor, wild um sich zu schlagen, wenn sie glaubt, die Arbeit werde nicht getan. So ist es in der Demokratie, und Angehörige der helfenden Berufe, die glauben, sie würden von der Gesellschaft nicht gewürdigt, brauchen sich nur zu fragen: »Wann bin ich denn selber zum letztenmal im Polizeirevier vorbeigegangen und hab' den Polizisten gesagt, was für gute Arbeit sie tun?« »Wann hab' ich zuletzt bei der Müllabfuhr angerufen, um zu sagen, wie sehr ich ihre Arbeit schätze?« Und übrigens: »Wann hab' ich zuletzt meinem zuständigen Abgeordneten geschrieben, es sei denn, um mich zu beschweren?«

Widersprüchliche Anforderungen an den Helfer

Die berufliche Rolle des Helfers erlegt ihm die Verantwortung dafür auf, anderen Menschen zum Erlangen maximaler Selbsterfüllung zu verhelfen. Die persönliche Rolle des Helfers fordert von ihm, sich als Staatsbürger so zu verhalten, daß seine Gesellschaft geschützt und verbessert wird. Glücklicherweise decken sich diese Ziele im allgemeinen, aber manchmal geraten sie vorübergehend miteinander in Konflikt. Zum Beispiel mag ein Kind, das bei einem Fehlverhalten ertappt wird, die Lehrerin bitten, seinen Eltern nichts davon zu sagen. Ein Klient erzählt seinem Berater, er habe einen Ladendiebstahl begangen, oder seinem Sozialarbeiter, er wolle sich umbringen. Die Helfer müssen mit den durch solche Konfrontationen geschaffenen Problemen fertig werden. Was sollen sie tun? Die Antworten sind nicht einfach. Sie werden noch komplizierter durch den Umstand, daß der Helfer seine Informationen vermutlich nicht bekommen hätte, wäre es ihm nicht gelungen, eine Atmosphäre zu schaffen, in der der Hilfsbedürftige meinte, er könne ungefährdet über derartige ungehörige Dinge sprechen. Ähnliche Konflikte entstehen, wenn irgendeine gesellschaftliche Institution versucht, dem Helfer eine Verpflichtung aufzuerlegen, die er nicht mit seiner Auffassung von seiner beruflichen Rolle vereinbaren kann. Diese Situation kann entstehen, wenn einem Lehrer vorgeschrieben wird, die Evolutionstheorie nicht zu lehren, oder wenn ein Schulrektor von ihm fordert, er müsse mit den Kindern täglich Gebete sprechen — was als verfassungswidrig erklärt worden ist. Sie könnte auch entstehen, wenn ein Betreuer oder eine Krankenschwester von einer Behörde aufgefordert wird, preiszugeben, was ein Klient oder ein Patient gesagt hat.

Derartige Dinge werfen die schwierige Frage nach der angemessenen

Beziehung zwischen der beruflichen und der staatsbürgerlichen Rolle des Helfers auf. Wenn dies geschieht, werden immer Leute da sein, die einfache Antworten zur Hand haben. Lösungen sind aber nicht einfach, es sei denn für Menschen, die die Frage nie wirklich durchdacht haben oder für jene, die sehr viel über sie nachgedacht haben und zu Lösungen gekommen sind, die ihnen jetzt selbstverständlich erscheinen. Für einen Helfer, der zum erstenmal mit dieser Art von Problemen konfrontiert ist, wird die Lösung wahrscheinlich viel Beunruhigung und Gewissensqualen mit sich bringen. Patentlösungen werden selten praktikabel sein. Jeder Helfer muß selbst die Probleme durchdenken und zu seiner eigenen Entscheidung kommen. Dann muß er auch bereit sein, die Folgen auf sich zu nehmen, wie sie auch aussehen mögen. Ein derartiger Entscheidungsprozeß ist mühsam. Die Mühe ist jedoch keineswegs umsonst; gerade durch das Ringen mit so dornigen Problemen wird die Sicht klar, die Begriffe werden präziser, Anschauungen werden in sich stimmiger, und der Helfer kommt in seiner Entwicklung voran.

Die Eigen-Ökonomie des Helfers

An Angehörige der helfenden Berufe werden meistens viele Anforderungen gestellt, besonders wenn sie ihre Arbeit gut machen. Unzählige Menschen auf der Welt brauchen Hilfe, und die Zahl der professionellen Helfer ist noch sehr gering. Infolgedessen sind die Hilfsgesuche, die an sie gerichtet werden, oft fast überwältigend. Das schafft für den Helfer in seiner Rolle als Helfer und Staatsbürger schwierige Probleme. Er hat wahrscheinlich in erster Linie seinen Beruf ergriffen, weil er aufrichtig anderen Menschen helfen wollte. Wenn er feststellen muß, daß die Hilfsgesuche, die an ihn gestellt werden, seine Möglichkeiten zu helfen so weit übersteigen, besteht die reale Gefahr, daß er durch diese Erfahrung entmutigt, enttäuscht oder verbittert wird.
Menschen, die Hilfe brauchen, stellen manchmal sehr hohe Anforderungen an jene, die in der Lage zu sein scheinen, ihnen zu helfen. Infolgedessen werden an Angehörige der helfenden Berufe häufig von ihren Klienten große Anforderungen gestellt. Das gilt besonders für jene Berufe, die mit Problemen der mißlungenen Anpassung zu tun haben. Verzweifelte Menschen haben wenig Zeit, an die Probleme anderer zu denken. Sie sind meist außerordentlich empfindlich für Kränkungen und fordern von den Helfern viel Aufmerksamkeit. Der Umgang mit solchen Menschen erfordert eine »Hiobsgeduld«, eine Fähigkeit, Feindseligkeit aufzufangen, und eine genügend tiefe Anteilnahme, die dem Helfer über lange Perioden hinweghelfen kann, in denen wenig oder gar kein sicht-

barer Fortschritt zu verzeichnen ist. Grundlegende Veränderungen im Menschen gehen langsam vor sich, und oft bekommt der Helfer die Wirkungen seines Tuns nicht zu sehen, weil sie erst manifest werden, nachdem der Klient ihn schon lange verlassen hat. Die Bedeutung dessen, was einem Menschen gesagt oder getan wird, wird ihm oft erst nach Tagen, Monaten oder selbst Jahren klar.

Die Effektivität professioneller Helfer ist davon abhängig, wie sie es verstehen, sich selbst als Werkzeug einzusetzen. Einige ihrer Entscheidungen in dieser Hinsicht werden von vornherein durch ihre Ausbildung oder die an ihrer Arbeitsstelle üblichen Techniken bestimmt. Aber selbst in einem Rahmen mit sehr festgelegten Vorschriften bleiben immer noch viele Entscheidungen übrig: mit wem man arbeiten will, wie man seine Zeit verwendet, und wie man die Aufgabe des Helfens anpackt. Wie gut ein Helfer die verschiedenartigen Forderungen bewältigt, die an ihn gestellt werden, ist abhängig davon, wie gut er seine Klienten versteht, welcher Art die Hilfsaufgabe ist, wie weit sein Mitgefühl geht und wie tief die persönlichen Kräfte reichen, die ihm zur Verfügung stehen. Oft muß man lange auf der Grundlage dieser Konzepte und Kräfte arbeiten, ohne die Ergebnisse unmittelbar zu erfahren.

Bei der Entscheidung, wie sie sich selbst einsetzen sollen, werden Helfer gewiß immer wieder Fehler machen. Das ist unvermeidlich; man muß mit Fehlern rechnen. Man muß sie auch verzeihen. Das Mitgefühl, das die Helfer für andere verlangen, muß auch ihnen selbst zuteil werden. Der von Schuldgefühlen verzehrte Helfer oder der, der zuviel von sich verlangt, wird sich am Ende möglicherweise selbst um seinen Erfolg bringen.

Auch Helfer sind Menschen und müssen das Vorrecht ihrer Menschlichkeit genießen. Es mag sogar vorkommen, daß Helfer auf Forderungen, die an sie gestellt werden, nein sagen müssen. Das mag für den Helfer eine beklemmende Entscheidung sein, begleitet von dem Gefühl, daß er irgendwie das in ihn gesetzte Vertrauen enttäuscht hat. Aber wie jeder andere Mensch hat auch der Helfer seine Grenzen, und wegen dieser Grenzen und anderer, die durch äußere Umstände gesetzt werden, ist es manchmal notwendig, Hilfeersuchen abzulehnen. Tatsächlich können die Probleme für Schüler und Klienten vergrößert werden, wenn man es nicht tut. Berater z. B., die zu viele Klienten annehmen, werden vielleicht am Ende diese lehren, daß der Prozeß wenig zu bieten hat. Lehrer, die es nicht ertragen können, ein Kind dadurch zu verletzen, daß sie dann nein sagen, wenn es angezeigt ist, mögen die Ursache sein, daß ihre Schüler später eine noch größere Enttäuschung und ein Gefühl des Verratenseins erleben müssen.

Wegen der Grenzen des Helfers oder wegen der Umstände, unter denen Helfer arbeiten müssen, kann es sogar vorkommen, daß ein Helfer beschließt, weniger zu tun als sein Bestes. Dies ist eine Entscheidung, auf die jeder Mensch ein Recht hat; aber wenn er sie getroffen hat, sollte sie deutlich als das erkannt werden, was sie ist — ein menschlicher Entschluß, aber keine unvermeidliche Tatsache. Ein Schulpsychologe an einer High School mag sich dafür entscheiden, seine Zeit so einzuteilen, daß er jeden Schüler der Oberstufe eine Viertelstunde lang zu sich kommen läßt, anstatt mit wenigen intensiver zu arbeiten. Diese Entscheidung ist sein Vorrecht, Sie sollte jedoch nicht dahingehend rationalisiert werden, als mache er sich damit effektiver.

Ein Mensch ist ein dynamisches System. Jeder hat seine Vorzüge und Nachteile, seine Stärken und Schwächen. Diese ökonomischen Verhältnisse können nicht lange unberücksichtigt bleiben; man muß sie akzeptieren und sie zur Grundlage seiner Arbeit machen. Der Helfer muß fähig sein, seine Grenzen richtig und realistisch einzuschätzen und sie als das anzunehmen, was sie sind. Der Helfer kann nicht allen alles sein. Wenn er es versucht, ist er fast sicher zum Scheitern verurteilt. Da er ein Mensch ist, braucht auch er Zeiten der Erholung, um den richtigen Überblick und seine Gelassenheit wiederzugewinnen.

Die Arbeit in einem helfenden Beruf ist, wenn sie gut getan wird, eine spannende und befriedigende Erfahrung. Sie ist auch anstrengend und erschöpfend. Vom Helfer ist zu fordern, daß er:

1. Sich selbst, seine berufliche Rolle und die Gesellschaft im richtigen Maßstab sieht,
2. von diesen allen das maximale Potential fordert,
3. sich ehrlich entscheidet, um was es sich wirklich zu kämpfen lohnt,
4. bereit ist, die Folgen dieser Entscheidung zu tragen.

Wenn er dann mit dem, was er hat und dort, wo er steht, nach bestem Können gehandelt hat, kann irgend jemand mehr von ihm verlangen?

In den helfenden Berufen gibt es wenig »richtige« Antworten. Wie ein Helfer seine Aufgabe löst, muß davon abhängig sein, wie er entscheidet, sich selbst möglichst wirksam einzusetzen, um seine Ziele und die Ziele der Gesellschaft zu erreichen. Seinen Entscheidungen und deren Folgen kann er nicht entgehen. Er kann nur sicherstellen, daß seine Entscheidungen auf den breitest fundierten und reichhaltigsten Kenntnissen beruhen, die ein Helfer erwerben kann. Das ist eine Lebensaufgabe; dieses Buch kann dazu nur einen Anfang machen.

Stern bedeutet Abdruck in: Donald L. Avila, Arthur W. Combs und William W. Purkey, The Helping Relationship Sourcebook, Boston (Allyn & Bacon) 1971.

Block, J. und Thomas, H., Is satisfaction with self a measure of adjustment?, Journal of Abnormal and Social Psychology (1955), 51, 254—259.

Gordon, C. und Gergen, K. J., The self in social interaction: Volume 1: Classic and contemporary perspectives, New York (Wiley) 1968.

Lantz, D. L., Changes in student teachers' concepts of self and others, Journal of Teacher Education (1964), 15, 200—203.

* Lawton, G., Neurotic interaction between counselor and counselee, Journal of Counseling Psychology (1958), 5, 28—33.

Meyer B., Self-acceptance of nurses and acceptance of patients: An exploratory investigation, Nursing Research (1965), 14, 346—350.

Rosenthal, R. und Jacobson L., Pygmalion in the classroom, New York (Holt, Rinehart & Winston) 1968 (a).

Ziferstein, I., Psychological habituation to war: A sociological case study. American Journal of Orthopsychiatry (1967), 37, 457—468.

Personen- und Sachverzeichnis

Weitere Titel der
KONZEPTE DER HUMANWISSENSCHAFTEN

Warren G. Bennis /
Kenneth D. Benne / Robert Chin (Hrsg.)
Anderung des Sozialverhaltens
Aus dem Amerikanischen von Dietlind Eckensberger

Wilfried R. Bion
Erfahrungen in Gruppen und andere Schriften
Aus dem Englischen von H. O. Rieble

A. M. Däumling / J. Fengler / L. Nellessen / A. Svensson †
Angewandte Gruppendynamik
Selbsterfahrung — Forschungsergebnisse — Trainingsmodelle

Uwe Laucken
Naive Verhaltenstheorie
Ein Ansatz zur Analyse jenes Konzeptrepertoires, mit dem im alltäglichen Lebensvollzug das Verhalten der Mitmenschen erklärt und vorhergesagt wird

Joseph Luft
Einführung in die Gruppendynamik
Aus dem Englischen von Gudrun Theusner-Stampa

George A. Miller / Eugene Galanter / Karl H. Pribram

Strategien des Handelns

Pläne und Strukturen des Verhaltens
Mit einer Einführung von Hans Aebli
Aus dem Amerikanischen von Paul Bärtschi

Pierre Morin

Einführung in die angewandte Organisationspsychologie

Aus dem Französischen von Wolfgang Krege

Max Pagès

Das affektive Leben der Gruppen

Eine Theorie der menschlichen Beziehung
Aus dem Französischen von Mathilde und Siegfried Furtenbach

Frederick S. Perls

Gestalt-Therapie in Aktion

Aus dem Amerikanischen von Josef Wimmer

Hendrik M. Ruitenbeek

Die neuen Gruppentherapien

Aus dem Amerikanischen von Josef Wimmer

Isca Salzberger-Wittenberg

Die Psychoanalyse in der Sozialarbeit

Aus dem Englischen von Michael Ermann

ERNST KLETT VERLAG STUTTGART